1949大撤退

◎林桶法 著

01 02 蔣介石夫婦與華僑，1950年1月19日，圖片由國史館提供

03 04 蔣介石、蔣經國與溪口家鄉長老合影，1949年2月21日，圖片由中國國民黨黨史館提供

蔣介石與蔣經國及其家人在溪口，1949年3月2日，圖片由國史館提供

蔣介石夫婦在復行視事典禮，1950年3月3日，圖片由國史館提供

05 06 蔣介石與蔣經國祭拜王太夫人，1949年3月7日，圖片由國史館提供
07 08 蔣介石專機抵崗山，1950年3月9日，圖片由國史館提供
蔣介石與家族宗親合影，1949年3月11日，圖片由國史館提供
蔣介石與蔣經國在溪口翻閱族譜，1949年3月11日，《蔣經國總統照片集》（一），圖片由國史館提供

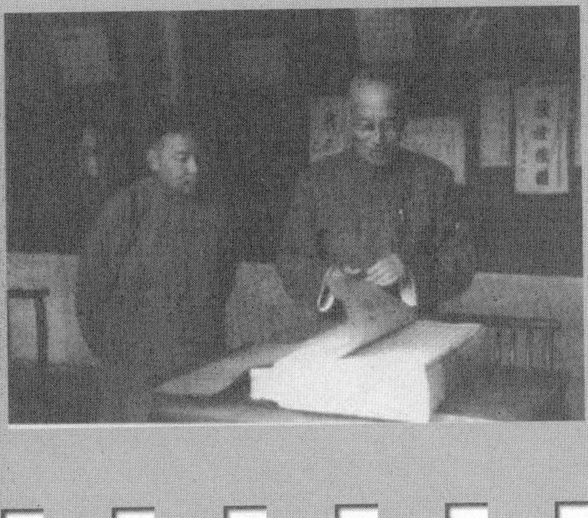

09 10 蔣介石與蔣經國，1949年3月14日，圖片由中國國民黨黨史館提供
11 12 蔣介石與孫科攝於溪口妙高台，1949年3月17日，圖片由中國國民黨黨史館提供
孫科辭院長後與蔣介石父子合影，1949年3月19日，圖片由國史館提供
蔣介石父子遊阿育王廟，1949年3月21日，圖片由國史館提供

13 14 蔣介石於青年節廣播，1950年3月29，圖片由國史館提供
15 16 蔣介石與僚屬遊溪口，1949年3月30日，圖片由中國國民黨黨史館提供
蔣經國與胡宗南，1949年4月22日，圖片由國史館提供
蔣介石在太康艦，1949年4月25日，圖片由中國國民黨黨史館提供

17 18 蔣經國至象山港，1949年4月27日，圖片由國史館提供
19 20 蔣經國在普陀山附近，1949年4月27日，圖片由國史館提供
蔣經國與蔣孝文於江靜輪，1949年5月7日，圖片由國史館提供
蔣介石父子至澎湖，1949年5月12日，圖片由國史館提供

21 22 蔣至澎湖，1949年5月，圖片由中國國民黨黨史館提供
23 24 蔣至馬公獨影，1949年5月，圖片由中國國民黨黨史館提供
蔣介石父子至台南延平郡王祠，1949年6月18日，圖片由國史館提供
蔣經國與群眾在陽明山合影，1949年7月5日，圖片由國史館提供

25 26 蔣介石在菲律賓碧瑤官邸，1949年7月10日，圖片由國史館提供
27 28 蔣與菲律賓總統季里諾，1949年7月11日，圖片由國史館提供
蔣介石與菲律賓華僑，1949年7月11日，圖片由國史館提供
蔣介石與張群在昆明，1949年7月16日，圖片由國史館提供

29 30 蔣經國與飛行員衣復恩合影，1949年7月16日，圖片由國史館提供
31 32 蔣介石至廈門巡視，1949年7月22日，圖片由國史館提供
蔣介石訪菲律賓與季里諾總統商談反共聯盟，1949年7月，圖片由中國國民黨黨史館提供
蔣介石訪問韓國，李承晚大統領接機，1949年8月6日，圖片由中國國民黨黨史館提供

33 34 蔣介石訪問韓國，李承晚大統領接機，1949年8月6日，圖片由中國國民黨黨史館提供
35 36 蔣介石與行政院長閻錫山在廣州的合影，1949年8月23日，圖片由中國國民黨黨史館提供
蔣經國與閻錫山，1949年8月23日，圖片由國史館提供
蔣介石到廣州視察，1949年8月23日，圖片由中國國民黨黨史館提供

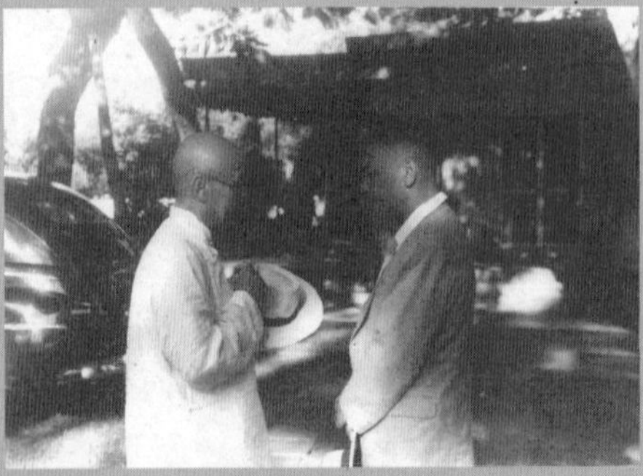

37 38 蔣介石與孫震，1949年8月25日，圖片由國史館提供
39 40 蔣介石父子在重慶，1949年8月28日，圖片由中國國民黨黨史館提供
蔣與閻錫山院長，1949年9月6日，圖片由國史館提供
蔣介石在廣州宴請行政院長閻錫山及重要官員，1949年9月6日，圖片由中國國民黨黨史館提供

41 42 革實院開學典禮，1949年10月16日，圖片由國史館提供
43 44 蔣與華僑周朝錦夫婦，1949年10月25日，圖片由國史館提供
蔣介石至宜蘭蘇澳，1949年10月31日，圖片由國史館提供
蔣介石在阿里山與群眾合影，1949年11月5日，圖片由國史館提供

45 46 蔣介石與美國參議員諾蘭，1949年11月25日，圖片由國史館提供
47 48 蔣介石至日月潭，1949年12月7日，圖片由國史館提供
蔣介石與家人在日月潭，1949年12月25日，圖片由國史館提供
蔣介石與日月潭原住民合影，1949年12月28日，圖片由國史館提供

49 50 蔣至日月潭與民眾合影，1949年12月，圖片由中國國民黨黨史館提供
51 52 台北市各界歡迎空戰勝利英雄，1958年9月24日，圖片由中國國民黨黨史館提供
基隆港31號碼頭開放典禮，1964年5月2日，圖片由中國國民黨黨史館提供
婦女工作研習營，圖片由中國國民黨黨史館提供

53 54 招商局貨輪「海華號」在高雄港卸載物資，圖片由中國國民黨黨史館提供
55 56 蔣常至溪口雪竇寺，圖為改建後的雪竇寺，圖片由中國國民黨黨史館提供
台灣光復初的基隆造船公司，圖片由中國國民黨黨史館提供
總統府，圖片由中國國民黨黨史館提供

57 58 台灣省議會，圖片由中國國民黨黨史館提供
59 60 台灣光復後農業機械化，圖片由中國國民黨黨史館提供
台灣光復後的經濟發展，圖片由中國國民黨黨史館提供
台灣光復後的基隆造船公司，圖片由中國國民黨黨史館提供

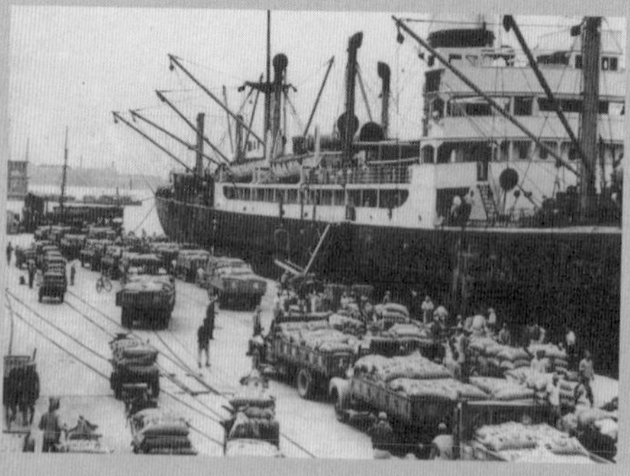

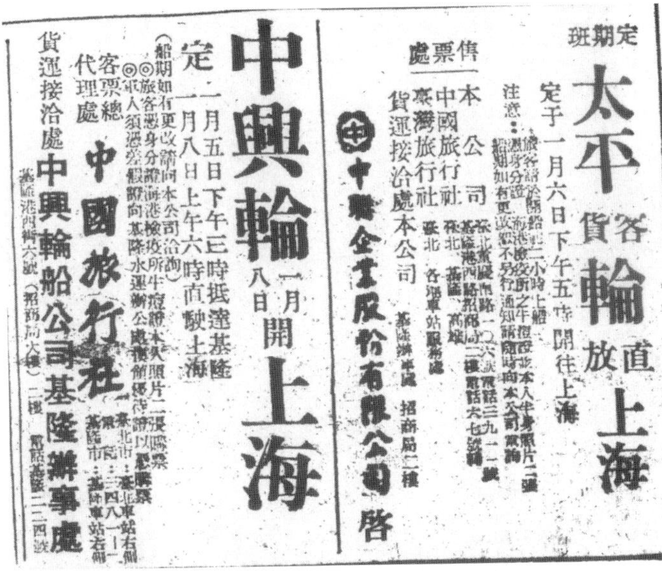

定期班

太平輪 客貨直放上海

定于一月六日下午五時開往上海

注意：旅客請於開船前二小時上船 憑身分證海港檢疫所之牛痘證並本人半身照片二張 船期如有更改恕不另行通知請隨時向本公司詢問

售票處
本公司 台北館前路一〇六號 電話三九一一號
中國旅行社 基隆港西路招商局二樓 電話六七號
臺灣旅行社 台北 基隆 高雄
貨運接洽處本公司 台北 各港車站服務處 基隆辦事處 招商局二樓

中聯企業股份有限公司 啓

中興輪 一月八日 開上海

定一月五日下午三時抵達基隆 一月八日上午六時直駛上海

（船期如有更改請向本公司洽詢）

◎旅客憑身分證海港檢疫所牛痘證本人照片二張

◎軍人須憑登船證向基隆水運衛公處接領登輪證以憑購票

客票總代理處 中國旅行社 台北市：台北車站右側 電話：三四八一 基隆市：基隆車站右側

貨運接洽處 中興輪船公司基隆辦事處 基隆港西街六號（招商局大樓）二樓 電話基隆二二四號

61 來台輪船公司的廣告，資料來源：《台灣新生報》（台北），1949年1月6日，第4版

62 來台輪船公司的廣告，資料來源：《台灣新生報》（台北），1949年1月21日，第4版

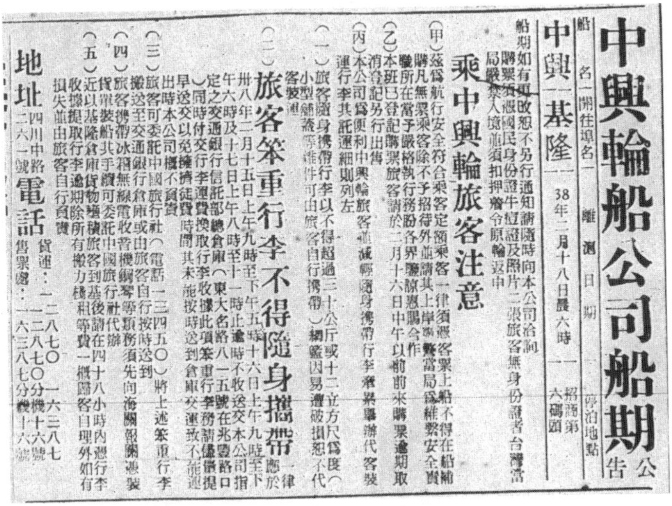

中興輪船公司船期 公告

船名	開往埠名	離滬日期	停泊地點
中興	基隆	38年二月十八日晨六時	招商第六碼頭

船期如有更改恕不另行通知請隨時向本公司洽詢 購票須憑國民身份證牛痘證及照片二張旅客無身份證者台灣當局嚴禁入境並須扣押責令原輪返申

乘中興輪旅客注意

（甲）茲為航行安全符合乘客定額乘客一律須憑客票上船不得在船補購凡無票乘客除不予招待外並請其上岸聽憑當局為維繫安全責職所在當予嚴格執行務盼各界鑒諒惠賜合作

（乙）本班已登記購票旅客請於二月十六日中午以前前來購票逾期取消登記另行出售

（丙）本公司為便利中興輪旅客並減輕隨身携帶行李承界辦代客裝運行李其託運細則列左

（一）旅客隨身携帶行李以不得超過三十公斤或十二立方尺為度（小型舖蓋等雜件可由旅客自行携帶）網籃因易遭破損恕不代客裝運

（二）旅客笨重行李不得隨身攜帶應一律於卅八年二月十五日上午九時至下午五時十六日上午九時至下午六時及十七日上午八時至十一時止逾時不收送交本公司指定之交通銀行信託部總倉庫（東大名路八一五號在兆豐路口）同時付交行李運費換取行李收據此項笨重行李務請儘早送交以免擁擠徒費時間其未能按時送到倉庫致不能運出時本公司概不負責

（三）旅客可委託中國旅行社（電話一三四五〇）將上述笨重行李搬送至交通銀行倉庫或由旅客自行按時送到

（四）旅客携帶冰箱無線電收音機鋼琴等類務須先向海關報關憑裝貨單裝船其手續可委託中國旅行社代辦

（五）近以基隆倉庫貨物壅積旅客到基後請在四十八小時內憑收據提取行李逾期除所有搬力棧租等費一概歸客自理外如有損失並由旅客自行負責

地址 四川中路二六一號 電話 貨運：一二八七〇 一六三八七 售票處：一二八七〇分機十六號 一六三八七〇分機十六號

目次

前言 1

第一章 戰後國共內戰 9

一、戰後國共攻防的策略 10

二、國軍三大戰役連續失敗 26

第二章 蔣介石來台前的部署與撤退計畫 45

一、來台前的戰略部署 46

二、大陸沿海地區的軍事撤退 60

第三章 蔣介石第三次下野——從南京到溪口 71

一、下野的原因 72

二、各方的態度 79

三、與前兩次下野的比較 88

第四章 蔣介石來台——從溪口到台北 91
一、溪口歲月 92
二、選擇來台的原因 97
三、何時決定來台 106
第五章 蔣介石來台初期的反攻努力與復行視事 117
一、來台之初的反攻努力 118
二、聯絡反共國家 132
三、國民黨部遷台與蔣介石復行視事 140
第六章 行政院遷台經過 153
一、行憲後行政院的演變 154
二、機關疏運計畫 160
三、從南京至廣州 168
四、從廣州、重慶到台灣 179
第七章 政府機關遷台及其問題 197

一、外交部及使節團 198
二、資源委員會與招商局 204
三、中央研究院 215
四、機關遷移的問題 224
第八章 重要文物遷台經過 233
一、運台前的準備 234
二、分批運台的經過 237
三、文物運台初期的保管與運台過程的檢討 251
第九章 外省人來台的途徑與交通 259
一、途徑與交通 260
二、來台的票價 272
第十章 陌陌千里急急行——遷台的場景與悲劇 279
一、上海碼頭 280
二、渡台悲歌——太平輪事件 291

第十一章　學生遷台的個案——山東流亡學生　305
一、流亡學生的困頓　307
二、山東流亡中學生　312
三、從廣州到澎湖　318
第十二章　外省人遷台數量　323
一、外省人民遷台數量　326
二、軍隊來台數量　332
第十三章　外省人遷台經過及抵台初期的觀感　337
一、外省人遷台的經過　339
二、誰知他鄉變故鄉——抵台之初的台灣印象　362
第十四章　台省因應逃難潮——入境管制措施　375
一、實施入境管制的背景及目的　376
二、實施的情形　381
三、入境管制的意見　388

四、施行後的問題及其影響 391

第十五章 外省人遷台的性質與影響 399

一、移墾與逃難——與明清時期漢人來台的比較 400

二、外省人遷台對文化教育的影響 406

三、外省人對社會經濟的衝擊與影響 412

結論 417

附錄 425

一 台灣省出入境旅客登記暫行辦法 426

二 臺灣省准許入境軍公人員及旅客暫行辦法 429

三 入台軍公人員及旅客注意 433

四 一九四九年大事紀 435

註釋文 441

徵引書目 519

表目次

表1-1 國共雙方軍隊人數及比例 27
表3-1 三次下野比較簡表 89
表4-1 第三次下野後接見對象（一九四九年一月二十二日至四月二十四日） 111
表4-2 蔣介石來台之初的個人活動及重要大事 114
表6-1 行憲後行政院內閣人事 156
表6-2 行政院因應疏散措施相關辦法 165
表6-3 行政院所屬機關在廣州的辦公地點 170
表7-1 外交部赴穗人員統計 199
表7-2 外交部人員（職員部分）疏散情形（至一九四九年三月底） 199
表7-3 資源委員會人員疏遷與資遣人數（一九四九年三月底） 207
表7-4 資源委員會已由滬疏運各地物資總清單（至一九四九年五月十日） 207
表7-5 資源委員會存滬待運物資清單（一九四九年五月十日） 209
表7-6 資源委員會分地辦公疏運臨時費概算書 210
表7-7 一九四九年招商局遷台船舶統計 214

表8-1 運台文物各機關裝箱分配款（金圓券） 237
表8-2 中央博物院運台文物第一次運台文物內容 239
表8-3 各單位押運者及重要文物數量（箱） 239
表8-4 中央博物院運台文物第二次運台文物內容 241
表8-5 中央博物院運台文物第三次運台文物 248
表8-6 故宮博物院南遷及運台文物箱件數比較 248
表9-1 一九四九年一—三月上海往台灣重要貨輪 264
表9-2 一九四六—一九五〇年基隆、高雄二港進港商船 267
表9-3 一九四六—一九五〇年基隆、高雄二港出港商船 268
表9-4 基隆港、高雄港進出港口船舶統計 269
表9-5 一九四六—一九五〇年基隆、高雄二港進港貨物數量 269
表9-6 南洋線客運價目表（單位：法幣，一九四九年以法幣換算） 273
表9-7 南洋線貨運價目表（每噸） 275
表9-8 南洋線一般貨運與軍品價目表（一九四九） 276
表9-9 上海飛各地票價表（以金圓券計算） 276

表10-1 太平輪旅客職業統計 296
表10-2 太平輪旅客年齡層統計 296
表11-1 山東聯合中學的情形 314
表12-1 戰後初期台灣有關戶籍整理大事略表 328
表12-2 戰後台灣地區本省人與外省人及總人數（單位：人） 330
表12-3 戰後來台外省籍人數（單位：人） 330
表12-4 戰後台灣省遷入、遷出人數統計（單位：人） 331
表13-1 台灣地區公務人員籍貫統計 343
表13-2 一九四九年立法委員來台統計 345
表13-3 一九四六——一九五〇年台灣省教育程度統計 349
表13-4 報刊所見一九四八年底至一九四九年大陸來台京劇團演出時間表 357
表13-5 一九五六年在台外省籍人口原籍統計 363
表15-1 第二次世界大戰後台灣地區男女性別比例（單位：人） 405

前言

過去有許多學者以一年為題出版專書，有些用無關緊要的一年為題，如黃仁宇的《萬曆十五年》[1]，有些則是討論關鍵的一年，只是對關鍵年代的看法不同，如戰後關鍵的年代有認為是一九四七年，有認為是一九四八年，有些認為是一九四九年[2]。然而戰後任何一年都可能是關鍵的年代，一九四五年日本投降後，由於政府在接收上出現許多弊端，復員工作不力，導致通貨膨脹，引起民怨，一九四五年也可以說是關鍵的年代。因此戰後任何一年都很重要，都是轉折或關鍵的年代。

在這些年代中，一九四九年是最被關注的一年，有些學者如傅國湧以知識分子為題，有學者如張仁善寫當時的中國社會[3]，而且對於一九四九年的意義兩岸學者顯然不同，大陸學者田居儉談到：「這一年，是中國人民解放戰爭取得偉大勝利和宣告中華人民共和國誕生的一年……這一年是中國人民為實現國家繁榮富強、走上社會主義道路奠基的一年。」[4]台灣學者呂芳上認為：「此期間一九四九年的變局：中共建國、中華民國政府播遷台灣、加上接著發生的韓戰，造成斯後半世紀海峽兩岸的長期對峙，實是歷史上的一大轉折。」[5]當年選擇留在大陸的知識分子梁漱溟提到：「我倒不主張由共產黨把一些國民黨人捉來審判治罪。事實上亦捉不到，而且，這樣好像一切是非皆隨勝敗而定。」[6]梁漱溟本來希望不要有「成王敗寇」的觀念，但當時確有許多人基於現實來評述國共的戰局，將戰爭的責任推給國民黨的腐敗。一九四九年本來就是一個變動的年代，一個角落正在逃難，一個角落正在慶祝，更多的地區可能一如往常，很難以一個畫面涵蓋所有的事實，本書希望以遷台作為探索的重點。

雖然近年來許多學者開始投入日本投降後的研究，但仍有許多課題未被討論。以一九四九年而言，蔣介石決定來台的原因與時機？政府各部會遷台的經過？外省人遷台的情形及其困境？一九四九年大遷徙的意義等，僅有一些文章觸及這些課題的一部分[7]，實有全面討論之必要。

自第二次世界大戰以來，遷徙與逃難成為當時的特徵之一，許多人因戰爭被迫遷徙或逃難，戰後又是另一波的移民潮，一般民眾回到原居地，在外征戰的軍人，打敗者被遣返，勝利者光榮返鄉，無論如何，許多地區在戰後不久就恢復原來的秩序；但對中國而言，因國共內戰的關係，再度興起另一波的逃難或移民潮，這次的遷徙也是被迫的政治性移民，也可以稱為大撤退，其中重要的關鍵是國共內戰國軍的失敗，國軍在戰後不論在人數或武器上都具有絕對的優勢，為何會失敗？失敗之後有大量的國軍來台，來台的部隊，有認為是撤退或轉進，有認為是崩潰大逃亡；當時軍隊有些從青島到台灣，有些從上海、舟山群島到台灣，有些從西南地區到越南，有些從東南地區到海南島，這些暫留沿海或其他地區，最來又陸續來到台灣，以此情形而言，部分國軍確實是有計畫的大撤退，政府到底做了哪些撤退戰略的部署？值得探討。

一九四九年對蔣介石而言是一個關鍵的年代，這一年蔣第三次被逼下野，一月二十一日回到溪口，四月二十四日離開奉化溪口踏上來台的旅程。蔣介石在面對國共內戰的關鍵時刻為何選擇來台？當中共渡江之際，政府可以像抗戰時一樣將所有重心遷至重慶，為何最後決定遷至台灣？這些問題是本書研究重點之一。

從日本投降到一九五〇年年初，許多外省人遷至台灣，到底人數多少？這些人來台的原因及途徑為何？也是本書研究關注的重點。

自撰寫博士論文以來，長期關注戰後中國的課題，戰後國府接收出現許多弊端，在許多課題上，不論是通貨膨脹的問題或是中共的問題，都無法有效的處理，以致失去中國大陸的政權，本書繼撰述《從接收到淪陷——戰後平津地區接收工作之檢討》（東大圖書公司，一九九七年）、《戰後中國變局——以國民黨為中心的探討》（台灣商務印書館，二〇〇三年）之後，希望能以一專書探討蔣介石暨政府機關與人民遷台的經過。

不論中華民國的政權分為二大階段或者如張玉法院士所談到的三個共和，一九四九年都是分裂點，政府在大陸統治三十八年政權，在台灣至今已統治六十年，來台後的政府與統治大陸時期的政府，有其斷裂性與連貫性，一九四九年是政府的交替與再生。

本書以蔣介石暨政府機關與人民遷台等三大主軸探析其經過及其問題，針對這三大主軸分十五章進行探討。

分別探討幾個重要的問題，其一，國府在日本投降之後，在國際上為五強之列，國內到處歡欣鼓舞慶祝勝利，抗戰期間中國的損失雖然慘重，但日本也留下相當龐大的資產，日本的企業及工廠亦有相當的基礎，如果接收復員得當，將是國府發展及反共的資產，然而由於接收出現許多弊端，接收變成劫收，接收反而變成嚴重的累贅。國共兩黨自中共成立以來既合作也競逐，合作只是手段，競逐才是目的，在相互競逐中，中共大部份處於劣勢，但卻贏得最後的勝利，其中的原因甚為複雜，軍事的失敗應是其中重要的關鍵，特別是三大戰役，國共雙方各自投入數百萬人參與作戰，死傷亦極為慘重，國軍失敗的原因為何？確實值得探討。

其二，進入一九四九年，蔣介石有許多的選擇，首先是為何決定第三次下野？其次是選擇來台，在一九四九年中共渡江之前，蔣可以選擇以廣州或重慶作為其抗共的根據地，為何最後選擇來台？何時決定來台？亦引發各界的關注，來台前作了那些部署及努力。

其三，政府機關及重要文物方面，政府機關在蔣下野之前已做遷移的準備，是蔣授權還是戰局的考量？政府機關遷移的準備工作為何？為何不直接遷至台灣？政府機關先從南京到廣州、再度遷移——從廣州、重慶到台灣的經過及其問題為何？除政府機關外，故宮博物院、中央研究院歷史語言研究所、中央博物院等單位的重要文物遷台亦甚重要，文物在運台的過程中出現哪些問題？

其四，有關外省人來台的部份，到底有多少人來台，由於過去對於來台外省人人數的說法莫衷一是，從八十萬到二百五十萬人都有，當時人口統計，軍籍不設入戶籍，加以來台的人數眾多，統計資料數據未盡相同。本書從各項統計資料中探究較精確的人數，並敘述其來台的途徑與問題。

其五，外省人來台後成為台灣人口的重要結構之一，一九四五—一九五三年，是台灣歷史上最短時間內湧入最多人的時期，這批人來自大陸各省，職業涵蓋各階層，有知識份子、商人、公教人員及一般民眾，對台灣產生質變與量變，也帶來許多的衝擊與影響，有些影響較為直接而明顯，有些則是潛移默化或延伸出來的影響，本書將分別加以討論。

本書在資料方面儘量利用海峽兩岸所典藏的檔案，如國史館的《蔣中正總統檔案》、《行政院檔案》、《資源委員會檔案》、《台灣省政府檔案》、《外交部檔》、《石叟叢書》等；中央研究院近代史研究所的《朱家驊檔案》、《王世杰檔案》、《雷震檔案》；國民黨黨史館的《會議檔案》；國防部史政編譯室的《淞滬會戰經過及經驗教訓報告書》；上海市檔案館的《太平輪事件檔案》、《輪船公司檔案》；南京第二歷史檔案館的《行政院檔》、《招商局檔案》；並參酌一些日記如《蔣介石日記》、《王世杰日記》、《吳忠信日記》、《竺可楨日記》等，及一些回憶錄與口述歷史，由於來台的外省人人數甚多，且每個個案情形不同，雖盡量蒐集這些來台的回憶，仍難免有疏漏情形，因此儘量做歸納分析，以求說明當時來台的輪廓。

經過六十年後如何看待一九四九年，從歷史脈絡而言，不應只停留在成則為王，敗則為寇的思維上；不應只關注國共兩黨的觀點。一九四九年的逃難潮為台灣注入新血，文化及社會都起了變化，新的移民精英，無疑對台灣是一股動力，許倬雲在檢討一九四九年前中華民國結構上的缺失時提到：「這結構的上層在一九四九年移植於台灣，他們的人數很少，可是品質不差，我指的是農復會、台大，經濟部，這些幹才，他們在台灣能夠發揮的功能卻比大陸上好。」[8] 來台的將領成為鞏固民主的力量，留在大陸的國軍將領，則有不同的結局，國軍將領陳長捷有一次談到傅作義時說：「他自己在進行和平談判，卻叫我堅守，結果他成了起義將領，我成了戰犯。」[9] 張仁善在談到當時留下的知識分子時提到：「單純以擁護共產黨、歡迎解放軍、盼望民主自由等政治信念，推斷一九四九年大批知識分子留在大陸的全部原因，也許最省事，歷史往往不像人們想像的那麼簡單。」[10] 這些都是極佳的反思。

本書處理以上複雜的問題，許多細節部分或有未盡之處，但已盡力蒐集相關資料，有些採疑則闕疑的態度，如軍隊撤退來台的經過、黃金運台的問題，始終認為有許多地方未能全盤了解，加以篇幅有限，並未探討；一九四九年距今已六十年，希望本書的出版可以讓我們了解這批外省人來台的艱辛，也可讓我們了解關鍵年代中的一些問題。

第一章

戰後國共內戰

三大戰役後蔣介石被逼下野，李宗仁代行總統後，提出分江而治的構想，國府從絕對的優勢轉為絕對的劣勢。三大戰役是國共內戰的勝敗關鍵，耗時二個多月，總計國軍約損失一百五十萬人，且多為國軍的精銳部隊，對國軍部署長江防禦和全力反攻有其影響，加以許多將領帶兵投降，對國軍的士氣及戰力打擊甚大。

一九四九年大陸遷台主要包括蔣介石暨國民黨遷台、政府機關遷台、重要文物及黃金遷台、人民遷台、國軍撤退等五大方面。遷台的主要原因是國軍剿共失敗，國軍在日本投降之初，不論是武器或軍隊數量與共軍相較都佔有絕對的優勢，何以經過四年的國共內戰之後，國軍節節敗退，最後撤退來台，其中的遠因或許是長期以來累積的因素[1]，但其實更為重要的應是戰後的發展，特別是國共戰局的變化，不論是接收與受降間的衝突，或者是國府面對美國調處的態度，及其後全面國共內戰的展開，每一場的戰爭、每一個策略都是關鍵，大陸學者金沖及便以一九四七年作為轉折的年代[2]，劉統卻以一九四八年為決定國共命運的一年[3]。為了解國軍全面撤退的情形，先就戰後國共內戰的策略、重要戰役國軍失利原因及蔣介石撤退計畫等作敘述，作為本書撤退的背景。

一、戰後國共攻防的策略

（一）戰後國共關係的分期

戰後國共關係的發展或國共內戰的分期，學者的看法並不一致，本文將之分為三個階段。第一階段為爭相接收與美國調停時期，自一九四五年八月十五日到一九四七年一月二十九日（美國總統正式宣布調停中國失敗）；一九四五年八月十五日，日本宣布投降，在日本宣布投降前後，國共雙方爭相爭取接收的主導權，國民政府獲得美國及日本的承認，為日本受降的對象，蔣介石極力阻止中共參與對日受降，要求偽軍控制的地區，維持秩序，以待國軍前往接收，指示何應欽：「對於非經政府指定的受降部隊，如有擅自接受敵軍投降，企圖擾亂我受降計畫者，得呈請本委員長下令懲罰之。」[4]必要時可以用武力制裁擾亂受降者。蔣一再強調：「此時唯一政策，在接收國內各地區敵軍之投降與繳械，」[5]主張由國府統籌受降與接收工作，採集中受降分區辦理原則，[6]如果承認中共的受降權，就意味著承認中共的政治地位，也代表中共在將來可以和國民黨分享政權，國民黨為了宣示其主導權，為了達到統籌的目標，因此在接收上不輕易讓步。

中共方面，八月十五日，中共致電日本岡村寧次要求日軍向其所屬部隊投降[7]。同日，朱德再以中國解放區抗日軍總司令的名義，向英、美、蘇三國大使發出說帖，並請轉其政府，說明國府不能在受降時，代表解放區及淪陷區廣大人民和抗日武裝力量，人民抗日武裝力量有權接受被共軍包圍之日本軍隊的投降，收繳其武器、資材，並負責同盟國在受降的一切規定。十六日，第十八集團軍總司令朱德致電蔣介石，提出六點要求，其中包括中共有權接受日本軍隊的投降、有權派遣自己的代表參加同盟國接受敵人的投降，和處理敵國投降後的工作等[8]。中共自恃其已占領若干的解放區，自不輕易退讓，接收問題成為雙方爭論的焦點，也發生零星的衝突。

日本投降之初，美國希望國共和平解決戰後中國的問題，為符合美國的期盼，蔣介石不得已只好邀約毛澤東到重慶進行談判，毛也為了應付美、蘇的要求到重慶，國共雙方舉行多次會談，並於十月十日簽訂「雙十協定」，由於雙方都沒有誠意，加以國共問題複雜，雖然簽訂協定，但毫無效果，即使後來又召開政治協商會議，亦未能解決問題。

美國總統杜魯門（Harry S. Trunman）有鑑於遠東問題關鍵在於國共是否合作，派特使馬歇爾（George C. Marshall）來華調處，希望中國組織「聯合政府」，馬氏於一九四五年十二月二十三日抵達重慶，當日即接見周恩來、葉劍英、張瀾等人，並與國府要員接觸，一九四六年一月五日，政府（張群）與中共（周恩來）同意各派一人，與馬氏合組三人小組，經三次宣布停戰命令（一九四六年一月十三日、六月六日、十月一日），國共衝突不但未因此而停歇，反而愈演愈烈；一九四七年一月六日，美國總統杜魯門宣布馬歇爾調停任務結束，一月八日返美，一月二十九日，美國駐華大使司徒雷登宣布退出三人小組與軍事調處執行部，此二組織正式解散。

第二階段為全面內戰的展開時期，自一九四七年二月（美國調停失敗後）至一九四九年一月（三大戰役告一段落）；馬歇爾回美國後，國共衝突更加白熱化，共軍除利用機會進占東北之外，國共雙方在陝西、山東等地更發生激烈的戰鬥，一九四七年三月五日起，共軍一律改為「中華人民解放軍」，並擴大兵員與編制，顯示其發展軍事武裝的決心，國府乃於六月二十五日發布對毛澤東等人的通緝，並於七月四日，明令厲行全國總動員，以戡平共軍的叛亂，這時國共衝突愈演愈烈。一九四八年九月之後，國共發生三大戰役，即遼瀋戰役（一九四八年九月—十一月）、平津戰役（一九四八年十一月—一九四九年一月）、徐蚌會戰（淮海戰役）（一九四八年十一月—一九四九年一月）等。

第三階段為中共渡江及國軍全面撤退時期，自一九四九年四月二十一日（中共渡江）到一九四九年十二月八日（政府宣布遷至台灣）；中共在三大戰役獲得勝利之後，國軍退守長江以南各據點，國內和平氣氛濃厚，蔣介石被逼下野，李宗仁代行總統，展開與中共的北平會談，後因中共提出的條件過苛，政府代表團不敢接受，國共和談宣告失敗，中共於一九四九年四月二十一日正式渡江，攻占南京等要地，國軍無法守住上海、廣州、重慶及西北等要地，開始從青島、上海、廣州、舟山等地撤退，一九四九年十二月，政府宣布遷至台灣，國軍將重心放在台灣的防守。

（二）國軍對中共的策略

有關國共戰後的分期或有不同，但從形勢而言，第一階段國軍較具優勢；第二階段初期國軍仍具優勢，三大戰役展開後，共軍漸占上風；第三階段主動權掌控在共軍手上，國軍節節敗退。為何會有此變化？先從雙方的策略上作分析。

國軍對中共的攻防戰略及策略方面，第一階段國軍以爭取接收及消除共黨勢力為主，日本學者西村成雄曾提到：王世杰建議「分疆而治」的概念[9]，王世杰或有建議與蘇聯進行談判，但並未有「分疆而治」的策略，蔣介石更無此想法，這一期主要策略還是放在戰後的接收與受降上，對共黨勢力，視為敵人，一律根除，以免遺留後患[10]。

分析這一階段國軍的策略重點包括：其一，迅速向日本占領區推進：為防止中共乘機進占重要城市、收編敵偽武裝及恢復淪陷區秩序起見，發動全線部隊向上海、南京、北平、天津、廣州、武漢、徐州、青島、濟南等重要地點迅速推進；同時請美國空軍及海軍協助收復華北地區及向東北挺進[11]。九月中旬後，國軍對解放區做如下的部署：第一戰區胡宗南部和第十一戰區孫連仲部於隴海線集結，向豫西、豫東、豫北解放區進攻；第二戰區閻錫山部先後以十三師向晉、冀、魯、豫區發動進擊；第三戰區顧祝同和第六戰區孫蔚如部進攻鄂、皖、浙區的共軍；第九戰區薛岳部進攻信陽、禮山一帶；第十二戰區傅作義部集中重兵向張家口推進。

其二，迅速剿共：國軍對中共主張速剿的原因：一、國軍有優勢的兵力及裝備，國軍除國械、日械外，並有美械裝備，且有飛機、坦克，具備實行迅速決戰的條件，另外為了避免戰爭擴大引起國際干涉；二、國軍認為以雷霆萬鈞之力，一舉殲滅速決之條件，是最經濟的戰爭[12]。有見於中共不但不妥協，一九四五年十月十三日，蔣介石下達剿共的密令，要求各軍努力進剿，以完成任務[13]。十一月九日至十六日，蔣在重慶主持軍事會議，策劃六個月擊潰八路軍、新四軍的主力，然後分區進剿中共，第一步控制蘇北、皖北，肅清山東，打通津浦線；第二步集結重兵於平津，掃蕩華北共軍；第三步打通平綏線，攻占察綏。具體的行動由第二戰區傅作義部沿平綏路東進，第一戰區胡宗南部沿同蒲路、正太路進剿，第十一戰區孫連仲部和第十戰區李品仙部，分別沿平漢路和津浦路北上，東北保安司令長官杜聿明率部在秦皇島登陸，沿北寧路往山海關、錦州等地推進。

一九四六年六月十三日，蔣電陳誠時也提到必須速戰速決，要求情報要準確、準備要充分、行動要迅速[14]。電白崇禧，要其責令將領必須嚴守戰術原則；七月二十一日，電劉斐次長指示戰術要點：

在共軍主力未潰以前，各路行軍縱隊仍應嚴守戰術原則，每縱隊即以一旅兵力為基準，每日行程以二十公里為度，至多不得過二十五公里，其行軍序列亦應照舊日戰術分尖兵、前兵、前衛與本隊及後衛、側衛等部署[15]。

其三，統一由國軍接收與受降：國府要求共軍原地駐防待命，並希望偽軍及共軍繼續維持地方治安與交通，勿擅自行動，等待國軍前往接收；命令國軍盡力向日偽及日本占領區推進，其目的一方面迅速完成接收的工作，一方面盡力限制中共力量的發展，把共軍所占領的重要城市和交通據點一一收復，使共軍不能保有任何根據地。

其四，儘量符合美國的期望，利用政治方式解決中共：由於國內外和平氣氛濃厚，美國赫爾利（Patrick J. Hurley）積極斡旋，蔣乃邀請毛澤東到重慶會談，毛對於到重慶的安全有所顧慮，要求赫爾利同行，保證其安全，蔣認為是：「無膽」的表現[16]。重慶會談期間，蔣在軍事上主張「嚴格統一，不妥協」[17]，但囿於美國的調處，在重慶會談期間是否殺毛澤東，蔣在內心有一番的掙扎，一九四五年十月十一日的日記中記到：

共毛十一日飛回延安，彼雖罪惡昭著，而又明知其必乘機叛亂，將為統一之大礙，但斷定其人絕無成事之能，而亦不足妨礙我統一之事業，任其變動終不能跳出此。中仍以政治方法制之，使之不得不就範也[18]。

國共在重慶會談上有許多的歧見，如共軍的整編數量等毫無交集，雙方其實都無誠意解決問題，只是敷衍美、俄而已，和談並無結果。

除重慶會談與政治協商毫無結果之外，對國軍打擊最大的是三次的停戰命令，當國軍士氣大振之際，美國介入調處，頒發停戰命令，雖然停戰可以使美國協助國民黨接收東北，給予借款，幫助遣返日本戰俘，恢復交通等[19]。蔣也知道其利弊得失，但為了國際原因不得不暫取委曲求全的態度。一九四六年六月七日，蔣召見特種部隊指示任務時指出：

> 共產黨對我們國民革命軍全體官兵，既然是勢不兩立，但我們半年來還要和他們協商政治的原因：第一因為我們覺得共產黨雖別有用心，但總是一個中國人，總以為他們還有愛國的良心。第二因為國際關係複雜，我們政府不能不委曲求全，以求國內的和平統一[20]。

蔣也知道停戰並非停止準備，蔣也不斷給重要將領指示積極做進攻的準備，如一九四六年六月十八日給熊式輝手諭，要其停戰期滿之後積極進取安東與通化，但結果正如熊式輝所說：「對共方是給予一個喘息機會，對我方是投了一劑糜爛人心的毒藥，確實已影響我方的民心與士氣。」[21]這也是埋下往後國府失利的重要原因。

第一階段國府的對中共的策略可以說是失敗，剿共並不成功，也無法阻止中共擴張武力，又沒有達到美國的期盼，馬歇爾一九四七年一月七日離華，發表〈對中國局勢之聲明〉[22]，對於國共雙方均感不滿，尤其對蔣的指責尤甚。

第二階段全面內戰的展開時期，這一時期國軍以全面消弭共軍為目標，國防最高委員會鑒於中共不斷擴張其勢力，為消弭共軍的叛亂，於一九四七年一月十八日通過〈全國動員令及戡亂條例〉，授權政府立即執行（國府卻於七月四日才正式發布全面戡亂令）。國務會議順利實行剿匪總動員案，蔣認為「此為政治上對共鬥爭勝利之基礎。」[23]國軍於此年開始，對中共的戰略較為積極，採逐次殲滅的戰略，惟仍以爭城奪地及確保城鎮和土地為作戰目標，於東北戰場暫取守勢，集中兵力，先殲滅關內共軍，繼再徹底集中兵力，殲滅東北共軍。關內作戰，採重點攻勢，先摧毀陝北延安中共老巢，削弱其國際地位，在東北戰場由戰略防禦轉為戰略進攻。

因應戰局需要，一九四七年三月，將第一、二、十一、十二戰區，分別改為西安綏署、太原綏署、保定綏署、張垣綏署，嗣後撤銷徐州綏署及鄭州綏署，徐州設陸軍總部徐州司令部，另於鄭州設指揮所，開始全面作戰之準備。七月十四日，蔣電示國軍剿共戰術，認為中共以「避強擊弱」的戰法，國軍不易覓獲中共主力所在，不克如期決戰，共軍避免決戰目的在專尋國軍的弱點，國軍應主動出擊，且部署要周全，使中共無隙可乘[24]。其後國軍軍官訓練團印製〈國軍如何纔能完成剿匪救民的任務〉（一九四七年六月五日），頒訂「制定剿匪作戰四大守則與六項要目之密令」，再度強調積極攻勢、行動祕密與迅速機動的重要[25]。

此外針對各戰區的情形，蔣分別函電指示，電王敬久等師長關於魯西戰術，在力行布置陣地，構成火網不可突圍[26]。對於重武器問題，第五軍邱清泉認為裝備太重，行動遲緩，錯過戰機，不能達到進剿的作用。蔣則認為：「重武器如一時不易留後，亦須編配在一個旅之中，而將其他兩個旅完全成為輕裝備之機動部隊，方能適合目前戰役之要求，希勉強實施之如何。」[27]在戰鬥中蔣嚴令部屬重視紀律，電青島范漢傑副總司令及五十四師闕漢騫師長，檢討膠東戰局失敗的原因，認為是劉金奎旅長畏縮不前，謊報敵情，貽誤戰機，應即將該旅長撤革拿辦，解京審判[28]。相繼電顧祝同總司令、范漢傑副總司令、胡宗南、張治中、李宗仁、孫連仲、傅作義、閻錫山各主任等，要求國軍官兵駐軍時要特別警戒，嚴密防範，進剿時加強情報蒐集，應注重夜間戰鬥與夜間行軍，勿蹈昔日過分注重形式，被動遲滯之覆轍，畏縮不前，任中共逃逸，貽誤戰機。蔣常指示戰術包括口袋戰術、反口袋戰術、堅壁清野、主動出擊等，要求防守時必有轉移攻勢陣地，進攻時必須準備守勢陣地等，此時國軍的戰略除積極進攻外，也採取守勢，固守交通線。

蔣在籌畫戰局時也注意中共內部之發展，閱讀《共黨整風文集》後在九月六日記到：「閱讀《共黨整風文集》，視為至寶，不閱此集，不能認識共匪之堅強，亦無法消除共匪之禍患。」[29]同時為因應戰局發展，實施「分區防禦」和「總體戰」新的戰略，所謂分區防禦是一種「聯省剿匪」的防禦方法，蔣強調：今後的戰略不能再像從前那樣分散兵力做全面控制，為了打擊共軍牽制國軍的陰謀，對若干據點，有時不能不暫時放棄，俾能集中兵力，機動使用。改變過去有進無退，重地輕人的觀念，改正過去到處要守，到處挨打，處處設防，處處薄弱的弊端，集中力量削弱共軍戰鬥力[30]。

為統一剿匪事宜，華北撤保定、張家口綏靖公署，成立華北剿匪總司令部，總司令為傅作義，統一晉、冀、熱、察、綏五省軍隊。下轄李文的第三十四集團軍（駐新城）、鄧寶珊晉綏邊區總司令（駐榆林）、孫蘭峰的第十一兵團（駐張北）、王靖國的第六集團軍（駐陽曲）、孫楚的第八集團軍（駐平遙），其中第六、八兩集團軍兼受太原綏署主任閻錫山的指揮。在東北成立東北剿匪總司令部，令衛立煌為總司令，下轄鄭洞國的第一兵團（駐長春）、孫渡的第六兵團（駐錦州）、周福成的第八兵團（駐開原）、廖耀湘的第九兵團（駐挺嶺）、徐梁的騎兵團（駐興隆店）、劉安祺的第七兵團，另以冀熱邊區司令范漢傑部駐秦皇島，兼受東北、華北剿總的指揮。華中地區，合併國防部九江指揮部（原白崇禧兼）和武漢行轅（原主任為程潛），設華中剿匪總司令部於漢口，由國防部長白崇禧兼任總司令，主持鄂、豫、皖、贛、湘五省剿共事宜，下轄六個綏靖區部隊和張淦第三、楊幹才第十、吳紹周第四機動兵團。華東方面，撤銷徐州、鄭州兩個綏靖公署，將陸軍總司令部徐州司令部（顧祝同兼）改為徐州剿匪總司令部，以劉峙為總司令，主持蘇、魯、豫三省軍事，下轄十二個綏靖區部隊和李延年第二、黃百韜第七兩個機動兵團。如此的布局是希望能達到集中統一指揮的目的。

一九四八年初，陳誠提出對共作戰計畫，國軍以先行擊滅關內共軍克復華北之目的，預期於半年內在東北方面暫取機動防禦，先擊滅黃河以南陳毅、劉伯承各共軍，爾後由魯、豫、陝諸方面進出黃河北岸與華北國軍，協同打通津浦、平漢線之北段，擊滅聶榮臻，會師冀中，同時摧毀上黨區共軍根據地，恢復各路交通，並準備出關收復東北。一月至四月底，重點於長江以北、黃河以南地區，五月到六月底，重點於黃河以北、長江以南地區；東北方面，先採取攻勢防禦之要領，各以一部鞏固永吉、長春、瀋陽各戰略要點，澈底集中兵力先擊破法庫附近遼河東西地區匪軍主力；另以一部與華北東進部隊協力擊破新民、錦州間之共軍，協同主力部隊，追剿彰武、阜新以南地區的共軍，確保北寧、營瀋兩線之安全。再依狀況放棄永吉、長春，集中兵力，分別置於四平、瀋陽、錦州各附近機動，俟機再擊破其他共軍[31]。

為達到全面剿共的目標，亦重視總體戰，採取軍事、政治、經濟三位一體的辦法，以對付共黨及其所領導的人民解放軍。即是以軍事力量掩護政治，以政治、經濟及思想力量配合軍事，一九四七年十一月，在南京召開蘇、豫、皖、鄂、湘、贛六省剿共檢討會議，之後陸續召開聯省的剿共會議，一方面集政治、經濟、思想、軍事力量，實施一元化作戰制度。並將全國劃分若干的綏靖區，如黃河以南、長江以北、大巴山以東，畫二十個綏靖區，分別隸屬顧祝同、白崇禧和胡宗南。華東地區畫十二個綏靖區，華中地區有六個綏靖區，西北地區有兩個綏靖區。其戰略目標為：東北方面，持久消耗打擊解放軍，使其戰力不能成長；華北方面，採主動攻勢，使東北解放軍陷於孤懸分離，並截斷其補給；華中方面，建立封鎖，阻止解放區的不斷擴大；華南方面，清剿共軍，不使其勢力擴展至華南。但由於僅占領大城市，只有點而缺乏面，補給及維持交通網的暢通甚為困難，戰爭常處於被動，無法有效肅清共軍。

綜合上述可知，國府對中共的戰略，初期主張統一受降，要求共軍配合，先穩定華中、華南，再積極向北推進，部署全面剿共，達到控制全國的目標；在軍事調處期間，一方面與中共舉行會談，擬透過政治方式，全面解決中共問題，一方面則希望速戰速決，消滅中共在解放區的勢力。馬歇爾調處失敗後，國軍開始做全面剿共的準備，頒布戡亂令，全面戡亂，進行分區防禦戰及總體戰，軍事作戰是此階段的重點。

（三）共軍的策略

中共的戰略常與政略相配合，中共的政略是希望以戰後現有的解放區為基礎，取得與國民黨相對的合法地位，因此爭取受降、擴大占領區、獲得國際支持為其發展的重點；利用重慶會談、政治協商會議爭取有利的籌碼；並以廢止國民黨一黨專政，建立聯合政府為手段，逐步邁向奪權的目標。

毛澤東也清楚外交是外交，黨是黨，不可能完全依賴蘇聯，因此軍事上加強部署，當國軍進行復員時，共軍則積極動員，一九四五年八月二十日，中央軍委提出各地區在人民可能負擔的條件下，應迅速動員新兵入伍，其數字可為各區現在兵員的三分之一，並要求在年底前完成。九月二十一日，中央發出「關於補充兵與擴大兵員問題的指示」，為保障戰後真正實現和平民主，八路軍、新四軍急需補充擴大。決定在十月至十二月三個月內，八路軍、新四軍應爭取擴充數十萬人[32]。

中共以「鞏固華北、爭取東北、堅持華中」為其戰略部署[33]，並訂出「向北發展，向南防禦」的戰略方針，這個方針的核心是不惜放棄部分南方根據地，將部隊依次北移，以便集中十餘萬主力控制熱、察，爭取東北[34]。抗戰結束前，中共積極向南發展，派八路軍王震部南下湘、粵、贛，新四軍粟裕部南下蘇南、浙江，以隔斷大後方國軍與江南淪陷區的聯繫，爭取在日本投降時較有利的戰略地位。抗戰結束之初，中共仍堅持此方針，要求粟裕部原地繼續擴展，如不能，即準備往閩、浙、贛創造新局，絕不退回江北[35]。除不放棄江南發展外，也開始部署華北的軍事行動，一九四五年八月十五日，毛澤東下令綏遠、太行、冀察地區的八路軍乘機奪取靠近張家口地區的大同、太原與北平，不惜與試圖占領這些城市的傅作義部作戰[36]；二十日，中共中央發出關於北平、天津等大城市迅速布置的指示：對於北平、天津、唐山、保定、石家莊，應迅速策動城內人民的武裝「起義」，以爭取機會，配合攻城，奪取這些城市，主要以攻占平津地區為主，其他各地照此辦理[37]。

八月二十二日，中央軍委關於改變戰略方針給各黨委、各軍區的指示，指出：蔣介石利用其合法地位，接收敵偽投降，敵偽只能將大城市及交通要道交給蔣介石。此種形式下，我軍應改變方針，除個別地點仍可占領外，一般應以相當兵力威脅大城市及要道，而以必要兵力奪取小城市及廣大鄉村，擴大並鞏固解放區，發動群眾鬥爭，並注意組訓軍隊，準備應付新局面，做持久打算[38]。

為了顧及蘇聯在外交上的困難，中共中央決定迅速命令部隊採取隱蔽的方式進入東北，而且要求進入東北的部隊一律不用八路軍的番號，而用地方名義。令太行區奪取上黨，太岳區向同浦路進擊，冀、魯、豫區進攻豫北，晉、察、冀區出擊晉北與正太路，晉、綏區協助晉、察、冀區奪取大同，爭取收復歸綏，尤其要求各地控制國軍北上必經的要道[39]。為落實「向北發展，向南防禦」的戰略部署，自一九四五年九月至十一月先後調往東北部隊十一萬人，幹部二萬餘人。

東北為其發展重點，九月十四日，中共中央召開政治局會議，聽取曾克林自東北得知資料的匯報，曾談到東北廣大地區無人管理，秩序混亂，共軍進入東北後發展迅速，認為應配合蘇軍接管東北，這對中共決策產生若干影響[40]。十五日，劉少奇給各地的指示：「目前我黨東北的任務，就是要迅速的、堅決的爭取東北，在華北發展我黨強大的力量。」[41]劉一再強調「向南防禦，向北進攻」的方針，中共中央漸有發展東北的共識。為了確保在北方的發展，以交通戰為核心，阻止國民黨向華北進軍，九月二十二日，中共中央軍委提出對津浦、平漢、同蒲路北上國民黨的軍隊用「糾纏扭打」的戰法，阻止國軍由上述三路北上，對中共爭取東北和熱察兩省的勝利相當重要[42]。毛澤東認為在平漢、津埔等八條鐵路上全面阻止國軍推進並非不可能。

同時，中共中央決定先派幹部到蘇聯的占領區，建立黨的組織，建立地方政權，發動與組織群眾，建立地方的武裝。因此派彭真、陳雲、程子華、伍修權、林楓等至東北，組成東北局，以彭真為書記，其後又派高崗、張聞天、李富春等去東北，在東北共有四位中央政治局委員，二十位中央委員和候補中央委員，占中共七屆中央委員會成員的近三分之一，可見中共對東北的重視。

彭真到達瀋陽後，經與蘇聯交涉，獲得具體的回應，更鼓舞其部署東北的信心。根據彭真的回憶，戰後中共對東北的策略分為四個階段：第一階段從一九四五年九月至十月中旬，在中共部隊未到達之前，東北局工作的重點是壯大其在南滿的力量，執行中央提出的分散方針，派部分幹部及軍隊分頭展開工作。第二階段為十月中旬至十一月下旬，中央決定放棄過去分散的方針，集中主力，守住東北大門，竭盡全力霸占東北。第三階段自一九四五年十一月下旬至一九四六年一月下旬，中央決定撤出大城市，把工作中心放在建立根據地，同時指示東北局在大城市附近建立第一道軍事防線，絕不可輕易放棄。一九四六年初由於馬歇爾調停失敗，中共已決心應戰，一月下旬至五月，集中兵力控制長春、哈爾濱、齊齊哈爾，進行決定東北大局最重要的一戰[43]。毛修改東北局七月七日「關於形勢與任務的決議」，要求共黨必須下最大決心，準備粉碎國軍的進攻，以戰爭的勝利取得和平[44]。一九四六年七月至十月，先後發出毛起草的「自衛戰爭粉碎蔣介石的進攻」、「集中優勢兵力各個殲滅敵人」、「三個月總結」等指示，積極備戰。中共的決策是隨著戰事進行調整，每一階段的任務皆不同，主要還是在擴充地盤，發展勢力。

十月九日，成立東北軍區，以程子華為司令員；十月三十一日，中共決定東北部隊改稱東北人民自治軍，林彪任總司令、呂正操為第一副司令、李運昌為第二副司令、蕭勁光為第三副司令兼參謀長、彭真為第一政治委員、羅榮桓為第二政治委員[45]。中共在東北的政治、軍事機構組織完全建立。十一月一日，中共中央軍委致各戰區的電文中提到：「我黨任務是奪取東北、鞏固華北、華中，而十一月開始之主要作戰方向已轉至東北方面，第二作戰方向則是華北、華中。」[46]中共進入東北的主要工作是調兵出關和占領地盤，以此目的部署如下：一、東北方面，林彪、彭德懷立即布置內線作戰，先在葫蘆島至錦州、營口至海城之線，盡力阻滯登陸之蔣軍，以待已到部隊重整完竣，及其他部隊到達，並於適當時機堅決殲滅國軍，不使其進入瀋陽。二、陳毅、羅榮桓、李運昌等迅速調山東第一批入東北的部隊兼程北進，第二批部隊及四野的一部分部隊迅速啟程北上。三、黃克誠師迅速進入平津路北上。四、蕭勁光、羅榮桓野戰軍限上半月在平北集中，編組完畢待命東進，側擊進入山海關、錦州、瀋陽線上之蔣軍。五、劉伯承、鄧小平等軍等正面戰役完畢，準備抽出，楊、蘇縱隊配足十個團待命北上，另組新縱隊代替楊、蘇。六、華中葉飛縱隊待穿上棉衣後啟程北上。七、聶榮臻、賀龍軍待綏遠作戰完畢，即以主力轉至平津方面策應東北作戰。八、劉伯承、鄧小平、陳毅等除開往東北者外，仍服原任務，準備殲滅向北進攻之國軍主力[47]。

中共認為國府不能滿足東北人民的要求，只要能爭取廣大農村及許多中小城市，緊靠著人民，就能爭取勝利[48]。因此一方面借蘇聯的協助，擴大東北地盤，另一方面以各種方式阻止國軍進入東北，並利用馬歇爾調停國共戰事的機會，整頓與擴軍，一九四六年十月一日，毛澤東歸納三個月總結，更深信可以打敗國民黨。因此軍事方面更為積極，特別是對東北方面的攻勢更加猛烈。共軍已決定進行所謂的「自衛戰爭」，自一九四七年一月後，共軍一律稱為「中國人民解放軍」，集中絕對優勢的兵力，配合地方武力，選擇適當地點進行對國軍的個別殲滅行動。總之，戰後中共的戰略較為明確，也較為主動積極。戰後初期爭奪接收，阻止國軍北上，以國共和談為手段，取得合法地位，利用蘇聯的協助占據東北，美國調處失敗後，則以「自衛」的名義，擴大戰役。正如杜聿明所說：「共產黨是蓄謀已久，國軍則是倉促應戰。」[49]到了七月後，毛澤東認為此時中共已從「自衛」轉為「進攻」[50]，軍事行動方面更為積極。

由此可知，中共的發展策略隨時因應國際及國內的政局與戰局做調整，以達到擴張勢力的目標。

二、國軍三大戰役連續失敗

國共雙方一九四五年底兵力人數比例約為三‧五：一，中共不斷動員、整訓，兵力逐漸增加，國軍則因復員及戰爭傷亡而逐漸銳減，國共軍隊數目形成此消彼長的情形。共軍數目在一九四六年六月，官兵人數為一二八‧三萬人；一九四七年六月，增為一九五‧四萬人，國共人數的比例約為一‧九：一；一九四八年六月，共軍增為二七九‧四萬人，國共人數的比例約為一‧三：一。

根據杜聿明的統計，一九四八年九月份，國軍部隊數量降至三百六十萬人（吃空缺者甚多），共軍的數量則由戰後的一百二十萬人增至三百萬人[51]，國共部隊的比例為一‧二：一，一九四八年十一月，遼瀋戰役結束時，國軍二百九十萬人，共軍增至三百萬人；一九四九年四月，共軍渡江之前，國軍二百萬人，共軍為三百五十七萬人，共軍人數已超過國軍[52]。簡單列表如下頁：

武器裝備方面，國軍大部分是美式裝備，又接收日本及日偽的武器，擁有坦克、大砲及作戰飛機等。中共初無空軍及海軍，戰後在蘇聯扶植下接收自日偽的飛機及艦艇。以國軍主力整編第十一師和共軍中裝備最強的東北第一縱隊做比較，前者擁有各種槍一萬一仟伍佰二十支（其中衝鋒槍二仟三佰零七十），各種砲四百四十門（其中一佰零五榴彈砲八門），汽車三百六十輛；後者擁有各種槍一萬三仟九佰九十一支（其中衝鋒槍九十二），各種砲四十六門（其中七十五榴彈砲十二門），沒有汽車；國軍的自動武器及重火力的確優於共軍，機動性更

表1-1　國共雙方軍隊人數及比例

時間	國軍人數	共軍人數	比例
1945.12	450萬	127萬	3.5：1.1
1947.06	380萬	195.4萬	1.9：1.1
1948.06	360萬	279.4萬	1.3：1.1
1948.09	360萬	300萬	1.2：1.1
1948.11	290萬	300萬	1：1.1
1949.04	200萬	357萬	1：1.8

遠勝於共軍[53]。訓練方面，國軍具有長期訓練的基礎，解放軍大部分是抗戰期間在後方進行游擊的地方武裝改編而來的，國民黨中央宣傳部部長彭學沛甚至說，中共是「毫無軍事訓練的老百姓」[54]，這當然不符事實，也可看出國民黨的一些問題。何以中共取得最後的勝利？軍事的原因與戰後國共的軍事攻防戰略可能是重要關鍵，三大戰役國軍挫敗則是其中的轉捩點，僅就國軍失利原因做分析。

（一）遼瀋戰役的檢討

遼瀋戰役方面，共軍於一九四七年五月至一九四八年三月，連續發動夏、秋、冬三次攻勢，國軍被迫退到長春、瀋陽、錦州等三個地區。一九四八年九月十二日，東北解放軍攻克昌黎，切斷錦榆線，斷絕華北國軍增援東北的陸上交通，北寧線作戰開始，揭開遼瀋戰役的序幕。遼瀋戰役約可分為三階段：第一階段自一九四八年九月十二日至十月十九日（錦州、長春為共軍所占）；第二階段自十月二十日至十月二十八日（遼西會戰）；第三階段自十月二十九日至十一月二日（瀋陽、營口被占）。

國共在東北最後的決戰是遼瀋戰役，其中又以錦州之役最具關鍵，參與戰役的中共幹部蘇靜即認為：「它的勝利對於整個遼瀋戰役具有決定性的影響。」[55]綜觀東北遼瀋戰役，國軍之所以失敗，原因甚為複雜，就政治、國際、軍事上做分析。

政治方面：其一，東北各省市政府均集中瀋陽之一偶，由於物價控制不力，造成市場混亂，影響民心。

其二，遼寧省附近為中共所占，政府僅能控制數縣，亦無法有效組織民眾，造成政府與人民脫節，中共又利用地下黨員進行拉攏，遇緊急時人民向中共靠攏，如瀋陽市各區保長、各警察分局長，十分之六為中共地下工作人員，故政治、軍事無法配合。

其三，遼寧省王主席鐵漢、瀋陽市長董文琦、董彥平等地方政治事先無組織，緊急時又無處置與措施，臨時倉惶脫逃，人民怨聲載道，王鐵漢等對東北政治失敗不能辭咎[56]。

政治方面不單是東北本身的問題，整個國內的政局亦不利於政府，立法院、監察院分崩離析，蔣在日記中特別感慨：

> 數月來以戰事不利，經濟拮据，外交艱窘，因之立法、監察兩院之本黨黨員更行無法無天，不僅事事違反紀律與中央黨政處處立於相反地位，而且一人一黨，每一黨員皆欲自作領導，自有主張，對於領袖之意旨與命令則陽奉陰違，口是心非，並對余之言論吹毛求疵，惡意曲解，不但喪失領袖威信在所不顧，而且無形中間接協助共匪，以毀我黨政亦所不惜，幾乎令余無所措足，革命至此，可謂極人世之悲觀[57]。

國際方面，戰後東北成為國、共、美、蘇的角力點，國軍急欲收復東北，國府原希望蘇聯協助其進入東北完成接收，但蘇聯多方阻擾，利用機會奪取其利益，並藉此扶植中共，建立其在東北的根據地，美國本來希望國軍早日完成接收，使蘇聯不致在東北坐大，因此協助國軍登陸，但也僅止於從旁協助，並沒有積極阻止蘇聯在東北的行動，美國戰略顧問所提之意見亦無法發揮作用，蔣曾經感嘆：「美國民情之粗淺浮躁，不彰正義，不識精誠，即以巴大維對我國戰局與政治之判斷，可以知之。」[58]魏德邁甚至曾建議國軍放棄東北，雖然王世杰極力的糾正其思想，蔣介石亦有自己的堅持。由於美國態度模稜不定，並未全力支持國軍收復東北，而蘇聯在劫取東北利益的同時，則全力扶植共軍，因此在這場角力中，蘇聯與中共取得相對的優勢。

軍事方面，因素更多：其一，師長以上將領無成功打算，又無成仁決心，毫無戰鬥意志，畏縮遲疑，對命令不徹底奉行，蔣經國談到：「在大陸上我們為什麼失敗？就是因為大家思想模糊，精神渙散，誤解了自由和民主，不服從領袖，不擁護政府。」[59]一九四八年十月九日，國軍攻下彰武後，本可一鼓作氣，將共軍第五縱隊及第十縱隊殲滅於饒陽河以東地區，因彰武共軍遺留高粱米甚多，各部隊專以搶運高粱米，停留三天，坐失殲敵之機。一九四八年十一月，瀋陽失陷時徐永昌痛惜說：「三、四十萬大軍，不及三週完全崩潰已盡，皆壞於營私無鬥志，質言之，壞於不講求紀律而已。」[60]陳誠視察回報：「軍心士氣已不能振作，高級長官幾皆貪婪怯弱，毫無生氣。」[61]

廖耀湘兵團於十月二十七日黑山地區轉進時，既無計畫，又無部署，各部隊長不掌握部隊，隻身突逃，如龍天武、潘裕昆等軍長隻身逃返瀋陽，置部隊不顧，覓機飛北平逃跑。毛人鳳在檢討此戰役時提到：

高級軍政長官擅離職守，當匪軍未進抵瀋陽時，衛總司令即於十月三十日下午飛離瀋陽，未服從上級指示作有計畫的部署，部隊因無人指揮軍心動搖，自行潰散，又瀋陽警備司令胡家驥、市長董文琦、遼寧主席王鐵漢等高級將領，身負防守重任，亦竟於三十日棄職離去，激起軍民怨恨，相率搶劫，全市混亂激起民變[62]。

其二，各部隊不能協調，彼此猜忌，逃避責任，人事不和，縱橫不能聯繫。平常缺乏聯合作戰的教育，將領缺乏協同一致的精神，根本沒有同仇敵愾生死與共的精神[63]。國軍將領間發生嚴重的爭執，東北保安司令長官杜聿明與軍長孫立人不合，地方人士對熊式輝不滿，士氣低落，人心動搖。六月十一日，共軍圍攻四平街，熊式輝向國防部報告時談到，國軍經多次會戰後，軍力耗損，既無增援，補充器材既少又遲，共軍則增加迅速[64]。共軍進入四平街與陳明仁部惡戰，熊式輝以東北窮於應付，一再請辭求去，國府於八月二十日先調整東北戰場之指揮機構及人事，撤銷東北保安司令長官部，將其職權併於東北行轅之內，以收軍政統一指揮之效，原東北行轅主任熊式輝去職，派參謀總長陳誠兼任，掌東北軍政全局，原東北保安司令長官杜聿明調為副主任。陳誠在東北後將國軍正規軍擴充至十四軍，並整頓軍紀，懲辦貪污人員（汽車團團長馮愷），但陳誠求功心切，措施操切，引發內部反彈，陳明仁因而求去。陳嘉驥談到：「杜聿明在大勝之餘，國防部下令冒險進攻東邊道，挫傷了國軍的銳氣，杜聿明又與石覺、孫立人等重要將領，在戰略上有了意見參差，形成將帥失和，使大好形勢為之丕變。」[65]

東北剿匪總部衛立煌與第九兵團司令廖耀湘對於固守瀋陽意見紛歧，杜聿明挾於其中，較贊同衛的主張，但蔣之意見較傾向暫守待退。對於錦州方面，雖有共識要嚴守，但又無精銳部隊增援，加以指揮所主任范漢傑與九十三軍滇籍的盧濬泉間貌合神離，指揮難以統一。東北的國軍來自各方，有滇軍（六十軍、九十三軍），有原參與滇緬作戰的部隊（五十二軍劉玉章部），有東北的部隊（第八兵團五十三軍原為萬福麟所率的東北軍部隊，後由周福成任軍長），成員相當複雜，各部隊間互相猜忌，互不協助，戰役發生遂各自為政。

其三，投共將領影響士氣，夾擊國軍，衛立煌處置失當，六十軍的先頭部隊一八四師，在鞍山被圍時，師長潘朔端在參謀長馬逸飛的策動下在海城投共，該師被中共改編為東北民主同盟軍第一軍，潘還策動六十軍將領投共，對於後來曾澤生六十軍的投共有其影響。防守瀋陽之五十三軍周福成部及暫五十三師許賡揚部投共，僅二〇七師一二旅守備瀋陽西南一帶，與共軍激戰，至十一月一日晨匪軍傷亡甚大，二〇七師第一團幾乎全部壯烈犧牲，該師受投敵的許賡揚部夾擊，致無法戰鬥。

衛立煌對瀋防守部隊，事先既無處置與指示，於十月二十九日下午倉惶由瀋陽飛北平總部，當錦州被攻時，蔣令以十五個師西進援錦州，衛打折扣，僅派十一個師前往，且延誤出兵時機，致不能達到解圍的效果，使錦州孤軍無援而失陷，最危急時，蔣以空投方式指示戰略，但情報為共軍所獲，無法有效指揮。

其四，各部隊所領十月份薪糧及十一月份經費，因遼西戰場與瀋陽交通聯絡於十一月二十六日中斷，均未發給大部分款項，不但無法順利補給，且引發官兵的不滿。毛人鳳檢討時指出：「戰時不能適時補給，弊端百出，如此次各部隊汽車及裝甲車由新民出發時，車輛僅發汽油二十五加崙，當天雨道路泥濘，汽油消耗過量，無法接濟，運輸遂告中斷。」[66]東北戰役失敗遼瀋失陷後，各中下幹部士兵等大多數均痛哭流淚，恨將領怕死無能，有現代化的武器而不能善用。

其五，指揮的紛爭：軍隊的失敗與平時的治軍有關，徐永昌在一九四八年九月二十六日與熊式輝談話時即提到：「我們治軍的手法不改即戰勝一、二次，亦無補於危亡，況屢敗乎，濟南之失，由於吳化文之叛變，吳固不致於叛變者，實有以驅之。」[67]蔣在國軍失敗原因時亦提到：「我們今天失敗主要的原因，是由於我們軍事的崩潰。軍事之所以崩潰，是由於我們軍事上的制度——諸如教育制度、人事制度和經理制度，皆未能健全的建立起來。」[68]其實蔣指揮確有過當，從《蔣中正總統檔》及《蔣介石日記》中隨時都可看到蔣常指示國軍將領戰術戰略[69]，稍有不如其意則以斥責，如一九四八年十月二十二日日記中談到：「與羅澤闓談東北進退與轉進方略，仍以退守瀋陽為得計，余嚴斥其死不覺悟，長春現實之慘痛教訓而彼尚不以為意，痛憤之至。」[70]十月二十三日日記中記到：

召杜聿明談東北總司令問題，彼仍以退守瀋陽要求增加十個軍力與匪周旋，保證滅匪為言，余嚴斥其妄想如此其必守瀋則任其自處，中央絕不能增加兵糧，並明示其如此，余亦再不能視瀋陽國軍為國軍矣，思之痛心[71]。

難怪衛立煌將軍要說：「蔣介石用人是人人直接通天，弄得誰也不能統一指揮，我在東北未下過一道命令，看誰負責。」[72]

當東北危急之際，國軍將領常直接請示蔣的意見，蔣為貫徹其戰略亦常直接下達命令。一九四七年五月三十一日，條諭孫立人遵照計畫固守長春；六月六日，電熊式輝、杜聿明，北上增援部隊限期到四平解圍，如不守，嚴懲長官。當時蔣與東北主要守將之間對戰略的安排上歧異甚大，蔣在一九四八年十月二日日記上記到：

晚即赴東北剿匪總部聽取各軍室師長作戰意見，彼等仍以打通營口為目的，而不敢向彰武新立屯出擊，取攻勢，余力斥其不會原則堅決向北對匪主力出擊取攻勢，並告其華北方面已增四個師來錦、葫增援方能無異議[73]。

蔣為貫徹其戰略意旨親自到北平督陣，要求鄭洞國（東北剿總中將副司令兼第一兵團司令官）、杜聿明、衛立煌、廖耀湘（東北兵團中將司令官）等務必照指示行動。十一月二十七日，電陳誠近期內遼西共軍必有行動，務望能先發制敵。十二月二十一日，電陳誠：其一，對瀋陽以南遼陽以西之第四縱隊，應先集兵力澈底解決；其二，此時應令吉林、長春兩軍乘共軍全力南下之時，協同恢復九台打通吉長鐵路，再以主力南下挾擊遼河之共軍[74]。從以上的電文往來可知，當時蔣不僅清楚東北的戰況，並時加指揮戰事的進行。當東北戰事吃緊時，蔣與衛立煌的作戰方針不同，蔣為貫徹其意志，直接對衛的部署下達命令，另一方面提高范漢傑的指揮權，要其全力打通瀋錦間的交通線，另外又令廖耀湘統率瀋錦主力，全力突圍，後見廖受衛之節制，乃令杜聿明按其計畫打通瀋錦線。對於蔣數度飛抵瀋陽，親自督陣，籌畫以為進攻的方案，決定收復錦州，杜聿明批評：「他（蔣）並不是從敵情、地形、敵我兵力對比及士氣等有形無形作戰要素來策定他的戰略戰術，恰恰相反，首先從他主觀唯心判斷。」[75]而蔣、衛在東北撤守上意見不一，使東北的高級將領互有成見，各有所私，既不能及時制定出明確的戰略決策，也無法實行統一的軍事指揮，直至遼瀋戰役發生，國軍在東北撤守問題上，一直舉棋不定，猶豫不決，對戰事自有負面的影響[76]。由於蔣堅持其戰略，使東北將領有待令的心理，不能主動提出全盤的戰術，作戰時的支援也常需仰賴指示，此對戰局自有影響。

將領在遼瀋戰役的表現，有些未戰先降，如第一兵團第六十軍軍長曾澤生，率一八二師（白肇學）、二十一師（隴耀）、五二師（李嵩）等三個師投降，有戰敗逃亡，如第六軍戴樸、新三軍龍天武等，但大部分都是戰敗被俘者，如范漢傑（東北剿總中將副司令兼錦州指揮所主任）、鄭洞國（東北剿總中將副司令兼第一兵團司令官）、廖耀湘（東北兵團中將司令官）、周福成（瀋陽防守兵團司令官）、賀奎（錦州邊區副司令官兼遼西行署主任）、盧濬泉（第六兵團中將司令官）、盛家興（第九十三軍軍長）、楊宏光（第六兵團副司令官）、景陽（第九十三軍第十八師師長）、李長雄（第九十三軍第二十二師師長）、黃文徽（第九十三軍第八十八師師長）、鄭庭笈（第四十九軍中將軍長）、文小山（第一軍副軍長兼三十師師長）、黃炎（第七十一軍第八十七師師長）、王耀雲（九十三軍二十二師團長）、宋邦緯（第一軍五十四師師長）、羅英（第六軍二十二師師長）等，其中不戰而降的六十軍軍長曾澤生是雲南盧漢的部屬，其與中央軍系本就有摩擦；但被俘的將領中央、地方部隊都有，中央嫡系部隊，如第七十一軍，原為蔣的警衛隊部所改編，大部分為黃埔軍校畢業，黃炎為黃埔六期、陸軍大學將官班，向鳳武為黃埔四期，熊新民為黃埔六期，其他如鄭洞國、廖耀湘也都出身黃埔。雲南部隊方面，如盧濬泉、盛家興等，東北部隊方面，如周福成等，因此此一戰役的失敗，無法認定是中央與地方不合的結果，也不能歸責於地方軍系作戰不力，而是以上多種原因造成的結果。

（二）平津戰役的檢討

中共發動平津戰役的時間，因論點不同說法分歧，有些以包圍平津的時間，有些以發動天津的總攻擊時間為基準，從一九四八年八月到十一月底的意見都有，本文以發動攻擊時間為準，又可分為三個階段，第一階段自一九四八年十一月二十九日至十二月十日，中共採取對平、津、張、塘實施包圍和分割的政策。十一月十八日，遼瀋戰役結束，中共下「東野儘速入關突然包圍津唐塘等處」的指令。戰役一開始中共採取穩住東線、包圍西線的方針，十一月二十三日至二十六日，東北野戰軍主力先後南下，二十九日，華北第三兵團楊成武部進入張家口附近地區，形成對張家口及宣化的包圍態勢。第十一兵團司令官孫蘭峰發現楊成武兵團從綏回師攻擊。十一月三十日，羅榮桓、林彪等人由遼陽入關，部隊亦隨之調往華北待命[77]。揭開平津戰役的序幕。傅作義令其嫡系第三十五軍由豐台，第一〇四軍（軍長安春山）由懷來分別增援張家口。後為加強北平的防務，抽調三十五軍回北平防守。在回程中被中共華北解放軍第二兵團包圍在保安地區。十二月十一日，中共中央軍委發出「關於平津戰役的作戰方針」的指示，兩週內對張家口及保定的國軍採「圍而不打」的策略，同時切斷北平、天津塘沽間，國軍的聯繫。十二月二十一日，中共東北野戰軍主力八十萬人全部進關，對平津區展開包圍，使傅作義的部隊分別被孤立在北平、天津、新保安、張家口、塘沽等五個據點。十二月五日，中共東北軍先遣部隊進攻密雲國軍第十三軍第一五五師，傅作義唯恐中共進攻北平，乃決定：急調增援張家口的三十五軍立即乘車返回北平，令在懷來、南口地區的一〇四軍、十六軍向西接應三十五軍。急調天津附近的六十二軍、九十二軍、九十四軍到北平布防。第十三軍由懷柔、順義撤到通縣。第一〇一軍由涿縣撤至豐台、門頭溝。中共則改變其「圍而不攻」的戰略，開始對張家口、天津等地進行攻擊。

第二階段自一九四八年十二月二十二日至一九四九年一月十五日。中共集中兵力進攻新保安和張家口、天津的國軍，十二月十一日，毛澤東發出關於平津作戰方針的指示，「從本日起的兩星期內，基本原則是圍而不攻（張家口、新保安），有些則是隔而不圍（平津、通州），以待部署完成後再各個擊破。」[78]共軍由楊成武率第二十兵團，以三個軍的兵力，進入張家口附近，形成對張家口、宣化的包圍。傅作義的部隊除重新部署防衛外，並令加強天津的防衛，陳長捷接獲命令後，將天津分為三個防區，指定西北區以第六十二軍擔任，由林偉儔指揮；東北區以第八十六軍擔任，由劉雲瀚指揮；南地區以第九十四軍第四十三師擔任，由陳長捷兼任指揮；其餘部隊為總預備隊在耀華中學附近。各部隊工事材料由天津防守司令部統一徵用物資分發，做工事的人力由防守司令部會同天津市政府統一分區徵用民工分發。平津局勢危急，蔣命徐永昌到北平，傳達蔣的旨意，要傅作義準備南撤，但傅作義表達不能接受，徐只好回京覆命。中共則於十二月二十二日展開攻擊，華北第二兵團向新保安的國軍第三十五軍發起總攻擊。守於張家口的國軍約五萬人亦受到中共華北第三兵團及東北野戰軍的攻擊，二十四日共軍攻占張家口。國軍第十一兵團所屬的一個軍部七個師約五萬人被中共擊潰。

一九四九年一月，中共部隊已完全佔據天津的外圍，完成對平津區的包圍，一方面希望利用談判逼使國軍就範，一方面準備攻城，一月十日，由林彪、羅榮桓、聶榮臻三人組成總前委，林為書記，十一日，中共下最後通牒，要由傅方代表天津部隊，限十三日十二時以前開出，否則共軍將於十四日進攻[79]。天津警備司令陳長捷拒絕中共投降的要求，中共東北野戰軍遂於一月十四日向天津發動總攻擊。經過一天的激戰，局勢對國軍不利，陳長捷電話召集林偉儔、劉雲瀚、杜建時商談對策，並準備放棄抵抗，陳請示傅作義，傅亦同意和平投降，但已事不可為，十五日下午天津警備司令部被攻破，國軍十三萬餘人戰敗，陳長捷、林偉儔、劉雲瀚、杜建時等被俘[80]，天津為中共所占，至此北平完全孤立，後來傅作義同意和平談判，中共得以順利接管北平，至此平津戰役國軍徹底失敗。檢討國軍失利之因：

其一，傅作義錯估戰局，且無全盤的作戰計畫：防守於平津的傅作義部隊，作戰能力不差，如防守北平朱新民的九十四軍善戰，林偉儔所屬的廣東軍作戰能力亦強，陳長捷等且有作戰之決心，曾說：「我們與其讓敵人掐著頸子死，不如英勇戰死。」[81]傅作義亦善於帶兵。然因國軍無法掌握中共的動向，甚至低估解放軍[82]，傅作義以為從戰史的例證來看，中共的東北解放軍經過一次大戰（遼瀋戰役）後，需要三個月以後才會發動攻擊，並以為隆冬嚴寒，難作遠程行軍，預計於隔年春天中共才會發動攻勢。

對於中共東北解放軍入關的數目估算亦錯誤，以為不會超過五十萬人，結果則有八十萬大軍入關，這一連串的錯估為戰事失利的主因。其次天津在戰前構築許多防禦工事，並有坦克車等精進武裝[83]。坦克車因天寒，加上共軍大量挖壕溝，以致無法有效發揮，所築工事亦未能發揮其禦敵的效用。石覺認為：「北平內無存糧，外無可用之防禦工事，且兵臨城下，尚無作戰計畫。」[84]當時中共東北八十萬大軍遵照預定計畫，不待休整，不顧疲勞，迅速向關內急進，出奇制勝，並與華北兵團會合圍擊國軍。

其二，和平及失敗主義的影響：傅作義在被圍之際信心動搖，冀圖與中共達成局部和平以換取中共撤退，部隊調防猶豫不決，無法抵抗全面進攻的共軍。北平方面並未發生戰鬥。一九四八年十月二十五日，傅作義與王克俊交換對北平及時局的意見，兩人的結論是「國民黨必敗，共產黨必勝」[85]。自一九四八年十一月以後中共部隊接二連三打敗國軍，十二月二十四日，進攻張家口，一九四九年一月十五日攻占天津，這些戰敗的陰影對傅的壓力極大。

其三，傅作義與蔣介石的矛盾：一九四六年底，國民政府將戰區改為綏署，李宗仁北平行營下轄保定綏署（原孫連仲十一戰區）及張垣綏署（傅作義十二戰區），一九四七年底，蔣撤消保定綏署，人員併到張垣綏署。十二月撤北平行營，成立華北剿總，任傅作義為總司令，權限雖擴大，但也因此加深傅、蔣之間的矛盾。其間的爭端，與人事的安排有關，一九四八年五月，傅在北平成立河北省政府，以擴大其控制範圍；六月，蔣命傅作義將總部的新聞處和民事處合併為政工處，指派張彝鼎為中將處長，傅堅決拒絕，蔣又委派趙仲容為處長，傅亦反對，同時電蔣調王克俊（王明德）為處長，引起蔣的不快。其次，當一九四八年十月，錦州吃緊時，傅又拒絕派兵援錦，擴大傅與蔣之間的矛盾。蔣於一九四九年一月二十三日日記提到：「萬不料宜生怯愚至此，變節如此之速乎，余誠不識其人矣。」[86]其實如從傅作義的行徑而言不難看出其端倪。後來蔣也承認：

> 傅逆之投匪又使我多得一經驗，即凡已投降一次者，而其將來對他敵人亦無不可以投降；凡已叛變一次者，而其將來對其他敵人亦無不可以投降；凡已叛變一次者，而其將來亦有二次三次乃至無數次之叛變。為文武幹部者能不慎始自愛，時加戒懼乎哉，否則一次失足成千古恨，將不知人間有羞恥事，乃至無所不為矣[87]。

其四，受女兒及中共的影響：華北地區早有許多地下共黨活動，傅作義女兒傅冬菊是共產黨員，在綏靖公署秘書杜任之，從中策動下，傅開始與中共有所接觸。對於傅冬菊對傅作義的影響，張發奎也不認為那麼重要，張反而認為是受到美軍撤出青島及蔣不給其美式武器的結果，在其回憶錄中談到：

> 我聽說傅作義的女兒是中共地下黨員，我不知道她對父親有沒有影響，抑或有多大影響，然而，我相信，如果蔣先生給他大量美製武器或者美國人積極支持他，他是不會投降的。如果美國海軍陸戰隊不撤出青島，他不會投降[88]。

張的分析並不完全正確，當時傅作義的部隊並不缺乏美製武器，美軍早在一九四八年初就開始有計畫的撤出中國，青島的撤退是最晚，所有的部隊直至一九四九年六月初才完全撤離，因此傅的投降應與此無多大的關係。

其五，基於文化保存的考量：自一九四八年十二月後，中共在北平城內策動各界主張和平，於是「和平解決北平問題」、「保存北平千年的文物古蹟，避免百萬人民生命塗炭」等聲明到處可見，並由何思源等名流出面斡旋，最後北平由中共和平接管。

（三）徐蚌會戰（淮海戰役）的檢討

徐蚌會戰大約分為三階段：第一階段自一九四八年十一月六日至十一月二十二日（碾莊附近黃百韜兵團被滅），第二階段自一九四八年十一月二十三日至十二月十五日（黃維兵團被殲），第三階段自一九四八年十二月十五日至一九四九年一月十日。會戰前，共軍第二、第十二縱隊之一部及兩淮獨立旅，積極破壞津浦路南段之交通，主力逐漸北移，進入臨沂東南附近，以第三、第八及兩廣縱隊留滯於魯西，其餘主力則向魯南及徐州移動，劉伯承部原據豫西，國軍撤守鄭、汴後，即以主力陸續進出鄭、汴一帶，陳賡部則於豫北戰役後竄入淮陽、商水一帶，牽制國軍華中部隊[89]。

此役共軍動員兵力約六十餘萬人，國軍兵力約七十萬人，雙方傷亡慘重，尤以碾莊黃百韜兵團、雙堆集黃維兵團、青龍集杜聿明兵團戰鬥，最為慘烈。檢討國共成敗之因：

其一，國軍不能協同作戰，兵疲彈損：國共雙方投入此戰役的人數相差不多，國軍在徐蚌會戰的主力，可以說是國軍的精銳部隊，有四分之一兵力負責守備，其餘參與部隊連年轉戰，兵疲彈損，戰鬥力較弱，如第四十四軍於海州撤退時未稍休整即投入戰場，第六十三、六十四軍各僅存萬餘人，戰鬥力不如共軍[90]。

加以國軍陸空及各部隊不能協同作戰，徐州剿匪總司令為劉峙、副司令為杜聿明，實際上由杜部署指揮，杜聿明同時又指揮東北軍事（東北剿總副司令），當東北情勢告急，蔣要求杜聿明到東北，使徐州布防出現問題。此外情報不實，在淮海戰役之始，徐州附近人民對於國軍實施封鎖，許多地區人民提供不正確的資訊給國軍，如豐縣、黃口間僅有解放軍二、三野之一部，國軍獲得的情報是二野主力；又如二野主力已到渦、蒙地區阻擊黃維兵團，國軍的情報並無提到有解放軍的野戰軍[91]。當空軍照預定計畫轟炸後，步兵疲憊不堪，未能按計畫實施攻擊，空軍指責邱兵團按兵不動，等陸軍實施攻擊要求空軍支援時，空軍不出動轟炸，邱則指責空軍不支援[92]，相互指責，不能協同作戰，自無法發揮其戰力。共軍能全部集中，直接參與作戰，隨戰隨補，協同較佳，且主動出擊。國軍防禦雖是全面的防禦，但既不能堅守據點，又以不足兵力增援，恰為共軍在野戰中所消滅。至於裝備方面受天候影響，武器、車輛不能使用。共軍於包圍作戰中，利用星羅棋布之村落地帶，做縱深約五公里以上的配置，依村莊大小，以最少之兵力占領，並挖掘壕溝通至村外，使甲村與乙村構成交叉點，國軍飛機轟炸，戰車及砲火攻擊，不易奏效，國軍必須以步兵逐村強攻，故每占一村，傷亡不少，連續攻克一至二村之後，幾已無力再戰，反之共軍前線失去一村，陣後即再占一村，始終保有原來的縱深，使國軍無法突破，終至彈盡糧絕[93]。

其二，國軍將領無犧牲的精神：國軍決定第三綏靖區部隊作為布防的前線時，馮治安表示：「要我們打頭陣，這不是很清礎，不論誰勝誰敗，反正我們先完蛋。」[94]遇挫敗則投降，還振振有詞為投降找藉口，如何基灃、崔振倫（第一〇八師師長）、張克俠等先後投共。這對國軍打擊甚大，張克俠及何基灃的投降使奉命西撤的黃百韜部第七兵團無法順利西撤，解放軍得以長驅南下，威脅徐州，切斷第七兵團後方聯絡線。黃子華率第八十五軍第二十三師及第二一六師一個團約一萬人投共；國軍廖運周率第八十五軍第一一〇師投降，打亂黃維的突圍計畫。以碾莊戰役而言，蔣認為是邱清泉指揮無方的結果，其在日記中提到：「接空軍報告，碾莊屹立無恙，惟邱兵團正面仍無進步，乃電杜聿明嚴斥邱清泉指揮無方，已成為老爺軍，何能革命剿匪。如其今日不能到達曹集，則碾莊復危，萬一有失，則邱應負其全責。」[95]國軍將領怯懦，慌張忙亂，遇中共攻勢無異驚弓之鳥，焉能不敗。

其三，國軍對傷患官兵缺乏醫療照顧，影響作戰士氣：作戰時補給不足，糧彈缺乏，延誤戰機[96]。共軍善於利用村落構築工事，占領村落後，挖壕溝通往村外，使甲村與乙村之間能有效的連結。

其四，戰役指揮的問題：本來在一九四八年七月份任命劉峙為徐州剿總就引起不少的疑慮，戰爭發生之後指揮權更加凸顯國軍的問題，徐蚌會戰與其他戰役犯相同的問題，即是蔣直接指揮調度，張發奎（陸軍總司令），曾提到：

當我接任陸軍總司令時，這個職位是空的，我不知道陸軍部隊的調動，也不知道部隊的駐地。共軍在徐蚌戰場給予我們沉重打擊，部隊經常在調動，蔣先生不通知何應欽的國防部，直接向部隊下達命令[97]。

這種指揮模式從國共內戰發生後即是如此，蔣下野之後也是如此，下野前蔣是總統，具軍事指揮權無可厚非，蔣下野後，則以總裁之身分，應將領的請求而做指示，形成將領不知聽從誰的領導現象。張發奎即明白的指出：「蔣先生可以不要職位，但不會不要權力」[98]，對蔣而言或許是使命感，但對戰役而言，卻是埋下失敗的種子，因為前方將領不敢勇於負責，都在等蔣的指令。

其五，共軍發動戰役的時間：胡璉（十二兵團副司令官）認為中共於秋收之後發動戰役，使其糧食補給充裕[99]。國軍的部署時間又過晚，按地理形勢守徐州並不正確，但由於徐州儲存大量物資，且如輕易放棄對於民心士氣打擊甚大，因此決定固守，但共軍大軍已壓境，國軍調整部署為時已晚[100]。

戰後國共爭奪政權，可以分開討論，最初共黨本擬與國府分疆而治，只想參與接收，多爭一些地盤，獲得合法的地位，在重慶會談及政治協商會議時所提的意見足以代表當時中共的意圖，但中共從不放棄以武力擴充其占地，因此一方面折衝，一方面利用武裝發展其根據地。當美國調處失敗後，共軍積極擴展，經蘇聯扶植其在東北發展後，中共有以分河（黃河）而治的意圖，希望掌握東北及華北的優勢，此時國軍的戰略方針是「南攻北守，先南後北」，而中共戰略方針是「向北發展，向南防禦」，雙方各自發展，國共衝突不斷，三大戰役則是全面的決戰點，國軍疲於應付，不論東北、華北及華東戰場均節節敗退。三大戰役後蔣介石被逼下野，李宗仁代行總統後，提出分江而治的構想，國府從絕對的優勢轉為絕對的劣勢。三大戰役是國共內戰的勝敗關鍵，耗時二個多月，遼瀋戰役自一九四八年九月十二日至一九四八年十一月二日，總計約五十二天，國軍損失四十七萬人；徐蚌會戰自一九四八年十一月六日至一九四九年一月十日，計六十五天，國軍損失約五十五萬人；平津戰役自一九四八年十一月二十九日至一九四九年一月三十一日，計六十三天，損失五十二萬人；總計國軍約損失一百五十萬人[101]，且多為國軍的精銳部隊，對國軍部署長江防禦和全力反攻有其影響，處於被動的防禦，加以許多將領帶兵投降，對國軍的士氣及戰力打擊甚大。

第二章

蔣介石來台前的部署與撤退計畫

蔣經國談到：記得父親引退之後，交我辦理的第一件事，是希望空軍總部迅速把定海的飛機場建築起來，那時，我不太明白父親的用意，衹能遵照命令去做，父親對這件事顯得非常關心，差不多每星期都要問問，機場的工程已完成到何種程度，後來催得更緊，幾乎三天一催，兩天一催，直到機場全部竣工為止。

一、來台前的戰略部署

三大戰役的失敗無疑對蔣的打擊甚大，國內掀起倒蔣風潮，最後蔣介石終於被逼下野，但在下野前後仍繼續籌謀戰略布防，蔣的部署除因時制宜之外，喜歡從多方面進行，對於下野後的局勢早做推測，多次表達固守政治中心南京的決心，並做若干的軍事部署，先守長江，長江不保，全力守上海，上海被占，將重心移東南的廣州、西南重慶及台灣等地，從人事到戰略都做了安排，分述如下：

（一）重視台灣的布防

來台前的準備，最重要的是人事的安排：陳誠掌台省政務、蔣經國掌黨務。在蔣的主導下，行政院第三十二次政務會議於一九四八年十二月二十九日通過陳誠出任台灣省主席；十二月三十日，中國國民黨中央常務委員會通過蔣經國為台灣省黨部主任委員。董顯光認為：「他（蔣）已決意使台灣得免受親「共」陰謀的威脅，俾中國大陸萬一發生意外，該省可為政府最後堅守力圖復興之地。」[1]

對於接掌台灣省政，刻在台養病的陳誠，突然接獲受命為台灣省主席，連自己都深感錯愕與意外，與魏道明商議後，覆電蔣，認為魏表現不錯，應該繼續擔任省主席，其個人願意在軍事上協助。蔣不同意。一九四九年一月二日、三日，分別電陳要求其迅速就職，不要延滯，以免夜長夢多[2]。陳雖然自度極不適宜，惟國家安危所繫，不能不全力以赴，決定於一月五日就職。但也提到僅接到蔣的電報，並未獲得政府明確命令，要求中央明確任命，作為根據[3]。行政院隨即發表陳的人事任命案，陳也自許將使台灣成為一個復興中華民族的堡壘。

陳誠就任省主席當然希望中央充分授權，並希望中央提供必要的協助，首先向蔣報告台灣省的情形，並要求整頓高雄、基隆港，由於中央軍政機關遷台單位激增，美援物資也陸續到達台灣，上海商人及貨物，更紛湧沓來，使基隆、高雄兩港擁塞，基隆港情形尤其嚴重，進港貨物卸載困難萬分，各船有候卸一個月以上者，甚至原船開回上海者，應該設法解決，否則美援物資的接轉、軍公商物資的進出口，必更困難。此外，也應加強高雄港的疏濬工作，派挖泥船一艘來台疏濬，並抽調起重機至基隆、高雄兩港協助貨物的卸載。倉庫方面明顯不足，全台因軍公商物資激增，亟需修復倉庫，五金材料之採購，尤屬迫不及待，擬請令飭審計部簡化手續，予以便利。

其次，陳誠希望蔣轉飭中央軍政各機關，凡不必要之單位及物資，不必遷台，以免過度擁擠，招致人民不良的觀感。對於來台各單位要求加強協調，中央遷台各單位，軍事有海陸空勤各部，行政有交通部、資源委員會、財政部、審計部等，請分別指派負責人員。尤其請指派統一軍政負責人員，以資協調。並請轉飭俞部長大維，派石志仁即日來台襄助[4]。

蔣對陳誠的就任深感欣慰，對於陳的要求大部分責成各單位配合，並付予陳更多的權力，決定駐台陸海空軍及機關皆歸陳誠主席統一指揮[5]。特別致電陳誠注意幾件事：一、駐台空軍及其眷屬應特別協助安置，如有必要，經費可先津補，准予報銷。二、不可多發表意見，免人誤會。三、約張發奎來台商談時局與利害，使其不為反動派利用。四、廣州綏靖主任擬派余漢謀繼任，伯陵（薛岳）任陸軍總司令，可電伯陵來台面商，不必明言其任務何如[6]。

一月八日，陳誠回電報告遵辦的情形。一月十日，再電蔣，談對政局的處理及政府機關遷台的意見：一、台灣受「二二八事件」的影響，地方對中央多疑懼，希望中央來台人士必須注意，以免「二二八事件」重演。二、對於中央軍政機關遷移，應妥擬整個計畫，分別指定指揮人員，以免各自為政，而亂步伐。三、應注意民生問題，資委會在台，宜專辦國防工業為主，輕工業及民生工業，似宜即交地方經營，或民營為妥。中央遷台部隊、機關、工廠等人員，及自行逃難來台者，截至去年底（一九四八年），共達二十萬人，後至者接踵而至，預計可能超過五十萬人，即以目前情形論，如經濟財政不能配合，全賴發行台幣維持，則台幣現已呈慢性膨脹，三、五個月後，勢必演至惡性膨脹，至無法收拾[7]。

蔣對於陳誠的報告甚為重視，回電要求陳誠多利用台籍學識較優，資望素孚之人士，參加政府工作；並培植台灣有為青年，以收攬人心，安定地方。蔣也知道陳的個性嚴苛，希望其處事穩重，對下和藹，不可躁急、操切，腳踏實地建立各種制度[8]。

雖然有許多輿論對陳誠有負面的意見，如李宗黃致蔣電（二月八日），提到上海方面輿論指出：陳立夫誤黨（朱家驊應分謗），吳鐵城[9]政學系誤政，陳誠誤軍，孔宋誤蔣，蔣誤天下（應由全體黨員分謗）」[10]，甚至蔣經國也在家書中提到「陳在台灣恐不能持久」之語[11]。蔣不以為意。陳誠對台的部署有學者甚至認為：「中央政府之所以有台灣這一逃亡時的退路，並進而守住台灣，以此為反共復國的基地，實與陳誠在中央政府遷台之前的部署有極大的關係。」[12]即使後來因外交關係（美國）而由吳國楨[13]取代陳誠的位置[14]，但這段時間陳誠的安排確為蔣重要一步棋。

除人事安排外，修建定海機場是其預留往台灣的重要安排，蔣經國談到：

> 記得父親引退之後，交我辦理的第一件事，是希望空軍總部迅速把定海的飛機場建築起來，那時，我不太明白父親的用意，祇能遵照命令去做，父親對這件事顯得非常關心，差不多每星期都要問問，機場的工程已完成到何種程度，後來催得更緊，幾乎三天一催，兩天一催，直到機場全部竣工為止。到淞、滬棄守，纔知道湯恩伯將軍的部隊，就是靠了由定海基地起飛的空軍掩護，才能安全的經過舟山撤退到台灣，而成為現在保衛台灣和將來反攻大陸的一支重要兵力，如果不是父親的高瞻遠矚，湯將軍的部隊恐怕連舟山也無法達到，還會到台灣嗎？[15]

由於後來湯恩伯的部隊大多由定海機場撤退，定海機場的修建被視為是蔣早就安排來台的重要證據。對於後來湯恩伯部隊撤退來台實有極大的助益。

蔣既有做最壞的打算，維護台灣安全自為重要的考量，美國將軍事漸漸撤離中國後，有關台、澎的安全，美國國家安全會議（Nation Security Council）函詢聯合軍事幕僚長李海（Willam D. Leahy），李海於一九四九年二月十一日答覆談到：「台澎之重要性不如冰島，在目前美軍力必須維護他處需要之時，對於台、澎不主張使用武力，但可派遣少數軍艦巡弋或停泊台灣港口，並在陸地空中建立聯繫系統，以表武力的存在。」[16]陶希聖到溪口晉見蔣時也認為台灣復興是將來的希望，因為英美是海權國家，一到台灣以海洋為基地，可與太平洋對岸的美國打交道，這中間還大有可為[17]。在此情況，蔣責成國防部擬訂以台灣、海南、定海各島基地的建設，作為陸海空軍軍需生產補給訓練及反攻的基地[18]。

陳誠為讓蔣了解台灣的情況，於三月三日函呈台灣省政近情：近二月來，台省情形：一、自抗戰勝利，台省光復以還，最可慮者為造成大地主與暴發戶，致貧富懸殊，以最近統計數宗，擁地三十甲以上者，計八百四十五家，五十甲以上者三百八十三家，一百甲以上者二佰七十二家，暴發戶不在少數，因此造成許多失業者，無以為生。二、自時局逆轉，內地人士及各機關紛紛來台，以軍費言，現每月約需負擔五百億，資源委員會須借貸三百億，綜合中央各項墊款，每月約一千億左右，而工廠尚不計算在內，台幣發行現已達二千多億，此種情形下去，惟有增強發行，勢必影響物價，逐步高漲，以台省彈丸之地，實覺負擔過重[19]。以此報告讓蔣了解台灣的情形。

（二）重視江防與上海的防衛

見於中共軍事勢力不斷向南推進，蔣原先部署從湖北宜昌到上海間的二千公里的江防，蔣下野前將之畫分為兩個戰區，湖北宜昌至江西湖口，由白崇禧主持的華中軍政長官公署負責，主力布防於長沙、南昌一帶；江西湖口到上海的江防，由京滬杭警備總司令湯恩伯負責，重點在安慶、蕪湖、南京、鎮江、江陽、上海等地，各配備海軍及空軍協同作戰。

一九四八年十二月十六日，當雙堆集戰場失陷後，蔣介石認為今後守淮無力決定做守江之準備[20]。隨著蔣下野及共軍逐漸逼近長江，一九四九年一月十四日，蔣在南京召開國防部緊急會議，出席者有李宗仁、何應欽、顧祝同、湯恩伯等將領，會議由參謀總長顧祝同主持，國防部作戰廳廳長蔡文治報告江防計畫，主張江防軍主力應自南京向上下游延伸，江陽以下可以不必用重兵防守，但湯恩伯堅持江防軍主力應集中於江陽以下，以上海為據點，南京上下游只留少數部隊防守。陸海空軍將領開會，會中督導江防如何部署，並指示作戰方針，蔣希望集中兵力全力守衛上海，以待國際變化。十八日，蔣召見顧祝同參謀總長、國防部徐永昌部長、湯恩伯總司令等研討長江北岸之軍事部署，蔣以為各主管僅有命令與紙上計畫，而毫無準備與實施監督行動，尤其對於材料與經費，不分輕重緩急，延宕不發，為之痛恨，分別予以斥責[21]。湯恩伯乃進一步提出江防的腹案：以江防線阻止共軍，並以上海為決戰及掩護軍隊物資轉移要區，依徽州附近部隊之策應，向浙贛線轉移。當時蔡文治反對湯之方案，兩人發生爭論，湯恩伯強調：蕪湖以西及江陽、鎮江均係共軍主力渡江地區，國軍即使集中兵力亦無法有效阻止共軍南渡，一旦江防被破，皖南交通不便，大軍轉移困難，國軍主力應配於南京以東及以南地區[22]。蔣同意湯的意見，認為固守上海甚佳，但皖南防禦薄弱，應在戰術上及方略上圖謀補救[23]。

堅守上海的戰略到底是蔣的意思還是湯的意見，從資料顯示，湯是主要的籌謀者，但蔣也同意湯的意見，在三月底接見湯恩伯、陳大慶（上海警備司令）、石覺（上海防守司令）、毛瀛初（上海區空軍司令）時，再次要求堅守上海。

四月九日，見張羣（重慶綏靖公署主任），談到：「作戰方針，保衛政治中樞，應在京滬地區實行決戰，因長江全線則處處薄弱，以現在士氣與兵力絕不可能，如移京滬地區我軍主力於皖南守江，則京滬必先陷，而皖南我軍主力亦必無形消滅與崩潰。」[24]離開溪口抵上海後，再次強調堅守上海，蔣經國回憶說：

父親終於從復興島遷到金神父路勵志社去住，在那兒，父親整天忙著處理有關保衛上海的許多問題，同時，每天都要召集地方人士會商，或召集在上海的黃埔學生訓話，每次講話的時候，總是很懇切而坦白的告訴他們說：「成敗在此一舉，我們必須用全力來應付危難。」[25]

即使來到台灣也關心「上海作戰計畫與兵力部署」，要湯恩伯加強上海的防衛，著手修築碉堡等防禦工事，指示經國赴上海，面告湯恩伯總司令，關於上海之作戰要旨，應縮短原定戰線，再圖安全撤退。如能固守仍應不撤，並告以撤退武器與物資之注意事項[26]。

中共渡江後，南京失守，蔣深感：「首都又告淪陷，此又一次蒙受莫大之恥辱。」[27]因此更重視上海、廣州、重慶等地的布防。在蔣的日記中一再提到固守上海的問題。四月二十六日：

決定廣州做固守之準備，預定方針固守上海、廈門各海口，與敵持久周旋也。各高級將領登艦來見聽取其報告後再與林蔚文、徐、顧等研討今後部署與戰略決令廣州做固守之準備，照預定方針固守上海、廈門、廣州各海口與敵持久周持也[28]。

四月二十七日提到：「駐滬主持作戰使之固守不失乃是唯一陣地，但先謀金融的解決，社會恢復安定而後乃能作戰，求得固守不失的目的。」[29]四月二十九日提到：「以政略與戰略論，我位置應在上海與匪周旋，使匪之主力於此而變換其向華南出粵進犯之目標。對內政、外交亦比較有利，唯獨上海經濟之紛亂與社會之複雜現象可說舉世無匹，誠有不可思議之感。」[30]五月四日：「見蔚文、恩伯與劉安祺研究上海陣地工事，余主張以蘇河間為核心工事之南端，石覺甚以為然。」[31]五月五日，蔣與林蔚、湯恩伯談粵桂情形，要湯恩伯加強上海的防衛。其後上海局勢日急，指示經國赴上海面告湯恩伯總司令，關於上海之作戰要旨，應縮短原定戰線，再圖安全撤退，如能固守仍應不撤，並告以撤退武器與物資之注意事項。由此可知，蔣對固守上海的決心。最後上海雖然撤退，撤退過程也有許多問題，如國軍少校軍官許志雨等於一九四九年六月六日的報告中提到：此次上海保衛戰本師任南翔真守備十餘日，迄無戰鬥，至撤退時尚保持十足戰力與無比昂揚之士氣，乃以防衛司令部張皇一走荒謬之撤退計畫，坐使本師遭覆沒之冤，僅將石司令官（石覺）瀆職情形羅列全文如下：

一、撤退時間倉促，使部隊無安置之餘裕。本師五月二十五日下午二時十分接到撤退電話，限八時登船，斯時部隊尚分守陣地，師長於下午六時方奉召到軍部接收命令，返部已七時五十五分矣。

二、撤退之部署荒謬。指示本師主力撤退，以一部留原地，擔任掩護而對掩護部隊毫無處置，張華濱碼頭三公里外均為車輛阻塞，碼頭道路未加管制，陷撤退於不利，均須負絕大責任者。

三、分配船隻失宜。查本師與第六師之一團約一萬人，分配海鷹輪，最大可載六千人，即計畫上已置四千人于不顧，更可恨者，海鷹輪已於前二日裝載憲警後勤二十餘單位眷屬百餘家俱、彈藥幾已滿載，雖我官兵爬繩而上，亦僅載千餘人，我數千官兵集於碼頭，進無船位可乘，退無陣地可守。而海鷹供本師撤退純屬欺騙之詞，稍有指揮道德，稍有人心血性者曷忍出此。

四、抵台灣後確知友軍方面事前已得石司令官指示預撤退準備，減少無謂損失。即後勤機關游離部隊亦不少事先得知撤退者，獨對本軍嚴守祕密，其他部分船隻分配甚多，均有餘位，且聞尚有二艦空船駛返，獨對本軍船隻不予配足，所配三船均已裝滿十分之八，顯係居心出此陰險惡毒較中共為甚。

竊本師官兵自北伐以來無役不從，每戰必勝，年來剿匪尤卓殊勳，海陽葫蘆島撤退其情況之惡劣千百倍於上海，而卒能達成任務無一兵一械之失，此次徒以石司令官已貪生逃走之私，置部隊於不顧，加以荒謬之處置，使本師蒙覆亡之寃，犯難袍澤受淪陷之辱，職等有生之日必得之而甘心，以慰我忠貞不屈無辜陷匪之官兵於萬一，亦有進者明功罪嚴賞罰為激厲士氣之根本，反敗為勝之轉機。為國族生死，革命成敗，非徒為少數袍澤雪恨而已[32]。

但蔣對撤退能如計進行仍感可慰，五月二十八日的日記中提到：

上海二十五日撤防行動迅速，秩序整然，主要各軍皆安全撤退，此最足自慰，恩伯乃係有心之健將也，谷正綱、方治、陳良諸同志與軍隊一致進退，社會、經濟與軍事皆賴其主持，殊為本黨最難得之同志。在悲慘殘局之中尚有同志始終不懈奮鬥到底，自信革命前途大有可為也[33]。

（三）西南與東南的經營

蔣對於整個戰局仍多所考量，其戰略設想是：控制川、滇，把大西南作為後方，確保台灣以貫徹其改造黨政軍，成為三位一體的心願，維持一個清一色的小朝廷[34]。人事方面，除台灣的人事任命外，蔣在下野前夕先後任命朱紹良為福建省主席兼福州綏靖公署主任，方天為江西省政府主席，張羣為重慶綏靖公署主任，薛岳為廣東省政府主席，余漢謀為廣州綏靖公署主任，張發奎為海南特區行政長官，湯恩伯為京滬警備司令，這顯示蔣以其心腹或親信控制江南的軍政大權，憑長江天險與中共對抗。陶希聖在接受訪問時提到：「在總統引退之前，總統發表幾道人事命令，其中最重要的是以陳誠出任台灣省政府主席，又以張羣出任重慶綏靖公署主任。」[35]

一月十七日，蔣約見張羣，特別要其穩固川滇政局，並指示各地負責主官應以身作則，積極負責督導所部，振作精神，嚴整紀律不得稍有鬆懈[36]。四月二十四日，陳誠擬「我軍今後作戰計畫」：國軍以持久作戰之目的，確保廣州與重慶兩大陪都，首先沿浙贛路與湘桂路及其以南地區準備第二抵抗地帶[37]。蔣曾向白崇禧提出他的防守西南計畫，以從陝西後撤的胡宗南部保衛川北，以宋希濂（湘鄂邊區司令）部屏障川東，華中黃杰兵團增援貴州，使川黔與兩廣聯繫起來，張淦兵團、徐啟明兵團、魯道源兵團等兼顧湘南及粵北，駐海南島的劉安祺兵團可調兩個軍到廣州駐防[38]。蔣的布防不是單線，而是幾個重點同時進行，蔣手定軍事部署如下：「擬以上海撤退之軍隊移駐舟山羣島，以福建潰散各部擇優先移台灣廈門整訓，以青島撤退部隊進駐瓊州，先將此三群島守備加強，尤應積極肅清瓊州土共而掌握之，然後再向沿海各地發展。」[39]蔣經國在接見國民黨籍立法委員時提到：

> 回想民國三十八年，總裁在共匪全面叛亂後，準備重新調整戰略部署，當時曾提出三個方案，其一是轉進西康，其二是撤至海南島，其三是播遷到台灣，最後總裁在定海一次重要軍事會議上，選擇了第三方案——播遷台灣[40]。

東南的布防著重於港口，王世杰在五月四日寫信給雷震時提到：就軍事言，東南必須選擇三、四個沿海口岸，如溫州、福州、廣州、廈門等（上海如能守更好），為堅守之據點，而以每一據點為一根據地，指揮一個比較廣闊之游擊區域。游擊部隊須選擇有隨時上山入山之志願者領率之。至於西南、西北，則必須有堅守面與線之打算。台灣、海南必須各置若干重兵，使敵永無強行登陸之可能。

既有這些部署，為何未能阻擋共軍的進攻？這個問題牽涉複雜，大約與以下諸因有關：其一，蔣雖具有國民黨總裁的身分，但畢竟不是總統，沒有實際靈活指揮調動軍隊的權力，被動徵詢，而非主動出擊，三大戰役之後國軍幾乎處於守勢；此外，和戰不定，國軍沒有做殊死決戰的決心，只想保全實力盡力轉進，影響士氣，中共又是全面攻擊，國軍常顧此失彼，種下敗因。

其二，蔣還是重用嫡系控制局面，張羣、湯恩伯、朱紹良、薛岳、余漢謀等大都為其親信，長期以來非嫡系的滇、桂軍對此甚表不滿，蔣李的紛爭，許多將領觀望，表面敷衍，不願配合執行戰略計畫。

其三，下野後中心喪失，將領紛紛變節，不僅蔣認為如此，一般中下階軍官都認為蔣下野確有影響，當時負責江防的上尉連長朱普生認為：「總統退休，信仰失其重心，官兵迷於和談，士氣消沉。」[41] 由於失敗主義及中共利用地下黨員進行蠱惑，國共內戰期間有許多國民黨高級將領投共、降共，愈到後期骨牌效應更為明顯，特別是西南滇系的變節，使國民黨的局勢更加困難。國內瀰漫和平主義與失敗主義，江西省黨部章益修等即上電蔣：

> 少數同志妄陳和議，鈞座俯促所請，暫息紛端，亮節允昭，中外共仰；同志等盱衡大局，洞察民情，戰尤有利。鈞座為天地立心，生民立命，敬乞重任，聖德倡天下，以救萬民，再奮仁師，遏亂苗以維法統。同志等憤慨之餘，誓圖效命江山在望，浩氣橫飛。[42]

參加江防的少校余德如亦提到：「和談渙散了民心士氣，軍隊無鬥志，組織鬆散，補給差，部隊普遍名額浮報。」[43] 當時八八軍三一三師少校連長也談到：「和和打打，打打談談，政工人員不能發揮有效宣傳。」[44] 經過三大戰役之後，輿論都支持與中共和談，雖然雷震期期以為不可，但在桂系的主導下，李宗仁積極推動與中共的和談，國民黨士氣低落，不是有偏安的想法，期望與中共畫江而治，就是認為與中共決戰必敗。

其四，就軍事的戰略部署而言，點與線之間的連結太弱，不能有效協同作戰，中共又多點攻擊，使國軍窮於應付。有關這方面的檢討，在國防部史政編譯室典藏的檔案中就有許多中高階軍官的檢討，如長江戰役方面，五十二團少校作戰組長汪漢勛談到：「部署的錯誤：以五個團擔任八十公里正面之防務，專任要點，控制則可，為欲使之具有韌性配備與機動作戰之能力，則勢所不能，而湯總部既知情況緊急與各部隊作戰力之薄弱，而不能及時調整部署，與分別設置機動部隊，是莫大之錯誤。」[45]南京方面，十四隊上尉副隊長潘新華談到：「在轉進戰役中，我國軍有二十餘萬人因無統一指揮者，致大部份隊潰散或被俘，軍師長多攜士兵薪餉駕車先走，補給更談不上，當時軍內每人發給棉被，大部中途遺棄，美式軍毯均存於倉庫，而給於敵人利用，排長以上應配發手槍，而均不發，且存於倉庫，致被敵人利用，既減低士氣，又減小自己的力量。」[46]上海戰役方面，工二團辦公室主任唐毅奇談到：

計畫不周，背水作戰應具有破釜沈舟之決心，當時以作戰部隊言，陸海空軍約四十萬，大有可為，以物資言，美援剩餘物資匯集上海，儘可備用，以民心言，只要國軍不退軍隊要什麼老百姓給什麼，上海市民數次捐輸慰勞有目共睹，以士氣言，楊行月浦迭次擊退來犯之敵官兵，以具死守決心，若最高指揮官能與上海共存亡，親赴前線督戰，縱不能驅匪於江北，亦可留上海為反攻之基地，即云保存實力，最後海上撤退船隻是唯一交通工具，亦當事先籌備妥善按人員物資之多少而適當分配船隻，依作戰任務之不同而規畫撤退次序，其損失決不如是之慘痛也[47]。

基隆要塞少校彭世豪也提到：「友軍互相觀望，各以保存實力為升官發財之資本，以致被匪各個擊破。」[48]不僅陸軍與陸軍不能相互支援，空軍與陸軍亦不能協同作戰。總之，檢討國共渡江戰役，國軍犯了所有軍事作戰失敗的缺點，如部隊訓練不夠、命令不能貫徹、情報失靈、防線太長、兵力不集中、指揮作戰領導不力、戰鬥意志消沉等，因此，即使進行布防，遇戰事發生焉能不敗。

對於將領只顧個人的安危，置其他將領與國軍於不顧的現象，在上海戰役、福州戰役等戰役處處可見，一九四九年六月二十六日，董顯光見蔣時，提到上海撤退以前，湯恩伯慌忙逃遁，未能充分準備，且未及時通知各將領，致國軍被中共俘虜大半，除湯本身之外，副總司令石覺，亦未能坐鎮指揮[49]。蔣談到此亦深不以為然，幾次在日記中對湯恩伯的不負責任行為深表不滿，六月二十八日記到：「想至湯部敗退，損失實情不勝悲憤，東南二十軍以上兵力幾乎被其送完，而獨自以為不差，毫無羞愧之心，一般將領幾乎全失其魂魄矣。」[50]八月十八日記到：「將領不顧部下，只命令不能負責監督，先自撤退，無異放棄所部獨自逃亡，信義全失、廉恥道喪，湯之行動屢戒不改，殊為可痛。」[51]除湯恩伯外，其他將領亦復如此。蔣在十一月四日談到劉玉章時亦指出：「召見五十二軍軍長劉玉章，彼怕戰貪安之心及其怯餒不肯調增定海之意，於聲色之間思之痛心，而其部隊即使調援恐亦徒增犧牲，以其訓練未完成，加之其將領如此怯弱，更難望其生效，但如不調則定海更難確保。」[52]由此可知，國軍將領怯戰與自保的問題，的確是國共內戰失敗的原因之一。

二、大陸沿海地區的軍事撤退

（一）青島撤退

一九四七年十二月初國軍在膠東地區成立第十一綏靖區，十二月十五日，丁治磐任命為司令官[53]，當時國軍在膠東地區的基地萎縮在煙台、青島兩個地區，在煙台地區在國共內戰期間國軍在基本上取守勢，國軍自一九四八年十月初開始從煙台撤退，自此後山東除青島及長山八島外，均為共軍所據，而青島與長山八島相距遙遠，實際上青島為一座孤城[54]。當時共軍在膠東有兩個縱隊（新九縱和十三縱隊）、一個保安旅、六個獨立團、一個膠高支隊。國軍在青島地區有兩個軍（第三十二軍和五十軍）、三個旅、一個獨立團。從軍隊的數量而言，國軍似乎還有所為，但青島內外情勢逐漸惡化[55]，一九四八年十月間國軍最高統帥也開始籌劃青島撤退事宜，但因青島駐有美軍第七艦隊，美國尚欲假借青島為基地，防止蘇俄擴張，美國當然希望國軍能繼續據守青島；此外，在平津及太原尚未為中共所占，青島可為海上及空中運補的中繼站[56]。因此暫緩撤退，蔣對於青島的守與撤已作相當的研究，在下野後的次日雖電青島劉安祺司令官：

> 中已於昨日離職，但一切軍政人事與業務絕無變更，皆應照常進行，尤其在此人心動盪之際，各地負責主官更應以身作則，積極負責督導所部，振作精神，嚴整紀律不得稍有

疏懈，為匪所乘[57]。

雖然蔣仍強調要各軍固守原來的戰地，但已有撤退青島的準備，一九四九年一月三十一日蔣接見林蔚、王叔銘時即指示：北平既失，青島守軍應速撤退，不必再問美國意見[58]。二月四日，美國將領在東京會議討論青島問題，蔣認為不問美國如何？我應如計撤退為宜。隨後更認為除非美國有具體的保證，國軍應如計撤退。

二月七日訂有「青島區本軍各單位緊急時撤退辦法」，二月中旬劉安祺向蔣報告，認為美國對青島的態度已有所改變，不願放棄青島，且希望國軍也應固守不要撤退。中共渡江之後，華北守軍陷於孤立，為保存實力避免無謂的損失，四月三十日，蔣令劉安祺司令官來滬商討青島守棄問題；五月四日，再與劉安祺研究青島棄守問題，蔣主張早撤，不再為美國守門上當[59]。五月六日，與湯恩伯研究上海防務與戰爭之決心，再度表達對青島決心撤守。國軍乃積極準備撤退工作，首先攻占薛家島，控制膠州灣口，作為撤退的掩護；其次修建沙子口活動碼頭，製造國軍將由此外海撤退的假象；其三構築即墨、青島間的陣地；其四是船隻的徵集；海軍亦出動大批的艦艇，充分支援[60]。

五月十四日，綏靖區司令部奉到撤退的命令後訂定撤退計畫，美軍也開始撤離青島，五月上旬至五月二十一日，美軍軍艦十艘已有九艘撤退至青島外海，國防部也希望將青島的第三十二軍、第五十軍及各保安隊等運至廣州集結。五月二十三日，蔣致函湯恩伯，指示青島部隊撤退的運輸事宜[61]。五月二十四日，到青島的船隻僅及需要量的二分之一，駐青島美軍又決定於當日下午五時全部撤退，綏靖區乃於二十五日拂曉前主動放棄四社山、即墨、南泉等據點，縮守王哥莊、鐵騎山、鳳山、城陽至膠州灣之陣地。五月二十六日，蔣手定軍事部署如下：

> 擬以上海撤退之軍隊移駐舟山羣島，以福建潰散各部擇優先移台灣、廈門整訓，以青島撤退部隊進駐瓊州，先將此三羣島守備加強，尤應積極肅清瓊州土共而掌握之，然後再向沿海各地發展[62]。

一切準備妥當之後即待命集結，當中共軍屢次向國軍攻擊，國軍第三十二軍及五十軍一面迎戰，一面準備撤退，第二五二師（師長劉寶亮，三十二軍）於六月一日上船，第三六師（五十軍）於六月二日上船及其他各師團陸續登船，除物資外，軍民十餘萬人，分五個航次，陸續裝載，大致於六月二日撤退完畢。經十餘日抵基隆外海。

青島撤退，總計撤出政、教、交通、學者專家、青年學生等方面的人才約九千餘人，除少數隨軍至海南島外，大部分留在台灣；撤出軍、憲、警約九萬餘人，抵基隆後，憲、警留在台灣，軍隊則未下船，直開海南島，司令部和第五十軍駐榆林，第三十二軍駐海口，不久並奉命參加廣州保衛戰，及廣州、海南島撤守後，均又撤退至台灣[63]。

青島完成撤退，蔣對於劉安祺部能安全撤退，毫無損失，深感幸慰[64]。這次撤退的成功，除了第十一綏靖區司令部準備周全，應付得當之外，海上有美國白吉爾將軍所率的艦隊，是一精神支柱[65]。

（二）海南撤退、舟山群島撤退

自一九四九年七月初，國軍在陝西有胡宗南的部隊，白崇禧派廣西部隊第四十六軍去粵北，中央軍的張發奎（第十三兵團司令官）、胡璉（第十八軍軍長）、劉安祺（第二十一兵團司令官）駐紮在粵北與桂南，防線仍相當大。廣州失守之後，雲南盧漢與龍雲等國軍將領相繼投共，陝西胡宗南的部隊亦逐步敗退，甚至胡未報准即離開指揮所，蔣甚為不悅。白崇禧部隊向海南島轉進途中，大部分被中共在兩廣邊境被殲，隸屬白崇禧的中央軍第一兵團黃杰部三萬多官兵，越過邊境退至越北，在撤退入越的兩支部隊中，一支由武鴻卿率領（越南建國軍，約一萬五千人），另一支由黃杰率領，保存了國軍在海外的據點[66]。當國軍在陸路逐步失利之後，沿海的海南島、舟山群島成為重要的據點。蔣為保存實力，外島接連棄守[67]，海南島及舟山群島等大陸離島地區，在一九四九年年底大約有十二萬軍民，海南防衛軍總司令薛岳，下轄第一路李玉堂，第三十二軍趙琳：第二五二師（康樂三）、第二五五師（柴正源）、第二五六師（耿若天）、第二六六師（馮陳豪）；第二路李鐵軍，第六十二軍李宏達：第一五一師（羅懋勳）、第一五三師（李鑄靈）、第一六三師（林澤民）、教導師（李鐵軍兼）、暫編第一三師陳濟南、海口警備司令黃保德；第三路容有略，第六四軍張其中：第一三一師（鄭彬）、第一五六師（張志略）、第一五九師（倪鼎臣）；第四軍薛仲述：第五九師（薛叔達）、第九〇師（彭向津）、第二八六師（陳鵬）。第四路陳驥，第六十三軍莫福如：第一五二師（陳中堅）、第一八六師（黃質文）、第一五七師（黃錫彤）、瓊南要塞陳衡。並無堅固的防禦工事，中共不斷侵擾，張發奎對於守海南島認為毫無希望。加以美軍在一九五〇年初又不肯保證後勤支援，蔣在復行視事後為此特別飛往定海一帶堪察，並與美國顧問柯克討論自海南島撤退問題，柯克並不贊成從海南島撤退，四月十九日，蔣命柯克與海軍司令桂永清前往海南視察，命令海空軍加強增援以阻止中共渡海，為謹慎起見，要求柯克做好宣傳工作，使中共不知國軍要從海南島撤離。四月二十三日之後，國軍陸續自海南島撤退，大約撤出五萬餘人（蔣日記所載）。另根據《國民革命軍戰役史》資料顯示，當時撤出者主要是第一路及第四路為主，第一路撤出二萬三仟人，第四路撤出二萬伍仟二百九十人[68]，五月二日，中共占領海南島。

海南島撤離後舟山群島成為共軍下一個進攻目標，一九五〇年年初舟山群島的軍隊由舟山防衛司令石覺，下轄第十九軍劉雲瀚：第一八師（孟述美）、第一九六師（張定國）；第五二軍劉玉章：第二師（郭永）、第二五師（李有洪）、第四〇師（張文博）；第六十七軍劉廉一：第五六師（袁九鵬）、第六七師（何世統）、第七五師（汪光堯）；第七十五軍吳仲直：第六師（朱元琮）、第九五師（郭棟）；第八七軍朱致一：第二二一師（吳淵明）、第二二二師（詹抑強）；另有第四五師（勞聲寰）、第七一師（李煥閣）、第九二師（李敏南）等部隊[69]。

由於俄國空軍在距離舟山群島僅幾千公尺的杭州、寧波等地建立空軍基地，完成後會使舟山群島失掉空軍掩護，美軍顧問柯克認為應繼海南島撤退之後自舟山群島撤退，蔣有不同的看法，四月二十七日日記中記到：

十時起飛，與柯克同機商討定海戰略，彼以匪方空軍機場數多過我十之八，無論空軍數量如何。但其性能如何相等，則我已處於絕對劣勢，以現勢我定海不易固守，故彼意主張乘匪來攻之前自動撤退，使兵力集中以全力保守台灣為上策，余以海南撤退程度未定，即使匪來攻亦應先予決戰，受我打擊敗退一次以後再行撤退[70]。

後來根據空軍偵察機偵察的照片，得知俄製噴氣式飛機排列在上海機場上，蔣乃決心放棄舟山群島集中全力在台灣，以確保國家微弱之命根，五月三日與陳誠、柯克、周至柔等辯論定海撤守問題三小時，柯克贊成，周與陳皆反對。五月七日又再度討論到撤退問題，陳、周依然反對，王世杰、黃少谷等亦反對，石覺也以無辭以對定海軍民為難，蔣告訴石覺以此次撤退乃不得已奉總統之命而行可也。蔣仍依計而行，召集高級將領詳示撤退時應注意要務，除保守秘密以外，全在陸海空軍協同一致，尤以空軍應積極出擊與盡力援炸、佯攻，以達成其掩護任務[71]。本預定五月十四日開始撤退，因霧太大，運艦不能行動，接運各艦多未到達，五月十六日正式撤退，由蔣經國親自接運，將十二萬萬部隊（一說十五萬餘人）連同裝備全部安全撤出。至此大陸沿海國軍僅剩金門、馬祖群島。

（三）金門撤退計畫

一九四九年五月，當上海為中共所占之後，國軍擬定「台灣防衛戰及各項準備要綱」，不使台灣陷於孤立，務使長山島、嵊泗列島、舟山群島及溫州、福州、廈門、汕頭等地沿海要點及島嶼，構成一個防衛整體，以掩護整補，準備反攻[72]。在廈門及福州未陷共之前，國軍未倚重金門的防衛。一九四九年八月中，福州失守，福州綏靖公署轉移至廈門，原兼任廈門警備司令第二十二兵團司令官李良榮，奉命移駐金門，負責金門的防衛。十月份，中共陳毅部企圖進犯舟山群島，葉飛率三個軍欲圖進占金門，陳誠令胡璉的第十九軍駐金門接替第二十二團的防務。共軍進攻金門發生古寧頭戰役，國軍力挫共軍，蔣介石對於湯恩伯在廈門之役的表現頗有微詞[73]，但對於金門之役的勝利認為是二年來第一次，對台灣的防務更可堅固無慮。金門本成為台灣的重要屏障，何以蔣又會興起撤守的計畫，與其後國共戰局及美國對台的政策變化有關。

一九五〇年一月五日，美國杜魯門發表，美國政府對於台灣的中國軍隊將不予軍事援助或提供軍事諮詢，然隨著韓國局勢的變化，美國政府不得不嚴肅考量太平洋安全及整體防禦問題。由於舟山群島緊急，國軍十九軍調援舟山，金門防務告緊，五月二十七日，胡璉成立「金門研究小組」，最後將決議呈蔣，希望調回第十九軍或六十七軍返金門防衛[74]。六月六日，胡璉同時致函陳誠以金門防務為重，陳誠及蔣並無積極的回應。

六月二十五日韓戰爆發，美國於二十八日派第七艦隊協防台灣，共軍大量向閩廈地區集中，當時研判有可能進攻金門、馬祖等台灣離島地區，是否要耗費大量軍力守島成為難題，當時金門防衛司令官胡璉，下轄第五軍李運成：第一四師（尹俊）、第二〇〇師（華心權）、第八七五師（王堯光）、第一三師（劉明奎）；第一九軍劉雲瀚：第一八師（孟述美）、第四五師（勞聲寰）、第一九六師（張定國）等部隊。

美國方面，不論是國務院或來訪的第七艦隊司令史樞波（Struble Arthur）都明確表示，第七艦隊協防範圍只在台、澎，金、馬等離島，不在其範圍，金馬撤守問題成為國軍參謀本部的研究焦點。七月十八日，參謀本部召開會議，當時分為兩方面的意見，一方面陳誠、王世杰及柯克（Charles Cooke,美籍顧問）主張暫緩把部隊撤離；另一方面蔣介石及周至柔主張應該撤離守軍以保存實力。蔣以大陸失敗的經驗，認為當前國軍攻勢不能執行時，金門孤懸在外，不論增援或運補都很困難，而廈門及福州中共空軍的威脅日增，如果不把部隊撤出，恐以後來不及。周至柔則認為台灣全島總預備隊兵力彈藥只有七個師，必須調回金馬的精銳部隊，對今後戰事方有把握。[75]

蔣後來裁示應把部隊撤離，但要先知會麥克阿瑟將軍，然此消息為美國駐台代表師樞安（Robert C Strong）所獲知，師樞安於一九五〇年七月二十二日告知外交部北美司長陳岱礎，國軍將於十天之內自金門撤退。二十三日，再向葉公超部長做口頭聲明，如果中共向台澎以外的島嶼進攻，美國將不參加其防衛，但美國政府絕不妨礙國軍在各島出發的防衛作戰行動，可是也再度強調不支持國軍轟炸大陸行動，美國第七艦隊受命執行協防台灣的條件之一，即是中華民國政府必須停止向大陸攻擊的海空軍軍事行動，如國軍不履行此約定的條件，第七艦隊將不協防台灣。[76]

蔣本來計畫自金門撤軍，因第七艦隊司令史樞波及麥克阿瑟元帥的意見，而有所轉變；美國拒絕國軍參加韓戰，蔣本來積極籌備到韓國訪問麥克阿瑟，但麥帥並不希望此時節外生枝，蔣於日記上對此不以為意，並持續推動金門撤兵計畫，七月七日的日記中提到：

麥帥參長對余訪韓訪麥之舉認為煩擾無禮，以其南韓軍事失利顯現其驚恐無措之神態。何世禮回台面告麥帥本人之意，且未因第七艦隊司令來台變更其訪台之決心。上午入府辦公，指示至柔撤退金門之決心速作一切準備，加強台灣本島之防務[77]。

七月八日師樞安到台，蔣於七月九日與周至柔商討金門是否撤防問題，認為師樞安到台灣後如金門隨之撤退，則中共必以為美國限制國軍範圍不許國軍在大陸沿海立足，則中共氣勢更張，故暫不決定[78]。蔣仍主張速撤為最近重要之大事，但美國麥克阿瑟並未同意，美國柯克亦以為金門保衛於我利多而害少，故暫緩撤兵行動。

七月三十一日，麥克阿瑟來台訪問，蔣介石夫婦到機場迎接，下午四時，蔣與麥帥在國防部兵棋室舉行第一次會議；八月一日，在第一賓館舉行第二次會議。這兩次會議，出席者，中華民國方面除蔣介石之外，行政院長陳誠、參謀總長周至柔、副總長郭寄嶠、次長蕭毅肅、海軍總司令桂永清、陸軍總司令孫立人、空軍總司令黃鎮球、廳長侯騰，以及王世杰、沈昌煥、何世禮、顧問柯克，盟軍總部出席者的有參謀長亞爾門將軍（Edward M, Almond.）、美國遠東空軍司令使崔特梅爾將軍（George E, Stratemeyer）、遠東艦隊總司令裘愛將軍（Charles Turner Joy）、第七艦隊司令史樞波將軍等十六人，雙方會談氣氛良好，且針對問題各自提出看法及解決之道。

此次雙方會談的重點大約分為兩大部分：一是美國如何協防台灣、二是金門防衛問題。僅就後者做說明，周至柔在第二次的會議中提到金門撤守的問題，周問：「金門防務可稱堅強，士氣亦高，我們已準備作戰，惟最近共匪的行動如沿海集中船隻、飛機場之修理與擴充及軍隊與砲兵之集中，均表示其全力攻打金門之企圖與決心，在目前情形下，我不知是否應不顧一切堅持到底，抑或作其他的考慮。」麥克阿瑟元帥則回答：「金門的部署情形我知之不詳，故不能表示任何建議，然而照軍人之本能而言，則是『絲毫也不放棄』，我相信周將軍早就下決心，決策戰鬥到底，如果將軍有撤退之意則早已為之。我以為周將軍所問的，乃在美國是否將協助金門的防衛及美國是否將干預國軍的行動，倘若如此，則我會表示我的意見，否則就實在沒有討論此事的必要。」周至柔再追問：「我們當然希望永遠保持金門，因為金門是我方日後反攻大陸的跳板，欲達到這個目的，我們必須轟炸福州與廈門的共匪機場、攻擊敵人在廈門及其他砲兵集中地點與軍隊調動等，如果我們不能這麼做而等待敵人來攻，則我方會蒙受極大的犧牲。」[79] 麥克阿瑟除表示東京方面的態度對國軍的處境甚為同情外，並沒有直接回答撤守的問題。但蔣對於麥帥主動表達援助深表感謝，加以八月四日美軍噴氣式飛機進駐新竹機場及麥帥總部派其聯絡人員已到台灣。八月五日，蔣到軍事會報討論金門守撤問題，決定固守不撤[80]，堅守金門已成為政策。

總之，在大陸地區國軍逐漸撤退後，隨著蔣介石在台復行視事，為確保台灣的安全，逐步從海南、舟山群島撤軍，除海南有部分部隊有損失之外，總體而言是成功的，這些部隊也成為後來捍衛台、澎、金、馬的重要種子部隊[81]。

第三章

蔣介石第三次下野——從南京到溪口

與經國談時局，深歎黨政軍幹部之自私無能、散漫腐敗，不可救藥，若為復興民族重振革命旗鼓，欲捨棄現有基業，另選單純環境，縮小範圍，根本改造，另起爐灶不為功。故現局之成敗不為意矣。——蔣介石日記・一九四八年十一月二十四日一九四九年對許多中國人而言，可能是無關緊要的一年；對蔣介石而言，則是一個關鍵的年代。這一年，蔣第三次被逼下野；這一年，蔣離開奉化溪口老家後，再也沒有回奉化；這一年，國民黨失去中國大陸的統治權。雖然有許多人認為政局的變化應與長時期國民黨統治有關[1]，但重要的關鍵還是在一九四九年的發展，蔣的第三次下野是其中一個重要的轉捩點。民國以來，蔣三次下野與復出，絕不是孤立的個人事件，它反映了國民黨內部複雜的人際關係[2]。蔣每次都是被迫出於無奈的下野，他總以自動引退的姿態出現，儘量變被動為主動，以退為進，最後總能在時局的發展下，再度復出，但最後一次的復出與前兩次大不相同，江山依舊，人事全非。

蔣第三次下野的原因為何？下野後蔣仍擔任國民黨總裁，對政局是否有影響？

由於李宗仁推動與中共的議和，並沒有得到預期成果，共軍決定渡江，蔣有見於局勢變化，於四月二十四日離開溪口，往上海及定海附近，最後來台。蔣來台是其一生中最重要的選擇，學者對於蔣決定來台有不同的意見，有認為是為其東山再起的謀略，有認為是敗退逃亡；其何時決定來台？決定來台的原因為何？是本章討論的重點。

一、下野的原因

（一）桂系逼迫

一九四八年年底，國府不僅軍事失利，幣制改革亦不見成效，物價飛漲，學生運動頻繁，社會動盪不安，失敗主義瀰漫，內部對中共的和戰意見紛歧，部分軍政要員力主與中共言和，妄圖劃江而治，且認為蔣介石為和平的障礙，醞釀逼蔣下野，其中以桂系及一些地方派系最為積極，李宗仁態度曖昧[3]。當時桂系之所以積極逼蔣下野的原因大約有二：其一，副總統李宗仁是桂系的領袖，蔣下野自然由李代總統職務，可以掌握大權，有助於桂系的發展。其二，白崇禧長期對中央不滿，一九四八年又遭撤換國防部長之職，心生不悅。桂系的策略是由軍系通電要求蔣下野，再製造「蔣不下野則不能與中共和談」的輿論壓力，同時透過美國出面支持蔣下野。

當時要求蔣下野者包括白崇禧、鄧漢翔[4]（李宗仁的左右手）、張軫、程潛等人。首先發難者為華中剿匪總司令桂系的白崇禧，十一月二十四日，白勸請政府立即與中共進行和平商談[5]，並提出建議：一、先將謀和誠意轉知美國，請美國出面調處，或徵得美國同意，約蘇聯共同斡旋和平；二、由民意機關向雙方呼籲和平，恢復和平談判；三、雙方軍隊應在原地停止軍事行動，聽候和平談判解決[6]。

蔣接電後，召開緊急國民黨臨時中常會，聽取各方意見，由張羣、吳忠信[7]與李宗仁、黃紹竑溝通有關下野的相關事宜。十二月二十六日日記中談到：「今後為桂系白崇禧之背違脅制，乃更堅我下野之決心。」[8]十二月三十日，白崇禧再度上電要求蔣早做決定[9]。蔣立即回電：

> 中正元旦文告諒已閱及，披肝瀝膽，而出自問耿耿此心可質天日，今吾人既已傾吐精誠，重啟和平之門，假令共黨確能翻然悔禍，保全國家之命脈，顧念生民之塗炭，對當

前國是能共商合理合法之解決，則中正絕無他求，即個人之進退出處，均一惟全國人民與全體袍澤之公意是從，惟言和之難，卓見已詳，如何乃可化除共黨赤禍全國之野心，以達成保國保民之和，如何乃可防止共黨翻雲覆雨之陰謀，以免戰禍再起之害，想兄熟慮深籌，必已有所策畫[10]。

蔣對於下野無正面回應，一些黨政要員亦反對蔣下野，一月三日，雷震問王世杰對的意見，王毫不猶疑表示蔣不可下野，如下野則局面必垮[11]。黃宇人認為蔣在玩弄手段，發表陳誠與蔣經國分掌台灣政治與黨務，不懷好意。

一月五日，程潛[12]電蔣，表示：共黨決無悔意，宜運用人民團體呼籲和平，以收拾人心，爭取國內外同情。並主張統籌全局，宜分區負責，區域不宜太大。這些要求蔣下野者，大部分是桂系或親桂系代表，和平氣氛是其藉口，奪權才是真正的原因。

（二）美國的態度

桂系積極逼蔣下野，是基於自身利益的考量，同時也獲得來自美國若干人的的支持。自馬歇爾回國後，美國對國府的態度趨於冷淡，有些美國人士同情共產黨，並希望國共再度和談解決紛爭，美國駐華大使司徒雷登（John Stuart Leighton）私人顧問傅涇波於孫科就任行政院長，曾暗示蔣是和平的絆腳石之意，孫科接見司徒雷登大使，詢問傅涇波所談是否即為大使的意見，司徒雷登稱：「彼以美國外交官之地位不能表示任何意見，但彼以其在中國畢生從事教育之資格，實贊成和議。」[13]司徒雷登致國務卿的報告中充滿著對蔣的不滿。美國國內面對國共內戰方面，民眾大部分同情中華民國政府，有些媒體如《時代》的言論也同情蔣介石，但美國政府內部自杜魯門總統上台之後，民主黨與共和黨之間的爭鬥愈演愈烈。正如一九四八年三月十五日，方君健函蔣介石提到：「美國政府對於援華問題，現內部仍因派別分歧而無明朗決策，此種分歧在政治上為民主黨與共和黨之爭，在軍事上為歐洲派（艾森豪總統與馬歇爾）與遠東派（麥克阿瑟、魏德邁）之角力[14]。蔣下野促成國共談判是部分美官員的意見，但的確給蔣不小的壓力。

（三）中共的逼迫

中共除軍事進攻外，亦謀不戰而屈人之兵，企盼在香港的李濟琛利用與國民黨之人脈關係，積極拉攏國內政治人物及地方軍人響應倒蔣運動。中共駐港代表潘漢年表示：

> 期於三個月內使蔣總統下野，故甚盼吾人若能拉攏傅作義、白崇禧等則事態大有可為，但必須於反攻口號下予以拉攏，然後誘以倒蔣及種種政治利益，對國際方面亦應停止反美宣傳，爭取美國同情使其憎恨政府[15]。

一九四九年一月十四日，毛澤東正式提出媾和八條件[16]，發動各種宣傳謂「蔣不下野，中共不和談」、「蔣不下野，美援不來」等[17]。國共和談是手段，逼蔣下野才是目的。

（四）各方主和聲浪

國共內戰之際，學生及自由主義學者大都主張和平，地方議會及許多將領亦要求和平，許多知識分子，特別是標榜自由主義的知識分子更希望和平，《觀察》雜誌的作者群大都呼籲國共和談。對於各方的主和，新聞局長沈昌煥指李宗仁主和之說是無稽之談[18]。民社黨蔣勻田說：「和是不可能，惟政府諸公日日言和，人民人人望和，我輩焉能不說和。」[19]

行政院在孫科組閣後也針對和戰問題，邀請吳忠信、張羣、張治中、王寵惠、吳鐵城、陳立夫等人交換意見，達成由政府主動提倡和平的共識，蔣對於和中共談判雖頗多疑慮，礙於時勢，只好順勢而為。

國內並非只有主和聲浪，仍有堅持武力抗共者，兩派之中時有爭論，一九四九年一月十八日谷正綱[20]訪雷震[21]，詢問其對時局的意見，雷震主張奮鬥到底，國民黨失敗，也要有光明的歷史，應不分黨派，可以組織超黨派的聯合反共人士，團結奮鬥，即使打敗仗，也須苦鬥下去。也有應和和平者，一月二十日，邵力子來訪，認為抵抗無益，京滬徒遭靡亂，結果不出一年仍敗，則不如今日言和，使京滬人士將來仍然懷念國民黨，如繼續抵抗，經共黨一番軍事管制，國民黨人無法生存，如和平下去，不經軍事時期，國民黨人不獨可以自存，且可進入地下[22]。

（五）另起爐灶——整頓軍紀與黨務

蔣自許進退出處，應以黨國利益為前提，這時觀察到整個黨政軍都出了問題，軍紀敗壞，戰事發生，不執行中央整體規劃的策略。黨部的組織出現問題，中央幾乎無法控制，選舉時只看到派系及個人的利益，不遵從中央的意旨。政治未能建立制度，府院不合，民意機關與行政院不同調，行政院閣揆不斷更替，國家綱紀廢弛，標榜繼承孫中山的革命基礎與精神幾乎完全毀滅。行憲前後，國民黨中央已失去其絕對領導地位，許多黨員唯利是圖，根本無視於整體黨的政策，從中央到地方的選舉，每都以個人或派系的利益為優先，黨的政策幾乎無法貫徹，以副總統的選舉而言，蔣就提出自我的反省：

本月（四月）實為憂患最深之際，為個人歷史與本黨革命成敗最大關鍵，余自認為不能堅辭總統候選人，又不能達成推舉候選人以自代之目的，實為政治上最大之失敗，而對副總統競選人事前既不能確定主張，竟准由黨員自由選舉，以致本黨紀律頹廢，威信掃地，在競選過程中，又不能扶持一人到底，乃隨環境與空氣而轉變不定，卒致失敗，此實余年老氣弱，對於大事無決心，無主張之故[23]。

一九四八年五月十七日，蔣的日記又提到：

一般黨員因反對立夫平時之狹隘，而反抗黨之決議，黨紀、黨法至此已蕩然無存在，民主口號下，立法院之黨員已不復為黨之組織所控制，其中不法黨員更放肆梟張，明目張膽為叛徒，此種惡例實由李宗仁要求自由競選副總統，而反對由黨提名為始作俑者，余自恨當時不能遵照黨權與黨紀，以執行職權，以致敗壞至此[24]。

一九四八年底因三大戰役國軍節節失利，國內派系逼迫，十一月二十三日在日記中提到：

近日妻以操心過度，忙碌異甚，又受環境刺激非常，故身心疲憊，幾乎不能自制，昨夜精神反常，時加婉勸。幸漸靜安，後終夜未覺，其沉睡為苦，近來環境惡劣已極，此中刺激實為任何時期所未有。余亦萌生不如死之感，唯一念及革命責任與國家人民之前途，對萬惡共匪若非由我領導奮鬥，再無復興之望。惟以政府軍隊與黨員散漫凌亂墮惰，自私以及社會人心之敗壞，若不放棄既有基業重起爐灶，則難期其有濟也[25]。

十一月二十四日又提到：

與經國談時局，深歎黨政軍幹部之自私無能、散漫腐敗，不可救藥，若為復興民族重振革命旗鼓，欲捨棄現有基業，另選單純環境，縮小範圍，根本改造，另起爐灶不為功。故現局之成敗不為意矣[26]。

十二月底，立法院長的選舉，黨及蔣所規劃的人選李培基並未當選，而由童冠賢當選，使蔣的身心俱疲[27]。十二月二十六日，日記中再度強調：「余以立法院長選舉未能遵黨決定之時決心辭職下野。」[28]雖然另起爐灶蔣並未明講何處，但從其提到「另選單純環境，縮小範圍，根本改造」，應指台灣而言。

蔣對於陳立夫[29]等人的表現大表不滿，一九四九年年初的日記中再度記到：「我久已蓄有辭職下野之決心，為維護前方剿共官兵與全體黨員，所以不忍出此，今中間幹部既如此心理，已無可依戀。」[30]蔣深覺非引退無法澈底改造，毅然決定引退下野[31]。

蔣第三次下野，軍事的失敗是導火線，中共的蠱惑、美國暗中支持、國內普遍求和聲浪、桂系的奪權逼迫等是下野的真正原因[32]。蔣的態度也頗為關鍵，一方面蔣希望藉下野之時機整頓黨務與軍紀，一方面以退為進伺機而出。

二、各方的態度

（一）蔣的態度

面對桂系、中共、美國及和平輿論的壓力，蔣一向主張能戰而後可和，對中共一向主戰，然因國民黨派系問題嚴重，立法院長的選舉，黨的決策不能貫徹，一九四八年七月後蔣已有下野的打算[33]。加上各方壓力及三大戰役的失利，十二月即有下野的準備。曾與幕僚研究，分析引退後可能發生的幾種狀況：一、共軍南下渡江進攻京滬；二、共軍陳兵江北，要脅李宗仁組織所謂聯合政府；三、共軍暫停軍事攻勢，而用政治方法使南京無形瓦解，然後各個宰割，不戰而據全國；四、李宗仁當政後撤換各地方軍政要員，或由共軍加以收買使彼等屈服投降；五、對蔣個人極端誣蔑、誹謗、侮辱，使無立足餘地，不復為反共救國革命領導；六、李宗仁為共軍所逼放棄南京，遷都廣州為名，割據兩廣；七、美國對華政策暫取靜觀態度，停止援助；八、俄國積極支援共軍，補充其軍力，建立其空軍，使南方各省軍政在其威脅下，完全崩潰無法抵抗。從事後的發展而言，這些評估與事實相去不遠。

經過思索後，蔣本來決定在一九四八年底就打算要引退，之所以遲延一個月，蔣的祕書周宏濤認為原因有三：其一，在美國的宋美齡堅決反對蔣此時下野；其二，徐蚌會戰還在進行，怕引起參戰將士的軍心瓦解；其三，國家財政命脈的庫存黃金尚未運抵台灣[34]。

十二月三十一日晚，蔣試詢問各軍政要員，對謀和、下野的意見，邀集副總統李宗仁、行政院院長孫科、立法院院長童冠賢、監察院院長于右任、總統府祕書長吳忠信，以及國民黨中常委張羣、張治中、邵力子、陳果夫、張道藩[35]、吳鐵城等四十餘人至總統府官邸餐聚，餐後將下野謀和文稿請張羣朗誦一遍，徵詢意見，谷正綱、王世杰、張道藩等人反對和談甚堅，不贊成蔣引退[36]。

一九四九年元旦，蔣照原擬發表告全國同胞書，披瀝其對於當前國是之意見，表明只要國家法統能夠賡續，憲法被尊重的前提下，可以與中共和談，個人進退不是問題，但下野應出自主動，而非被逼，其要意：

> 今日時局為戰為和，人民之為禍為福，關鍵不在於政府，亦非我同胞對政府片面的希望所能達成，須知這問題的決定全在於共黨，只要共黨一有和平誠意，政府必能開誠相

見，願與商討停戰，恢復和平的具體方法；只要和議無害於國家的獨立完整，而有助於休養生息；只要神聖的憲法，不由我而違反，民主憲政不因此而破壞，中華民國的國體能夠確保，中華民國的法統不致中斷，則個人的進退出處絕不縈懷[37]。

蔣發表文告後，致函宋美齡明白表示：「現在環境無法下野，故決心苦撐到底。」[38]一九四九年一月一日，接見李宗仁副總統商談關於引退的準備工作，告以必須經過一段時間，不能草率行事，望其勸告白崇禧稍安勿躁[39]。各方對蔣的元旦文告反應不同，大部分都支持蔣宣示和平解決的決心，如句容縣參議會電蔣呼籲和平（一月十四日）：

> 勝利復員以還，亟宜休養生息，共圖建設復興，詎不旋踵間戰端復起，兵聯禍結，迄無寧日，國脈民命幾瀕於危，志士仁人痛心扼腕，幸我元首悲天憫人，發布文告號召和平，仰見霖雨蒼生[40]。

丹陽縣參議會亦電蔣，擁護其元旦文告的內容（一月十一日）[41]。這些意見代表全國對和平的引領企盼，蔣此時詳細的分析個人引退與國家存亡利害的關係，分析其利弊得失[42]。

一月二日，相繼電復白崇禧[43]、張軫[44]認為個人進退並無問題，呼籲團結一致[45]。一月八日，派張羣對白轉達其意見，認為如果引退，應由蔣主動提出，且有助於和平。各方的壓力不斷，蔣深感痛心者是黨內分裂不團結[46]。

蔣在一九四八年年底已準備下野，但因三大戰役未結束，基於對前方將士負責的態度因此暫緩行動，三大戰役失敗後，蔣在一九四九年一月中已決定下野，在一月十日的日記記到：

> 我黃河以南地區之主力今已被殲，則兵力更形懸如，但已盡我心力，無可愧對我將士，而將領無能至此實為我教育不良，監督無方之咎愧無地自容。一時之刺激悲哀難以自制，但今後下野可以無遺憾矣。前之所以不為桂系強逼下野者，惟此杜部待援，戰責未盡爾[47]。

一月二十日，致函宋美齡謂：「兄決定日內下野，先回家鄉。」[48]二十一日，訓勉國軍將領照常工作外，在黃埔路官邸召開國民黨中常會臨時會議，宣布引退文告：

> 中正自元旦發表文告，倡導和平以來，全國同聲響應，一致擁護，因之期待共黨表示和平之誠意者，亦愈為殷切，乃時逾數旬，戰事仍然未止，中正由衷循省，既不能貫徹戡亂政策，以達奠定和平之目的，曷若身先引退，以冀感動共黨，解救人民懸於萬一，爰特依中華民國憲法第四十九條「總統因故不能視事時，由副總統代行其職權」之規定，於本月二十一日起交由李副總統代行總統職權，務望全國軍民暨各級政府共矢精誠，同心一德，翊贊李代總統，一致協力，促成永久和平……假令共黨果能由此覺悟，罷戰言和，拯救人民於水火，保持國家之元氣，使領土主權，克臻完整，歷史文化與社會秩

序，不受摧殘，人民生活與自由權利，確有保障，在此原則下，以致和平之功，此固中正馨香祝禱以求者也[49]。

中國國民黨第六屆中央執行委員會常務委員會第一七六次會議（一月二十四日）隨即發表申明：總裁為促成和平之早日實現，離京返鄉，依據中華民國憲法第四十九條之規定，以總統職權交副總統李宗仁同志代行，此在總裁個人為磊落光明之偉舉，中央為使全黨同志洞達總裁之意旨，瞭解工作之方針起見，揭示如下：一、總裁對於國家大計所持之立場，具見元旦文告及一月二十一日聲明全黨同志應就此兩項文件悉心研討全力信守。二、無論總裁之行止為何在，全黨同志均應竭誠盡力接受領導繼續奮鬥[50]。

憲法並無總統辭職之規定。討論蔣下野時，到底是繼任？代理？還是代行？成為折衝的重點。黃紹竑與吳忠信、張羣等提出：「李宗仁依法繼承大任」，到十二月三十日調整為：「李依法代行總統職權」，吳忠信主張用「暫代」，李宗仁主張至少用「代理」[51]，蔣曾引用憲法第四十九條規定：「總統因故不能視事時，由副總統代行其職權」，但也曾因生氣李一再相逼，對吳忠信表示：「不如乾脆下野，由副總統代理。」最後經折衝，採取「代行」的方案。

蔣乃依據憲法第四十九條「總統因故不能視事時由副總統代行職權」之規定，因此李不是接任或繼承總統，也不是代理總統，而是代行總統。蔣離開南京，飛往杭州，李宗仁隨即宣布代行總統職[52]。二十二日，發表視事文告，聲明政府將從事掃除一切和平障礙，願就中共所提八項條件商談和平[53]。

從上述可知，蔣的態度是以退為進，各界看他的態度，同時他也在觀察各界的反應，更重要的是引退時機，蔣自一九四八年七月中旬後就已有引退的打算，但不能倉促下野，在重要人事部署及黃金與重要文物安全的安置之後，始宣布下野，即使下野也不讓李宗仁真正擁有絕對的實權。

（二）各方的意見

各方對蔣引退反應不一，美國方面，美國政府內部有人認為一旦蔣引退，群龍無首，則其在華政策，將趨失敗[54]。國會議員有人指摘杜魯門總統（Harry S. Truman），未能積極援華反共。白宮與國務院均暫守緘默，甚至暗示反共政府一日存在，國會撥援華經費一日保存，美國將繼續援華。美國民主黨參議院外交委員會主席康納利（Tom Connally）即希望蔣氏退休，使國民黨力量團結與增強，俾使中國局勢終趨穩定。共和黨參議員白里奇則認為蔣氏引退，似預示共產黨將控制中國，此種時局，不論最後結果如何，美國政府難辭一部分責任。共和黨眾議員周以德（Walter H. Judd）稱：

> 蔣氏辭職與其個性相一致，蔣不願為和談的一方，深知和談僅可使中國成為和平奴隸，失去獨立，蔣氏之去，實為莫斯科共產黨控制世界運動歷來未有之最大勝利，莫斯科在其環球計畫中，早已抱定亞洲第一，歐洲第二的原則。一九二七年三月，蔣氏與蘇聯顧問團決裂以來，莫斯科即知蔣氏為共黨之勁敵[55]。

舊金山各報均刊載蔣引退文告全文，一般認為蔣引退係為國家利益計，但對共黨是否誠意談和，而不提出苛刻條件則甚懷疑。舊金山新聞報以「吾人犧牲一友人」為標題，內容謂：「造成中國此一悲慘局勢者，華府應負責任，美國人對此均不能無遺憾。」[56] 因蔣的引退已是事實，整體而言美國各界反應並不一致，且大都採取觀望的態度。

中共方面，認為蔣下野是共產黨解放運動及反帝運動勝利的標示；李宗仁代理總統，國民黨短期內人事整合必出現分裂，軍政效力更差，可以趁機渡江，可利用和談之名，吸收國民黨人如張治中等，誘惑人心，達到全面解放的目標。毛澤東在〈四分五裂的反動派為什麼要空喊全面和平〉一文中指出：

> 去年（一九四八年）十二月二十五日，白崇禧及其指導下的湖北省參議會向蔣提出了和平解決的問題，迫使蔣介石不得不在今年一月一日發表在五個條件下，進行和談的聲明，蔣介石希望從白崇禧手裏奪回和平攻勢的權力，並在新的商標下繼續其舊的統治。[57]

國民黨內部的意見，有部分黨員對於桂系的行動不滿，紛紛上電表達支持蔣，江西省黨部章益修等即上書：

> 少數同志妄陳和議，鈞座俯促所請，暫息紛端，亮節允昭，中外共仰；同志等盱衡大局，洞察民情，戰尤有利。鈞座為天地立心，生民立命，敬乞重任，聖德倡天下，以救

> 萬民，再奮仁師，遏亂苗以維法統。同志等憤慨之餘，誓圖效命江山在望，浩氣橫飛[58]。

其他如蘭州郭寄嶠主席、成都嚴嘯虎司令、戡建第二大隊、南京谷正鼎部長、薛光前、立委杜荀若、西康省國大代表哲央丹增等相繼來電表示對蔣的支持。中山大學教授羅鴻詔致雷震信中不信蔣下野對局勢有利[59]，國民黨內大老不贊成蔣下野。

有些在野黨的領袖則有不同的看法，一九四九年一月十六日，蔣晏請孫科、張羣、王世杰[60]、吳鐵城、張文伯、邵力子及張君勱、蔣勻田、左舜生[61]等民、青兩黨的領袖，聽取各方對蔣下野的看法，左舜生即提到：「我不贊同下野即退的消極辦法，我建議總統下野後，環遊世界，揭穿共產黨將要為禍人類的陰謀，這麼下野，始有意義。」[62]其後左舜生又寫信給張羣，期盼蔣能出國至歐洲一遊，與反共諸國交換意見。在這些意見中，美國始終未有明確反對蔣下野之表示，也可看出美國不再想積極介入中國的內政發展。

蔣下野後的影響或許不能完全由後觀之見來說明，但確實對往後的政局產生一些影響：其一，將領紛紛變節，蔣自己後來致書蔣宋美齡時談到：

> 維自兄下野後，意志不堅之將領如傅作義、程潛，以及重慶號軍艦與江陰要塞，皆多叛變降匪，如兄不下野，當不致於此，此等叛降，皆受兄下野之影響，而且傅作義之降匪，即在兄下野之第三日也。但事已至此，此時追悔亦無補[63]。

國共內戰期間，有許多國民黨高級將領投共、降共，愈到後期骨牌效應更為明顯，蔣下野後由於局勢更加不利，西南地區將領眼見和談無望，中共渡江後氣勢如虹，紛紛轉向中共，蔣如不下野，這些將領是否變節或許很難說，但事實的影響確實存在。

其二，部隊士氣大受影響，李宗仁無法全盤指揮[64]，劉汝明將軍回憶談到：

> 總統引退，對民心士氣是極大打擊，對共匪卻助長了他們的聲勢氣燄，這沉重的擔子，即使代理總統的人能夠領袖羣倫，貫徹整體，恐怕也難善後[65]。

李欲圖以和談來停止中共的戰事，殊不知和談必須以強大軍事為後盾，國軍無力進擊，甚至無力防守，自無法達成其預定的效果。陳立夫也表示：

> 李宗仁居心可誅，他把蔣總統逼迫下野，以為可挽回大局，其實共黨對他是騙局，根本不理會他，一味兒進軍江南。而屬於他的由白崇禧指揮的桂系部隊，一直退到廣西，他們有一個一廂情願的想法，即退到廣西後，再動用美國的援助力量反攻，事實上已無能為力了[66]。

蔣引退後因具有國民黨總裁的身分，重要幹部遇事便前往溪口請益，無形中成為幕後指導者，使李愈感無權改造，而各將領不受節制各有所圖，軍事節節敗退，投共者眾，使局勢更加不可為，終至退守台灣。

三、與前兩次下野的比較

民國時期，蔣介石三次下野，其中三次下野有許多相似，都回老家溪口，等待時局的變化，其中有許多的場景極為相似，遊歷的地區，甚至聯絡繹不絕的賓客都有若干的重複，第一次下野與第三次下野的時間相差二十二年，年齡從四十一歲的中年到六十三歲，第一次下野自認為：「此次引退，比較心氣和平，毫無怨尤。以心地光明，良知無咎也。」[67]第二次下野，有夫人宋美齡陪行，心境平和，談到：「然出京回鄉，更覺樂趣盎然。」[68]第三次下野也強調：「在故鄉遊覽山水，為平生最樂之事，尤其在戰塵瀰漫中引退之時，更覺難得，而其樂亦無窮。」[69]

三次下野都對局勢的失敗做檢討，也都強調：希望做長期的準備，以求革命之根本解決。第一次與第三次回溪口的時間較長，許多場景較相似，兩次的心境大不同，第三次下野失落感更重，更懂得珍惜與鄉親及親人的相處，第一次在掃墓後會客甚久，頗以為苦，曰：「如何使人不來擾我。」[70]第三次下野在二月五日與經國、孝文遊育王寺，同行者尚有陳立夫、張道藩、谷正綱、陶希聖、石覺、李文、袁樸等，回家途中，民眾夾道歡迎，蔣嘆曰：「鄉人熱情如此，未知將何以為報。」[71]同樣的場景，不同的心境，或許與年齡及歷練有關。茲將第一次到第三次下野在溪口的情形做簡表如下：

▶ 表3-1 三次下野比較簡表

次數 項目	第一次下野	第二次下野	第三次下野
身分	國民革命軍總司令	國民政府主席、陸海空軍總司令、行政院長	中華民國總統、 國民黨總裁（未辭）
時間	1927.8.15-1928.1.7	1931.12.15-1932.1.29	1949.1.21-1950.3.1
下野原因	北伐期間，處理中共及寧漢分裂問題，為繼續完成北伐，被桂系等要求其下野。	九一八事變後，蔣的對日政策不為國人所見諒，粵系胡漢民等要求其下野。	國共內戰國軍失利，和談聲浪起，桂系李宗仁、白崇禧等要其下野。
遊歷地區	飛雪亭、妙高台、望瀑橋（仰止橋）、武嶺、隱潭、青鎖亭、千丈巖、雪竇寺、慈庵、樂亭、魚鱗嶴、白巖半山庵、泉口。	慈庵、樂亭、魚鱗嶴、法華庵、雪竇寺、望瀑橋、千丈巖（涯）、妙高台。	飛雪亭、妙高台、望瀑橋（仰止橋）、武嶺千丈巖等。凡第一次下野與第二次下野所到之處皆遊歷。
至溪口謁訪者	史宏熹、徐桴、陳果夫、邵力子、陳銘樞、朱紹良、王柏齡、劉文島、李安定、陳芝範、吳忠信、黃郛、李石曾、蔡元培、張人傑、蔣伯誠、張治中、丁鼎丞、王啟江、王仲裕、童冠賢、太虛大師、張羣等。	周駿彥、王仁霖、陳果夫、俞飛鵬、毛邦初、蔣作賓、邵元沖等。	王叔銘、張羣、張治中、吳忠信、俞飛鵬、陳立夫等，人數超過100人以上。
其他	修墓、造橋、閱讀、會客、遊歷	修族譜、閱讀、會客、敦親、遊歷	修族譜、閱讀、會客、敦親、遊歷

從上表得知：

其一，停留在溪口的時間，以第三次下野最久，共計九十三天；其次是第一次下野，共計四十天；第二次下野，停留溪口的時間最短，共計二十三天。

其二，造訪者的人數，第三次較前二次多。

其三，遊歷部分，第二次由於與蔣宋美齡同行，蔣身體不適，因此遊歷地方最少，第三次最多，除舊遊溪口附近的名山之外，寧波地區亦是其遊歷的重點，如天一閣、育王廟、天童寺、金紫廟等都曾經駐足。

其四，由於其母曾在寺廟住過，其與寺廟的淵源頗深，因此三次下野均造訪附近的名刹。

其五，都談到為短期內不復出，第一次下野談到：「五年十年準備工夫，以求革命之根本解決。」[72]第三次下野提到：「表明余至少在五年內絕不出而主政，並愷切說明余之內心及基本方針。」[73]

其六，都提到失敗的反省，第一次下野一九二七年八月二十八日，蔣自離職回來，無日不自思此次失敗原因，曰：此次失敗之原因有三：第一，軍政時期兼行訓政、憲政；第二，攻魯策略不定；第三，其病在對人，忽略對事。第二次下野時，於一九三一年十二月二十四日談到：「談及此次革命失敗之由，皆余一人之過。」[74]第三次下野，一九四九年一月二十二日提到：「此次失敗之最大原因，乃在於新制度未能成熟與確立，而舊制度已放棄崩潰，在此新舊交接緊要危急之一刻，而所恃以建國救民之基本條件完全失去，是無異失去其靈魂，焉得不為失敗。」[75]第三次的下野與前二次最大的差異，是蔣仍具有國民黨總裁的身分，對政局仍有一定程度的影響。蔣最後從溪口來到台灣，就再也沒有回到溪口，這也是他始料未及者。

第四章

蔣介石來台——從溪口到台北

司徒雷登談到：在同一時候，住在故鄉的蔣總統有祕書、警衛、長途電話及其他設備來處理職務，晉見的人絡繹不絕。田園詩似的詞句描寫他如何徜徉山水之間，訪問鄉間和善父老，逗著幼孫遊戲，並享受古代式的田園退隱生活。事實上，他正做著軍事及一切其他方面的策略。

一、溪口歲月

蔣介石於一九四九年一月二十一日，於黃埔路官邸召開國民黨中常會臨時會議，宣布引退文告，隨即吩咐離開事宜，下午四時乘機離開首都南京，飛往杭州，駐筧橋空軍學校；晚間同蔣經國及部屬在樓外樓吃飯。回校後，張羣由南京來電話，說明李宗仁對蔣下野宣言的意見，蔣僅簡單的回應，顯然已決心由李宗仁去收拾殘局。夜宿空軍學校的天健北樓，蔣經國亦隨侍左右。睡前，蔣告訴經國說：「這樣重的擔子放下來了，心中輕鬆得多了。」二十二日上午十時，蔣全家乘機離開杭州，十時三十五分抵達寧波櫟社機場，再乘車回到家鄉奉化溪口，一直到四月二十四日才離開。

蔣返溪口後，總統府侍從室（一九四八年五月二十日成立）員額縮減，侍衛長石祖德，副侍衛長樓秉國、俞濱東，侍從武官周書麟、夏功權，侍從祕書周宏濤、曹聖芬[1]。負責安全及聯絡工作。另有少數核心人員，如俞濟時將軍、周菊村參謀、于豪章參謀、夏功權武官、熊官丸醫師、曹聖芬等隨從到溪口，住在武嶺學校[2]。

自引退回故鄉至四月二十四日離開奉化，三個月內，最先訪客不多，二月中旬後，面謁者漸多，這些人有些是政府退職官員，以黨員身分來見，也有一些是蔣的核心且現職官員，但也有不少現職軍人請求來溪口，有些人被婉拒，有些人不請自來，蔣只好招待便飯後吩咐其回防。接見的對象包含黨政軍之重要領導，如表4-1，其中以蔣的親信部屬最多，如湯恩伯[3]、吳忠信、張羣[4]、陳立夫、王叔銘等。對此大部分的記者、李宗仁的重要成員、司徒雷登等人，都認為蔣確實想操控政局，司徒雷登談到：

在同一時候，住在故鄉的蔣總統有祕書、警衛、長途電話及其他設備來處理職務，晉見的人絡繹不絕。田園詩似的詞句描寫他如何徜徉山水之間，訪問鄉間和善父老，逗著幼孫遊戲，並享受古代式的田園退隱生活。事實上，他正做著軍事及一切其他方面的策略[5]。

當時擔任上海市長的吳國楨對於蔣回到溪口的情形相當清楚，事後談到：

蔣到溪口，雖然沒有名義，但實際上他仍然是總統，原來的副總統李宗仁曾和廣西另一將軍白崇禧一起逼使蔣下台，他是代總統，但蔣仍是國民黨總裁，作為國民黨員的李宗仁，依舊要接受蔣的命令，李的內閣也是由蔣任命，至於軍事，李可以向他的部隊下命令，但絕不能命令其他的部隊，即使命令，這些部隊的指揮官也會進一步向蔣請示進一步的指令[6]。

對於蔣到溪口掌政的情形，跟隨在蔣身邊的曹聖芬[7]則有不同的看法。他談到：

然而外界對於溪口的想像，卻大不相同，大體說來，有兩種主要的揣測，一種是說總統

> 雖然引退，實際上仍然操縱著中國的政治，使政府無法革新。這當然是共匪造的謠言，但當時卻有不少的新聞記者中了這種謠言的毒，推波助瀾。……第二種揣測是說總統引退是為了謀和。一旦和談失敗，總統就應該復位，重行領導。這時一般地方政府首長和軍隊將領，差不多都是這種看法。他們無法和溪口聯絡，便以自己的主張代替總統的主張，以訛傳訛，引起不少是非。直到三月中旬，陶希聖先生在廣州對報界分析時局說明，今後的政治，和是由李代總統負責，戰亦由李代總統負責。總裁是以黨魁的地位通過民主的方式，領導黨員，支持政府。一般人對於總裁的態度和地位，纔因此有了明確的概念[8]。

曹聖芬是站在黨政不分家的立場為蔣辯解。從資料顯示，當時的確有許多現職軍人及官員前往請益，蔣都給於指示，不論是以總裁的名義或引退總統的身分，對政局仍有一定的影響。簡單分述當時來溪口面見蔣的重要幹部及談話內容便可知其一二。

自蔣到溪口後至四月二十四日離開，蔣接見重要幹部時，除話家常外，大部分 以商討重要方針及國事為主。一月二十二日，接見陳誠主席，商談今後台灣軍政經濟方針，並給予若干原則性的指示。同日，蔣電青島劉安祺司令官：

> 中已於昨日離職，但一切軍政人事與業務絕無變更，皆應照常進行，尤其在此人心動盪之際，各地負責主官更應以身作則，積極負責督導所部，振作精神，嚴整紀律不得稍有

疏懈，為共所乘[9]。

一月二十六日，接見空軍王叔銘副總司令、毛人鳳[10]局長，研討營救北平國軍的方針。二十七日，與陳立夫共進餐，餐後商談黨務，並檢討以往對共黨的策略，認為太過寬大，同時也指責美國馬歇爾特使與華萊士副總統等皆受俄共的蠱惑，遺害於中國。接見林崇鏞局長商談中央銀行現金運送廈門辦法，並談到運送黃金來台的問題，可知黃金運台是蔣的重要安排。

一月三十一日，接見鄭彥棻祕書長，商談中央黨部決定先行遷往廣州，就現況加以整頓，再圖根本改革，蔣認為本黨非澈底改造不能復興革命。接見張羣、陳立夫愷切說明今後對內對外之方針，並告知其內心的願望，希其轉達各方同志，其意：一、此次引退，認為心安理得，無論黨國與個人實為轉危為安唯一之關鍵，得此良果實出於理想之上。二、自此以後願終身為黨服務，領導革命而不再當政，是為唯一報國自全之道，否則亦須在野五年從事基本工作，以建立獨立自強基礎，不再受外力所壓制，非有此把握，絕不再出而當政[11]。

二月十五日，接見毛人鳳，一方面表明支持李宗仁，但也希望李不要投共，並儘可能阻止中共渡江[12]。二月十七日，接見閻錫山，瞭解目前行政院的狀況，要求提高行政效率，同時蔣主張：立法院地點仍設廣州，行政院重要部會主官應駐在南京，但其機構仍在廣州。至於撤換孫科院長一事，與其協調府院，反不如由李宗仁自行決定行政院長人選，使彼能完全肩負責任[13]。蔣並告訴閻：一切關鍵乃在和與戰政策的決定，否則整頓綱紀，振作人心，皆無從談起，而李宗仁致毛函，承認毛所提「八項條件」為和談基礎，是等於無條件投降，更何能整頓紀綱，振作人心[14]。可見蔣對於李所推動的國共和談只是心態。

李宗仁對蔣有如芒刺在背的感覺，以退為進。四月十八日，李要求蔣回京復職，而彼下野，如要與中共應戰，必須由蔣賦予其全權。蔣則進一步認為如欲此最好建立制度，也是後來杭州會議召開的重要原因。蔣要求朱家驊、吳鐵城轉示其大意：

> 我個人今日已無權可援，如必欲我對軍政幹部用書面示意服從代總統命令不得違背，則不如由黨決議授權為正式，但如此必須其尊重黨紀，恢復黨與政之正常關係，今後凡政策與人事必須由政府提經中央政治委員會通過，並由代總統對黨提一書面聲明，以代誓詞[15]。

其後李又要求蔣下令將運往台灣的黃金、武器運回，甚至要求蔣出國，也是為了斷絕或降低蔣的影響，使其能成為「真正」的總統。蔣對於李要求出國之事甚感生氣，對於要求將黃金運回大陸之事，則說明其已無權可授，事實上許多人根本不受李的指揮調度。

蔣引退後之所以對政局仍有極大的影響的原因：其一，蔣仍具有國民黨總裁身分，從蔣的立場而言，身為黨的領袖，有軍政官員以黨員的身分請益，蔣自應加以協助。站在李宗仁的角度，認為蔣越俎代庖，干預國政；其二，許多重要決策如黃金及重要武器移置台灣等，甚至將張學良送至台灣，都是在蔣下野前就決定，李代行總統之職，無法改變原有的計畫，主事者也不聽李的指揮；其三，長期以來跟隨蔣的「嫡系」部隊，仍以蔣為馬首是瞻，當時府院間不一致，李無法控制孫科的政府，孫科甚至為擺脫李的控制，將行政院遷往廣州。李既無力指揮軍隊，其後又因與中共談判失敗，如何收拾政局，蔣的決策愈加重要。

由此可見，重要的關鍵不在於職位，而在自北伐之後，蔣的地位已無人能取代，雖然有學者認為國民黨黨外有黨，黨內有派，一個政黨、一個主義和一個領袖有名無實[16]，蔣是中央的代表則無庸置疑。蔣任國民政府主席時，國民政府即是權力中心；蔣任軍事委員會委員長，委員長即可控制全局；蔣任總統，總統的意志即可貫徹，蔣任國民黨總裁，決策即以黨為中心。溪口成為當時黨政官員絡繹不絕的地方，無形中成為另一個指揮中心。

蔣在溪口期間，除政務的處理外，最值得注意的是其生活。蔣的心境更加成熟，雖然多少有些惆悵，但把握與親人相處的時間，與鄉親的關係亦更為融洽[17]。

二、選擇來台的原因

蔣自引退後，除出遊寧波外，極少離開故鄉活動。四月二十二日，杭州會談是其參加第一次的公開活動，杭州會談隔天，國軍撤離南京，再一日太原不保，局勢日趨嚴重；四月二十三日，南京棄守；二十四日，蔣介石命令蔣經國準備船艦，蔣經國及其幕僚都不知目的地，本來猜是去基隆或廈門，蔣命俞濟時將軍準備一切，俞派副侍衛長俞濱東將行李運至象山港登艦；二十五日，抵太康軍艦，由艦長黎玉璽陪侍檢閱艦上官兵，蔣始告知此行的目的是上海。此時，中共已渡江，上海岌岌可危，但蔣冒險前往，抵上海後隨即接見徐堪、顧祝同、周至柔、桂永清、郭懺、湯恩伯、毛人鳳、陳大慶、石覺、谷正綱、陳良等人，聽取報告並指示方略，巡視上海市街。二十七日，抵上海復興島，駐於復興島之濬浦局行邸；二十八日起，先後接見桂永清、徐永昌、林蔚、顧祝同、湯恩伯、丁治磐、羅澤闓、郭懺、陳大慶、毛人鳳、馬紀壯、王克俊、吳仲直、闕和騫等[19]，後召集上海市長陳良及社會賢達劉鴻生、杜月笙，指示如何配合軍事安定民心。

由於蔣覺得復興島離市區太遠，對於前來謁見請示的人員不便，命蔣經國到市區準備住所，經國向蔣報告：「時局已經這樣嚴重和緊張，市區內危險萬分，怎麼還可以搬進市區去住？」蔣嚴厲的回答：「危險！你知道，我難道不知道。」經國只好照辦[20]，五月二日，駐市內金神父路勵志社，在此期間，蔣每天接見黨政軍要員在數十人以上，並召集黃埔學生訓話：「成敗在此一舉，我們必須用全力來應付危難。」[21]

五月七日，下午乘江靜輪離滬往舟山群島[22]，經普陀，還特意帶蔣經國登上普陀山，專訪普濟寺。面對寺內供奉的果如和尚塑像焚香禱拜。果如和尚是溪口雪竇寺主持，蔣母王太夫人皈依佛教，即拜其為師。蔣介石幼年亦常在果如和尚面前聆聽教誨。蔣介石囑咐普濟寺主持將果如和尚的塑像、生前照片及遺墨好生保存，期望來年能再來祭拜。當時蔣很重視舟山群島，舟山的任務是作為上海撤退的中間站。陳誠秉持蔣的意旨，堅持加強舟山防禦工事。

五月十七日，蔣與經國搭飛機從定海到馬公，其後蔣於十九日到閩省見朱一民（紹良），事後本擬再飛上海，但因飛機機件及其他考慮，轉往嘉義短暫停留，再回澎湖。二十二日，陳誠、俞鴻鈞、蔣鼎文到馬公與蔣會晤；二十六日，蔣自馬公飛台灣岡山轉高雄壽山，據說當時之所以不直飛台北，可能是安全上的考慮；六月二十一日，蔣從高雄到達桃園轉至大溪，其後至台北草山（陽明山），在這段期間除應邀至菲律賓及韓國訪問外，先後進出大陸，其中以重慶及廣州二市停留的時間較久，離鄉到台灣後到一九四九年底，蔣又多次進出兩岸。

蔣個人何時決定來台？其決定來台的原因為何？是值得重視的課題。

首先要說明的是，蔣決定來台灣雖不是倉促決定，也不是下野前就已經確定，台灣是蔣下野後安排退路的選擇之一，但不是唯一的選擇，我們可以從幾個線索做說明：其一，從首都及中心的說法，南京是國府成立的首都，抗戰期間首都暫遷重慶，抗戰結束後，還都南京，國共戰事緊急之際，曾有人再提遷都之事，蔣都不予回應，並且認為沒必要因為戰事緊急就遷都[23]。一九四九年一月十七日，寫信給其妻宋美齡時，再度表示：「政府絕不遷台，兄亦不即刻赴台。」[24]宋美齡此時在

▼ 1949年下半年蔣來台後進出台海兩岸路線圖

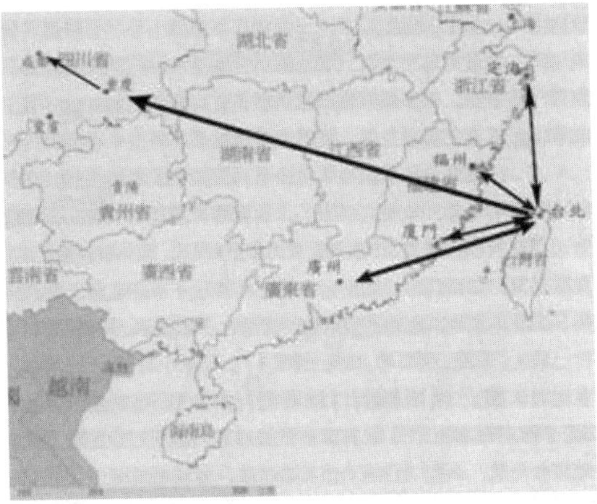

▼ 蔣介石來台路線圖

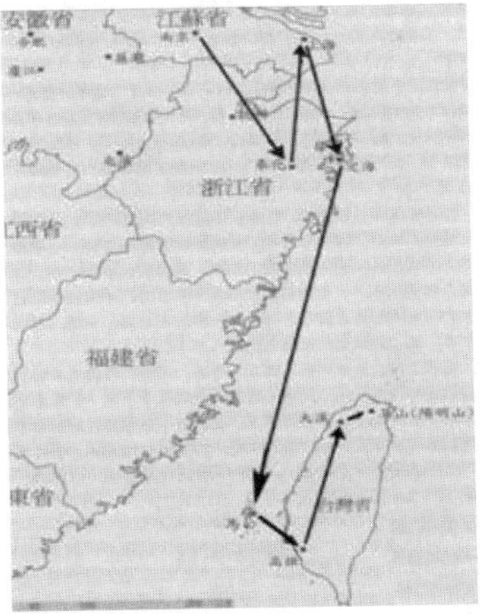

美國積極爭取美國的援助，蔣明白表示其不即刻赴台應是其當時的考量，即使在其下野後，也還沒有打算將政府遷台。二月一日，蔣在日記中提到：

> 近日為蚌埠吃緊，關於還都與政府裁員問題，謠諑紛紜，人心動盪，致公務員與社會皆呈紊亂不安之狀，乃由行政院院會決議，表明絕不還都，以闢謠言[25]。

即使在一九四九年四月二十三日，離開溪口後電宋美齡談到：「南京國軍全部已於今晨撤退，但上海準備固守，絕不放棄，兄擬於日內離家他往，地點尚未決定，容後續聞。」[26]此時的地點應該已經確定，可能避免消息走漏，居於安全的理由而不敢明白告知宋美齡，但即使如此，蔣還是有宣示固守上海及江南的決心。

其二，蔣的部署是多方面進行，蔣在引退之前對固守南京之決心，並做若干的軍事部署，先守長江，長江不保，全力守上海，上海被占，將重心移東南的廣州、西南重慶及台灣。

台灣確實是蔣最重視的地區之一，大約在一九四八年底就已相繼安排各項事宜；個人遷台可能是在國共北平談判失敗後，李一再進逼，加上中共渡江，上海已有立即性的危險，遂決定來台，時間應該是一九四九年四月底；至於整個政府遷台的決定，應是五月的定海軍事會議，而五月十六日國民黨中央會議上也再度確定，五月十七日蔣經國的日記中提到：「此時中樞無主，江南半壁業已風聲鶴唳，草木皆兵，父親決計去台，重振革命大業。」[27]五月十八日，台灣省即簡化入境申請手續，一些國民黨軍政機關及人員陸續遷入台灣。台灣固然是蔣計畫的一部分，但最後政府遷台與蔣來台則是經過時局的變遷下的結果。

分析蔣最後之所以決定到台灣的原因有以下幾點：

（一）對台灣印象不錯

一九四六年十月二十一日，蔣偕夫人遊台灣，深覺：「台灣尚未被共黨分子所滲透，可視為一片乾淨土，今後應積極加以建設，使之成為一模範省，則俄共雖狡計百出，必欲亡我而甘心者，其將無如我何乎？」[28]並且提到：「巡視台灣之收穫，較之巡視東北之收穫尤大，得知全國民心之所向。」[29]根據張其昀的回憶認為，早在來台後蔣就對記者稱：「只要有了台灣，共產黨就無可奈何。」[30]京滬杭警備副司令兼戰地政務委員會祕書長祝紹周建議由張發奎主持海南島軍事，台灣、福建、浙江、廣東及海南島之間，以台灣為中心，軍事上應有一堅強組織，萬一東南軍事受到挫折，以台灣為基地，配合國際形勢演變，恢復國民黨的基業[31]。共產黨在台灣的勢力及影響力有限，台灣的政治環境較重慶及廣州地區單純，軍事上又有海峽的屏障，對於缺乏海軍及空軍的中共而言，台灣較為安全，這些可能是蔣決定以台灣為根據的的重要原因。

（二）陶希聖、張其昀、蔣經國、陳誠等的建議

當局勢危殆之際，左右有建議重視川防，但陶希聖則認為台灣地位重要：「我想從台灣復興這是將來的希望，因為英美是海權國家，一到台灣以海洋為基地，可與太平洋對岸的美國打交道，這中間還大有可為。」[32]對於台灣的地位，魏德邁（Albert C.Wedemeyer）與胡適有不

同的意見，魏的意見：「依余之意見，台灣為反共之基地，其政策必須為謀地方人民之福利為其目的，且具有高度之行政效率可作為政府之表率。台灣有豐富之資源及動力以支持其政府，此當儘量開發並用以增進人民之福利。」胡適則與魏的看法不一，曾提到：「台灣只有七百萬人口，台灣的工業又不是可以獨立自給的經濟基礎，我們必須在大陸上撐住一個自由中國的規模，維持一個世界承認的正式政府。」[33]張其昀從地理的角度對蔣做建議，他提到幾個原因：其一，台灣海峽海闊浪高，能暫時阻止沒有海軍、空軍的共軍乘勝追擊；其二，台灣作為反共復興基地比其他地區更具優越之處，因為土地利用率高、糧食農產品可滿足軍民所需、台灣島內交通便利，具工業基礎，有利經濟發展、軍事上易於防守，扼太平洋西航道之中，與美國的遠東戰略防線銜接、台灣經日本五十年的統治對中央政府有一種回歸感，且較少共黨的組織與活動。[34]這樣的分析對蔣來台自有其影響。

至於蔣經國，自蔣下野後，蔣經國一直長侍左右，也多次代表蔣到處處理一些問題，對台灣亦有所瞭解，甚至也曾建議蔣出國至加拿大，對於局勢也曾向蔣做報告，在局勢危急之際曾向蔣建議來台。家書中經國的建議可能也是其中的原因之一。一九四八年六月二十六日經國電蔣：

我政府確已面臨空前之危機，且有崩潰之可能，除設法挽回危局之外，似不可不做後退之準備，兒絕非因消極或悲觀而出此言，即所謂退者亦即以退為進之意也，有廣東方有北伐之成功，有四川纔有抗日之勝利，而今後萬一遭受失敗則非台灣似不得以立足，望大人能在無形中從速密籌有關南遷之計畫與準備[35]。

十一月二十四日，兩蔣談論黨務改造，曾有「非捨棄現有基業，另選擇單純環境，縮小範圍，重起爐竈，加以根本改造不為功，至現局之成敗，可不以為意耳。」[36]所謂另選單純環境，雖沒有明白指出何地，但以當時局勢來判斷，應該是指台灣。

從過去蔣的性格來看，蔣是一位相當有主見的人，很難確定是那一位幕僚的建議是其關鍵，但陳誠應具有一定的影響。陳誠的態度是接任台灣省主席之後，奉命到京，一月二十一日，陳誠的飛機抵定海上空，臨時接獲指示飛杭州，蔣下野回奉化途中接見陳誠、陳儀等人，短暫請示後，到南京謁李代總統宗仁及孫科院長述職；二十五日返台，返台後即在台準備澎湖二處、台北、陽明山、大溪、日月潭、高雄、四重溪等八個地方，作為蔣選擇為臨時駐用之所[37]。這些處所正是蔣來台的路線及暫居之處。三月二十四日、二十五日，陳誠再度至溪口報告台灣的情形，並建議蔣駐台灣，國共和談無結果後，中共渡江；四月二十九日，陳誠電蔣請其早日駐蹕台灣：

和談決裂後，今後剿共戰事，勢必長期奮鬥到底，為號召國內外愛國志士，及聯合國際上反共勢力，鈞座為自由中國之旌旗，駐節所在地點，亟宜早日確定。關於馬公島情勢，職業以實施勘查，深覺該地交通通訊，頗為不便。職認為台灣，既為吾人革命復興最後根據地，殊無其他顧慮之必要。擬懇早日駕臨台北，長期駐蹕，則指揮各方，皆多便利。或於穗滬渝等處，設置行轅，必要時，巡行指揮[38]。

其後一再催蔣早日飛台，五月十一日，陳電蔣：「職意鈞座應即飛台，又鈞座行動似不必祕密，以示自由。」五月十五日再電：「讀李之談話，深感領袖受辱，幹部之恥也。彼輩只知利害與力量，絕不能以理喻與情動。乞鈞座逕飛台北，一切不必顧慮。」[39]五月十七日，蔣即飛抵馬公。陳誠接任後，面對不斷移入的人口，其間夾雜著散兵游勇以及潛伏的中共分子，或將破壞台灣的安定，必須積極有所作為，阻止可能由對岸進入台灣的不利因素。先由台灣省警備總司令部公布「台灣省入境軍公人員及旅客暫行辦法」（三月一日實施），同時公布〈入台軍公人員及旅客注意〉事項，各項出入境管理措施紛紛出籠，如《戒嚴時期加強管制航運旅客入境及檢驗辦法》[40]，此辦法引起大陸籍民意代表的反彈，對此蔣並沒有表示意見，雖然蔣、陳之間或存在一些緊張關係，但正如薛化元教授曾針對陳誠主政台灣的問題談到：「陳誠擔任台灣省主席期間雖不到一年，但是，無論是解決當時台灣內部的政治、社會、經濟問題，或是消除台灣內部可能挑戰（威脅）國府統治力量，都有相當的成效，對於政府遷台以後統治體制的鞏固，以及其後台灣發展的基調，都有相當關鍵的影響。」[41]陳誠此時建議蔣來台，推斷具有某種程度的影響。

（三）李宗仁的再三逼其出國

李宗仁對蔣介石在國內操控政局有如芒刺在背，加以外間好事者乘隙造謠，致隔閡日益加深，早在上海和平代表團赴北平前，即請黃啟漢轉達意見「蔣介石留在國內，有礙和談，促其出國」[42]。三月八日，南京《救國報》（主筆龔德柏）以「蔣不出國則救國無望」等標題攻訐蔣；雖然雷震等極力的排解蔣李之間的紛爭，甚至還認為應為蔣當今的處境考量，南京政府對蔣之批評過分穿鑿，而至於誤會，頗多尖刻之語，有失恕道[43]，王世杰認為逼蔣出國無益局勢，且不能使東南、西南之將領接受命令。

逼蔣出國的聲浪未減反增，四月一日，和談代表張治中、劉斐、黃紹竑[44]、章士釗、李蒸等飛抵北平，張治中在行前建議蔣出國，並分析其利弊，出國之利：一、可避免成為攻訐目標；二、卸去和戰失敗之責任；三、使一般將領減少依賴心理；四、可增長見聞；五、可轉移人民的觀感，恢復人民的懷念。出國之害：安全問題、軍事頓失中心、黨難免渙散[45]。在北平談判觸礁，張仍電請蔣「及時痛下決心，毅然放下一切暫時出國」[46]。面對此局勢，蔣的態度與逼其下野者不同，一再表示：「他們逼我下野是可以，要我亡命就不可以。」[47]李宗仁則一再逼其表態。蔣經國曾記到：

三十八年四月間，父親在上海支撐危局，誰知李宗仁竟寫了一封信來，要求父親離開上海；父親離開上海的時候，並沒有說出要到的目的地，座艦到達舟山，也沒登岸，祇是到附近的許多小島上去視察，前後在海上漂泊了十天，真是乾坤萬里，滄海茫茫，處著這樣逆境、絕境，無論誰都要心灰意冷，走投無路的，而父親卻泰然處之，在日記上寫到：「只要前進，不變其方向，即使無路處，亦可新闢道路，達到目的。」

父親正當此風雨飄搖的形勢下，準備力挽危局的時候，李宗仁突然從桂林來了一封信，那時，他不但滯留桂林，不到廣州處理公務，而且還要寫信來向父親談條件，他要索取已經運到台灣的庫存的黃金，並且要父親不要再問國事，建議最好早日出國。在這內外夾攻的環境中，父親的內心沉痛，是不難想像的，因此用堅決的態度，給李宗仁覆信，大意是說「你要求我出國，這是辦不到的，因為我不是軍閥，至於要求我不管政事，這是可以答應的，明天起我就可以不管。」[48]

從這段中可以看出李的要脅的確有影響，因為蔣在回信給李的第二天即離開上海，轉到定海及附近的群島觀察，而後即經馬公到台灣。總之，環境的變化、時局的判斷、安全的考量、幕僚的建議，加上北平和談失敗之後李宗仁要脅的信函，應是蔣來台的原因。

三、何時決定來台

蔣雖然在三大戰役後期就開始作戰略的部署，台灣、重慶、廣州、上海等都是其布防的重點，但決定來台的時間甚晚，絕非一九四八年底就已經決定，首先當然是蔣一向以來做多點布防的態度，其次是蔣不願意輕易放棄大陸任何一個可以固守的地區，其三是局勢是逐漸惡化，不是突然崩潰，因此撤退行動亦逐步進行。

就蔣下野前後的布署而言，來台前的準備，最重要的是人事的安排：陳誠掌台省政務、蔣經國掌黨務。在蔣的主導下，行政院第三十二次政務會議於一九四八年十二月二十九日通過陳誠出任台灣省主席，十二月三十日，中國國民黨中央常務委員會通過蔣經國為台灣省黨部主任委員。董顯光認為：「他（蔣）已決意使台灣得免受親共陰謀的威脅，俾中國大陸萬一發生意外，該省可為政府最後堅守力圖復興之地。」[49]除人事安排外，修建定海機場是其預留往台灣的重要安排。

由於後來湯恩伯的部隊大多由定海機場撤退，定海機場的修建被視為是蔣早就安排來台的重要證據。

其實，除了台灣之外，江防與上海防禦亦是重點。隨著蔣下野及共軍逐漸逼近長江，一九四九年一月十四日，蔣在南京召開國防部緊急會議，出席者有李宗仁、何應欽、顧祝同、湯恩伯等將領，會議由參謀總長顧祝同主持，國防部作戰廳廳長蔡文治報告江防計畫，主張江防軍主力應自南京向上下游延伸，江陽以下可以不必用重兵防守，但湯恩伯堅持江防軍主力應集中於江陽以下，以上海為據點，南京上下游只留少數部隊防守。陸海空軍將領開會，會中督導江防如何部署，並指示作戰方針，蔣希望集中兵力全力守衛上海，以待國際變化十八日，蔣召見顧祝同參謀總長、國防部徐永昌部長、湯恩伯總司令等研討長江北岸之軍事部署，蔣以為各主管僅有命令與紙上計畫，而毫無準備與實施監督行動，尤其對於材料與經費，不分輕重緩急，延宕不發，為之痛恨，分別予以斥責。[50]湯恩伯乃進一步提出江防的腹案：以江防線阻止共軍，並以上海為決戰及掩護軍隊物資轉移要區，依徽州附近部隊之策應，向浙贛線轉移。當時蔡文治反對湯之方案，兩人發生爭論，湯恩伯強調：蕪湖以西及江陽、鎮江均係共軍主力渡江地區，國軍即使集中兵力亦無法有效阻止共軍南渡，一旦江防被破，皖南交通不便，大軍轉移困難，國軍主力應配於南京以東及以南地區[51]。蔣同意湯的意見，認為固守上海甚佳，但皖南防禦薄弱，應在戰術上及方略上圖謀補救[52]。

此外，蔣對於整個戰局仍多所考量，其戰略設想是：控制川、滇，把大西南作為後方，確保台灣以貫徹其改造黨政軍，成為三位一體的心願，維持一個清一色的小朝廷[53]。人事方面，除台灣的人事任命外，蔣在下野前夕先後任命朱紹良為福建省主席兼福州綏靖公署主任，方天為江西省政府主席，張羣為重慶綏靖公署主任，薛岳為廣東省政府主席，余漢謀為廣州綏靖公署主任，張發奎為海南特區行政長官，湯恩伯為京滬警備司令，這顯示蔣以其心腹或親信控制江南的軍政大權，憑長江天險與中共對抗。陶希聖在接受訪問時提到：「在總統引退之前，總統發表幾道人事命令，其中最重要的是以陳誠出任台灣省政府主席，又以張羣出任重慶綏靖公署主任。」[54]

有關上述的觀點，在日記中也可以看出其端倪，下野前直到一九四九年四月二十一日中共渡江，蔣還是以大陸為重點，如一九四九年二月十一日，「見喬峰（俞飛鵬）協議招商局事，以今後根據地在沿海各省，故海上交通之船艦比之鐵路更為重要。」[55]三月十八日，「預定台灣遷駐中央政府之手續。湯恩伯總司令由京飛來報告部署甚詳，余對其固守上海仍甚同意，皖南薄弱甚為可慮，只有戰術與方略上圖補救耳。」[56]

至於中共渡江後（四月二十一日）到來到澎湖（五月十七日）的態度方面，先就四月二十一日、二十二日、二十三日三天日記並未提到來台之事。四月二十一日：

昨夜共匪已在荻港渡江。據報第八十八軍朱師長（許）泰安叛變，引匪渡江也，本夜，共匪又在江陰附近渡江，據報海軍坐視不肯擊匪，此必為前重慶艦叛變官長關係所運動之故。情勢至此，未知李、白能有悔悟否，自昨夜起南京北岸江浦縣被匪包圍，匪砲自南發射。

立法、監察各委員害國、負黨，國家至此，大部責任應由若輩與桂系謀叛自私而成，可痛。

與張（群）、吳（禮卿）、王（世杰）商議改組中央政治委員以非常委員會替代，下午靜默，晚課召見吳崧慶談軍費動用廈門現洋事。

遊覽樂亭舊址，視察溪南築岸工程將成，為慰，再與王、吳等遊覽慈園，晚觀平劇[57]。

四月二十三日：

昨夜已下總退卻令，並已決心放棄南京，又知德鄰已於今晨飛桂，敬之飛滬矣。

上星期反省錄：李等三個月來，積極對中央各軍與黨政幹部，從事挑撥分化籠絡，皆未能生效，而李個人對其所欲奪取之權利，亦未能盡饜其所欲，尤以代總統名義而不能真除為正式總統，此為其初行接任代職時所不及預料者，加以其接任後，對共匪獻媚求和之作風，自覺過度，最後共匪提出之條件，幾乎與拒絕其投降無異，故其處境尷尬，實有啼笑皆非之感，此其遷怒集恨余一身之總因，蓋由於心狹識淺，本來如此，何足為異，而余亦不無過誤，應曲諒之。[58]

這三天甚為重要，四月二十一日中共渡江，二十二日杭州會議，二十三日中共占領南京，但在日記實看不出蔣已決定來台，還在派系的糾葛情節中。

之後的日記也再度看到蔣仍以固守大陸據點為中心。四月二十六日，「決定廣州做固守之準備，預定方針固守上海、廈門各海口，與敵持久周旋也。」[59] 四月二十九日，「以政略與戰略論，我位置應在上海與匪周旋，使匪之主力，於此而變換其向華南出粵進犯之目標。對內政外交亦比較有利，惟上海經濟之紛亂與社會之複雜現象，可說世無匹，誠有不可思議之感。」[60] 五月二日，「以余剿共之志，如國內有寸土可為我革命立足，余不敢放棄此責任。」[61]

這些都顯示直至中共渡江（一九四九年四月二十一日），蔣仍把希望放在大陸地區特別是上海地區的防守上，個人離開奉化後雖已決定來台，但仍在觀望，在沿海地區遊歷並觀局勢之變化，直到五月戰局漸不利之後乃決定來台。

▶ 表4-1　第三次下野後接見對象（1949年1月22日至4月24日）

時間	接見對象	時間	接見對象
1月22日	陳誠（台灣省主席）	1月24日	王叔銘（空軍副總司令）、劉安祺（第十一綏靖區司令）、余程萬（陸軍26軍軍長）
1月26日	王叔銘（空軍副總司令）、毛人鳳（保安局長）	1月27日	林崇鏞（商標局局長）、陳立夫
1月28日	張羣（重慶綏靖公署主任）、郭懺（聯勤總司令）、俟騰（廳長）、陳立夫、鄭彥棻（國民黨祕書長）	1月29日	張羣、陳立夫、鄭彥棻
1月30日	黃少谷	1月31日	林蔚（國防部副參謀長）、鄭彥棻、毛人鳳、朱世明、黃少谷、陳儀（浙江省主席）
1月30日	黃少谷	1月31日	林蔚、鄭彥棻、毛人鳳、朱世明、黃少谷、陳儀
2月1日	陳立夫（行政院政務委員）	2月4日	谷正綱（社會部長）、彭昭賢、陶希聖、徐堪（財政部部長）、毛人鳳、李文（華北剿總副總司令）、石覺、袁樸（陸軍16軍軍長）
2月6日	石覺（京滬杭警備司令部副司令）、李文、袁樸、彭昭賢、谷正綱、張道藩（中央文化運動委員會主任委員）	2月7日	李彌（陸軍司令） 王叔銘
2月8日	朱國材	2月9日	陳立夫

時間	接見對象	時間	接見對象
2月10日	周宏濤（國民黨祕書）	2月11日	俞飛鵬（招商局董事長）、李英奇（中國劇團副團長）
2月12日	黃仁霖（聯勤總司令部副總司令）、毛人鳳、徐學禹（招商局局長）	2月15日	毛人鳳
2月16日	閻錫山（綏靖公署主任）	2月17日	閻錫山、張道藩、谷正綱
2月18日	翁文灝、何應欽	2月19日	劉斐
2月20日	劉安祺	2月21日	沈百先、毛景彪
2月24日	段澐（陸軍87軍軍長）	2月25日	王政
2月28日	方天（江西省政府主席兼江西綏靖公署主任）、王叔銘	3月1日	王叔銘
3月2日	張治中、鄞縣、鎮海、餘姚、奉化各縣縣長	3月3日	吳忠信、李惟果、張治中
3月4日	吳忠信、李惟果、宣鐵吾（京滬杭警備總司令部副司令）	3月5日	吳忠信、高吉人（陸軍第5軍軍長）
3月6日	吳忠信、徐佛觀、沈宗濂、王叔銘、魏濟民	3月7日	王叔銘
3月8日	李良榮、王新衡、毛瀛初、吳忠信、袁守謙、高吉人	3月9日	袁守謙（東南軍政長官公署政務委員兼祕書長）
3月10日	袁守謙	3月11日	俞濟時、徐佛觀
3月12日	洪蘭友、唐縱、袁守謙	3月13	俞鴻鈞
3月14日	俞鴻鈞、袁守謙	3月15日	任卓宣、沈昌煥、萬耀煌（南京中央訓練教育長）、熊笑三（陸軍第五軍軍長）
3月16日	徐佛觀、任卓宣、沈昌煥	3月17日	孫科

時間	接見對象	時間	接見對象
3月18日	王叔銘、湯恩伯	3月19日	湯恩伯、萬耀煌、徐佛觀、陶希聖、黃鎮球
3月21日	谷正綱、沙孟海	3月22日	沈君怡、倪文亞
3月23日	沙學浚、王叔銘、陶希聖、徐佛觀	3月24日	吳經熊、徐堪、陳誠、朱紹良
3月25日	孔令傑、黃振球、朱紹良、陳誠、黃杰	3月26日	黃杰
3月27日	俞大維（交通部長）、朱國材、陶希聖、吳忠信、宋子文、鄭彥棻	3月28日	俞大維、唐縱（國防部保安事務局局長）、宋希濂（湘鄂邊區司令官）、關麟徵（陸軍總司令）
3月29日	張治中、吳忠信、宋希濂、關麟徵	3月30日	張治中、吳忠信、毛人鳳、郭懺、黃仁霖、張其昀、沈宗濂、洪蘭友（內政部長）
3月31日	袁守謙、谷正綱、陶希聖、洪蘭友、吳忠信、張其昀	4月1日	洪蘭友、吳忠信、沈宗濂、谷正綱、鄭彥棻、張其昀
4月2日	俞鴻鈞、陶希聖、谷正綱、葉秀峰	4月3日	程天放、蕭錚、陳雪屏、曹俊、王世杰
4月4日	程天放、蕭錚、陳雪屏、曹俊、吳國楨	4月5日	張羣、孫立人、吳國楨、王世杰
4月6日	毛人鳳、張羣	4月7日	張羣
4月8日	高吉人、董釗、張羣	4月9日	張羣、徐堪、江杓、鄭介民
4月10日	周至柔、胡宗南	4月11日	閻錫山、傅雲、季源溥
4月12日	朱家驊、陳啟天、居正、閻錫山	4月13日	居正、陳啟天
4月14日	居正、朱家驊、蕭萱、石鳳翔	4月15日	萬耀煌、沈德燮、盧鑄、孫連仲、居正、朱家驊、石鳳翔

時間	接見對象	時間	接見對象
4月16日	蕭紉秋（萱）	4月17日	鄭介民、王叔銘、朱世明、吳鐵城、朱家驊、居正
4月18日	吳鐵城（行政院副院長）、朱家驊、孫聯仲、鄭介民	4月19日	張道藩、谷正綱、王世杰、朱世明
4月20日	張羣、吳忠信、湯恩伯、張鎮、胡宗南、趙棣華、張鈁	4月22日	李宗仁、何應欽、張羣、吳忠信、湯恩伯、王世杰、杭州會談代表
4月23日	吳忠信、張羣、王世杰	4月24日	張道藩、谷正鼎、段澐、劉攻芸

資料來源：國史館藏，《蔣中正總統檔》《事略稿本》。蔣經國，〈危急存亡之秋〉《蔣總統經國先生言論》，第2冊（台北：黎明文化事業，1982）。《大公報》（上海），1949年1月至4月。

▶ 表4-2　蔣介石來台之初的個人活動及重要大事

時間	重要大事
4月26日	抵達上海後接見徐堪、顧祝同、周至柔、桂永清、郭懺、湯恩伯、毛人鳳、石覺、谷正綱等，聽取報告，指示方略。
5月12日	舟山及定海，短暫停留後，5月14日，進行沿海勘察。
5月17日	飛抵馬公，陳誠、俞鴻鈞等晉謁
5月19日	到福州訪閩省朱一民（紹良），當天返馬公，本擬飛上海因機械故障，在嘉義停留。
5月26日	自馬公飛岡山轉高雄壽山。
5月28-31日	先後至鵝鑾鼻、四重溪等處遊覽，住墾丁賓館。
6月3日	住大溪。
6月23日	從大溪轉往草山，草山成為其接見訪客、外賓之地。
6月24日	蔣介石決定總裁辦公室於台北草山（陽明山）。
7月4-9日	4日在福州召見團以上軍官訓話，鼓舞士氣；9日與朱紹良談閩省軍政。

時間	重要大事
7月10-13日	蔣介石訪問菲律賓，與菲總理季理諾舉行碧瑤會議。
7月14日	在廣州籌劃東南政局及保衛廣州軍事計畫，臨行前曾接見李宗仁。
7月16日	中國國民黨非常委員會在廣州成立。
7月22日	廈門召見湯恩伯、朱紹良及閩南各軍師長討論防衛辦法，24日回台。
7月18日	行政院任命陳誠為東南軍政長官，轄蘇、浙、閩、台、瓊五省區，長官公署設於台灣。
7月26日	蔣介石決定設立革命實踐研究院。
7月27日	李宗仁自廣州飛抵台北與蔣介石會晤，經五次討論。
8月3日	至定海停留三天直接赴韓國。
8月5日	美國國務院發表「中美關係」白皮書。
8月8日	蔣介石與朝鮮大總領李承晚發表聯合聲明。
8月15日	東南軍政公署在台北成立。
8月17日	共軍陷福州。
8月23日	廣州保衛戰甚為重要，蔣親自赴廣州，鼓舞士氣。
8月24日	到重慶，約見宋希濂聽取其對川、鄂、湘邊區軍事報告；8月29日到西南行政長官公署開會，除盧漢外，其他川、滇、黔、康各省重要將領都參加。
8月26日	西北的蘭州為中共所占。
8月30日	東南軍政長官公署任命孫立人為台灣防衛司令官。
9月1日	台灣省保安司令部正式成立。
9月22日	為穩定西南，蔣至昆明，約見盧漢等滇省將領，停留約6小時後抵廣州；10月3日返台。
10月1日	北京「中華人民共和國政府」宣告成立。
10月2日	由黃埔到廣州，主持國民黨中非常委員會，接見李宗仁、閻錫山、張羣、徐永昌、余漢謀等重要軍政將領。
10月3日	由廣州回台北，王世杰、黃少谷、陶希聖、俞濟時、蔣經國、曹聖芬、周宏濤隨行。

時間	重要大事
10月7日	韶關失守，蔣冒險搭輪船前往廈門，林蔚、谷正綱、蔣經國隨行，慰問當地軍民，湯恩伯、劉安祺、曹福林、沈向奎、雷震、黎玉璽、毛森、方治等迎接。
10月11日	華北、西北、西南各重要地區相繼失陷，海南、舟山兩地已成孤立無援地帶，蔣親自前往定海視導，蔣經國隨行；10月14日返台。
10月12日	政府遷往陪都重慶令；15日，正式在重慶辦公。
10月12日	共軍攻廈門；17日，占領廈門，國軍撤往金門。
10月16日	革命實踐研究院第一期開學，蔣介石親臨致詞，講演「革命、實踐、研究三個名詞的意義和我們革命失敗的原因」。
10月17日	國軍自廈門撤守。
10月21日	汕頭國軍撤守；26日，廣東全省為中共所占。
10月24日	共軍由大嶝、小嶝出發，進攻金門，25日，登陸古寧頭，遭國軍圍攻；27日，共軍敗退，是為古寧頭大捷。
10月31日	蔣六十三歲生日，由經國陪同乘車至宜蘭，視察蘇澳港，赴礁溪、南方澳，由基隆回台北。
11月3日	共軍向登步島進擊，國軍石覺部隊反擊；6日，共軍逃竄，是為登步島大捷。
11月14日	立院副院長陳立夫及黨籍幹部請求蔣坐鎮重慶挽救危局，重慶於12月1日失守。
11月21日	政府決定由重慶遷成都辦公（實際29日才遷）。
11月30日	鎮成都；12月10日返台。
12月1日	重慶為中共所占。
12月8日	行政院召集緊急會議，決議遷都台北，在西昌設總指揮；9日，正式在台北辦公。
12月15日	台灣省政府改組，吳國楨代陳誠為主席。
12月27日	成都為中共所占。

第五章

蔣介石來台初期的反攻努力與復行視事

雖然蔣做了許多反共的努力，但似乎無法力挽狂瀾，推其原因實甚為複雜。軍事而言，將領之異心、戰略失敗、作戰不能協同一致、部署錯誤、補給不足、情報不靈、作戰不力等都值得檢討，特別是將領的異心，投共者眾，戰局每況愈下。

從過去蔣的行事風格來看，蔣常苛責下屬，也常自我反省，對於國共內戰國民黨的失利，蔣除指責部屬及檢討制度的問題外，其實也頗為自責；他雖然安全來到台灣，仍心繫大陸戰局的發展，希望能力挽狂瀾，最後雖然未能守住大陸的政權，但其所作的布防與努力，對於鞏固台灣安全，及軍隊、政府機關順利遷徙來台有其貢獻。本節針對一九四九年前後蔣如何布署外交上的努力等問題進行討論。

一、來台之初的反攻努力

（一）保衛台海安全作為反共的起點

五月二十五日，上海為中共所占；二十六日，蔣手定軍事部署如下：「擬以上海撤退之軍隊移駐舟山羣島，以福建潰散各部擇優先移台灣、廈門整訓，以青島撤退部隊進駐瓊州，先將此三群島守備加強，尤應積極肅清瓊州土共而掌握之。然後再向沿海各地發展。」[1]可惜這些指示最後並未能完全落實，不論是作戰或撤退都出現問題。蔣來台前決定以台灣的建設作為起點，重振革命大業[2]。五月十七日，由定海飛抵澎湖馬公。二十六日，由澎湖飛抵高雄機場，陸軍訓練司令孫立人至機場迎接。

蔣來台後，更重視台灣的防務，駐高雄壽山近一個月期間，除研究台灣整軍、防務、軍政等問題外，草擬防守及治理台灣的計畫：準備建設台灣、閩粵，控制兩廣，開闢川滇，結成一個北起青島、長山列島，中聯舟山群島，南抵台灣、海南島的海上鎖鏈，以封鎖中國大陸。同時，啟動台灣改革幣制基金，決定今後應以台灣防務為第一。六月二日、五日、七日等分別研究台灣整軍，並與陳誠等討論台灣防務問題[3]。並要求閻錫山應多方面規劃，在軍事上，東區沿海以舟山、台灣、瓊州、長山四羣島為基地，向粵桂、湘贛、浙魯冀發展；西區以甘、青、川、康、黔、滇為基地向寧、陝、晉、豫、綏發展。財政方面，分重慶、廣州、台灣三區，以重慶接濟西南西北各省，以廣州接濟華南各省，以台灣接濟東南各省。黨務上，東區與西區設立非常委員會兩分會，凡本會委員到分會時，得出席指導，分會不設副主席，惟指定一人為代理主席，東區分會設台灣，西區分會設重慶[4]。蔣不僅重視單點的防衛，也知道全盤部署的重要，其中有關經費的支援，蔣手定今後軍費處置之要領時提到：「分重慶、廣州與台灣三區，以台灣銀行任東南區之接濟，中國銀行設在粵港，任華南區之接濟，中央銀行設在重慶，任西南與西北兩區之接濟，每區以美金三千萬元為基金，發行銀元券，定為一年之用。」[5]且告知美國政府，應協助政府確保台灣，使成為一種新的政治希望。

六月七日，指示陳誠應重視來台人才的培訓與分配工作，加強駐台人員的戰鬥力與生產力，亦應注意台灣物價問題[6]。當天同時手諭陳誠指示台灣防務，其一，畫定台澎海岸防衛區：應將台澎劃分為六個至九個海防區，各區設致司令一人，即以當地駐軍之高級主官為司令，其任務：甲，日夜沿海巡查；乙，防止共匪偷渡潛入；丙，防止一切走私。其二，關於陸海空軍之籌備者：甲，巡防快艇及空軍偵察隊之組織及其裝備，限一星期或十日內完成實施；乙，要塞兵員之補充訓練及械彈之儲備；丙，擬定軍港與要塞總檢閱之計畫，限期實施檢閱；丁，整備軍事通訊網與交通運輸網及器材之準備，凡各海防區之相互聯繫以及各海防區與陸海空軍主腦部之聯繫，亟應設致靈便與確實之通訊網，俾遇敵人進攻我海岸一區或數區時，各海防區負責長官互相策應，可以極短時間內，調集重兵於被攻地區撲滅之；戊，沿海岸永久工事之建築計畫應從速著手限期實施[7]。指示相當詳細，並要陳誠將招商局到台灣的船舶，即速用軍事管理。

由於美方有將台灣轉歸「聯合國託管」或「盟國暫管」之意，六月十八日，蔣表示：「英美兩國恐我不能固守台灣，為共匪奪取，而入於俄國勢力範圍，使其南太平洋海島防線發生缺口，亟謀由我交與美國管理，而英國則在幕後積極慫恿，以圖間接加強其香港之聲勢，對此一問題，最足顧慮，故對美應有堅決表示，余必死守台灣，確保領土，盡我國民天職，決不能交歸盟國，如其願助我力量，共同防衛，則不拒絕。」[8]二十日，蔣接獲駐日本東京代表團來電報告，略稱：「盟總對台灣軍事頗為顧慮，並有將台灣交盟國或聯合國暫管之擬議」，蔣指示代表團：一、台灣移歸盟國或聯合國暫管之擬議，實際上中國政府無法接受，因為此辦法，違反中國國民心理，尤其中正本人自開羅會議爭回台、澎之一貫努力與立場，根本相反。二、台灣很可能在短時期內成為中國反共力量新的政治希望，因為台灣迄無共黨力量之滲入，而且其地理的位置，使今後政治防預工作較澈底。三、美國政府單從國際的利害上考慮，亦絕不能承認中共政權，美國政府應採取積極態度，協助中國反共力量，並應協助我政府確保台灣，使成為一種新的政治希望[9]。

陳誠對於自中共渡江以來，中央機關及人員來台、軍事機關來台設置及各地撤退來台部隊之整訓等問題，認為各主管部門多無準備，倉促成事，台灣省人力、物力有限，籌維調度極為艱難，要求請辭[10]。另外，陳誠對於蔣不斷手諭要由台灣送糧到福州亦深感無奈，蔣不答應其辭職，進一步指示按照閻錫山所擬「保衛台灣、瓊島之各種方案」，加強對台灣工事的構築。

十月四日，蔣在草山（陽明山）召開中央非常委員會第二分會會議，討論保衛台灣等問題，指示：關於保衛台灣僅僅憑過去的準備還不夠，今後要如何加強防空設備，台灣本島的高射武器，要集中保衛重工業區及電力廠，而油料器材亦應加強防護，為疏散交通，應積極整頓公路、橋樑，並儘速修繕登陸較便的地區，要集中力量建築防禦工事，水泥鋼筋等應該即刻蒐集起來，各事務於三個月內辦理完竣，以應付敵人的進攻[11]。這些措施對往後台灣的安全確實發揮不少的作用。一九四九年後中共幾次企圖犯台都未成功，自與台灣的布防有關。

（二）進出大陸安撫部屬與親自督陣

一九四九年下半年來台之初為例，自來台之後將近七個月，總共進出大陸十二次，停留在大陸的時間大約二個多月，所到的地點有福州、廣州、黃埔、廈門、定海、重慶、昆明、雲南等地，接見的將領及軍政領袖超過百人以上，舉行多次的黨政軍會議，其目的是穩定反共的戰局，重要行程如附表4-2。從蔣自北伐之後參與戰爭的經驗來看，蔣在戰事緊急之際，大都親往戰區督戰或鼓舞士氣。來台後關心大陸戰局的變化，有時指派蔣經國前往，如一九四九年五月二十四日，派經國到福州向省主席兼綏靖公署主任朱紹良傳達防禦的指示，有時親自前往戰區，來台後多次進出大陸。六月二十一日，蔣介石率總裁辦公室主任俞濟時等從台北飛抵福州，隨即在福州市南郊飛機場辦公大樓召開臨時軍事會議。參加的人員有福州綏靖公署主任兼福建省主席朱紹良、東南前進指揮所主任湯恩伯、福州綏署副主任吳石、參謀長范誦堯、第六兵團司令官李延年、副司令官梁棟新、參謀長任同棠、第二十五軍軍長陳士章、第七十三軍軍長李天霞、第七十四軍軍長勞冠英、第九十六軍軍長于兆龍、第一〇六軍軍長王修身、獨立第三十七師師長吉星文、獨立第五十師師長李以劻及師團長約八十餘人與會。有些軍團長如劉汝明、劉汝珍、李良榮、方先覺、徐志勛等因駐防關係未克與會[12]。

此會議召開原因：

一、鼓舞士氣收攬人心：李宗仁推動和談不順，軍事方面也受到挫敗，自四月下旬長江江防被解放軍突破，士氣大受影響，蔣立即在四月二十七日發表〈告全國同胞書〉，提到：

現在共黨匪軍強渡長江，南京業已撤守，我愛國軍民同胞八年血戰從日本軍閥鐵蹄之下光復的首都，為時未及四年又淪陷共產國際鐵幕之中，我們今日面對著這一摧殘人民自由國家獨立威脅世界和平的黑暗的暴力，每一個國民的生死已經是與整個國家的存亡結成一體而不可分了。中雖引退在野為國民一分子，而對於國家的危難、同胞的災禍，仍自覺其負有重大的責任，際此憂危震撼之時，中重申決心誓與我全國同胞共患難[13]。

五月下旬，上海、南京相繼失陷，蘇、浙、閩、皖等邊區的居民人心惶惶，蔣為穩定軍民不安之心，乃召開此會議，以示並非群龍無首。

二、表達堅守福州的決心：解放軍進入閩境後，蔣曾在上海及馬公電告福州綏署主任朱紹良，要將福州附近構築成一個半永久性的防禦工事，作為防衛作戰準備，但朱紹良受到地方人士的影響，不想福州成為決戰戰場，避免地方遭到破壞，又對於死守福州無信心；蔣決心親自赴福州，以表達其堅守福州的決心。

三、調和中央與福建地方的關係：蔣下野後，福建地方士紳看到戰局不利，排外心理日趨嚴重，中央與地方間的隔閡較前加劇。福建參議會公然反對徵兵，主張閩人治閩。一九四九年初，福建省主席李良榮報准國防部在福建成立一二一軍，該軍軍長沈向奎曾受到閩南人陸軍上將張貞的指示，各級軍官一定用閩南人。四月，閩北師管區司令譚道平調國防部參謀長辦公室服務，遺缺經顧祝同報准蔣以總統府高參于天寵調充，福建參議會議長丁超五反對，主張以該區副司令閩人充任，蔣見地方勢力不可強加壓制，因此在福州召開軍事會議實有安撫閩人之意。

四、調解朱紹良、李延年和劉汝明的關係：在福建地區不僅是中央與地方、軍隊與政府、黨務與政治有矛盾，就是軍隊的指揮間亦有摩擦，其中以朱紹良、李延年和劉汝明的關係最為嚴重。一九四八年底，徐蚌會戰期間，李任徐州剿匪副總司令兼蚌埠指揮所主任，劉受其指揮，二人關係不睦。一九四九年四月，防守長江的部隊撤退時，李任京滬杭警備副總司令，兼浙江指揮所主任，當時南撤入閩各兵團及綏區歸其節制，劉率兵團入閩，又不服從李之指揮。五月，當劉率第八兵團抵閩北之建甌時，照理應歸福州綏靖公署指揮，但劉又不向朱紹良報告，朱派高參湯位東至建甌與劉進行溝通，劉並不聽其節制，後來劉兵團中五十五軍七十四師李益智部，至福州附近為朱所收編，引起劉的不滿，雙方曾經向蔣報告，蔣為此希望調和這些指揮將領的矛盾。

會議先由福州綏署參謀長兼代福建省保安司令范誦堯報告福建省內的戰況，接下來報告後勤補給及各部隊的防務情況。蔣在會中以總裁身分與全體將官談話，強調：「台灣將是黨國的復興基地，它的地位的重要異於尋常。但臺灣是頭顱，福建是手足，沒有福建即無以確保台灣。」[14] 會中也做了若干戰略部署。

會後蔣分別接見朱紹良、湯恩伯、李延年、王修身、陳士章、勞冠英、于兆龍、吉星文、李以劻等九人，其中對朱談話的重點是希望朱能擔任東南軍政長官，在調整佈署後視察以安定軍民心，並責成朱多與地方參議會溝通，以免其被共黨所利用。蔣希望湯恩伯能對福建地區做全盤的計畫，加強沿海的守備。李延年儘量攻下古田，並死守福建作為鞏固台灣之外圍，並詢問李以劻有關福建的軍政狀況，再度強調必須死守福州。

會議後為澈底核實東南各省兵員及裝備，策劃東南半壁，七月一日成立國防部東南區整編委員會，主委由蔣鼎文擔任，副主委由俞飛鵬擔任，下轄浙江點編組、福建第一、二點編組，廣東第一、二點編組，台灣第一、二點編組，海南點編組。開始進行整編。七月四日，在福州召見團長以上軍官五十餘人，訓勉；九日，與朱紹良研究福建省軍政問題。七月十八日，國民黨政府決定在台北設立東南軍政長官公署，由陳誠為長官，轄蘇、浙、閩、台、瓊五地區；七月二十三日，蔣在廈門召集朱紹良、湯恩伯、李延年等高級將領開會，專門部署福州、廈門、金門的防務。希望由浙江省主席周嵒、舟山防衛司令石覺率三個軍約六萬人守舟山群島，福州綏署主席朱紹良、前進指揮所湯恩伯指揮李延年、劉汝明、李良榮四個兵團十個軍約十五萬人守福州、廈門、泉州、漳州及沿海島嶼。

李宗仁、白崇禧為保住桂系力量及華南諸省，力主堅守江南、鄂西、粵北等地，在防禦戰略上與蔣嚴重紛歧。在制定防守廣東的軍事措施時，桂系在廣東實力派和國民黨粵系要員的支持下，堅持認為防守粵比守東南沿海重要。國防部最初的計畫擬充分利用胡璉、劉安祺兩兵團配合白崇禧的華中部隊堅守湘南、粵北，以固兩廣，甚至有人主張必要時將白崇禧的部隊調入廣東，在廣州設立總部，居中調度。對此一方面蔣藉口胡宗南、宋希濂反對為由，拒絕白出任國防部長，一方面以兵力有限為由，反對廣東的防衛計畫。李宗仁意圖割據兩廣，自成一局與中共軍隊抗衡。

七月下旬，中共華東野戰軍由滬杭南下，聯克南平、古田、霞浦，進逼福州。八月十七日，福州被占，朱紹良、李延年逃往台灣。國軍約七萬餘人自福州沿閩江南進，被共軍圍殲。八月底，共軍對舟山群島實施攻擊；九月底，廈門戰役，湯恩伯部損失慘重；十月十七日，廈門守軍四萬餘人被滅，共軍占領廈門。蔣固守福建的計畫至此告失敗。

廣州方面，蔣待在廣州前後約二十天，並親擬作戰計畫，可知其相當重視該兩處的安全。並多次指示顧祝同等加緊廣州之工事構築。八月以後，由於福州已被中共占領，廣州保衛戰成為決定「戡亂成敗」的關鍵，責顧祝同對廣州保衛戰之處置不宜輕率，不但不要將劉安祺司令所部北調，並調兩個軍到廣州駐防，以充實廣州防務[15]。政府為了加強行都廣州的防衛力量，與確保境內的治安，經行政院會通過，結束原有的廣州警備司令部，仿南京首都衛戍總部的案例，八月八日，成立廣州衛戍總部，派李及蘭兼總司令，劉安祺、張鎮任副總司令。

重慶方面，蔣在遷居台北後，為了激勵守軍士氣，及人民的信心，不顧自身的安全，多次身入險地，特別是重慶，在重慶的時間更長達約四十天。八月間飛重慶，並派人到昆明召盧漢到重慶來商談，那時雲南局勢已十分混亂，盧漢[16]開始動搖，本不敢來重慶，經蔣三次的電邀，盧漢才由昆明來重慶，蔣對盧漢說：「國家的命運如何，就只看四川、雲南、貴州三省了，雲南又是這三省中的中心，希望你們回去之後，好好努力，我去廣州的時後，再順道來看你。」[17]在蔣回廣州之前先派蔣經國赴昆明，再行前往，其目的在穩定雲南局勢，趁此拉攏盧漢。盧漢已心存異心，趁機向中央要求二千萬兩的軍餉，蔣答應一百萬兩，但仍無法挽回盧漢。這也是蔣的最大問題，總以為關鍵時刻可以用金錢拉攏這些地方軍頭，因此有許多軍系領袖趁機勒索，傅作義在投共之前也曾向中央要錢要餉。

國防部部署整體計畫，加強各戰區的聯繫：

現時剿共戰場，西起甘肅，東迄閩海，為便利指揮作戰，本部曾先後設置西北、華中、西南、東南及華南五個軍政長官公署，賦予各該戰區作戰指揮責任，並在西南四川周圍及重慶陪都加強防衛力量，分別成立川、湘、鄂邊區綏署、川鄂邊區綏署、陝鄂編區剿匪總指揮部、川陝甘編區綏署，按總體戰原則統一各該方面作戰事宜，以期鞏固四川，並以廣東、四川兩地為中心，聯繫西北、華中、華南、東南戰場，使能互相策應，互相支援，以為積極反攻之準備[18]。

十月初，華北、西北、西南各重要地區相繼失陷，海南、舟山兩地已成孤立無援地帶，蔣認為沿海一帶的安全相當重要，親自前往舟山視導，當時舟山附近已砲火不斷。對於廈門的失守甚表不滿，強調金門不可再失[19]。雷震曾以私人的身分留駐廈門二個月，對於未能守住廈門深感慚愧，但深信金門確守絕無問題[20]。

十一月十日，陳立夫函呈時局艱危，中樞幾成無政府狀態，希望蔣早日到重慶督導；十一日，蔣接獲閻錫山的函電謂：「渝東、黔東軍事雖有布置，尚無把握，非鈞座蒞渝，難期挽救。」[21]當時西南已岌岌可危，陳立夫就認為：「當時蔣公飛來重慶，是非常冒險的事。」[22]蔣認為貴陽危急，川東陷落，重慶垂危之際，政府豈能無主，希望李宗仁以民族存亡為念，主持國政，並決心飛渝坐鎮[23]。李宗仁則有其盤算，李宗仁在桂林期間，約見白崇禧、夏威、李品仙、黃旭初等桂系將領商討對策，最後提出兩個方案：其一，桂、黔、滇和海南島自成局面，自力更生，與蔣畫清界線。其二，李宗仁出國，西南殘局由白崇禧處理。李最後選擇第二案即出國，十一月十九日，致電行政院長閻錫山稱身患重病須出國治療。

當時成都地區已成為許多人的避難所，從七月以來三個月新增的人口要比抗戰時期的外來人口多，租房子貴，但賣房子便宜，這代表許多人對局勢缺乏信心[24]，成都如此，重慶的情況亦差不多，重慶城雖有數十萬國民黨軍隊防守；但局勢的確岌岌可危。十一月十四日，蔣介石與蔣經國飛抵重慶，坐鎮大局，十一月二十八日，重慶被人民解放軍第四十七軍、第十二軍和第十一軍包圍，蔣介石駐地後方槍聲不斷，蔣經國催促趕緊離開，父子二人乘車離開，路上一片混亂，在通往白市驛機場的途中三次被阻，蔣氏父子只好下車步行，午夜始達機場，當夜就睡在「美齡」號座機。蔣記曰：「此次飛渝乃為中華民國之存亡與全國民之禍福之最後關鍵。」[25]當時四川的軍人大多都靠不住，如鄧錫侯、王纘緒及西南的劉文輝。即使局勢危急，蔣為保全西南安全，不輕易撤退，認為撤退太早，西南將為中共所占，因此決定緩撤重慶守軍，並以身作則，直到十一月三十日凌晨，由衣複恩駕駛的「美齡」號專機離開重慶轉往成都。起飛之際，人民解放軍距重慶白市驛機場僅十公里之遙。蔣的專機抵達成都，蔣介石下榻中央陸軍學校，重慶既失，成都已無險可守，很多軍官拒不聽命。

十一月三十日，解放軍占領重慶，並迅速向東山、大邑推進，切斷胡宗南退入西康的路線，將胡宗南及川境的國軍約數十萬圍困在成都地區。

十二月初，國民黨重要將領雲南綏靖公署主任盧漢、西康省主席劉文輝、西南軍政長官公署副長官鄧錫侯、潘文華等分別在昆明、彭縣、雅安等地投共。成都成為孤城，胡宗南將權力交給第五兵團司令官李文後離開成都。

十二月八日，蔣介石宣布將政府遷往臺灣，十日下午二時，乘「美齡」號飛往臺灣。有關蔣介石最後離開大陸的情形，蔣經國十二月十日的日記中記載道：

> 今晨，渝昆電訊復通；而第一封電報，卻是盧漢拍致劉文輝的，要劉會同四川各將領扣留父親，期向共匪戴罪立功……當場文武官員一致要求父親儘速離蓉回台，勿先飛西昌。父親近數日來徒以胡宗南部未能如期集中，必須逗留成都，以掩護其達成任務；屢次準備起行又屢次中止。今日以昆明又告陷匪，乃循各方意見，決回臺北處理政府遷移

各種要務。臨行復與胡宗南長官單獨面談三次，始覺放心。午餐後起行，到鳳凰山上機，下午二時起飛；六時三十到達臺北。父親近台之日，即劉文輝、鄧錫侯公開通電附匪之時。此次身臨虎穴，比西安事變時尤為危險。記之，心有餘悸也[26]。

十二月下旬，孫元良、羅廣文、陳克非、裴昌會、李振等兵團亦先後投共，成都不保。西南戰役中，國民黨在大陸最後一支主力部隊不是投降就是被殲滅，僅李彌第八軍、余程萬第二十六軍逃至蒙自，胡宗南殘部遷至西昌，蔣的「確保西南、準備反攻」的計畫完全失敗[27]。

除了以上具體督陣、指揮作戰、安定民心、安撫有異心的將領之外，蔣在台灣不斷宣示反共的決心，蔣堅持反共政策。一九四九年六月二十六日，出席東南軍事會議總理紀念週，發表「本黨革命的經過與成敗的因果關係」時，強調革命不怕失敗，只要在失敗中求得教訓，取得經驗，最後必能成功[28]，七月七日，蔣與李宗仁、閻錫山、胡適、于斌、曾琦、張君勱等九十九人，發表〈反共救國宣言〉，宣言將內戰的責任推給中共，認為中共是破壞和平，擴大戰場的罪魁禍首，中國如為共黨所統治，國家絕不能獨立，個人更難能自由，人民經濟生活絕無發展的希望，因此要與中共決戰到底[29]，並一在強調中共建立的政權，是由俄國所導演[30]。在各種場合不斷呼籲各團體及民意代表精誠團結共赴國難。

對於失去中國大陸政權，蔣相當內疚與自責，一九五〇年一月五日，蔣以總裁的身分，在陽明山革命實踐研究院以「國軍失敗的原因及雪恥復國的急務」為題，發表演講。一月十三日，演講「此後的使命與目的」，再度對失敗的原因提出檢討[31]。十月手書「失敗的恥辱及匪軍六大任務」[32]。一九五一年中華民國開國紀念日，蔣介石發表告全國軍民同胞書提到：

過去大陸上戡亂剿匪軍事的失敗，在一方面是客觀環境的險惡，造成必然的趨勢；而在另一方面，也是由於我們主觀條件的欠缺，特別是失敗主義，倚賴心理，虛偽的作風，派系的傾軋，以及投機取巧的行為，驕奢淫佚的生活，使國家紀綱掃地，社會風氣蕩然，對於蘇俄侵略主義和他的第五縱隊，喪失了抵抗力，演成了瓦解土崩，不可收拾的結局[33]。

一九五一年三月一日，全國各界慶祝蔣介石復行視事週年紀念，蔣對國防部官兵說：「我們在大陸失敗的主要原因，是由於我們本身的崩潰，而不是敵人力量的強大。」[34]這些都可看出事後蔣無意規避責任。

蔣對失去大陸當然有其責任，但不能說其沒有努力，以一九四九年下半年來台之初為例，自來台之後將近七個月，總共進出大陸十二次，停留在大陸的時間大約二個多月，所到的地點有福州、廣州、黃埔、廈門、定海、重慶、昆明、雲南等地，接見的將領及軍政領袖超過百人以上，舉行多次的黨政軍會議，其目的是穩定反共的戰局。

歸納蔣到大陸一般而言有幾種情形：其一，聽聞當地軍政長官不合，或有異志，蔣即親赴該地接見有關人員，聽取其意見，安撫將領的情緒，如七月到福州召開軍政會議即有調解朱紹良與李延年的心結，九月到雲南有安撫滇系將領的用意。其二，該地戰局緊急，有被占的危險則會親赴戰地，一方面親自指揮督陣，另一方面安定軍心，如關心上海戰局，赴定海，關心廈門戰局赴廈門等。其三，應當地軍政長官的邀請赴該地，以鼓勵士氣，安定民心，如應張羣之邀到重慶等。其四，主持國民黨重要會議，如七月中到廣州主持國民黨非常委員會會議。

反共的作法上，除不斷宣傳中共是俄國的附庸外，並強調民主自由的重要性，利用招待民意代表或民間團體的機會，呼籲共同「精誠團結、和衷共濟，剿滅共匪。」[35]對於有異心的將領，一方面親往安撫，有時以金錢拉攏[36]，另一方面派其他將領節制，如九月八日約見盧漢，並派李彌往滇進行節制。

戰略上本擬與中共隔江而治，三大戰役之後，仍對美國抱以無窮的希望，期待美國支持進行反攻，上海、福州、廣州、重慶、台灣為布防重點，以其親信及嫡系部隊控制這些地區，甚至多次親赴戰區督陣。

雖然蔣做了許多反共的努力，但似乎無法力挽狂瀾，推其原因實甚為複雜。軍事而言，將領之異心、戰略失敗、作戰不能協同一致、部署錯誤、補給不足、情報不靈、作戰不力等都值得檢討，特別是將領的異心，投共者眾，戰局每況愈下。除軍事的原因之外，整個政治的局勢與外交的環境確實也是重要的關鍵，因此蔣介石多次進出大陸地區，只是頭痛醫頭腳痛醫腳而已，其作用只能拖延戰局，為轉進到台灣爭取更多的時間準備而已，未能逆轉局勢。但維護金門及台海的安全則是這段期間的最大貢獻。

二、聯絡反共國家

（一）訪問菲律賓

自日本展開侵華戰爭以來，蔣介石積極爭取國際的奧援，戰後外交的努力未曾間斷，以美國的政策為馬首是瞻，國共戰爭期間儘量配合美國的調停政策，惜美國以自我利益為主，馬歇爾（George C. Marshall）調停失敗後，受美國同情共黨者的影響[37]，暫緩對國民黨的各項援助，這對戰力吃緊的國民黨猶如雪上加霜。蔣並沒有放棄爭取美國的支持，期盼美國能改弦易轍，支持國民黨，一九四九年七月至八月間，蔣介石先後訪問菲律賓、韓國。蔣出訪菲國的目的：

其一，鞏固反共同盟：蔣介石出訪前，中共解放軍已渡江並攻克南京、杭州等要地，西南局勢岌岌可危。為打開國際視野，建立國際反共聯盟，爭取亞洲及太平洋地區一些反共勢力的合作，先以輿論宣揚國民黨抵抗共產國際侵略中國的決心。同時呼籲國際在反共的旗幟下聯合起來，共同對付共產黨所領導的鬥爭。當時的菲律賓季里諾政府和朝鮮的李承晚政權處境，同樣遭遇共產黨等所領導的挑戰，特別是朝鮮，共軍勢力坐大，嚴重地威脅著李承晚的統治。菲律賓自獨立後，其國內有「虎克軍」與國際共產黨互通聲氣，以呂宋山為根據地，肆行騷擾，菲律賓政府對共產黨的威脅與國民黨政府相同[38]。蔣談其出訪菲律賓經過：

> 因為兩年以來匪氣氛囂張，政府軍事失利，我國際地位大受影響，加以民主國家對於世

> 界共產勢力威脅問題，始終未有清楚之認識與一致之立場，因此對於我國單獨反共戰鬥之艱苦及其對於世界之休戚相關，轉採漠視態度，最近若干國家因見我國共匪氣燄日高，竟考慮如何承認共匪政權之問題，此事萬一實現，不僅對我反共力量為莫大之打擊，且係對世界共產侵略勢力予以積極之鼓勵，此乃目前最可顧慮之點，際此我國孤軍苦鬥，亟需爭取國際同情並防止各國承認共匪政權之時，獨菲總統同情我國，並一再公開表示堅決反共，實屬難能可貴，自不便推辭其邀請以辜負其熱忱，此外尤為重要者，近年來本人深感我遠東國家缺少密切聯繫，未能充分合作以發揮其團結力量，實為最大之遺憾，故為中菲兩國及遠東各國之合作開一始基，此行亦有其必要[39]。

當時菲律賓的形勢較佳，蔣介石、李承晚鼓勵季里諾（Elpidio Quirino）出來領導「組織太平洋聯盟」，蔣介石並希望雙方就遠東國家遭受共產主義威脅一事，充分交換意見[40]。

其二，爭取美國繼續支持中華民國：蔣介石出訪，組織反共聯盟，也是為得到美國更多的支持。蔣介石竭力配合菲國、朝鮮政府領導人活動，希望美國參加和領導反共聯盟。他們深知：「組織太平洋聯盟之海上行動，必須來自美國」，因為只有美國有經濟、軍事實力，能為蔣介石、季里諾、李承晚等反共政權提供經濟和軍火援助，甚至派出武裝部隊直接參戰[41]。

其三，加強防共及遠東各國的聯繫，應邀前往：一九四六年菲律賓宣布獨立時，蔣以為菲國獨立實為遠東歷史上劃時代的大事，本擬親往祝賀，惟當時因國內事務繁雜，不克前往。兩年以來中共氣氛高漲，國軍軍事失利，國際地位大受影響，加以民主國家對於世界共產勢力威脅問題始終未有清楚認識，未能瞭解中國單獨反共的艱苦及其對世界休戚與共的關係，國際社會現實，有若干國家考慮承認中共政權，對反共力量而言是莫大的打擊。在中國孤軍苦鬥，亟需爭取國際同情並防止各國承認中共政權之際，唯有菲國總統同情國民黨政府，公開表示堅決反共。七月二日，蔣介石接到菲律賓總統季里諾歡迎其訪菲「面商遠東大局」的電報，經考慮以後，深感與遠東國家缺少聯繫，未能充分合作以發揮其團結力量，為中菲兩國及遠東各國合作開基，訪菲實有其必要[42]。

菲律賓季里諾總統之所以積極於此時邀蔣介石訪菲，其原因：一、以中菲地理上之接近及中國在菲僑胞眾多，倘中國不幸淪入鐵幕，菲國安全將受直接威脅。二、菲國國內亦已有共產黨武力在山地進行游擊活動，益增菲國政府的憂慮，深感有與反共國家聯合之必要。三、菲國獨立後經濟上極感困難，必須與鄰邦盡力合作，以求互助互惠[43]。

基於雙方的需要，蔣介石乃決定親自走訪菲律賓。啟程前，蔣曾由陳質平公使通知菲方，行期不超過兩日，完全係以私人資格做非正式的訪問，婉謝任何正式的接待，並相約在碧瑤山巔菲總統的別墅與之會晤，而不赴其首都。

在電達李代總統暨閣院長之後，七月十日七時二十分（馬尼拉的時間是六時二十分）乘「中美號」專機，自台北松山機場啟程，隨行者有總裁辦公室設計委員王世杰、祕書主任黃少谷、第二組組長吳國楨、第六組組長張其昀、總務主任俞濟時、第四組副組長沈昌煥、第六組副組長周宏濤、第三組參謀夏功權等人[44]。當日十時四十分抵巴沙機場[45]，菲國國防部長江良、中國駐菲公使陳質平等至機場迎接，乘車到達碧瑤總統府（華僑稱為萬松樓），菲國軍官及學生組成儀隊歡迎，中午舉行歡迎酒會，蔣與菲國總統季里諾共同發表簡單書面談話，季里諾特別強調此次會談將可促成亞洲人民的相互諒解。下午巡視碧瑤市，五時與季里諾總統在菲總統官邸萬松樓舉行第一次會談，長達三小時，對中菲兩國關係及遠東國家共同反共，以保障社會安定及國家生存諸問題，廣泛交換意見，蔣說明中國目前局勢及遠東大局的展望，季總統也瞭解國民黨單獨抗共的艱難，並提到中國的發展與菲國安全的關係，雙方意見融洽[46]。

七月十一日十時在萬松樓南草地上涼亭中，舉行第二次會談，對於如何以中、菲、韓為核心、組織遠東國家反共聯盟問題，做更進一步商討，獲得協議，菲總統提議發表聯合聲明，由中國草擬聯合聲明的文稿，參加者有菲方財政部長白魯沙、中國前外交部長王世杰、前上海市長吳國楨、前行政院祕書長黃少谷、前行政院新聞局長沈昌煥、駐菲公使陳質平及張其昀等，會議由沈擔任譯述[47]，再參酌菲方意見後定稿，當晚八時發表聯合聲明，其內容大意：

> 余等均認為中菲的關係應予以加強，並應由兩國政府立即採取切實步驟，以加強中菲經濟互助與文化合作。余等鑒於以往遠東國家之彼此聯繫與合作未臻密切，又鑒於遠東國家之自由與獨立，現正遭受共產勢力之嚴重威脅。余等認為遠東國家應即成立聯盟，加強其合作與互助，以反抗並消除此種威脅。余等並認為凡準備參加遠東聯盟之國家即遣派有全權代表，組成籌備會議，以制訂本聯盟之具體組織。余等並盼其他亞洲及太平洋國家，對於本聯盟之最高目的，將來亦皆能起而響應[48]。

蔣介石認為自己當時既非國家元首，與菲律賓總統發表聯合聲明，有點不倫不類，因而另外發表個人的聲明：

> **本人雖然是以私人的資格應季里諾總統的邀請到菲律賓來與他會商，但本人以中國國民黨總裁的地位，將建議並要求中國政府對聯盟加以充分的支持，並採取行動完成上述聯合聲明中所說明的協議[49]。**

七月十二日返國，下午二時抵達台南；十四日飛抵廣州；十六日主持中常會，會中由李宗仁、閻錫山等提出，經大會通過決議：支持總裁與菲律賓總統所成立的協議，並聯合友黨請政府立即採取必要步驟，以實踐此項協議，俾使遠東國家聯盟在最短時間內即獲成立[50]。蔣在會中做總結說：「當然此事將來如何發展尚待進一步之努力，吾人必須澈底團結表現反共之決心與力量，方能進一步轉移國際上對我之觀感，而獲得更多友邦之支持。」[51]並特提請中央常務委員會及中央政治委員會就遠東國家組織反共聯盟問題詳加討論，期能經由國民黨在政府負外交責任的同志，立即採取步驟，促成遠東國家反共聯盟的實現。

雖然國民黨認為此行對於亞洲的反共士氣、爭取美國加入遠東國家的合作、重振國內士氣、恢復信心有其影響[52]。但從其後的歷史來看，作用似乎不大，在美國發表「中美關係白皮書」後，菲國的態度轉變，菲國總統季里諾訪美，在美國的參眾議院演說時提到：「亞洲亟應防禦共黨擴張，但美國因參加此項計畫所引起之義務繁重，故不願接受，我等對其理由深為了解。」[53]返國後擬將遠東聯盟改為東南亞聯盟，以應反對黨的要求，不僅籌備遠東聯盟會議遲遲未有進展，到了一九五〇年五月，季里諾竟推翻先前接受聯合社記者答應如果中國成立流亡政府的問題時，菲國將接受的承諾[54]。

（二）訪問朝鮮

蔣訪問朝鮮的原因與訪問菲律賓相同，都是為了積極推展亞洲反共聯盟[55]，七月十七日，朝鮮外長正式照會外交部，李承晚大統領、李範奭總理邀請蔣總裁訪韓，蔣訪問菲國之前，曾與李承晚大統領通電，交換意見，蔣從菲律賓回國之後，即接李承晚大統領的來電，贊同遠東聯盟的發起；七月十九日，蔣介石在廣州再接到邀請其訪問的來電。蔣為了結盟反共，深感「不能不有此一行」，責成中國駐朝鮮大使邵毓麟安排，邵瞭解蔣訪菲律賓的情形後進行聯絡，李範奭總理希望與韓國獨立運動深厚關係的吳鐵城、何應欽、朱家驊、陳立夫等人能隨同訪韓，二十八日，邵面遞蔣總裁密函。

八月三日下午一時，蔣自台北乘「天雄號」專機出發，隨行者除王世杰、黃少谷、吳國楨、張其昀、俞濟時、沈昌煥、周宏濤、夏功權及私人醫生熊丸外，另外有總裁辦公室第三組組長王東原、第六組副組長曹聖芬及侍從十九人[56]。先到舟山群島，六日上午十一時二十改乘「美齡號」專機起飛赴韓，下午一時十分抵達鎮海機場，朝鮮大統領及其夫人、國務總理李範奭、申翼熙議長、林炳稷外交部長、交通部長許政等在機場迎接，晚上七時在總統官邸招待蔣及其他貴賓。

八月七日上午，蔣拜訪李大統領，並檢閱軍隊，十時起在行館會議室舉行正式會談，朝鮮出席者有國務總理李範奭、外交部長林炳稷及財務、商務、交通、通信等長官，中國方面有駐朝鮮大使邵毓麟、總裁顧問王世杰、吳國楨、黃少谷、王東原及張其昀，沈昌煥任翻譯，周宏濤、曹聖芬任紀錄[57]。會談約三小時。雙方指定人員準備共同聲明，下午六時，朝鮮海軍總參謀長孫元一，招待蔣等一行人，參加酒會者有朝鮮國會議長申翼熙等百餘人，蔣即席演說中韓關係的前瞻。

八月八日，蔣與李承晚召開記者會，並發表聯合聲明，大意如下：

吾人在韓國鎮海會談計兩日，就亞洲各國或太平洋各國組織聯盟問題，充分交換了意見。茲特宣布吾人會談之結果，已獲得如次之協議：

吾人均承認與人類自由及國家獨立不相容之國際共產主義之威脅，必須予以消滅，而且欲制止此共同威脅，吾人固須各自盡力，而同時必須聯合奮鬥。吾人之安全，只有團結始能確保。吾人深覺太平洋各國，尤其是遠東各國，今日由於國際共產主義之威脅，所遭遇危機，較世界任何其他部分均為嚴重，所以，上述各國之需要團結與需要行動一致，亦較世界任何其他部分均為迫切。吾人堅決相信，如果亞洲沉淪，則世界絕不能自由。而且整個人類絕不能聽其一半獲得自由，而一半則為奴隸。

基於以上所述，吾人對於季里諾總統暨蔣總裁於本年七月十二日在碧瑤所發表聯合聲明，關於聯盟之主張，完全表示同意。

吾人更進而同意，應請菲律賓總統採取一切必要步驟，以促上述聯盟之實現。為此吾人現正敦促季里諾總統於最短期間，在碧瑤召集一預備會議，以擬訂關於聯盟之各項具體辦法[58]。

蔣介石照例以個人身分表示：「中國政府對於本聯合聲明中所列舉之點，一定全力予以支持。」

蔣介石與李承晚為達到結盟反共的目的，會後聯名致電菲律賓總統：「請採取一切必要的步驟，召集聯合聲明中所建議舉行的會議。」季里諾隨即將在碧瑤召集預備會的事交給外交部長辦理，將重點放在聯絡美國，其目的是希望美國重視亞洲的結盟。

蔣此次造訪朝鮮，朝野對蔣推崇備至，內閣總理李範奭為蔣的學生，內閣中負責者，過去在中央軍校畢業者甚眾，有許多人長期在中國流亡，很多人會說中文，稱蔣為校長者甚多，開會順利。會中李承晚大統領提到中國革命要員，腰纏萬貫，稍一失敗，即出國遠揚，予人印象惡劣，此因是政府與人民隔離太遠，應速設法矯正，勿使這些有錢人逃在外國，才使人民安心[59]。

鎮海會議，雖然依據碧瑤會議的決議，獲得中國及朝鮮人民的熱烈支持，但反共聯盟並無具體結果，最重要在於菲國的態度，菲國以美國的支持國府為指標，有見於美國人不積極援助國民黨，因之見風轉舵，因此蔣的亞洲反共外交聯盟並無結果。

三、國民黨部遷台與蔣介石復行視事

（一）國民黨部遷台

行政院對各機關遷移並無統籌而完善的計畫，各單位只好各自為政，各機關遷台的情形不一，資料嚴重流失，國民黨方面決定跟隨行政院進行遷移，然由於所涉問題較行政單位單純，加以蔣有以台灣為根據地的打算，總裁的重要資料先行遷至台灣，因此國民黨黨部及重要文物、檔案資料等陸續遷至台灣，其中包括目前典藏黨史館的各屆常會紀錄及往來文電，及典藏於國史館的《蔣中正總統檔案》等珍貴的資料，由於資料保存較完整，有助於瞭解當時遷移的決策及經過。

一九四八年年底，國共內戰國民黨漸失優勢，國民黨須做遷移的準備，六屆第一七二次常會中討論到有關重要史料的搬遷問題時，做成決議：「關於黨史史料及中央各部會之重要檔案應如何整理、檢查、安置由祕書長約同各部會負責人先行研擬辦法再提常會決定」，蔣介石總裁批示：特別重要的史料，如已經整理，即運台灣存儲，中央各部會之檔案及次要黨史史料亦可先整理，必要時運台存放。中央黨部隨即將笨重及非隨時常用之公物文卷先行疏運台灣，暫交台灣省黨部代為負責保管，另由王啟江副祕書長率領祕書處陳以令、組織部諶忠幹兩人赴渝，布置房屋及設置重慶辦事處事宜。

一九四八年十二月，國民黨中央黨史史料編纂委員會奉命疏散史料，即選擇重要史料一百八十箱；一九四九年一月十五日，集中下關候船，後隨總統府專輪運台灣，存放台中市政府內。其後又將次要史料二百六十三箱及檔案、圖書等隨中央祕書處專輪運抵廣州，存放中山紀念堂。其餘公物以及員工眷屬經由浙贛路轉粵漢路，抵廣州[60]。較其次要者約五百餘箱也陸續準備裝箱。中央各部會檔案經各部會整理後，計有宣傳部的電台器材資料圖書、紙型檔案、組織部的黨員卡片、文卷及其他各部會的重要文卷約二千二百餘箱件，準備搭萬民輪船運廣州[61]。

國民黨部通常配合政府中心遷移，第六屆中央常務委員會一七六次會議討論第一案：「為適應當前需要關於中央黨部遷地辦公有關問題謹請核議案」，並說明如下：政府因南京接近戰區，為適應當前需要，已訂定「在京中央機關疏散公物緊縮人員辦法及實施細則」，開始疏運公物文卷疏散非必要人員，準備遷地辦公，外交部亦已通知各國駐華使節準備遷移，廣州中央黨部為適應情勢需要亦需遷移，請討論三項：一、遷移地點是否決定廣州；二、應定何時開始遷移；三、常會應由何時起改在遷移地點舉行。經討論後會中作最後決議：遷移廣州，並責成即日遷移，至於常會地點由祕書處斟酌情形辦理[62]。

中常會隨即指示：除各部會首長、副首長及先遣人員即日起陸續來粵外，全體工作同志於一月二十七日起分批離京，并由二月一日起暫在廣州中山紀念堂開始辦公。蔣並於一月三十日，囑鄭彥棻祕書長，轉示中央黨部遷移廣州，先就現況加以整頓，再圖根本改革[63]。

二月一日，中國國民黨中央黨部遷移至廣州市南堤大馬路八十八號廣東省黨部原址辦公，中央執行委員會所屬中央祕書處、中央組織部、中央宣傳部、中央海外部、中央青年部、中央農工部、中央政治委員會、中央財務委員會、中央撫卹委員會、中央文化運動委員會、中央婦女運動委員會、中央監察委員會等單位都一起遷入廣州辦工。黨務人員紛紛南下，中共渡江後局勢更不利，國民黨不得不再考慮遷移或分地辦公的問題。為了黨部分地辦公的問題，六屆中常會多次討論「關於中央黨部分地辦公有關問題」，有些委員認為：非常委員會業已成立，為求黨政配合，中央黨部各部會處似無全體隨政府行動之必要，且中央黨部經一再緊縮各部會處現有員工不足三百人，各單位人數無多，分地辦公亦多困難，故主張除中常會及非常委員會應在政府所在地舉行開會之必要人員應隨政府行動外，其餘各部會處工作同志應仍留穗工作，於必要時始逕遷台灣，各部會處負責同志會商亦多贊同此議。但亦有認為各部會為常會決議之執行機構，如不與常會同一地困難甚多。

國民黨中央深怕分地辦公引起不必要的猜測及疑忌，中國國民黨六屆中央執行委會常務委員會第二〇九次會議紀錄，對於分地辦公的問題決議：「政府分地辦公旨在減少牽累，有利作戰絕非政府遷移，仍應照行政院預定計畫辦理，惟須妥慎執行以免滋生誤會，動搖人心。」[64]這樣決議只是原則性的指示，當時不只是人心不安，財政的問題亦極為嚴重。

中常會經整理後提出甲、乙兩案做討論基礎，八月四日第二〇九次會議，決定採取甲案，即中央常會及非常委員會均在中央政府所在地舉行，擬議如下：在政府未遷離廣州前，中央常務會及非常委員會仍在廣州繼續工作，即分地辦公，以免分散致影響工作。將來中央政府萬一作一必要時之遷移，則中央黨部應隨同遷移，下列人員應隨同行動：一、中央常務會及非常委員會開會之必要人員；二、各部會處首長或副首長每一單位至少一人；三、各部會處選調之工作同志每單位至少一人即由各部會處負責同志按工作需要預先酌定；四、各部會處聯合辦公所必要之文書事務會計人員必要時得由祕書處商請各部會處就現有人員中調用[65]。前項人員由各部會處負責同志會商按實際需要就富有革命精神、工作能力而無家庭牽累之工作同志中，遴選調派遷移後確實聯合辦公，以構成有組織的堅強戰鬥體。除上述人員外，其餘各部會處工作同志遷往台灣設置辦事處辦理經常工作，其辦法即由各部會處負責同志商定之。為實行上述措施，應即分在重慶、台灣做必要之準備，各部會處工作人員眷屬及非隨時需用之公物文卷並應即先行疏運[66]。一面電飭重慶辦事處陳以令、諶忠幹兩人加緊布置做必要之準備，一面加緊疏運人員眷屬與公物文卷，並由倪文亞部長赴台主持台灣辦事處事宜。

因局勢一日多變，由於政府已決定遷渝，十月九日，舉行臨時常會，決議要求按原定計畫配合政府行動，除極少數必須暫留廣州人員俟隨中樞最後遷移外，其餘員工應即開始遷移，中央黨部正式遷渝辦公。十月十二日，中央黨部遷重慶辦公。此次離穗遷渝工作，由於事前準備及配合適當，較前離京時為圓滿，全部人員及公物文卷均照計畫安全疏運台渝兩地，無法疏運之公物亦囑最後撤退同志儘量設法移存有關學校或私人文化團體，以免資敵，但因國軍提前撤退或難照預定計畫進行，茲統計來渝工作人員共五十一人，另宣傳部電台四人，服務員十七人，工友二十人，公物四十一件，在台工作人員共一百一十人，服務員十五人，工友十三人，公物二千餘件，至於汽車之疏運，除運台者十一輛外，疏運來渝者計有祕書處轎車一輛、卡車一輛、組織部吉普車一輛、大卡車一輛、監委會轎車三輛，共計八輛，經祕書處派湯光濤率領取道梧柳運渝，歷時五十一日[67]。其後由於西南局勢緊急，國民黨黨部人員除部分留守之外，大部分輾轉來台，貴重資料亦一併帶至台灣。

國民黨黨部台灣辦事處方面，最先僅暫假國父史蹟紀念館內臨時辦公，為求全面展開工作，商請台灣省府撥配房屋十一棟遷入辦公。十二月十一日，中央黨部遷台北辦公，鄭彥棻祕書長由香港抵台北，國民黨的重要幹部亦陸續到台北任事。

（二）總裁辦公室的成立

一九四九年六月二十一日，蔣到台北；二十四日，遷居草山（陽明山），決定先從整頓黨務出發。黨務的改造早在一九四八年七月，蔣在主持中央政治委員為會議時，就指示：「黨務應澈底改進，並配合戡亂軍事，完成總體戰制。」[68]隨後國民黨並推舉馬超俊等十五委員研議黨務改革方案，由馬超俊、鄭彥棻、谷正鼎等為召集人，蔣下野在溪口期間，深覺戡亂失敗，黨務失敗自為原因之一，希望從整理、改造、新生三階段進行，「中央非常委員會」的成立即出自蔣的意旨，抵台後更加積極推動黨的改造工作，為確立領導核心，決定組織設計委員會及設置總裁辦公室。

由王世杰、俞大維、張道藩、俞鴻鈞、吳國楨、余井塘、方治、胡健中、雷震、任卓宣、葉公超、端木愷、羅時實、徐柏園等十四人為設計委員，每週開會一次，討論總裁交議的問題，開會時總裁辦公室的主要負責人都與會。

總裁辦公室的成立一方面與吳稚輝的建議有關，蔣自桃園大溪抵達台北，參加東南軍事會議，並拜訪吳稚暉，深談政治、經濟、外交等情。陪同會見的蔣經國說：「見稚老後，父親決定『總裁辦公室』之設置」，次日即準備「總裁辦公室」之備案與成立。一方面也是蔣重新整頓黨務的決心。六月二十五日，蔣致電鄭彥棻祕書長：「茲為中工作之需要，於七月一日起設置總裁辦公室，隨同工作。」七月八日，蔣應邀赴菲律賓訪問前夕，決定「總裁辦公室」組織大綱。八月一日，總裁辦公室正式在草山辦公，並將草山改為陽明山，總裁辦公室下設九組一會[69]，組織表面上很龐大，實際上每組平均僅三、五人。不論如何，設計委員會及總裁辦公室已代替國民黨中央黨部所有機構的職能工作，顯示蔣重新掌權的決心。同時在八月間將存穗史料、檔案、圖書、公物等四百二十箱及員工眷屬分乘裕東、華聯兩輪抵達台灣。當時因原借台中市政府之房屋過於狹小，除騰出一部分作為辦公處所外，所有由穗運台的資料，洽借彰化糖廠的庫房，供臨時寄藏。另設法為員眷租賃房屋，解決住宿問題。

其他方面的改革包括革命實踐研究院在台北正式成立，蔣任院長，並親臨主持第一期開學典禮，對於國民黨在台灣的重生有正面的意義。蔣總結這一年的國內外時局，在日記中談到：

> 本年內大陸沉淪，革命事業可說蕩然無存，惟經一年之反省檢討，堅忍苦撐，一切從頭做起，自覺初基已立，舉其犖犖大者有三：甲，為總裁辦公室之成立。乙，為革命實踐研究院的創辦。丙，為台灣幣制之改革。此皆能如計告成，頗可自慰也[70]。

對於國民黨在台另起爐灶，頗有助益。

（三）蔣介石復行視事

除了黨的改造外，最重要者當為蔣的復行視事。早在李推動國共和談之前後，李即提出請蔣復行視事的要求，李並透過多人表達此意，但蔣認為其引退不是兒戲，堅持不肯復行視事，一九四九年五月六日，蔣函覆何應欽時表示：關於中復職一點，今日絕無討論之餘地。但局勢岌岌可危，不論是桂系的李宗仁或白崇禧已開始誠心希望蔣復出，蔣的重要部屬亦勸請蔣復出。十月八日，顧祝同電蔣：

廣東戰局因我兵力劣勢，準備不充，恐難持久，萬一穗垣不保，則爾後國內及國際情勢必更趨惡劣，意志薄弱之人更失去勝利信心，自西北局勢急變，川北藩籬盡撤，自林匪竄入湘西、黔東，西南門戶又復洞開，日前對於川、康、滇、黔方面如不加緊部署，再似過去鈞座引退之後九個月中，各方傾軋爭權，各為私圖，則整個大局將永無挽救之望，職與禮卿、鐵城等討論，僉以值此危急之際，然鈞座毅然復位，總統專期駐蹕西南，領導督促，不足以振奮人心，挽救危局，如鈞座仍專期高韜，將來國亡之後，歷史亦必難逃責任，擬懇鈞座以黨國為重，速決大計，挽救危局，以慰全民之望[71]。

十月九日，吳忠信對蔣談到時局時指出：「此時廣州若失，政府遷渝情勢將更惡劣，倘鈞座不復出將使國家陷於不可收拾之境」十月十八日，蔣召集中央設計會議研討「復行視事」問題，蔣認為：「個人出處事小，國家存亡事大，此時此地當研究應不應再起，而不能問再起後之利害與得失如何也，只要對國家人民與軍隊有再起之必要，即可不必考慮外交和其他關係問題。」之後李、白表面上一再催促蔣早日視事，蔣已有復出的打算。但李並不馬上表示辭職，顯然無誠意；十一月二十一日，蔣告訴白崇禧，絕不於此時復職。但對於李出國一事則相當不滿，說：「德鄰出國既不辭職，亦不表示退意，仍以代總統名義而向美求援，如求援不遂即留居國外不返回，而置黨國存亡於不顧，此純為其個人利害打算，而其所作所為實卑劣無恥極矣。」[72]

李拒絕來渝，復不交卸代理總統之職，蔣如何復職，引發設計委員會的正反兩面的討論，主張復職者如黃少谷認為：李宗仁名義既為代總統而非繼位總統，總統原係為和談之故暫時引退，並未正式向國民大會辭職，現在事實上既無法繼續代理，李並有書面表示，總裁復位自不引起憲法上手續問題，對於復位文告，於堅持反共以希照本黨改造方案，特別強調民主與法治及有關民生主義之政策，對於行動內閣之人選，尤希特別慎重以資號召。復位以後宜發動國大立委及各地民意機關，國內大多民眾，熱烈擁護之運動。

反對者認為：一、李宗仁態度積極，既以代總統資格赴美洽援，未可認為因故不能視事，於法自無由行政院長代行職務之理。二、李預備訓令閻錫山對軍政負責照常繼續進行，閻可本責內閣精神主持政務。三、閣施政決策仍取決於中央常務委員會，同時總裁之意見可透過非常委員會以民主方式統一意志為此李暫時出國，對於大計不致有妨礙，而總裁之領導實可運用自如發揮力量。四、審度當前局勢對白健生應加重用[73]。

李出國後，中央常務委員會設法請其回國，否則請蔣復位。而各方亦屬望蔣復行視事，如三一聯誼社、青年軍聯誼會、台灣地方議會等紛上電；國民大會代表推舉在台五十八位代表晉謁總裁請即早復職[74]，認為當年引退的條件既已消除，國家處境堪慮，中樞無主，為黨國安危請復職。谷正綱及黃少谷提出下列建議：一、下罪已之令以激勵人心；二、嚴懲誤國誤民之徒以謝天下；三、開始反攻；四、廣闢兵源；五、破格用有功士兵以固軍心；六、爭取與國；七、注意台灣民治[75]。十二月三日，國民大會代表三百餘人集會於成都；六日，國大代表三百餘人集會於台灣，同日立法、監察兩院委員二百二十五人集會於台灣，台灣省立監察委員國大代表亦舉行會議均要求蔣總統復行視事，中國青年黨陳啟天及民主社會黨蔣勻田，十二月五日聯名致電蔣總統，表示同樣之意見。十二月二日，朱家驊、洪蘭友報告李宗仁已出境赴美，李不願卸去代總統名義，因可藉此獲得不少職務上之便利。蔣聞後嘆曰：

今日國家正值危急存亡之秋，千鈞一髮之時，余豈忍見危不救，顛而不扶，目下只有一本光明正大態度決心復行視事，以挽大廈之將傾，至於成敗利鈍在所不計[76]。

監察院曾幾次電請李要求回國以安輿情，但李於一月三十日覆電，並未表示回國之意，再電催歸，仍無結果。立法院於二月二十四日開會，出席委員三百四十四人，聯名簽署電文，要求蔣總統「即日繼續視事，行使總統職權」，結論三點：一、蔣去年一月二十一日引退並未解除其總統職位，僅由於特定事故不能視事，始由李副總統代行其職權，此種事故早已消失，因而蔣總統隨時可以復行視事。二、李代總統亦曾屢次請求總統復行視事，蔣總統所以未即受其請求者，乃為求內部之團結。三、今者李代總統抱病出國，病癒復遲不回台，國民公意乃屬望蔣總統復行視事領導政府[77]。

蔣左右提供幾點意見：一、此次復職因中樞負責無人，海內外同胞及民意代表嚴詞督促蔣負責。二、一月蔣委託副總統代行職權，係依憲法四十九條「因故不能視事」之規定辦理，蔣在憲法上之職權尚未解除，故復職完全本於實際的與法律的負責任，當排除萬難以期撥亂反正。三、分析國內外形勢，戰局雖有進退，但淪陷區反共潮流日盛，盼念中央日殷，國際間對蘇聯控制中共，認識愈真切，人心士氣倍感鼓勵。四、坦率指陳過去之缺點，及對於淪陷區同胞痛苦之繫念，並說明今後改革之方針，以最大誠意擁護憲法，尊重民意，倡導民治，勵行法治，希望與各友黨在一致反共之目標下共同奮鬥，在內政方面，整理軍隊，革新財政及地方行政加重富人負擔，改善平民生計，務期動員民眾足兵足食，主張言論自由，期望報界，以負責精神同心輔弼，培養積極進取之政風，力矯虛浮因循之積弊。五、以主義領導政策，以政策決定人事，用人秉然大公，泯除派系觀念，過去貽誤國事應負責任者，當予屏除，選拔優秀有為青年，促進新陳代謝作用[78]。

蔣也深感中樞無人所造成的問題甚為嚴重，一連串的日記內容可窺其一二。二月十五日記到：

對立、監二院之方針，尤為重要不能不下決心也，自余下野一年間軍事失敗，大陸沉淪，有形之損失尚在其次，而各部會捲款逃港以及留港物資故意滯留，以待交共之資金足供一年以上軍政費用，半數凍結[79]。

二月十六日又記到：「若照去年一年間大陸沉淪之速，則余如再不出而負責，僅存之台灣最多不出三月，其亦不為若輩自取滅亡矣。」[80]

蔣已有準備復行視事之打算，但因對於軍政、經濟、制度、政策、人事、組織以及本黨改造方案，皆未確定，恐蹈過去功虧一簣之覆轍，因此未立即行動，直至二月底，各方催促甚急，加以國內政局紛擾，乃決定於三月一日宣布復行視事。蔣在二月二十八日的日記上再度的提到：

各級民意機關熱烈呼籲總統復職，並竭力要求李代總統回台，尤其非常委員會再三聯名，請求其定期回國主政，而彼仍以含糊其詞答非所問，始終不肯明白表示，至此公私之誼已盡，為國家，為人民皆不能再事延誤，故不能顧及李之言行如何，余決定於三月一日復位，以安至政局[81]。

一九五〇年三月一日，宣布復行視事，並發表文告，重申其引退乃為國家社稷著想，冀望中共能覺悟，弭戰謀和，以解決人民於倒懸之急，拯國家於危亡之境，但一年以來，中共窮兵黷武，擅改國號，與蘇聯訂立互助盟約，出賣國家之領土資源，斷送我人民生命財產，與引退初衷事與願違，國事至此責無旁貸。同時致電李宗仁：

自兄以胃疾出國就醫，瞬已三月，各方佇候言旋，中企望尤切，而兄以健康未復，歸期難定。乃者史毛盟約宣布，國家危難日深，人民望救益急，中樞軍政不能久失秉承。在此憂危震駭之中，群情更責望於中之一身。茲為遵循民意，挽救危機乃於三月一日復行視事，繼續行使總統職權。一年以來，我兄代主國政，宵旰辛勞，公私交感，無時或已。今雖養病海外，固知憂國之殷，無間遐邇。亟望早告康復，並請代表中訪問美國朝野後，從速命駕回台，共濟艱危，藉匡不逮，敢布胸臆，無任神馳[82]。

三月二日，蔣介石在國民大會代表、立法委員、監察委員、各黨派領袖及台省參議員招待會致辭：「中正備承海內外愛國同胞，各級民意代表寄以殷切的責，並鑒於國內外情勢，不容再事蹉跎，當此國家民族存亡絕續之交，實已無推諉職責之可能，故決定復行視事，繼續行使總統職權。」一方面檢討過去領導的問題，一方面提出鞏固台瓊進圖光復、聯合世界上民主國家和人民，共同奮鬥，以勞動為第一要義，提倡節約、獎勵生產、亟須尊重民意、厲行法治等四個方向[83]。作為再出發的重點工作。

第六章

行政院遷台經過

一九四九年十二月八日，中央政府決定遷台北辦公，並於西昌設置大本營，於成都設置防衛司令部，蔣於當晚接見閻錫山，指示盡力準備政府遷台事宜，同時致電陳誠，告知政府決定遷台，希望台省各民意機關多有精誠擁護之表示。陳誠隨即回電：「頃將政府遷台消息向三十九年度行政會議大會報告，當即由黃議長朝琴同志表示台省民眾一向擁護中央，自當一致歡迎中央政府來台，全體會員四百餘熱烈鼓掌表示擁護歡迎。」台灣省政府表達歡迎中央政府遷至台灣。

一九四九年前後，中華民國政府機構及重要的領導人相繼遷至台灣，這次部會機關的遷徙與抗戰時期國民政府遷至後方有許多相似之處；都是被迫搬遷、機關與文物都進行搬遷、也曾進行多次、多地的遷移；也有相異之處；前次的遷移，政府的決策較明確而清楚，許多沿海的工業、物資都遷至後方，甚至許多學校都跟隨遷至大後方；一九四九年的遷移，大多數機關從南京到廣州，從廣州到重慶，再從重慶到台灣，但有一些部會、機關、企業並未隨之遷台，學校甚至都未遷至台灣；國際環境方面，抗戰時期雖然辛苦，但到了抗戰後期獲得以美國為首的國際支援，一九四九年中華民國政府雖仍有許多邦交國，但包括美國在內的國家大都保持觀望，國際上處於孤立的狀態。國內環境方面，抗戰時期國內的派系依然存在，國共之間糾葛不斷，但民族主義情緒高漲，人民的凝聚力較強，國共內戰期間，派系、通貨膨脹的問題更為嚴重，最重要的是人民並不支持國共內戰，社會及學生運動頻繁，整個環境對政府較為不利。

一、行憲後行政院的演變

戰後國民政府在百廢待舉之際，積極於行憲工作，一方面基於實踐孫中山建國理念，一方面強調國民政府實施民主的決心，藉此拉攏美國的認同，然實施之後，不但在選舉副總統時發生權力爭奪的狀況，行政院不停的改組，一九四九年一年間歷經三任行政院長，改組有時因為政策無法推動，但大部分都是因為國民黨內派系傾軋之故，在敘述行政院遷移之前，先探究改組的情形，以窺知當時政府遷移過程的問題，除了戰局因素的影響，府院不能同調，行政院內部不能一致與內閣中錯綜複雜的派系糾葛的情節有關。

行憲後（一九四八—一九四九），大陸時期，總統府歷經蔣介石與李宗仁兩位領導，行政院歷經翁文灝（一九四八・五・三十一—一九四八・十二・二十六）、孫科（一九四八・十一・二十六—一九四九・三・七）、何應欽（一九四九・三・二十三—一九四九・五・三十）、閻錫山（一九四九・五・三十—一九五〇・三）等四任閣揆，內閣人事亦更迭不斷，如表6-1。

行憲後的組閣及府院的發展，大致可歸納幾個特色：

其一，行政院派系色彩濃厚：歷任閣員中陳立夫、張厲生、谷正綱、洪蘭友、謝冠生等屬於CC系；張羣、王世杰、俞鴻鈞、翁文灝、吳鐵城、徐堪等屬於政學系。王師曾、李璜、左舜生、常乃惠、楊永浚為青年黨或其推薦者；萬鴻圖、李大明、蔣勻田為民社黨或其推薦者；亦有屬於獨立派系或自由主義及社會賢達者，如雷震、王雲五等。這些派系的存在固有其歷史背景，然由於派系往往左右人事與政策，甚至當行政院掌權者與立法院多數派系不合時，常發生政策搖擺與妥協的現象，也影響政權的穩定。

以孫科及閻錫山為例，孫科上任後有見於翁內閣的前車之鑑，力主「舉黨一致」，要求各黨派有力人士入閣，孫極力推薦的人員包括張羣、吳鐵城、陳立夫、翁文灝、張治中、邵力子等六人，其中二張、一陳、一翁任不管部會政務委員，吳任行政院副院長兼外交部長，朱家驊亦任不管部會政務委員。所含人選有CC系、政學系、立法院內的革新俱樂部、新政俱樂部等幾個重要黨團，南京《中央日報》社論中強調此一安排：「可收破除各方成見之實效」[1]。雖顧到派系的平衡，但派系的糾葛並未因此消除。

▶ 表6-1　行憲後行政院內閣人事

	翁文灝內閣	孫科內閣	何應欽內閣	閻錫山內閣
任期時間	1948.5.31-1948.11.26	1948.11.26-1949.3.7	1949.3.23-1949.5.30	1949.5.30-1950.3.6（1949.12.8遷台）
天數	179天	99天	68天	192天
副院長	顧孟餘（未到任由張厲生接任）	吳鐵城	賈景德	朱家驊
內政部長	張厲生	洪蘭友	李漢魂	李漢魂
外交部長	王世杰	吳鐵城	傅秉常	胡適
國防部長	何應欽	徐永昌	徐永昌	閻錫山
教育部長	朱家驊	梅貽琦	杭立武	杭立武
經濟部長（工商部）	陳啟天	劉維熾	孫越崎	劉航琛
財政部長	王雲五	徐堪	劉攻芸	徐堪
司法行政部長	謝冠生	梅汝璈	張知本	張知本
交通部長	俞大維	俞大維	端木傑	端木傑
社會部長	谷正綱	谷正綱	裁撤	
農業（林）部長	左舜生	左舜生	合併	
衛生部長	周詒春	林可勝	改併	
水利部長	薛篤弼	鍾天心	合併	
糧食部長	關吉玉	關吉玉	裁併	
地政部長	李敬齋	吳尚鷹	改併	
資源委員會主委	孫越崎	孫越崎	裁撤	
蒙藏委員會委員長	許世英	白雲梯	白雲梯	李永新

	翁文灝內閣	孫科內閣	何應欽內閣	閻錫山內閣
僑務委員會委員長	劉維熾	戴愧生	戴愧生	戴愧生
政務委員	董顯光 鄭振文 雷震 楊永浚	張羣 陳立夫 朱家驊 張厲生	張羣 莫德惠 張治中 朱家驊 賀耀組	張羣 吳鐵城 陳立夫 王師曾 萬鴻圖 黃少谷 關吉玉

閻錫山組閣時首先考慮的還是黨派的平衡問題，張羣、吳鐵城、徐堪是政學系，陳立夫、谷正綱為CC系，王師曾為青年黨所推薦，萬鴻圖為民社黨所推薦。有閻屬意者，如賈景德、徐永昌。有李的人馬，如朱家驊、徐堪（曾幫李助選，閻擔心其不願就任，還請蔣敦促共濟艱危）、劉航琛、李漢魂等。有尊重蔣的意見，如國防部長、外交部長人選等。閻是國民黨在大陸統治時期的最後一任閣揆，雖然欲圖平衡各方意見，但仍不能扭轉時局。許多閣揆人選在就任後花太多的精神進行人選的安排，忽略政策推行的重要。

其二，內閣更替頻繁：內閣中改組較小的是翁文灝內閣，改組較大的是孫科內閣，行憲後的內閣的時間都不長，其中閻錫山內閣時間最長（大陸時期一九二天），何應欽內閣時間最短（僅六八天）。二年內換了四任閣魁，比之於民初時期更不穩定，這一方面固由於局勢的變遷，但與派系的糾葛有極大的關係。行憲本是基於實踐孫中山建國理念，維持民主的表象，以獲得國際的肯定，並藉此穩定時局，然從內閣的更迭而言，行憲後的政局相對的不穩定，不但被派系所左右，且看不到內閣的特色，只是一批派系平衡下官僚的輪替而已，派系與個人裙帶關係是主導內閣的主要力量，對政局發展毫無助益。

其三，蔣介石的控制力愈來愈弱：蔣自北伐統一之後，漸掌控黨政軍大權，尤其自七七盧溝橋事變後，少有人能挑戰其權威，日本投降是其權力的另一高峰，但隨著國共內戰戰場上的失利，蔣已無法絕對主導黨政的人事。以副總統的選舉而言，蔣無法貫徹其意志，行憲後第一任行政院長，一九四八年提名問題卻出現曲折，蔣原擬由張羣續任，五月二日，召見張羣，蔣盼其繼續擔任行憲後行政院長，張堅決拒絕。蔣不得已召見林蔚，囑其徵詢何應欽可否擔任，何亦不願意，最後在妥協下由翁文灝擔任院長。另一項重大的挫折是，一九四八年十二月底的立法院長選舉，蔣原規畫李培基，然最後卻由童冠賢當選，對此蔣在十二月二十四日的日記上記到：

> 約見劉健羣、吳鐵城等切囑其所屬立法委員須照中央決議選舉，及至下午五時選舉結果，院長為童冠賢，而非李培基（蔣指定），此為平生入黨以來任黨務唯一打擊，從此本黨等於破產，革命歷史完全為若輩叛徒所賣，立法院亦告無法維持矣。此實比諸四月間哲生不能當選副總統之失敗更慘也。悲乎何使黨敗至此，豈非余無能罔德所致之罪惡乎。非乃決心下野，非重起爐灶，另立幹部無以革命矣[2]。

十二月二十五日，再度感慨說：「今日立法院未照本黨提名選舉，以及白之跋扈背叛，實為近年來最慘之悲劇。」[3]甚至因此表示決心下野。

孫科組閣後，蔣希望能掌控重要人事，對於組閣的名單有許多意見，如孫第一次呈閱內閣名單時，蔣甚為驚訝，談到：「哲生所提之新閣人選，可謂無聊極矣，如以劉維熾掌交通，吳尚鷹掌資源委員會，不僅政府僅有之建設基礎盡行毀滅，且使今茲之危機益形嚴重。」且認為：「所提人選，竟取貪婪卑鄙之徒。」[4] 最後雖略有變動，但人選差不多，劉維熾主工商部，吳尚鷹掌地政部。

其後不論是立法院長或行政院長的人事大都不是原來蔣規畫的人選。閻錫山組閣時，國防部長人選，蔣亦有意見，李與閻商議主張由白崇禧擔任，蔣堅決反對，本主張由徐永昌擔任，閻提出由何應欽留任，蔣只得同意[5]。

其四，府院衝突不斷：孫科與蔣的關係還算融洽，但蔣被逼下野，由李宗仁代行總統職位，李代總統期間，發生若干的摩擦。首先是行政院搬遷問題，行政院由南京搬往廣州，除因戰局危急國都外，孫科不願由總統府主導行政院。一九四九年一月二十一日，蔣引退後，孫科至上海轉往廣州，行政院各部會陸續搬遷，為擺脫李的直接指揮，依照中央決定於二月五日將行政院遷往廣州辦公，惟留代總統辦公處，專負和談之責，總統府各局官員亦從上海至廣州，南京幾變為空城。二十五日，行政院會正式決議將政府南遷廣州；二十九日，中國國民黨蔣介石總裁囑黃少谷，轉示中央黨部遷移廣州。李不願當一個有名無實的總統，於二月一日在上海召開行政會議，行政院長孫科及副院長吳鐵城等均與會，李主張行政院應遷回南京，孫科堅持共軍已到浦鎮，南京正在共軍遠程大砲的射程之內，為使政治重心不受軍事上的威嚇，必須遷往廣州[6]。

其次是和談的問題：李宗仁代行總統後，積極展開與中共的和談，一月二十七日，致電中共中央主席毛澤東，表明願意在八項條件下進行商談[7]。隨即指派和談代表。這些決策，並未提交行政院討論，或徵詢行政院長之意見，乃使憲法上責任內閣無法對立法院負責。李與孫科對於和談的意見並不一致。孫科主張停戰後再進行和談[8]，李則認為：「在雙方商討尚未開始之前，即要求對方必須先行執行某項條件，則不能謂之為和談。」[9]孫科主張對等談判，反對李宗仁接受毛澤東提出八項條件作為和談的基礎，李主張可以朝著：聯合政府、邦聯或聯邦、隔江分治的形式[10]等方案考慮。黃紹竑認為謀和應該反蔣，以示誠意[11]，孫科自不能接受此論調。立法院中有人指責孫科不尊重總統職權，要求孫科必須執行李代總統取消人權限制及釋放政治犯的命令，並抨擊孫科未盡全力與中共進行和談斡旋，孫科備感壓力；但李宗仁亦同樣受到廣東地方勢力及CC系的抗衡。李決定去孫，迨立法院於二月二十八日在南京復會後，倒孫行動益見積極，孫科見勢不可為，乃於三月八日提出辭呈。

二、機關疏運計畫

（一）機關南遷的討論

對於蔣介石及中華民國政府來到台灣，有認為是一種有計畫的政治撤退，有認為是倉促逃亡，是大崩潰[12]；兩極化的說法並不完全正確，當時政府機關的遷移既非完全沒有計畫，也不是計畫周詳，是根據時局的轉變做策畫，進行調整。在蔣下野前，認為時局漸不能掌握，隔海的台灣應是一個安全的根據地，因此安排陳誠接任台灣省主席，蔣經國接任國民黨台灣省黨部主委，將中央銀行所存的黃金及故宮博物院等單位的重要文物遷移至台灣；其後行政院決定將機關遷至廣州，後因國共最後北平和談無結果，中共渡江之際，總統府也跟進，並決定以廣州為行都；南京、上海相繼失守，決定再遷至重慶、台灣。這中間有許多錯綜複雜的因素，不能完全用結果論去下結論，從機關遷移的相關計畫言，當時行政院確實在國共內戰局勢不利之際進行規畫，本節主要敘述行政機關計畫及實際遷移的情形。

政府南遷方面，蔣對遷都的態度？為何政府機關不直接遷至重慶或台灣，而先遷至廣州？行政院如何進行疏遷的工作？疏遷的過程出現那些問題？是本小節討論的重點。

由於國共內戰，國民黨在三大戰役失利，局勢岌岌可危，首都與行政院被迫必須做遷移的準備，南京是國府成立以來的首都，抗戰期間因戰事將國府行政中心遷至重慶，抗戰結束後，雖有人建議重新建都北平，最後國府還是決定還都南京。國共戰事緊急之際，有人再提遷都之事，蔣經國也於一九四八年六月二十六日向蔣介石建議南遷：

我政府確已面臨空前之危機，且有崩潰之可能，除設法挽回危局之外，似不可不做後退之準備，兒絕非因消極或悲觀而出此言，即所謂退者亦即以退為進之意也，有廣東方有北伐之成功，有四川才有抗日之勝利，而今後萬一遭受失敗則非台灣似不得以立足，望大人能在無形中從速密籌有關南遷之計畫與準備[13]。

蔣對此建議不予回應，一九四八年十一月十九日，約見邵力子等中常委，談及政府遷徙之事，認為遷都將使人心渙散，不啻分崩離析，其將何以再建立重心。蔣表示：

所謂重心也者，不在乎首都之在何地，而繫於我一人之所在也，如我在世一日，即反共一日，以底於成而後已，故我在何地即其重心所在，不必以遷都與否為慮，更不必以南京之得失為意也，若懷遷都即崩潰之心理，而不能排除之，此適中共匪之陰謀毒計；萬一南京將來不守，我亦必於其他地區繼續剿共，須知今日共匪所欲謀者非南京也，而為我一人也。[14]

蔣認為遷都不是問題，即使南京為中共所占據，也還有反共的希望。十一月二十八日，蔣以徐蚌戰爭日趨緊急，首都近在咫尺，不得不預做準備，而各國使節之安全問題，尤須事前安排妥當，因此電致廣東省宋子文主席，促其迅速自香港返粵，從事準備工作，其電文如下：「時局緊張，望兄即刻回粵準備一切，對各國公使之住宅，尤應積極籌備，並令外交部明日派員來粵洽商矣。」[15]十一月三十日，蔣再度約集張羣及府院祕書長，指示其政府人員疏散及遷地辦公之方針[16]。

蔣已有遷都的準備，但為安定民心，仍於十二月一日再度表示：「雖然蚌埠戰役吃緊，關於遷都與政府裁員問題，謠言紛紜，人心動盪，致公務員與社會皆呈紊亂不安之狀，因由行政院院會決議，表明絕不遷都以闢謠言。」[17]宣傳會報幹部亦懷疑蔣欲放棄首都，認為因此喪失革命精神，蔣乃再度說明統率領陸海空軍駐在首都指揮作戰之腹案。由此可知遷都之議可能在一九四八年中就已有許多人提及，蔣當時認為遷都沒有必要，到年底雖然再度重申固守南京的決心，但也做遷移的準備，召集相關人員籌謀遷都事宜。

蔣既然多次表達固守南京的決心，為何孫科院長在蔣未下野之前就計畫將行政院遷往廣州？推其原因除局勢發展，漸不利於中華民國政府外，也受蔣的指示，蔣數度召見張羣及府院祕書長[18]，請各單位準備遷都事宜。此外，孫科知道蔣準備下野，孫科擔任行政院長是派系折衝的結果，孫本身既要面對立法院的反對聲浪，又必須應付其他派系的問題，而他與李宗仁的關係並不密切，行政院遷至廣州，可以擺脫李的控制，疏散會議在蔣未下野之前召開，不僅是蔣的意旨，也是孫的計畫。

為何行政院一開始先遷至廣州，而沒有直接遷至抗戰時期陪都重慶？推其原因：其一，廣州為國民黨的發源地：孫科是廣東人，廣州是民初的革命基地，一直以來備受重視，抗戰勝利後，國府以廣州為建設重點，蔣亦看重廣州的重要性，宋子文離開行政院後，一九四七年十月三日繼羅卓英後被派任為廣東省政府主席，兼廣州綏靖主任，銜蔣之付託，負起發展華南，貫徹動員戡亂使命；十一月十七日，宋擔任廣州行轅主任，白崇禧電宋請其銳意經營兩廣，鞏固後方。宋蒞任後對於剿共軍事和政治的建設，費了不少力，但成效不彰[19]。宋在蔣引退前即向蔣請辭廣東省主席，蔣於一九四九年一月二十日電告薛岳委員：「中擬不日引退，子文辭省主席職，其遺缺已提兄繼任，務望與握奇（余漢謀）同心一德，肅清奸匪，建立粵省為吾黨革命之強固根據地也。」[20]強固廣東作為革命的根據地，也是蔣引退前所做的籌謀之一，因此孫科決定將行政院遷於廣州，除擺脫李的控制之外，自有其政略。

其二，廣州當時較無共黨勢力的威脅：西南邊境已受共黨威脅，蔣在下野前安排薛岳為廣東省政府主席，余漢謀為廣州綏靖公署主任，薛與余皆為蔣的親信，重慶雖然安排張羣為重慶綏靖公署主任，但雲南的滇系，不論是龍雲或盧漢、西康省主席劉文輝等，與中央關係不密，且早有異心，難以掌控。

其三，從戰略的考量：當時蔣及孫科認為可以隔江而治，中共較無空軍與海軍，國軍具海軍的優勢，不論是從海南、台灣及舟山等地都可增援廣州，首都遷於此，以福州做屏障，進可抵擋中共的進攻，退可沿海做部署。必要時向台灣撤退較方便，不論從政略、戰略或從時局的考量，廣州作為遷都地點應較重慶為佳。

（二）行政院疏運計畫

政府機關疏遷過程，按一般行政機關的運作模式進行，也就是先擬具計畫及具體實施辦法，再經院會通過，組織疏運委員會，最後實際執行，此次的疏運過程大抵如此。行政院為因應從南京遷往廣州再至重慶、台灣等地的過程，召開許多會議、頒訂辦法及規章，簡單列表如下：

▶ 表6-2　行政院因應疏散措施相關辦法

會議、辦法、規章	制訂時間	備註
行政院令各部會擬具首都公務員疏散辦法	1948年12月29日	
疏散中央公務員辦法	1949年1月12日	
改善在京中央各機關疏散人員辦法	1949年1月24日	四條
行政院疏運會議，通過疏散要點，訂定疏散原則	1949年1月15日	疏散要點十條，疏散原則共三項
京穗間公文傳遞辦法	1949年2月7日	共四條
在京中央各機關疏散公物緊縮人員辦法實施細則	1949年3月1日	共九條
中央機關分地辦公疏運辦法	1949年5月30日	共七條，6月初成立疏散委員會
中央府院部會及其直屬機關資遣或自動請辭員工資遣辦法	1949年5月30日	共九條
中央各機關分地辦公疏運臨時費請領辦法	1949年5月底	共七條
上海撤出物資點收辦法	1949年6月	共九條[21]
經濟部各附屬機關疏散進退實施辦法	1949年6月7日	共五條
中央機關在重慶設置辦事處佈置辦法		共七條
交通部護航總隊護航實施辦法	1949年7月20日	共十條[22]
公物空運辦法	1949年8月15日	共五條
中央各院部會申請空運須知	1949年8月22日	共九條

資料來源：本表根據國史館、中國國民黨黨史館、南京第二歷史檔案館之檔案及報紙資料彙編而成。

這些辦法成為府院遷移的重要依據，其制訂過程及內容分述如下。

為因應戰局，行政院在一九四八年十一月左右開始作部署。十一月底，要求各單位調查遣送眷屬回籍人數；十二月一日，院會決議：一、中央在京各機關職員為遣送眷屬離京者，准照十一月份標準借支薪津二個月；二、中央在京各機關應積極整飭行政紀律，非有重病不得請假，通飭所屬機關職員嚴守規定[23]。十一月二十九日，通令各部擬具首都公務員疏散辦法。一九四九年一月七日，行政院會議決議將各機關核心移至廣州，將大部分人員疏散於各地或南京以外各附屬機關[24]，一月十二日，行政院會議通過「疏散中央公務員辦法」，各機關除必要留京人員外，其餘應分別疏散到後方工作，願辭職者，准予保留資歷，除給薪三個月外，並斟酌補助旅費若干，以供疏散之用[25]。十五日，行政院召開疏運會議，會議開始首先由主席李溥霖（行政院祕書長）進行報告：「希望本次會議主要討論疏運各機關職員和眷屬兩項工作，而這兩項疏運工作奉命必須做到有計畫、有規律、迅速、確實、祕密，各單位絕不准有絲毫紊亂現象或秩序不良之情形發生。」[26]討論結果，有關疏運公物事項，得到幾點結論：

1. 交通工具：交通部原派定「海康輪」，現改為「執信號」（約二千噸），此船於本月十九日可到京，所靠碼頭臨時通知。

2. 疏運重要公物以檔案為主：公物箱中不准附帶私物及化學引火物或爆炸物。

3. 到達地點為福州、汕頭、廣州等三地：到達廣州後，即由交通部以火車輸運至各機關自行指定的地址；如須轉車者，各機關應備公文數份，註明公物箱數，向各車站接洽記賬，提前運輸；如須水運者，由交通部電廣州航政局負責辦理。

4.裝運手續及時間：十六日十二時以前，各機關務必將疏運公物箱數詳表二份，分別呈送行政院、交通部。十七日十二時以前，須將箱子完全準備好。十九日十二時開始裝船，其上船順序由交通部排定，其起裝時間亦由交通部指揮辦理，但各機關必須遵照交通部指定時期辦理，不得有誤。押運人員每單位絕對不能超過兩人，每人行李不得超過四件，伙食自理。各機關箱子上面須標明（福字、汕字、廣字），以便到達地點後便於起卸工作。在京碼頭上船搬運伕，由招商局代僱，並規定每件價格由各機關按件數總付，或先交招商局代行。各機關運輸公物上船應自備卡車，如確困難，可向公路總局洽借，希能一次運出，以免延誤裝船時間。

5.各機關公物箱運往福州、汕頭、廣州者，應由各機關早日自行租賃倉庫堆置，或先電地方政府多予協助，以便到達碼頭即行起卸，絕不能堆置於碼頭。

6.如疏運經費未領到，應由各機關自行設法籌設，以免有誤疏運日期。

7.第一批公物運出後，第二批船隻籌妥，再另行通知。

8.各機關公物最後運到之地址及指派之保管負責人，須迅速決定密送交行政院彙辦。

9.各機關負責辦理疏運工作人員姓名、電話號碼應報院，以便隨時接洽事項。

10.十七日上午，各機關務必將準備情形電話報告交通部李司長，李司長電話號碼35833[27]。

這是行政院在遷移前最完整的一次會議，雖然多是原則性的指示，但已為行政院遷移的重要藍本。也是使機關、公物、文卷能順利疏運到廣州、桂林等地的最重要決定。

會後，行政院下令所有工作人員做緊急疏散，希望在一月底以前完成疏散，同時訂定疏散原則：一、按照各機關原有人數，由各主管指定保留百分之十至百分之五之人員在原機關工作；二、年老力衰或情願退職者，照元月份薪津發給三個月之遣散費及三千元旅費；三、年輕力壯願留原機關服務，而至必要時參加戰時工作者，先發給三個月生活費[28]。同時江南各站聯合辦事處於一月十五日成立，為遷移做準備。

為進一步作好疏散工作，又於一月二十四日頒訂「改善在京中央各機關疏散人員辦法」共四條：一、留原機關服務人員為便利其疏散眷屬使能安心工作起見，職員准借支薪津三個月（按一月份標準）及旅費三千元，技工、公役准各借支工資三個月及旅費三千元（法警、庭丁、看守比照技工辦理）；二、調派附屬機關服務人員，除照第一項規定准各借支薪津三個月及旅費三千元外，仍照出差之規定報支旅費，但火車免票、輪船票價八折之優待部分仍應於報領出差旅費時扣除，出差旅費支給標準改按十五倍計算；三、自請辭職人員、職員除照第一項標準發給薪津三個月及旅費三千元，停薪留薪外，另加發旅費一萬元，技工、公役除照第一項標準發給工資及旅費外，一律加發旅費三千元；四、調派附屬機關服務人員及自請辭職人員，本人乘火車免費，乘輪船八折，其眷屬乘火車半價，乘輪船八折，留原機關服務人員遣送眷屬比照辦理[29]。

三、從南京至廣州

（一）遷至廣州

行政院既已通過疏運會議計畫，一月十六日，由南京疏散到上海的火車專車，每天開兩班，每班十節，載運一千餘人，預計五天內將在南京亟待疏散到上海的一萬人及眷屬載運完畢，有些則直接由南京到廣州、福州等地。

五天後（一月二十一日）即蔣下野的當天，部分公務人員已遷往上海或廣州等地，孫科院長亦從上海轉往廣州。二十五日，行政院會議正式決議將政府遷至廣州，並由外交部向各國駐華大使館宣布遷移事宜，惟留代總統辦公處，專負和談之責，總統府各局官員從上海至廣州，南京行政機關大部分處於留守狀況。二十九日，蔣介石囑咐黃少谷，要國民黨中央黨部隨政府機關遷移至廣州。但為避免造成人心不安，二月二日，蔣致電沈昌煥：「革命前途艱難尚多，應以更大努力克復之望，勿為現狀所沮喪是所至盼。」致電谷正綱部長：「黨國前途日益艱難，今後務望益矢忠誠，淬勵奮發，不折不饒，為達本黨革命目的而努力，是所企盼。」[30]要求幹部務必堅守崗位，安定人心。

蔣下野後行政院對於疏遷之事更為積極，二月初的院會經討論後，決議行政院於二月五日正式遷至廣州。其他部會亦陸續移到廣州辦公，如表6-3：

人員方面規定於三月十日到新的辦公地點就任，調派至附屬機關服務之職員，限於三月十五日前往各附屬機關報到，不到任者視為自動請辭；根據行政院的決議，當時政務重心在南京，事務重心在廣州，機關大印留在廣州。為便於往來公文的傳遞，制定「京穗間公文傳遞辦法」，較重要的條文包括：一、組織公文傳遞站，分設廣州行政院院內及上海成都北路二七四弄三一號；二、公文傳遞分兩種，緊急件二十小時內送達，普通件四十八小時內送到，如有遲延傳遞站應即通知各機關；三、京穗傳遞急件，由行政院洽中國、中央航空公司隨班機運送，

▶ 表6-3　行政院所屬機關在廣州的辦公地點

單位	廣州辦公地點	遷移時間	備註
地政部	廣州市政府地政局	2月3日	
工商部（經濟部）	廣州市萬福路178號	2月10日	
新聞局	廣州市吉祥路底廣東省政府新聞處	2月5日	
內政部	廣州市文明路廣東文獻館	2月25日	
外交部	廣州市沙面復興路	2月5日	
糧食部	廣州市漢民北路漢民公園內	2月5日	
水利部	廣州市白雲路116號	3月1日	
主計部	廣州市長堤路15號廣東銀行	2月5日	
財政部	廣州市政府財政局內	2月15日	
教育部	廣州市政府教育局	2月15日	
衛生部	廣州市惠福西路276號中央醫院設臨時辦事處，後遷南石頭廣州海港檢疫所	2月20日	
行政院賠償委員會	廣州市五仙門廣州電廠	2月7日	
蒙藏委員會	廣州德宣路添新巷18號（福利大廈）	3月1日	
資源委員會	廣州市越華路87號	2月12日	

資料來源：國史館，《資源委員會員眷疏運案》《資源委員會檔》，檔案003000025138A。

每班以五公斤為限，特製鋼匣，以最速方式傳送，在二十四小時內京穗必得復文；四、傳遞員傳遞上項公文乘坐京滬車一律免費；五、編制方面，站長三人，廣州、南京、上海各一人，收發、書記各三人，傳遞員七人[31]。這項辦法有助於京滬穗間的公文傳遞。

公物方面，行政院同時公布「在京中央各機關疏散公物緊縮人員辦法實施細則」，共有九條，將機關檔案分為三類：甲，史料類：有歷史價值而不需應用者；乙，參考類：有參考價值而非急切需用者；丙，必需類：日常辦公所必需應用者。甲、乙兩類檔案應即疏散，丙類檔案速加整理，其不重要者，必要時得予銷毀。關於機關遷運公物得調派本機關百分之五之職員隨同押運至目的地保管部署；關於裝箱、起卸的工資及派員旅費，暨勘址部署等必要費用，由各機關分別編具概算書呈院核撥[32]，並先行墊發一個月的費用支應。

行政院從決議疏遷到各機關正式在廣州等地辦公，大約三個月已完成機關、器材、文卷等的疏散工作，檢討這次疏遷工作出現三個大問題：

其一，疏遷計畫不夠縝密：從疏散計畫的提出，到會議的決議，可以說相當草率，這也是長期以來國民黨的一大問題，國民黨自抗戰以來面對問題不乏計畫，但往往不夠縝密，而且變通性不足，計畫實施的過程發現問題，不能馬上做修正。此次疏遷問題亦復如此，由於疏遷毫無縝密的計畫，引起雷震及左舜生等人的不滿[33]，左舜生認為遷都並未經內閣決議，並明白告訴雷震不去廣東，不參加孫科的內閣。政府南遷也引爆李宗仁與孫科間的正面嫌隙，李不願當一個有名無實的總統，反對行政院搬遷，二月一日，李在上海召開行政會議，行政院長孫科及副院長吳鐵城等均與會，李主張行政院應遷回南京，孫科堅持共軍已到浦鎮，南京在共軍遠程大砲的射程之內，為使政治重心不受軍事上的威嚇，必須遷往廣州[34]。

二月三日，行政院院長孫科、副院長吳鐵城搭專機飛抵廣州，五日，行政院及所屬在廣州辦公。六日，孫科對中外記者宣稱行政院遷移至廣州辦公，是為了貫徹和平主張，絕不是放棄和平[35]。李動用各種關係要求行政院閣員回南京辦公，為此行政院政務委員陳立夫、朱家驊抵廣州與孫科院長密談後，勸阻其閣員回南京。孫科派副院長吳鐵城由廣州飛南京與李代總統商討南京、廣州的問題，但並無交集。

各機關亦僅做原則性指示，如空軍總司令部為輸運人員及物資，於四月十一日訂定〈空軍總司令部各機關調遷運輸規則〉，將調遷的所有人員造冊，物資列表，由主管負責鑑定「急要」、「次要」、「普通」三類，彈藥、軍械、油料、通航器材、醫藥、車輛列為優先運品，人員以官士兵及其直系親屬為限，非直系者，不得搭乘空軍及所徵僱的車船[36]。又如學校遷移面臨的問題：如何維護原有校產、如何迅速處理被捕學生、救濟費發放標準等都未考慮[37]。搬遷經費從裝箱到開箱都是一筆不小的開支，特別是在通貨膨脹之際，編列之預算常不敷使用，這些都不是一個原則性遷移所能解決者。

其二，府院不同調：由於府院不同調，一方面造成外交部的困擾，曾建議政府遷穗應由總統頒布命令，只根據行政院的照會，引起外交使節團的疑惑；另一方面，造成行政院離京，總統府仍在南京，立法院、監察院等在南京集會，司法院及考試院也還在南京行使職權的情形。當時立法院內部同仁對於遷移問題亦有不同的意見，二月八日有一部分立法委員在廣州舉行談話會，商討在廣州復會問題，推童冠賢院長北返向當時還留京、滬等地的立法委員，轉達歡迎彼等來穗之意。廣東派立法委員反對在南京開會，與李關係良好的立法院長童冠賢則於二月二十四日電請旅居廣州的立法委員回南京開會。李趁機利用立法委員與孫科的不合，給予行政院壓力，美國駐華大使司徒雷登向美國國務院報告李宗仁與孫科間的爭執時提到：

在李宗仁與孫科領導的廣東派爭取政權中，李處於根本軟弱的地位……但最近彼確曾做準備，動員人民，支持彼之和平計畫，其中最主要之一點即為立法院決定在南京而不在廣州召開會議，此事自與行政院院長所公開表示的意旨正相背馳，在立法院大會中，孫科所主張政府南遷，與據云彼會從事投機事項，無疑將招致嚴厲之抨擊。若干立法委員之情緒，報章雖有重要之顯示，據云居住在上海的立委通過一案，指孫科背棄代總統，並要求立法院遷返南京[38]。

有些學者如廣東中山大學教授羅鴻詔認為反對孫科或有道理，但立法院在南京復會則沒有必要，雷震也認為立法院、監察院為坐而論道或執行監督的機關，應在安全而沒有戰火的地方開會，不應在火線或第一線上開會，今政府已經遷居廣州，自應在穗（廣州）開會。但也有人反對在廣州開會，如樓桐蓀在二月十四日中央委員會談話會時即表示反對[39]。

蔣介石在下野後對於遷都之事，表示贊同。二月二日，得報知道立法院童冠賢院長、監察院于右任院長於一日由南京致電在上海之孫科院長，要求其不要到上海，早日回京，共策大計，當時孫科院長已由京到滬，擬隨行政院遷往廣州，而李宗仁等即欲其仍留駐南京，以便就近途用，而利於對中共的和談進行[40]。蔣同意孫科至廣州。對於立法院遷至廣州之事，蔣亦贊同，二月九日，得知一部分在滬的立法委員集會決議，主張在南京復會，與在穗之立法委員為復會地點問題發生爭議後，特別囑咐陳立夫委員回滬調解，勸以至粵開會為宜。並電廣州中央黨部鄭彥棻祕書長請轉吳鐵城副院長，告以立法院宜早日在穗復會，以免主張紛紜，致政局動盪不安[41]。二月九日蔣的日記亦記到：「立法委員昨在滬集會決議仍在南京復會，其間多不知死日之將至，仍如往日之放肆，毫不覺悟，思之煩悶。乃囑立夫回滬調解，應主在粵開會。」[42]主張立法院應與行政院一起遷至廣州。

有關行政院及各機關遷移至廣州或留在南京的紛擾，隨著政局的變遷，各方的態度漸趨一致，李宗仁推動北平和談失敗後，四月二十一日，中共陸續突破江防，南京岌岌可危，行政、立法、監察三院院長及祕書長不得不開會討論緊急疏散事宜，李宗仁也下達中央各機關南遷廣州的命令，令文：「前據行政院議決自本年二月五日起以廣州為政府所在地，茲因時局之需要中央各院部會除有關治安及防衛者外，其尚未遷往者應迅即遷移。」[43]外交部也隨即通知各國駐華使館，促請儘速全部移廣州辦公，一切必要的交通工具均由外交部負責洽辦。當時除國防部遷往上海外，總統府、行政院各部會及立法、監察兩院遷往廣州。人心惶惶，上海市長吳國楨見時局不可為，於一九四九年四月中旬向行政院長何應欽請辭，何不准吳國楨辭職，四月十八日回覆：「滬市為全國經濟中心，台端任事三年，賢勞備著，因應咸宜，中外具瞻，際此時局艱危，正殷倚畀，當期一本忠貞，宏濟艱難，風雨同舟，勿萌退志，惟念辛勞致疾，准給假一月修養。」[44]吳勉強續留，上海人事問題雖暫時穩定下來，遷移問題迫在眉間，行政院發表聲明表示：

> 共產黨此次乘政府爭取和平要求停戰做最後呼籲之際，發動總攻，大舉渡江南犯，致荻港、江陰、揚中等地相繼棄守，首都陷入鉗形攻勢之中，我駐首都大軍一時乃完全處於被動地位，無法發揮高度之戰鬥力量，我統帥部估計軍事形勢，當前尚非適宜之決戰階段，不能不自動從首都做戰略之撤退，且政府原早遷廣州，部署停當，政府各機關留京辦事處，自應一律結束，重回我革命軍陣地，為國家之獨立，人民之自由，繼續奮鬥。[45]

四月二十九日，行政院院會正式發布廣州為中央政府所在地，五月初立法院在廣州復會，監察院由南京遷廣州辦公（廣東省審計處原址）。京滬杭警備總部政治委員會規定：中央留滬機關，一律於兩週內撤離。李宗仁亦隨之到廣州，但李到廣州並沒有事前部置，連廣州警備司令也不派人擔任，桂系重要幹部黃旭初告訴程思遠：「這是很大的疏忽，不久廣州就要陷入過去南京的局面。」[46]但桂系內部對李宗仁的消極作法已出現不同的雜音。

其三，經費問題：這次疏遷工作包括：文物、檔案、職員及眷屬等，疏遷費及開辦費包括幾個項目：一、疏散費，含員工、職員、工役等疏散費；二、遷運費，含調遷人員旅費、遷地辦公人員旅費、外調人員旅費、公物疏運費（包裝與搬運）；三、開辦費，含購置、修繕、設備費等；每項的費用甚多，各部門預算有限，常不敷使用，以行政院主計處為例，三月七日向行政院要求墊撥疏運費，其文中談到：

本部奉令辦理疏運事務，計全部員工及眷屬共七、八百人，連同重要文卷、器材，經分批疏運至廣州、長沙、桂林等處，所有各項費用均屬急切需要之款，除奉撥款項盡數支用外，計尚不敷八百六十五萬元，前由本部在滬商得財政部向中央銀行借墊三百萬元，餘五百六十五萬元暫在預領薪餉項下移墊，茲以疏運作業已完成，擬懇鈞院准予先行飭庫墊撥八百六十五萬元，以便分別歸還墊款[47]。

這種情形各部會都是如此，此外，往返京穗所須旅費甚鉅，各原有機關經常費常無法勻支，只好要求行政院編特別費支應，但行政院也無法滿足各部會的要求，因此經常可見經費部分東挪西借的情形。

（二）鞏固廣州與再遷移的討論

各機關陸續遷至廣州，府院在五月也都確定以廣州為行都，成為行政中心，但當南京為中共所占後，上海亦陷危機，廣州是否安全，再度受關注。五月十六日，行政院鄭彥棻祕書長電蔣報告時提到：「行政院對疏散事迄未做決定，有人主張必要時遷貴陽再遷四川，但未正式討論，未做任何決定；中央同志認為廣東為革命策源地，必須堅守，惟一般幹部對此尚缺信心。」[48]政府遷移過程猶豫不決是遷移紊亂的要因之一。

為保障廣州的安全，行政院提出「保衛西南充實兵源緊急措施方案」，有見於過去徵兵的缺失，提出編練第二線常備兵及第三線後備兵計畫，常備兵以保為單位，每保推出能征慣戰的壯丁五人，並由保內富有的家庭籌足安家費五十元發給每一壯丁，推出壯丁之後由政府昭示：不再征兵，並撤銷各級徵兵機構，以取信以民。至於第三線後備兵方面，各線將現有保警團隊迅速照作戰建制編組成，大縣兩個團，小縣一個團，由省與中央負責督練，所需械彈由各地方領用[49]。

蕭錚等八十位立法委員於五月十七日聯名向行政院提出「迅採緊急措施以鞏固行都所在地軍事財政力量以安定民生發揚士氣案」，該案提到：「自首都淪陷後，廣州已為我國政府非常時期之行都政治軍事重心所在，惟百粵民力雖強，而歷年支持戡亂，供應軍需實力久已疲弊，地方財政既感困窘，軍力尤嫌薄弱，設非迅加充實，殊難奠定反共戰爭之基礎。」[50]建議政府採取五項措施：其一，命令廣州綏署會同粵省緊急增編九個軍，由中央撥給械彈裝備及建軍經費。其二，由國庫負擔粵省保安部隊經費，並速撥械彈充實其力量以利剿匪。其三，由國防、交通、經濟各部迅速撥款會同粵省府迅速加強機場、公、路、電訊、橋梁及其他有關軍事工業設備。其四，由行政院有關部會協同粵省府組訓民眾，共負反共戰爭之重責，一切經費由中央負擔。其五，請行政院迅令國防部立調五個軍鞏固廣東外圍，限期請剿粵境內土共，俾加強革命基地之戰力，以安定人心[51]。

行政院方面針對此五項意見，在加強行都廣州的安全雖表同意，增強設備亦無問題，最大的困難是增編軍隊與經費。有關軍隊方面，要增編九個軍在廣州，國防部認為經過國共內戰之後，許多地區為中共所占據，兵力嚴重損失，各地部隊予以裁撤或整編，國軍原駐粵省部隊計有三九、六二、六三、六四、一〇九等五個軍，不但沒有緊縮，還極力充實，以增強行都廣州的軍力，在短時間內也無法編成九個軍布防廣州，但國防部已先後將第二十一兵團、第十二兵團、第四兵團、第七十軍等部隊調粵增強防務，由原計的十三個師已增為二十一個師；有關經費方面，經過長期的國共內戰，國防部經費減少，有關粵省建軍的經費實難籌措，對於組訓民眾經費，亦建議由地方先行在粵省原預算內支出，如有不敷再由國庫補助[52]。

雖然行政院極力鞏固廣州，但有關政府將再遷移的傳聞不斷，行政院一再闢謠，強調政府並無遷移重慶的計畫。五月二十日，行政院發言人鮑靜安舉行記者會強調：「政府並無遷移計畫，外傳政府事務部分將遷重慶，政務部分留廣州說，全屬無稽。」[53]立法院通過統籌方案，以確保廣東為非常時期國都之所在。

隨著時局的變化，中央機關又不得不做疏散與再遷移的規畫，然由於一開始府院態度不一，遷移沒有全盤計畫，許多機關猶疑不定，等時機緊迫再匆促遷移，文卷、器物多散佚或未能即時遷移至台灣，甚為可惜。

不僅政府對於遷移與再遷移決定猶豫不決，一般民眾亦復如是，潘啟元在〈戰火聲中話廣州〉一文中談到：

廣州四個月以前，是京滬人們嚮往的安樂土，今日生活在安樂土的人，又打算背起包袱喬遷了，在廣州，能夠有包袱背而喬遷的人，究竟是少數中的少數，大多數人是在用以不變應萬變的戰時生活哲學，靜觀局勢演變。由於戰火迫近，使人對台灣、香港寄予無限嚮往。……各機關公物、人員，一批批的運到白雲機場、粵漢車站，分運重慶、台灣。據說這與戰局無關，是為了實行分地辦公[54]。

以當時的環境，誰也不能確定歷史的發展會如何，大多數人心存觀望態度，公務人員亦復如是，當時廣州方面治安雖然較差，但人民生活改變不大，街道多了一些木柵和鐵絲網外，其他一如往常。

四、從廣州、重慶到台灣

（一）分地辦公疏運辦法

李宗仁自推動和談失敗之後，態度消極，甚至飛往桂林未到廣州任事，為使中樞賡續，國民黨中央除函請李宗仁蒞臨廣州領導政府外，並由居正、閻錫山等代表中央由廣州前往桂林，敦促李代總統蒞廣州主持中樞。李宗仁重申請蔣復職，蔣此時已離開奉化溪口故里，乘輪視察上海，乃由滬馳函行政院何應欽院長，囑其轉請李代總統，其本人無意復職，請李即到廣州主持軍政大計，五月八日，李宗仁由桂飛穗。但時局漸不利於中華民國政府，行政院已有再遷移的準備。但又怕影響戰局的發展，不敢貿然遷移，只好用分地辦公的方式進行。

行政院於五月三十日提「中央機關分地辦公疏運辦法」（六月四日公布），其內容：

疏運要旨：廣州為政府所在地，但為加強戰時體制，發揮作戰精神起見，中央各機關應即分地辦公。

疏運要點：中央各機關為分地辦公得於重慶及附近縣分設置辦事處。

疏運機構：於廣州設置中央各機關分地辦公疏運委員會，以交通部長一人為主任委員，聯合勤務司令部副總司令一人為副主任委員，行政院祕書長、國防部次長一人，憲兵司令、主計處副主計長，財政部次長一人及國庫署長為委員，負責指揮辦理疏運事宜。疏運委員會必要辦事人員，就行政院及交通部等有關機關現職人員中調派於指定地點經常辦公。

人員疏運：疏運員工為先赴辦事處辦公者及隨同機關首長行動者兩類，其人數比例前者占十分之七，後者占十分之三，但職員總數不得超過各該機關組織法報訂編制四分之一至三分之一之人數，以職員十人用一工役為準；員工之配偶及直系親屬（以父母、夫妻、子女為限）均隨同先赴辦事處辦公之人員分批疏運；除隨同機關首長行動之員工外，先赴辦事處辦公之員工及所有員工直系親屬，以車運船運為原則，均由各該機關限期分別覈實造具名冊，送由疏運委員會核轉交通部填發疏運票證；疏運員工沿圖膳宿、雜費另定之。

公物疏運：公務檔案圖書之笨重而有價值且非經常需用者，運送台灣或其他安全地點保存；重要而經常辦公需用者，儘先運送辦事處；最重要或機密之件應隨機關首長攜帶者，以力求簡單便利空運者為主。

疏運聯絡：交通部及聯合勤務總司令部應預就貴陽、都勻、桂林、柳州、梧州、衡陽等地酌設疏運聯絡站，辦理沿途疏運與聯絡事宜。

疏運治安：由行政院通飭沿途地方政府及軍憲警機關確實協助保護；機場輪船碼頭車站與公路治安及警衛由憲兵司令部負責預先籌畫妥為布置；疏運車船酌派憲警隨同保護[55]。

並於六月五日成立「中央各機關分地辦公疏運委員會」，由行政院長擔任主任委員，實際由祕書長負責協調。其工作包括：辦公地點、機關員工及其眷屬宿舍的安排，疏運交通工具及經費問題等，甚至可以直接行文各部會，要求其配合辦理。

各部會為因應疏散事宜，又制訂疏散辦法。以經濟部言，即制訂「經濟部各附屬機關疏散進退實施辦法」，其中較重要者為：第二條，奉命疏散者應與當地軍政機關密切聯繫，必要時隨軍前進或撤退；第三條，奉令疏散或緊急撤退，其機關首長及技術員工應全部遷至指定地點，並將印信、公款、帳冊、檔卷及重要物資器材連同各項清冊悉數運出，妥為保管[56]。

分地辦公地點主要以重慶及台灣為主，特別是重慶，為使各機關能順利進駐重慶，訂定「中央機關在重慶設置辦事處布置辦法」，其內容：

1. 中央各機關在重慶設置辦事處，應於事前組設布置委員會，先行前往布置。
2. 佈置委員會以總統府、中央黨部、行政、立法、監察、司法、考試各院行政所屬各部會、西南軍政長官公署及重慶市政府各派高級負責人員一人組織之。
3. 布置委員會得斟酌就以上中央各機關，各調總務人員一至三人，隨同前往重慶助理一切。
4. 中央各機關在重慶設置辦事處，不得全數集中於市區內，所有市郊及附近各縣得酌視交通治安等情形擇地辦公，以減少房荒之困難。
5. 各辦事處辦公地點、房屋及宿舍由布置委員會斟酌機關體制及人數妥為籌畫合理分配。
6. 布置經費以及各機關到渝辦公人數為比例統籌支配。
7. 在其他地點設置辦事處者，其布置辦法，由各該機關商洽各當地政府辦理，其布置經費得另案核定報領[57]。

由於當時制訂的只是分地辦公，而非機關遷移，使機關人力更為分散，遷建項目亦不明確，致使許多檔案資料分散二至三處。

（二）物資疏運、資遣與疏運經費

為避免物資為中共所用，何應欽院長對於疏散物資頗為重視，有見於各中央機關存滬物資為數甚多，或因缺乏交通工具，或因當地環境關係，以致遲未運出，為迅速疏運起見致電上海湯恩伯總司令提到幾項辦法：

一、疏運物資種類：中紡公司及該公司所交國防部尚未運出之紗布；中信局之敵偽珠寶及中央銀行所寄存該局之日本賠償銅元；中央銀行業務局之德孚顏料；中央造幣廠之銅塊及日本賠償銅元；交通部之通訊器材及鐵道材料；資委會之化學原料、金屬器材及礦屬油料；物資供應局之紫銅鈴及其他貴重物資；美援花紗布、聯營處之紗布；衛生部藥品二百噸及吉普車；社會部國際兒童急救會救濟物資五百餘噸、布十六萬匹及卡車二十輛；善後事業保管會之重要物資。

二、疏運辦法：由本院轉知國防部指派傅署長仲方、港口司令楊政民、交通部指派招商局胡總經理時淵、中央銀行指派夏局長吾熊分別負責辦理與當地軍政首長切取聯繫，調度船隻及籌撥運費等事宜；疏運物資除儘量利用招商局美國借款案內必須撤退之船隻裝載外，另應由物資供應局籌撥船隻協助裝運；所需運費由各機關洽請中央銀行核實墊撥，事後補辦追加預算手續；由財政部訓令海關對於疏運物資一律放行；運達地點規定以台灣為原則，必要時得改運廣州，惟外館物資可逕運香港；由湯總司令、陳市長召集中紡公司顧總經理毓線、中信局陳副理冠球、中央銀行業務局林局長崇墉、中央造幣廠韋廠長憲章、物資局江局長杓、花紗布聯營處劉主任祕書建華、衛生部藥品供應處施祕書及交通部儲運總處、資委會全國合作社物品供銷處等機構之負責人員，隨時指示監督，並責成該機構負責人員與國防部、交通部及中央銀行所派代表切取聯繫。

三、本案為謀進行順利起見，應由各機關保持絕對機密，並應爭取時機，限於本月（五月）底以前分別負責全部疏運完竣，在裝運過程中如有阻運等事發生，應由湯總司令採取必要之措施，強制執行，以免貽誤[58]。

人員資遣與疏遷方面，由於有些公務人員因各種因素不願隨政府遷移，五月三十日行政院第六十四次會議通過「中央府院部會及其直屬機關資遣或自動請辭員工資遣辦法」，共五條：

其一，中央府院部會及其直屬機關員工資遣或自請辭職者，悉依本辦法辦理之（軍事機關另案辦理）。

其二，資遣或自請辭職之員工發給三個月薪餉及公費為資遣費，其標準依照薪餉公費基數以每一基數折合銀元一角發給銀元（或折發港幣），其中廣州被資遣或自請辭職者加發百分之五十，並以港幣發給。

其三，資遣或自請辭職之員工發給交通、膳宿等補助費，職員每人銀元六十元，技士每人銀元四十元，工役每人三十元（或折發港幣）。

其四，資遣或自請辭職之員工，其在本機關連續服務滿五年以上者，加發一個月，滿十年以上者加發二個月。

其五，資遣或自請辭職之員工，其在本年二月五日以後任職者除發給交通、膳宿等補助外，一律不發給資遣費[59]。同時並訓令內閣：

> 查廣州為政府所在地，但為加強戰時體制發揮作戰精神起見，中央各機關應即切實緊縮，分地辦公，保留原編制員額四分之一至三分之一，其餘員工悉予資遣，其自請辭職者亦准予資遣，以便疏運[60]。

辦法公布後，含自願請辭者，經決定按各單位原編制遣散三分之二，被遣散人員及眷屬的返鄉交通工具由政府設法，留用人員十分之七赴重慶，十分之三隨同首長在穗辦公[61]。這項辦法及訓令成為往後處理資遣或自動請辭的標準，以資源委員會遣散的實例來看，當時資遣者中專門委員徐厚孚到職十年以上，原單位薪餉一百三十八元，應發給一百五十四元，交通補助六十元，合計二百一十四銀元；同為服務十年以上的服務員丁孝烈，薪餉六四元，發給資遣費四十八元，交通補助六十元，合計一百零八元；技士麥樹，薪餉六十元，發給資遣費二十七元，交通補助費四十元，合計六十七元[62]。可見在資遣費上確實有落實遣散辦法的規定；但資遣的過程，交通工具困乏、經費短缺，因此要求所運公物儘量減少之外，所有技工及眷屬不代為疏運[63]。這種只重視上層，只重視關係的現象，在疏運及資遣的過程中到處可見。

疏運最重要者為經費問題，為此，行政院制訂「中央各機關分地辦公疏運臨時費請領辦法」，各單位即以此請領疏運費用，辦法如下：

1.中央各機關為分地辦公經由廣州疏運至重慶或台北及附近縣份所需疏運費用，應依本辦法規定覈實編擬概稱請領。

2.車船機票費疏運人員及公物所需各項運輸車船及機票，由疏運委員會統籌辦理，各機關勿須編列，但運台公物由基隆港至存放地點所需車船運費，得按實際需要編列請領。

3.公物包裝費，各機關公物由京來穗時需置備包裝工具，其所需修理添配裝訂等費得按公物總數，平均每件估列銀元五角。

4.公物起卸費，由穗至渝、台兩地，自機關至車站、機場、碼頭以及中途接轉所需起卸轉駁等費，應按公物數量每噸至渝者估列銀元六十元，至台者每噸估列銀元十元。

5.疏用員工膳宿雜費，職員乘機者一次支給銀元五元，乘車船者按下列標準日數，每日支給銀元二元，工役一元，押運員工膳宿雜費比照乘車船者辦理：由穗至台者以四日為標準，由穗至渝者以十五日為標準，由桂林至渝者以十二日為標準，由柳州至渝者以十日為標準。

6.汽車運輸費，各機關所有汽車駛運渝、台所需裝船及駕駛尤料修配等費，准按每車至渝者估列銀元五百元，至台者估列銀元二百五十元。

7.各機關疏運費用概稱應分別按運渝、運台兩地各編三份報請行政院核定撥發，嗣後覈實開支[64]。

（三）疏遷至重慶的經過

為安排疏遷至重慶的各項工作，中央機關所屬各單位籌備遷渝的人員於六月九日乘專機抵重慶，除行政院各部會外，並有立法院、司法院、中國國民黨中央黨部等單位人員。對此蔣介石認為：「彼桂系主張早遷政府於重慶者，即以其兩廣讓共，由桂系中指定人員如黃紹竑、李濟琛之流與共合流，以保持其廣西地盤，而李、白則表面仍以反共姿態以把持政府。」[65]其實遷政府於重慶應不只是桂系的主張，當時情勢不得不做此準備。

六月二十一日，中樞疏運委員會決定各機關須於三日內將赴渝、赴台人員眷屬名冊及公物品種、容量、數量造送清冊，顯然已做再遷移的準備。

行政院此時面臨內外交逼情勢，內部，財政金融問題嚴重、中共積極進逼，外交方面，美國於八月發表對華政策白皮書，政府雖然擬訂許多應變措施[66]，然成效不彰，無論是財政或時局不僅沒有改善，且日益惡化。七月十九日，中央機關分地辦公疏運委員會在行政院會議廳召開中央機關疏運聯席會議，討論如何遷移，會中僅做出原則性的結論，即希望在八月中以前將機關遷至重慶，重要文卷及重要物資運至台灣。

這次的遷移重慶，原定於八月十七日運畢，但直至二十六日方告一段落[67]。有些機關整頓正式辦公已是十月份，國史館即是如此，自八月由穗遷至重慶市沙坪，直至十月才正式在此辦公[68]。

面對再次的遷移，有些人選擇配合，有些人申請資遣，有些人則申請護照準備隨時逃亡。

朱家驊曾經建議：「迅速調查請領出國護照現當在有效期內者之執有人，考查其是否為現職之公教人員及金融業務機關高級負責人員或其眷屬，其出國理由是否為對爭取軍事勝利所必需者，是以對於考察訪問或醫病等護照，似應重加覆核，認為無確實必要者概予調銷。」[69]

這次是以分地辦公的方式處理，因此對於人員的安排並無妥善的計畫，如哪些人應該留穗？那人到重慶？那人到台灣？疏運多少人也漫無計畫，朱家驊曾向閻院長談到：

第二批之經常業務於二十七日起三天再運二百人，但事前未通知準備，而臨時排日催行，此情形對於最後一批撤還之任務殊令人質疑，無似所謂於六小時前疏運一千五百人之把握何在？而今則排日僅留四百人之依據為何？不問業務究留穗、赴港，而僅以催運如數起飛，工作之不配合可嘆[70]！

另一函中更明確直指當時疏運的問題：

中央各機關分地辦公人員第一批疏運正在排日疏運之中，惟各機關人員頗多觀望遲疑，致不能如預期依限完成任務，本院為行政中樞，動止關係國策國本，一面固須堅守華南，一面必須使政治無須臾中斷，但憂秋之間，華南多颱風，而秋冬之季川渝為霧季，加以當時之交通環境及社會秩序均為貫徹第二批疏遷必須注意之要項，爰就過去京滬南遷及此番第一批疏運實況做一檢討，默察現在各機關人員觀望心理，屬於業務者各機關對於疏遷次序未就本身業務做一規畫，絕大部分之經常行政業務部分遷渝係留極精少之配合，軍事之行政業務在穗市僅以業務較簡之單位或中下級工作人員暨員工眷屬遷渝，因是各機關內各部門均須留人在穗，但事實上留少數人不能應付全盤任務，而遷往人員無人統率督責，亦不能照事工作，且職工留穗眷屬運渝，生活上益感困難[71]。

除了規劃的問題之外，經費及交通問題也是當時各單位考慮的重點，政府雖然明確討論到分地辦公，過去必有科長級以上的負責人先到遷移地方布置遷移事項，但由於財政部國庫署及央行國庫局仍在廣州，一切經費簽發均留穗審理，於是各機關總務會計部分不得不留穗洽領，而遷渝之人員不能不顧慮萬一匯兌阻礙影響生活問題，南京最後撤守時，南京庫行帳簿冊籍即未能遷出，尤為前車之鑒，因是遷台者經費固困難重重，遷渝者亦有經費中斷之虞；屬於心理觀望者以往政府首長、次長大都先有人到遷往地建立業務者，現在則各機關科長以上人員多數留穗。加上許多人質疑政府真有遷渝的計畫，有辦法者另有打算，沒有辦法者只得領取「優退」離開公職。

交通方面，各單位紛紛致函中央機關各地辦公疏運委員會要求支援交通，資源委員會即於八月四日致函該單位提到：「查本會第二批空運赴渝人員均係留穗高級職員，因辦公需要仍留有機要文件約重三百一十二公斤，必須交由該批人員隨身攜帶，惠予保留第二批空運機量。」[72]由於交通安排有限，疏運委員會特別於八月底擬訂「公物空運辦法」，如下：

1. 疏運專機每坐滿三十六人者，可以隨帶免費公物一百公斤，如某一機關不滿三十六人時以比例減少之。

2.公物各機關之重要文卷、印信為限，其他文件及普通器材等均不得列入疏運機關搭運

3.各機關業務上經常必需之器材（如電信局之發報機、主計處之計算機等，此項器材上應有顯著標誌表明確屬該機關所有）確有空運之必要者，可開具詳細清單，送本會核定轉呈行政院核准後由本會調派公物專機空運之，其運費由本會彙付。

4.前條所稱之器材交運前需由交運人、本會經辦人及海關檢查員會同查驗無不合後始可憑海關證件上機啟運，如查有私人貨物或不合本辦法規定之物品一律送交海關依法處置。

5.空運供物之包裝應力求減少重量，但以堅固而不妨礙航空安全為原則[73]。

同時為安排空中運輸，還制訂「中央各院部會申請空運須知」，要求各部會須要申請航空疏運者須造具總名冊，疏運名冊以在職之職員及直系血親為限，由疏運委員會分配組進行審核，由於飛機有限，分配組根據各部會的申請案進行分配，以柳州至重慶的空運為例，由中央航空公司負責，每日起飛以三架為限（一百零八人），自八月八日起以機關為單位疏運至重慶[74]。然由於僧多粥少，各機關如何安排搭乘飛機煞費苦心，各機關爭相要求，疏運委員會即使制訂一些規範，仍不能避免尋私舞弊之事發生，分配以單位為對象，看似公平，但各部會人員及文物多寡不一，也引發各單位的反彈。

隨著戰局的發展，重慶的地位愈來愈重要，蔣介石在八月二十四日由廣州到重慶時發表書面談話強調：「抗戰時期，重慶為戰時首都，今日再度成為反侵略、反共產主義之中心，期望全川同胞重新負起支持艱苦作戰之使命。」[75]八月下旬，解放軍對舟山群島實施攻擊，先後攻

下多座島嶼，九月底廈門戰役開始，湯恩伯部損失慘重。九月七日，政府宣布遷都重慶，九月底，許多機關被迫遷至重慶、海南各地，有些物資為保障安全則運送至台灣。十月十日，廣州各機關加緊疏散，非常委員會亦由政府預定機位遷渝。李代總統於十月十三日離穗飛桂，廣州失守，廣州局勢日緊之時；十月十二日，總統頒布中央政府遷往陪都重慶辦公令：「中央政府定於本月十五日起在陪都重慶開始辦公，所有保衛廣州之軍政事宜著華南軍政長官余漢謀負責統一指揮。」[76]同時也宣示保衛廣州的決心。十五日，行政院正式遷移，在重慶辦公。為輸運人員及重要器物，當時廣州飛重慶的飛機甚多，十月十二日即有十四架專機，其中中央航空公司五架載立委及立院職員八十餘人，三架載司法行政部、經濟部、中央黨部職員三十餘人，另有中國航空公司五架、中央銀行三架，財政部一架，民航局一架；此外又有民航空隊的專機九架[77]。

十月十八日，重慶各界舉行歡迎李代總統暨政府遷渝大會，陪都軍政首長、國大代表、立監委員、各區區民代表、各人民團體領袖等共計約二千餘人，各界機關首長到會者有朱家驊副院長、劉哲副院長、賈景德祕書長、倪炯聲副祕書長、張羣長官、關吉玉部長、劉士毅參軍長、秦德純次長、鄭彥棻祕書長、王陵基主席等人，李宗仁代總統、閻錫山院長先後抵達[78]。狄膺祕書長隨後表示，遷都重慶不是逃難，而是作為革命的策源地。

（四）遷台經過

八月初，東南戰局不利於政府，行政院閻錫山院長手諭經濟部、國防部、中央銀行、交通部等單位，再度要求祕密計畫疏運物資免受損失，八月六日致經濟部函中談到：「該部如在香港存有物資，應即早為計畫處理，以免萬一局勢變化遭受損失。」[79]行政院奉令後於八月二十日召開會議商討物資轉運、保存或處理等事宜，與會者有經濟部左其鵬、盧鉞章、程宗陽，交通部王蘭堯，中央銀行殷恭禮，中央信託局霍量，物資供應委員會陳運和，善後事業保管委員會劉嘉偉，美援運用委員會張肇元、徐宗蔚，敵偽處理委員會張肇元，賠償委員會劉青原、王毅甫，財政部汪以鏻、萬必軒等，商討結果：其一，物資：非笨重而有用的物資，先行迅速運轉台灣或其他地區保存；不需用而能變賣之物資應依照規定手續變賣，在各機關疏運預算下扣抵，如有剩餘應即繳庫。其二，運費：各機關變賣一部分物資之價款，不足以抵償轉運物資之運費，或物資無法變賣而必須運轉者，得逕向央銀洽借，由各該機關於疏運預算成立時歸還，俾得早日起運。其三，建議：擬請由行政院令知物資運到之地方政府協助不得逕行提用，以保存處理[80]。使廣州及香港等地的物資得以順利運至台灣。

重慶危急之際，蔣介石於十一月十四日由廣州至重慶，坐鎮指揮，加緊部署西南剿共軍事。二十二日，政府為加強重慶軍事部署，俾使成為西南反共軍事中心，決定將行政機關遷蓉辦公，二十九日，政府正式遷至成都辦公。蔣在西南長官公署召開擴大會議，川、康、黔各省主席和各部隊將領都參與，計有劉文輝、王陵基、楊森、谷正倫、賀國光、王纘緒、鄧錫侯、胡宗南、宋希濂、羅廣文、李彌及張羣等三十餘人，決定堅守四川的戰略部署[81]。為保衛重慶，行政院通過決議，特派楊森兼重慶衛戍總司令，畫重慶周圍十七縣一市一局為衛戍區，將原來在重慶附近待命的二十軍及警察隊、憲兵隊作為衛戍的基本部隊，並編一師的反共保民軍作為常備師，從外圍加強重慶的防務。

為了怕公務員無法安頓，蔣特別加發銀圓以安頓公務員，在十一月二十二日日記中提到：

> 政府公務員之善後安頓成為最難解決之問題，行政院只發其每人七十銀圓，自然太少，又將釀成請願罷工之風潮，各機關人員之精神喪失，工作雖未停止而實已無形停頓，情緒惡劣可想而知。特告行政院對此必須增加其貲費，每人以二百元至三百元為準，以安其心[82]。

十一月二十一日，政府決定遷至成都（實際二十八日才遷），同時行政院通過「保衛西南中心的四川部分方案」，其要點是將四川省畫為四區備戰，以實行軍政一元化，作為實施總體戰的樞紐。四個作戰區分別為：川北作戰區由胡宗南負責，川東作戰區由孫震負責，川中作戰區由楊森負責，川西作戰區由王陵基負責[83]。二十五日，南川等地為中共攻占，羅廣文的十五兵團被殲滅，共軍進入重慶外圍，對重慶形成包圍。二十八日，閻錫山將行政院移至成都；三十日，蔣由白市驛機場搭機離開重慶，前往成都；十二月一日，重慶失守。

十二月一日，蔣與閻錫山院長討論政府駐地及疏散事宜，十二月三日，立法委員對國都的意見：

> 國都為全國神經中樞，因軍事挫敗一再播遷自非得已，但以國都置於第一線軍事區域，

不僅影響軍事效率，且足以增加外交及軍事上之困難，今值陪都淪陷，新都尚未命令建立之時，應即統盤籌畫，以免蹈過去之覆轍[84]。

建議：明令成都為政治中心，並加強西南與華中東南各地作戰力量。但蔣在抵達成都勘察後發現，成都的形勢比重慶複雜，也認為不宜將行政中心遷此，因此並未馬上照立法委員的意見處理。

十二月四日，蔣與張羣、閻錫山研究遷都西昌或其他地區及軍事費用等問題。政府有見於時局漸不利，宣布除必要人員留蓉（成都）外，一部抵瓊（海南）待時機轉往台灣，八日，中央政府決定遷台北辦公，並於西昌設置大本營，於成都設置防衛司令部，蔣於當晚接見閻錫山，指示盡力準備政府遷台事宜，同時致電陳誠，告知政府決定遷台，希望台省各民意機關多有精誠擁護之表示。陳誠隨即回電：「頃將政府遷台消息向三十九年度行政會議大會報告，當即由黃議長朝琴同志表示台省民眾一向擁護中央，自當一致歡迎中央政府來台，全體會員四百餘熱烈鼓掌表示擁護歡迎。」[85]台灣省政府表達歡迎中央政府遷至台灣。

十二月八日，行政院召集緊急會議，決議遷都台北，在西昌設大本營統率陸海空軍在大陸指揮，繼續與中共作戰[86]。當天，閻錫山院長對記者宣布行政院自九日起正式在台北辦公。九日，台灣省議會電呈代表全省歡迎政府遷台。中華民國政府行政中心正式遷至台北。

十二月九日，行政院舉行來台第一次政務會議，會中決議：總統府及行政院址設於介壽館辦公，並派機至蓉接運留蓉人員。空總隨即派十七架飛機飛蓉接運[87]。至此行政院正式遷台。五院十二部人員於十二月初陸續來台。

從政府機關開始遷移，大致可分為三階段：其一是由南京到廣州（包括上海），大約從一九四八年底至一九四九年五月；其二是由廣州到重慶、台灣的分地辦公，大約從一九四九年五月至八月；其三由重慶等地遷至台灣，大約自一九四九年十一月至十二月底。這三個階段雖然都有若干問題，但如果從計畫的制訂而言，較完整的是由廣州至重慶、台灣的分地辦公方面，最為紊亂的則是第三階段最後遷移至台灣的部分，最後階段的交通安排不易，加以戰局緊迫，許多單位來不及因應，無法將文卷資料運至台灣，國史館的檔案即是在此情況下留置大陸。

（五）與抗戰時期遷移的比較

國共內戰時期的部會遷移與抗戰時期遷移做比較：

一、抗戰時期國府以空間換取時間的戰略明確，遷移地點政策較為確定，重慶就是後方的中心，國共內戰則不同，政府要遷至何處，廣州、重慶或台灣，並無確定，遷移過程缺乏全盤的規劃，各單位各自為政的情形較前嚴重，問題層出不窮。一遷再遷，資料不斷流失。有關機關學校是否遷台，有不同的意見，史家郭廷以便表示：

中大及其他大學不能遷台實在是很大的損失，陳辭修基於安全的考慮，不贊成國內大學遷台，台大傅斯年校長（一九四九年一月接任）所關心的是北大，惟恐中大及其他大學教授退來台灣，台大請不了那麼多，也沒支持其他大學的遷校，後來他也後悔[88]。

由於領導渙散，機關首長不盡責，致延伸許多問題，時任行政院副院長朱家驊於一九五〇年元月檢討時即指出：

> 自徐蚌會戰失利以後，行政院崩潰開始表面化，嗣經數度搬遷，各部會機構逐趨散漫，工作效率減低，甚至首長離開本機關，尤其國營事業機構人員，率皆逃避香港，掌握外匯，持有出國護照，隨時作出國打算，即如中航公司事，我們事先知道，但只望著他變，去年六、七月底間行政院曾決定組織清查國有資產委員會，著手清查工作，但迄無報告，此次滬港丟失物資財產究有若干數字，很難確悉。本人深感歉疚，當南京疏遷時，本人主張限令所有在香港機構一律遷至廣州，無如事實未能辦到，由重慶至成都階段情形更慘，公務員即有二百餘人不及出來，即機關鈐印帳目等亦竟未能攜出，公款公物損失當亦可觀[89]。

雖然抗戰期間部會並非全部遷至重慶，但至少西南為抗戰的根據地是毫無疑問，國共內戰期間則舉棋不定。

二、雙領導的問題：抗戰時期國府內部派系嚴重，但蔣的領導地位無人能替，戰後蔣漸失其絕對的權威，引退後政府的領導表面上以李宗仁為主，但蔣具國民黨總裁的身分，常藉由黨務體系進行對行政的杯葛，形成府院黨不同調的情形，一些官員在重大問題上，需請示蔣的意見，又需表面上尊重李，常形成虛應故事、虛與委蛇，行政效力不佳。李宗仁的態度最先反對行政院遷至廣州，北平和談未如其預期的結果，李已無心也無力扭轉戰局，遂消極迴避，中樞陷於無人領導之勢，影響搬遷的決定。

三、公職人員心態問題，抗日戰爭是一場民族戰爭，不論是國共雙方都扛著民族主義的旗幟，向心力較強；國共內戰，許多人有不知為何而戰的無力感，中共利用輿論製造和平的假象，也利用其地下黨員蠱惑中華民國政府的公職人員，加以國府也無整體的安置計畫，許多公職人員在個人及家庭因素的考慮下不願隨政府一遷再遷，此與抗戰時期大異其趣。

四、交通的安排更加不易，從淪陷區到重慶的交通較來台方便，到重慶搭火車、汽車、輪船、飛機等，甚至步行都可；來台一定要搭輪船與飛機，飛機載客量有限，票價又貴，加上一九四九年底一些航空公司的飛機降共，因此較抗戰時期更為困難。

雖然政府重要部會、主要官員及重要資料雖安全遷至台灣，但仍有遺珠之憾，家眷未能隨行者比比皆是。

第七章

政府機關遷台及其問題

在中央研究院的搬遷過程所牽涉的是國共之間的分搶知識分子的問題，也牽涉到過去學界中的個人恩怨，更有許多是個人的理念與個人的因素在內。如歷史語言研究所的大部分同仁，與傅之間有二十幾年情誼，基於私人感情及對傅的信賴，因此跟隨政府遷台。這些知識分子有自己的理想和信仰，也有各自的環境背景與私人因素，實很難說留在大陸的便是支持中共，來台者便是支持國民黨，去美國或海外者便是追求自由與民主。

行政院對各機關遷移並無統籌而完善的計畫，各單位只好各自為政，各機關遷台的情形不一，資料嚴重流失，有些單位僅留下大事紀及零散的報告，較無法得知各單位遷台的詳細情形，由於外交部、資源委員會、招商局、中央研究院等單位均留有相當多的檔案與文件。本文分別敘述這些機關的遷台經過，至於其他機關遷移的情形則僅做綜合分析，以窺知機關遷台的問題。

一、外交部及使節團

蔣在一九四八年十一月中之後，極為注意外交部的疏遷與各國使節團的遷移問題，十一月二十八日，一方面要求當時在香港的宋子文即刻回廣州積極籌備，一方面電令外交部派員到廣州與其洽商[1]。希望宋能與外交部密切聯繫做好外交使節團的遷移工作。其目的除為安全起見外，因恐臨時撤退，外交團藉故不行，致損中國的國際地位。

行政院機關陸續遷移後，外交部人員自一九四九年一月陸續由南京抵達廣州，一九四九年二月五日遷穗（廣州復興路六十號至七十號）辦公[2]，二至四月底外交部職員分三批抵達，見表7-1：

部長吳鐵城、次長葉公超、董霖、參事張沅長、陳世材、機要室主任丁憲薰、司長黃正銘、卜道明、尹葆宇、胡慶育、馮宗萼、代司長王季徵、會計長吳世瑞等重要人員都陸續抵達廣州，檔案及文卷亦陸續運至廣州。

由於有些人員不願南下，因此有部分人員資遣，有部分人員派往各地辦公，根據外交部的

▶ 表7-1 外交部赴穗人員統計[3]

單位	赴穗人員	留守人員	第一批赴穗	第二批赴穗	最後離京者
參事廳	8	1	2	3	3
秘書處	16	1	1	12	3
美洲司	20		2	16	2
歐洲司	23		2	19	2
亞東司	19	1	2	10	2
西亞司	15		2	10	3
情報司	19		2	15	2
條約司	20		2	16	2
禮賓司	22		2	16	4
總務司	39	12	6	27	6
會計處	16	1	3	13	
人事處	35	1	2	32	
機要室	37		8	26	3
統計室	3			3	
對日和會	14		1	13	
小計	316	17	37	231	32

▶ 表7-2 外交部人員（職員部分）疏散情形（至1949年3月底）[4]

<table>
<tr><th colspan="2">原有人數</th><th>資遣人數</th><th colspan="2">留用辦公人數</th><th colspan="2">派往各附屬機構辦公人數</th><th>其他</th></tr>
<tr><td rowspan="2">組織法人數</td><td rowspan="2">368</td><td rowspan="6">163</td><td>廣州</td><td>279</td><td>昆明</td><td>3</td><td rowspan="6">22</td></tr>
<tr><td>南京</td><td>35</td><td>台灣</td><td>5</td></tr>
<tr><td rowspan="2">預算數</td><td rowspan="2">509</td><td>上海</td><td></td><td>廈門</td><td>3</td></tr>
<tr><td rowspan="3">合計</td><td rowspan="3">314</td><td>上海</td><td>6</td></tr>
<tr><td rowspan="2">實有數</td><td rowspan="2">499</td><td>聯合國安理會</td><td>2</td></tr>
<tr><td>合計</td><td>19</td></tr>
</table>

統計如表7-2。

外交部使節團部分，外交部分別於一九四九年一月十二日及一月十四日分別訓令我駐英、美、法、蘇、澳、荷、加、埃等國大使，向駐在國政府口頭表示，略以受戰局影響政府於必要時可能南遷希望各國使節隨同遷移，倘各國因保僑及商務關係須在京滬留一部分人員，中國政府當不反對（如其使節不能隨遷，應請召回另派代辦隨遷），同時外交部禮賓司長分別親向駐京使館長做同樣口頭表示，並聲明我政府當擔負遷穗費用準備住所及一切便利。一月十八日，外交部禮賓司向使館致意，並聲述關於遷送外交官去穗事宜：一、二月三日有專機由京飛穗，五日有專機自滬經京飛穗，禮賓司甚望使館人員儘量利用上述兩專機飛穗；二、倘因故不能於上述兩日成行者，可於八日晨搭乘外交部末次由滬飛穗專機，該機倘有在南京降落之必要，外交部亦願做此項準備，但該機屆時能否在南京降落，須視屆時情況如何，凡在南京之外交人員自願搭乘最末次專機離京者，外交部仍盼彼等能於八日前赴滬，在滬乘該機，倘有逗留在南京之必要，則務請於二月三日前通知外交部禮賓司，以便事先準備在南京降落之接洽[5]。

但各國使節顯然對於遷館不甚積極，根據一月二十一日駐巴黎錢泰致外交部電，談到法大使的疑慮：一、總統是否遷穗，未能預言；二、各院遷何處亦難確答；三、各部僅外交部遷穗，其他各部分散各處；法國已向英美建議：一、如中國政府整個遷穗外交使節應隨行；二、如非整個遷穗則使節應退出南京，遷其他第三地方意指上海，以便自行行動，並謂英美似別有用意，而法國看法：如中國政府確守廣州，支持東南半壁為防共屏障，於大局確有裨益等語[6]。

旋因戰局轉緊，加以蔣引退，行政院長孫科與李代總統理念不合，行政院決定南遷，有關遷館事宜，指定禮賓司王代司長季徵主持其事。一月二十五日正式會駐華外交團，政府決定遷移廣州，請各使節攜同館員及眷屬等同往，所有自京赴滬交通工具及在穗旅費等概由中國提供，希望各國使節團告知人數及案卷行李等的重量，俾便準備一切。外交團有部份照辦，一月三十日，外交部急電兩廣特派員：一、英館祕書一人及武官，澳館祕書一人，另英、印兩館職員各一人定於三十一日乘英國DAKOTA專機抵穗。二、英館參事一人、女職員二人、華僕一人，印館一祕、職員二人定於二月二日乘專機抵穗。三、印館職員夫婦及子定於二月二日由滬乘機抵穗，請迎接並準備住處。這些人畢竟是少數。

二月二日，外交部再致函各駐華使館：一、關於外交部希望能於二月八日完成遷送駐中國外交官員赴穗事，業經於一月二十九日略請查照在案，茲以外交部定於二月三日下午五時停止在南京收發文件，並自二月五日起在廣州復興路六十號至七十號辦公，嗣後凡屬貴國政府與中國政府之交涉，應即於二月五日起，在廣州接洽，外交部駐滬辦事處於二月三日起停止收發文件。二、自一月五日起，南京及上海兩地即為軍事區域，駐華各國使館人員及其財產自應由中國各地軍警盡力保護，惟外交部深望駐華各使館對於上述兩地中國軍事上所採取的必要措施，惠予合作，以求獲得各使館本身最高度之安全。三、二月五日以後，關於地方性之事務應請留在上海及南京之使館人員分向各該市政府外事室接洽。希即通知駐在國政府。并電飭我駐外各使館洽駐在國外長即訓令其駐京使節隨遷，結果館長來穗者僅蘇聯大使偕其參事及大部份館員，巴拿馬大使及捷克代辦，英、美、法、荷等國僅派遣參事祕書來穗與中國聯絡，當時計三十四個使館，遷穗十八館，留京者十六館，留京館長二十人[7]。

二月二十一日，李宗仁代總統在廣州招待各國遷穗使節，應邀參加者有蘇聯大使羅申、美公使柯慎思、英大使館參事高賀祿等，作陪者有薛岳主任、余漢謀總司令、外交部董霖次長等[8]。當時許多大使已回國並未與會。

何應欽組閣後，因和談關係，主持重要政務人員均在京，故彼時似未便催促留京各使節來穗。到四月二十日和談破裂後，二十二日，外交部再向外交團遞送節略，請各國使節為其本身及各館人員安全及便於接洽公務起見，即刻遷穗，同時除由禮賓司向駐京外交團領袖法大使口頭通知，並請其即行轉知其他各國使節外，葉代部長（公超）親用電話敦請法英各大使注意。美國駐華大使司徒雷登則表示願意留在南京，外交使節團亦多表示不願南遷。四月二十七日禮賓司向外交部建議應該向英國說明：一、我深知英在揚子江流域利益之重大，但目前局勢不宜安顧商業利益；二、現下情況並非國民黨與中國共產黨之政爭，自由分子既無參與共產活動者，實係一切信仰自由者與國際共產主義一員之爭鬥；三、最近英之軍艦受共軍炮擊及共方對英駐津總領事之態度，充分證明我友國對共黨操縱之政府建樹正常外交關係之期冀絕難實現。四、實際上，這些說明對於各國政府對華的疑慮無多大助益，許多國家並未配合政府南遷，大部分心存觀望，即使南下辦公亦僅是一些聯絡人員。

當政府決定分地辦公時，又引起外交部的疑慮，要求行政院確定是僅有外交部或行政院全體將遷至重慶，另一方面也聽聞說要遷至台灣，是否屬實，要求澄清，行政院明確告知是整體的行動。外交部於六月一日召開「關於請外交團隨遷問題會議」，會中亞東司黃正銘司長報告，亞東各國有意隨政府遷川，對台灣似無興趣。但王季徵司長則報告，有數國請求在台灣開設領館，或加強原有領館，似有將來用為聯絡之企圖。胡慶育司長則認為過去英國的態度頗值得重視，今後工作應極力說服英、法兩國隨政府遷移。外交部曾函行政院，建議總統府、行政院、外交部似應在同一地點辦公，以防外交團將來藉口因政府辦公地點分散而不遷渝。另外也建議即早派員赴渝布置為外交團準備辦公地點，以免臨時倉促；同時也認為政府遷渝後，各國使館人員勢將先赴香港，為便利遷送，由外交部派員赴香港加強聯繫，協助處理[10]。

行政院隨即核准預算編列款項，並由外交部分別通知駐華外交團及駐外大使有關政府遷渝的決定，英、美等國均表示願派員前往協助布置。但即使如此，僅有美、英、法、韓、義等少數使館或派聯絡員或派外交代表祕書隨之至重慶，大部分大使並沒有隨行，如美國司徒雷登即回美國，韓國駐華大使申錫雨及其使館人員，十月十一日至十二日分別自廣州撤退至香港，重申其隨政府遷移[11]。有些使館則又在局勢緊急之際，紛紛閉館，美國駐重慶領事館於十一月十七日宣布閉館，昆明方面也於三十一日正式宣布閉館。

由於重慶於十一月戰火相當緊急，各國外交代表，紛紛要求外交部代訂飛機座位，於十一月二十二日起程裝運各該館之職員與檔案等飛香港。外交部遷台時，許多國家駐華使館暫行關閉，特別是中南美洲國家，直到一九五三年在台復館者僅有巴拿馬、委內瑞拉、巴西、多明尼加等四國，其餘尚未復館；有些大使返國後即未返任，如多明尼加駐華公使古斯曼自一九四九年四月反國後即未返任，有些直到一九五三年之後才來台復任[12]。

至於外交部的檔案，一九四九年元月第一批檔案由外交部人員押運來台後陸續將檔案遷往台灣，葉公超代理部長又派廖世勤等來台，薛毓麒認為：「外交部在幾經播遷……外交部檔案均安全移往台北。」其實仍有許多檔案留置大陸。

二、資源委員會與招商局

（一）資源委員會

民國成立後，負起發展中國工業的專責機構是資源委員會（The National Resources Commission），創立於一九三二年十一月，原名國防設計委員會，其目標最初是對於國防經濟的調查研究，以為建設基本工業和籌劃經濟動員的準備，抗戰勝利後奉命接收敵偽各重要工礦事業，並進行復員工作，而後發展製糖、造紙、肥料、紡織等民生工業，成為國營生產事業專營機構。一九四八年初，生產總機構共有九十六個，其附屬廠礦為二百九十一個單位，員工人數多達二十二萬餘人，可稱為資源委員會的全盛時期[13]。

隨著國民黨在國共內戰中戰局逆轉，資源委員會的主任委員孫越崎[14]於一九四八年十月約集重要幹部宣示有責任將資源委員會的工礦資源保存下來，並認為過去資源委員會在東北的工礦企業隨軍隊撤退的做法，造成不少人力、物力的損失，因此希望大家堅守崗位，保護各事業生產[15]。言下之意即不準備隨中華民國政府遷徙。徐蚌會戰國軍失利後，一九四八年十二月，蔣召見孫越崎，要他把南京的五個廠：電照廠、有線電廠、電瓷廠、無線電廠、馬鞍山機器廠等拆遷到台灣，限於一九四九年一月十一日遷出，孫雖百般不願意，但無法抗拒命令，只好召集五廠負責人準備拆遷事宜，實際上內部人事如財務處處長季樹農等都知道孫越崎正藉故拖延搪塞，後因一月二十一日蔣宣布下野，孫趁機下令將各廠待運的設備全部搬回原廠，決定不拆遷至台灣，重新恢復生產。並已準備個人承擔最壞的後果，對此各廠負責人均表同意，電照廠廠長沈良驊表示願共同負責。

一九四九年二月，行政院長孫科宣布遷至廣州，孫越崎領導下的資源委員會，已準備投共，但為掩人耳目，避免行政院起疑，表面上由副委員長吳兆洪帶領業務委員、祕書、總務、財務、會計四處和人事室、經濟研究室、參事室的負責人等準備南遷，分批到上海，並沒有進一步準備遷至廣州，只在廣州成立廣州辦事處，以主任祕書李彭齡為辦事處處長，孫越崎則留在南京，並表示資源委員會本會仍在南京，廣州的資源委員會是有名無實，上海的資源委員會是有實無名[16]。

資源委員會的遷移問題涉及甚為複雜，以檔案而言，目前有關資源委員會的檔案大約有三個地方：一是存於南京第二歷史檔案館、一是存於中央研究院近代史研究所、一是存於國史館，這三批檔案正凸顯資源委員會遷移的複雜性。

就人員遷移方面，行政院既要求所屬機關人員遷移，資源委員會人員亦相繼遷移，當時行政院為了解各單位疏散的情形，要求各部會將疏散的情形向行政院呈報，資員委員會三月份呈報人員的疏散情形如表7-3：

雖然經濟部要求資源委員會委員長孫越崎、副委員長吳兆洪、主任祕書李彭齡、會計處長蘇曾詒、業務委員顧敬心，專門委員鄺森活等重要人員南遷至廣州，但其內部卻出現不同的意見，其中最重要的關鍵是中共地下人員從中蠱動，特別是孫越崎與吳兆洪受到的影響甚大。

一九四九年四月二十三日，南京失守，資源委員會由駐京辦事處正副處長陳中熙和謝佩和（也是電業處正副處長），主動請求中共接管，中共方面組成「資源委員會隨軍服務團」，由礦產探勘總處處長謝家榮和謝佩和兩人協助中共接管代表孫治方至上海接管，此時吳兆洪也祕密從廣州回到上海參與中共的接管工作[17]。國防部亦得知此消息，認為吳兆洪有策動資源委員會各電台叛變之可能，乃電交通部，為謀保密防諜計畫應速將該會（資源委員會）所有電台全部撤銷，嗣後該會各礦廠之電報交由當地電信局拍發，並將該會所屬電台之主管一律撤換。

由於孫越崎及吳兆洪的態度，使生產事業無法如期遷台。上海陷共後，五月三十日，在上海辦公的資源委員會大樓貼上中共接管的布告，至此除台灣的事業之外，資源委員會從人事到實際的機構全部為中共接管，孫越崎於五月中辭主任委員並赴香港，政府改派劉航琛為主任委員，朱謙為副主任委員，六月十二日，劉上任，所接收的只是一顆大印和空的衙門而已。

至於物資運台方面，自一九四九年年初即有許多物資運至台灣，由於事先沒有規劃，因此造成高雄港碼頭堆滿各式各樣的物資，高雄軍工商物資疏運督導委員會一九四九年三月初致函資源委員會提到：「積存高雄港物資甚多，請疏運」，後來經查該項物資為鋼鐵事業管理委員會所有[18]。高雄港務局三月二十一日再致函資源委員會高雄辦事處：「本港近來軍公物資堆置碼頭甚多，為求迅速疏運，經商請鐵路局在苓雅區十三至十七碼頭鋪設鐵軌，特電貴處在該碼頭堆存之器材速予移運。」[19]五月後，上海局勢更加緊急，資源委員會開始更加積極疏運上海的物資，資源委員會存上海物資，均經積極疏運台灣、廣州及其他礦廠所在地點，計自政府決定南遷以來，由滬疏運出境重要物資已達七萬三千五百噸，五月十日還是有一些物資如化工原料、

表7-3 資源委員會人員疏遷與資遣人數（1949年3月底）

<table>
<tr><th colspan="2">原有人數</th><th colspan="2">留用辦公人數</th><th>資遣人數</th><th colspan="2">派往各附屬機構辦公人數</th></tr>
<tr><td rowspan="3">預算數</td><td rowspan="3">405</td><td rowspan="2">廣州</td><td rowspan="2">61</td><td rowspan="7">101</td><td>大慶</td><td>8</td></tr>
<tr><td>桂林</td><td>24</td></tr>
<tr><td rowspan="2">南京</td><td rowspan="2">71</td><td>長沙</td><td>28</td></tr>
<tr><td rowspan="4">實有數</td><td rowspan="4">405</td><td>重慶</td><td>10</td></tr>
<tr><td rowspan="2">上海</td><td rowspan="2">77</td><td>台灣</td><td>19</td></tr>
<tr><td>浙江</td><td>6</td></tr>
<tr><td>合計</td><td>209</td><td>合計</td><td>95</td></tr>
</table>

資料來源：國史館藏，〈資源委員會員眷疏運案〉，《資源委員會檔》，檔號297/0519。典藏號003000025138A。

表7-4 資源委員會已由滬疏運各地物資總清單（至1949年5月10日）

名稱	重量（噸）	名稱	重量（噸）
煤礦器材	8,984	外銷金屬礦品	676
鋼鐵器材	8,875	石油器材	6,576
糖廠器材	1,819	化學肥料	16,940
電廠機器	6,821	電氣材料	1,497
電工器材	1,394	機械工具	662
金屬礦用器材	3,620	化工原料	11,510
其他器材	4,196		
總計	77,570噸		

資料來源：上海市檔案館，《上海解放》（上海：三聯書店，1999），頁67-68。國史館藏，〈資源委員會因應遷台處理所屬機關裁撤調整及物資疏運密件〉《資源委員會檔》，檔號294/011。

金屬器材、礦屬油料計共一萬九千一百五十噸等待運，如表7-5。

這些物資大部分運至台灣，至一九四九年五月為止：從上海遷出之物資八萬餘噸，其中五萬三千二百餘噸運至台灣[20]。這些物資包括台鋁公司的鋼軌、台灣鋼鐵廠的機器工具、台糖公司的器材、台灣水泥公司的各種器材等，疏運的船艦以安聯輪、永靖輪、南盛輪、德和輪、台中輪、延平輪、海良輪等為主，物資大都運往高雄。

除資源委員會疏運物資來台之外，經濟部亦於八月三十一日訂定「疏運接近戰區民間物資辦法」，共十一條，將物資分為軍需物資，如鋼鐵、汽油、水泥、木材、皮革等，外銷物資，如絲、茶、銻、鎢、植物油等，工業製造物資，如各種機器工具、電工器材、交通器材等，民生日用物資，如棉紗、棉花、鹽、食糧、肥料、藥品等，屬於軍需物資向台灣、重慶、海南等地疏運，屬於外銷物資向台灣、廈門、海南疏運，屬於工業製造物資向台灣、重慶、海南疏運，屬於民生物資向重慶、廣州、貴陽等地疏運[21]。並按行政院頒發的分地辦公疏運臨時費請領辦法，編列概算如表7-6：

台灣成為經濟部疏運物資的重點地區。資源委員會於一九四九年十二月正式遷台，此時在台的生產事業共計十六單位，國營者有中國石油公司、台灣鋁業公司、台灣金銅礦務局、台灣鋼廠、新竹煤礦局、中國蠶絲有限公司、中國紡織建設公司、中國油輪有限公司等七個單位；國省合營者有台灣糖業公司、台灣電力公司、台灣水泥公司、台灣紙業公司、台灣肥料公司、台灣機械公司、台灣造船公司等七個單位。資源委員會隸屬經濟部管理國營事業的機構，屬於中央層級單位，台灣區生產管理委員會屬於地方政府並負責管理台灣區公營事業的單位，兩者

▸ 表7-5　資源委員會存滬待運物資清單（1949年5月10日）

類別	品種	重量（噸）	運往地點	疏運方法
化學原料	硫化鐵	700	基隆	請派船運疏
	中行廢鈔	228	基隆	請派船運疏
金屬器材	鎢砂	300	國外	外銷礦品正候蘇輪來滬裝運
	銻品	350	國外	候蘇輪來滬裝運
	錫品	40	國外	候蘇輪來滬裝運
	機器配件	20	基隆	請派船疏運
	煤礦器材	50	廣州	請派船疏運
	鐵礦器材	21	台北	請派船疏運
	鐵礦器材	46	廣州	36噸由本會自行疏運，其餘10噸請派船疏運
礦屬油料	原油	9,730	台灣	已由中國油輪裝船即日運
	原油	7,665	台灣	中國油輪公司油輪回滬裝運
合計	19,150噸			

資料來源：上海市檔案館，《上海解放》（上海：三聯書店，1999），頁69-70。國史館藏，〈資源委員會因應遷台處理所屬機關裁撤調整及物資疏運密件〉《資源委員會檔》，檔號294/011。

▶ 表7-6　資源委員會分地辦公疏運臨時費概算書

項目	概算數（單位：銀元）	說明
車船機票費	558	運台公務122箱，由基隆港轉運至存放地點，需美金360元。
公物包裝費	100	公物由京穗包裝工具所需修理添配裝訂等費按200箱，平均每箱估銀元5角計算。
公物起卸費	2,300	其中含運台公物500銀元，運渝公物1,800銀元，運台公物機關至車站機場碼頭以及中途接轉，所需起卸轉薄費按公物122箱計50噸，每噸以銀元10元計算。運渝公物機關至車站機場碼頭以及中途接轉，所需起卸轉薄費按公物170箱計30噸，每噸以銀元60元計算。
疏散員工膳宿雜費	614	職員乘機按91人，每人一次支給5元，計需455元。押運公物職員3人赴渝，按15日計算，每人每月2元，需90元；工役3人按15日，每人每日1元，需45元。押運公物職員2人赴台灣，按15日計算，每人每月2元，計90元。
汽車運輸費	2,000	汽車四輛全部運渝，所需裝配及駕駛油料修配等費，車輛按銀元500元。
布置費	1,820	按職員91人，每人20元計算。
租賃修膳費	5,460	按職員91人，每人10元，以6個月計算。
合計	12,852	

資料來源：國史館藏，〈資源委員會員眷疏運案〉《資源委員會檔》，檔號297/0519，典藏號003000025138A。

職權重疊不明，有許多互相牴觸之處，在資源委員會遷台後發生許多爭端，這也是政府各機關遷台後的現象之一。

（二）招商局

清同治十一年（一八七二年），直隸總督兼北洋通商大臣李鴻章上奏清廷，請求振興商務，設立承辦駛往外國商船的航運機構，挽回江海權利。同時推薦外商所信任的官員，經辦海運十餘年的三品銜道員、海運局委員、浙江候補知府朱其昂具體籌辦該機構。朱其昂受命後起草了《輪船招商節略並各項條程》（即招商局章程）共二十條，這是招商局的第一個正式章程，它規定招商局的性質為「官商合辦」，章程對招商局的日常管理、核定股份、租賃船隻、參加保險、承運漕糧、選用水手、報關納稅及購用煤炭等問題都做了詳細規定。李鴻章確定招商局的體制為「官督商辦」。

輪船招商局（簡稱招商局）於一八七三年一月十七日（同治十一年十二月十九日），在上海洋涇浜南永安街掛牌開業，一九一二年十月，北洋政府委派曹汝英、施省之為督辦與會辦，準備恢復招商局的官督商辦體制，但遭到股東的強烈反對。一九一三年，召開股東大會，組成新董事會，楊士琦任會長、盛宣懷任副會長。一九二八年八月十八日，全國交通會議議決，招商局收歸國營為原則，而以官商合辦為過渡。

戰後招商局接收許多日偽的船隻，如一九四六年二月，行政院批准由招商局接收日本產業台灣造船廠及修船設備等，台灣行政長官公署將台北、高雄、基隆三地的部分房屋及基地撥給該局。並經與交通部商議，由台灣及招商局出資一百億元（台灣占六十%，局方占四十%）成立台灣航業公司，一九四七年一月正式成立，徐學禹任董事長，任顯群為總經理，並設立基隆、高雄、上海、廈門、福州等五個分公司及花蓮港辦事處。

一九四八年九月，伴隨國營招商局改組為招商局輪船股份有限公司，十月一日，正式更名為招商局股份有限公司，劉鴻生任理事長，徐學禹任總經理，常務董事包括：杜月笙、李景潞、徐學禹、包可永等人。並於沿海各商埠設台灣（經理陳德坤）等十五個分公司，另設高雄（主任白標第）、基隆（主任黃慰亭）、鎮海、塘沽、榆林五個辦事處。對招商局得以順利將所屬船隻及相關物資撤退來台，具有一定的影響。

招商局撤往台灣的計畫遠比其他機關要早，一九四八年七月，招商局總經理徐學禹召開處級以上人員會議，擬訂一份招商局撤往台灣的計畫：

1.原來在長江行駛的大型江輪以及可以出海的拖輪、鐵駁、修理船、倉庫船等，全部撤往台灣。

2.海輪照常在海外行駛，必要時全部集中去台灣，接受台灣的調配。

3.浦東修船廠的全部機器、工具、器材、物料連同全體職工都撤往台灣，與台灣造船廠合併。

4.建造中的「伯先」號客貨輪在完工後開往台灣，如屆時尚未完工，則由拖輪將其拖往台灣。

5.各處部室的卷宗、檔案、帳冊等整理裝箱，準備運往台灣[22]。

隨後招商局即積極籌劃遷台事宜。一九四八年十二月，產業部奉命調派該部事務組主任汪憲文、企劃組副主任陸去病及工程師嚴家昌等五人先行到台灣籌辦總公司遷台的相關工作。產業部奉命將大批重要文件以及家俱財產等裝運至台灣，並負責到台北尋找合適地點及相關聯絡事宜，後由綜合部協助辦理[23]。

三大戰役後，國軍節節敗退，招商局所屬葫蘆島、秦皇島、煙台、海州等隨政府撤退。為因應時勢的變化，招商局開始進行改組。一九四九年三月，招商局進行改組，董事長劉鴻生辭職，交通部聘徐學禹為董事長，胡時淵為總經理，並進行帳冊與資料的移交。四月九日，胡時淵以發展華南業務為由，加派產業部經理副主任譚懿為駐台代表，加派代表前往協助遷台的準備工作，甚至派產業部營繕組的工程師籌劃工程。四月二十一日中共渡江後，行政院要求招商局隨部分機關遷往台灣，四月三十日，董事會正式決定在台灣成立總管理處，並制訂《成立總管理處後本公司業務處理暫行辦法》，其要點包括：五月五日在台北成立總管理處，上海方面改為上海分公司（實際於六月一日才正式成立）。

為遷台事宜，徐學禹董事長往來上海、香港和台灣之間，積極部署招商局遷台工作。凡屬可遷移的物資及其他船隻，遵照命令全部撤離上海，但仍有許多船艇因擔負業務未能遷台，招商局在一九四八年年底約大小船隻約四百七十艘，四十一萬七千餘噸，遷往台灣者僅九十二艘（其中海輪八十二艘），約二十四萬四千餘噸，約占原有海輪總噸位的八十六%，隨同船隻遷台的招商局員工岸上七百二十一人，船上人員四千六百三十五人，大約為全局員工人數的三分之一[24]。其來台的船隻數如下表：

▶ 表7-7　1949年招商局遷台船舶統計

類型	船名	數量	噸數
自由輪	海天、海地、海玄、海黃、海宇、海宙、海辰、海宿、海列、海張	10	72,230
大湖型	海蘇、海皖、海鄂、海川、海滇、海遼、海吉、海贛、海湘、海康、海黔、海粵、海隴	14	38,465
近海型	海菲、海廈	2	9,381
格萊型	自忠、登禹、麟閣	3	8,705
N3型	黃興、蔡鄂、執信、延闓、漢民、鐵橋、其美、鄧鏗、培德、林森、教仁、成功、鴻章、延樞、繼光	16	29,955
B型	海滬、海平、海穗、海漢、海杭、海津	6	8,106
特快輪	錫麟、秋瑾	2	2,952
LST	中103、中105、中106、中109、中112、中113、中115、中117、中118、萬富、萬國、萬利、萬民	14	46,578
LSM	華206、華210	2	1,732
遠洋拖輪	民301、民302、民305、民308、民309、民民310、民312、民315、民316、民320	10	5,799
江輪	江靜、江平、江寧、江隆、江建、江和	6	17,278
小拖輪	國良、國富、金山、飛台、飛隆	5	638
機船駁船	招商93、利106	2	2,876
總計		92	244,695

資料來源：招商局企業管理室，《招商局輪船股份有限公司資料彙編》（第一種），1955年5月。轉引自王玉國，〈1949年招商局遷台述論〉，《台灣研究集刊》，2008年第2期，頁40。

在招商局遷台的同時也幫忙政府輸運重要文物、資料及人員來台，如故宮博物院第二批即由招商局的「海滬」輪運輸，另外「鐵橋」輪承運經濟部水利署重要檔案及貴重器材八百五十箱、農林署重要檔案及公務二百七十三箱等，一九四九年三、四月間運輸軍公物資六萬五千四百一十六噸，五月疏運七萬七千六百五十二噸，六－十月疏運二萬噸，並受政府徵召大小船艇作為其他用途，除承擔兩岸的貨物運輸之外，還承擔著繁重的軍運任務，雖然招商局所屬的船隻，從數量而言，只有五分之一遷至台灣，但其實較大型的船隻大部分都有效遷移台灣或香港，對於政府機關與物資的遷移有極大的貢獻。留在大陸的招商局則進行改組，一九四九年五月二十七日，中國人民解放軍解放了上海，上海市軍管會接管招商局；一九五〇年四月，招商局改名為國營輪船總公司，管理五百噸以上的海船和長江江船，五百噸以下的小船統歸地方。一九五一年二月國營輪船總公司改名為中國人民輪船總公司，遷至北京，留在上海的部分機構改組成立中國人民輪船總公司上海區公司。

三、中央研究院

中央研究院當時十四個研究所，一九四八年底政府調撥三百萬元作為中央研究院的應變經費，並準備二千三百三十七個木箱，令中央研究院在南京地區的歷史語言研究所、地質研究所、氣象研究所、物理研究所、數學研究所、社會研究所等先集中於上海，然後轉道來台。就在即將啟程赴滬之際，從南京傳來社會所及地質所拒遷的消息。社會所不搬遷導因於傅斯年與陶孟和的恩怨，傅、陶長期不和，也影響到社會所與歷史所之間的明爭暗鬥，一九四八年十二月初幾次的會議上及在京人員談話會，對於遷移問題有不同的意見，代院長朱家驊主導主張遷移，社會學所長陶孟和主張搬遷應由全所同仁共同決定，十二月九日，朱主持臨時院務會議時，陶所長彙報說「社會學全所人員半數多一票」的結果決定不遷，朱則認為出席人員中包括助理研究員不符合規定。否決陶的決定，雙方針鋒相對，陶最後不做遷上海的準備。據朱家驊多年後的回憶談到：「社會所所長本擬遷所至桂林，與廣西大學合作，據說陶（陶孟和）提所務會議決定不遷，但所務會議本不應包括臨時僱用之計算員，而此次竟准許臨時人員參加表決，以致正負相差一票。」[25]朱以違反議事否決此項表決，但並不能改變陶孟和的決定。

其他的研究所亦同樣出現贊成與反對的意見，地質所為所長李仲揆（四光）一手所創，成立以來蜚聲國際，當時李遠在海外，代所長俞建華（具國民黨部書記）決定遷移，遭在英國講學的李四光所長及研究員徐杰（共黨員）、研究員趙金科（民盟成員）等的反對[26]。地質所一批員工為抵制中央研究院遷台，在所內的共產黨員與許杰、趙金科等人策動反搬遷鬥爭，據李揚認為李四光不僅知情，且暗中支持[27]。

社會所與地質所拒絕遷台的決定，使中央研究院其他各所的效尤，散居在京、滬、穗各地的中央研究院院士亦以各種理由搪塞，竺可楨即是其例，然而朱家驊對於許多同仁不能隨政府遷台認為：「大半為愛護科學圖籍設備未能及時疏遷，致陷鐵幕中心至為沉痛。」[28]並認為竺可楨院士於淪陷前，以氣象所研究員名義，專任浙大校長，在滬晤面時，渠尚要求逕赴國外，並無不願撤離之意願，奈中央都會均已南遷，倉促無法辦齊出國手續，致未成行。竺可楨在日記中認為在傅斯年邀其來台時已表達婉言謝絕之意[29]，形成各說各話。事實上，竺可楨與浙大淵源甚深，一九四九年四月二十八日，他接到教育部長杭立武的電報，望其早日赴滬，教授願離開到滬者可設法安排，然因竺校長聽說有憲警入上海交大逮捕八十多名學生，甚為震驚，即答覆杭部長「此時暫難離滬」[30]，後因獲得浙江省主席和保安司令保證不入浙大逮人，加上杭部長一再電催，因此於四月二十九日晚間，未帶家人離開浙江，對於這一段過程，竺在日記中寫到：

> 因余覺部中既有電囑余去滬，余雖復電謂師生見滬上報載疏散十五大學莫不震驚，但昨晚鄭石君已謂省府絕無來浙大捉人之意，故余已無留浙大之理由，兼之杭州謠傳日多，謂余將出任維持會副主席，故余若再留浙大，極難剖白對於政治上有何關係，因之決計暫時避開[31]。

他也提到離開浙大到上海中央研究院的原因，主要是怕被迫害，由於國民黨特務視浙大為眼中釘，這些人將竺視為對立的一方，在國民黨撤離之前有可能對其做出不利的事情，另外一方面對於中國共產黨的辦學也不了解，因此回中研院。四月三十日抵上海，見杭部長，杭要其去台灣，他拒絕，請姚維明安排回杭州，並請人轉告其妻陳汲（允敏）絕不去廣州或台灣，當獲知張默君等好友到台灣，他寫信給嚴仁賡、蘇步青等訴說其離開浙江之情，「於狂風驟雨中倉皇出走，拋十餘年共患難之友朋、生徒、妻子於不顧，事出無奈，希望他們見諒。」[32]

其他院士如陳寅恪[33]（一八九〇—一九六九），是否有意願來台的問題亦有兩種不同的說法。一九四六年十月，陳回清大任教；一九四八年底，北平戰事危急，陳應傅斯年之約，十二月十五日，陳全家從中央研究院宿舍前往南苑機場，搭乘專機離開北平，飛抵南京，到機場迎接者有王世杰、朱家驊、蔣經國、傅斯年、杭立武等[34]，隨後即搭火車前往上海，胡適勸說陳同赴台灣，傅斯年也要他去台灣或香港，陳都予以婉拒，而接受嶺南大學校長陳序經之聘，全家乘秋瑾號輪船離滬去廣州，至嶺南大學不久，該校重整併入廣州中山大學，陳繼續任教於中山大學。

陳晚年回憶當時留在大陸的情形：「當廣州尚未解放（原稿用淪陷）時，中央研究院歷史語言研究所所長傅斯年多次電催往台灣，我堅決不去，至於香港是英帝國主義殖民地，殖民地的生活是我生平鄙視的，所以我也不去香港，願意留在國內。」[35]這點朱家驊也談到：「本院曾一再堅勸請其先行赴台，但終以先生重諾守約，不願臨危離校而留在大陸。」[36]

有些學者認為陳有意來台，梁嘉彬發表〈陳寅恪師二三事〉談到：「寅師何以不來台灣，外間多有揣測之詞，據弟所知，當大陸將全部淪陷時，寅師在廣州有函，託友調查台灣房屋地價租錢，為準備來台之計，後以廣州已淪陷未果。」[37]毛子水發表〈記陳寅恪先生〉中談到：

> 大陸淪陷後，寅恪先生在嶺南大學教書，頗想來台，但以不知道台灣生活的情形，所以不敢動身。我當時聽到他有意來台的消息，即想寫信勸他來，因為不管怎樣，在民主政治下，總比共產政治要好得多，由於素向懶性，想而不做，若使當時我馬上寫信，寅恪來台的可能性較大。二十年來，我每想起這件事，便深自悔恨[38]。

錢穆發表〈八十憶雙親師友雜憶合刊〉中談到：「後聞其夫人（唐曉瑩），意欲避去台北，寅恪欲留粵，言辭爭執，其夫人即一人獨自去香港，幸有友人遇之九龍車站，堅邀其返。」[39]汪榮祖則否認夫婦為赴台一事爭吵，並說：「陳氏一家赴粵前在上海，胡適曾力勸赴台，夫婦二人都說不去，蔣天樞教授在場，可以為證，錢氏所記乃憑傳聞，顯然有誤。」[40]李敖認為陳寅恪一開始就無意來台[41]。

不論如何當時對於身為院長的朱家驊對於同仁當然有許多的期許，希望這些昔日的同仁能儘量赴台。一九四九年八月朱家驊報告時指出：

> 本院今後分在兩地，但餘額太多，責任太重，同仁大部不還，本在意料之中，但名額暫留，實屬情非得已，今後行政十九側重總務，而總幹事總務主任常川留台，何能照應全局，台灣部分款項無多，眾目所視，諒不致過分舛錯；重慶部分，人少款鉅，問題滋多，會計帳目稽集兩年，似尚無從下手整理，何能顧及稽察，名額既不能不酌予保留，款項應如何防止濫領浪費，何況時局演變可能更壞，於今離亂之時理智全泯，以往已有扣印、封車、開箱之舉，以後豈無透支、濫借、虧空、移挪之行為，萬一發生問題又將何以善後，世風頹墮，叛離職攜貳者，比比皆是，何況小於此者乎[42]。

王聿均提到當時中央研究院的遷移情形時指出：

中研院遷台時，大部分的研究所都留在大陸，來不及搬遷，史語所在中央研究院是歷史最悠久的幾個研究所之一，也是來台初期最完整的研究所。……第二個遷台的研究所為數學研究所，前任所長姜立夫先生將數學方面的書籍一千七百餘冊，期刊合訂本一千三百餘冊，運抵台灣，旋即返回南京。中研院遷台之後，改由總幹事周鴻經先生兼代所長，暫借台大二號館二樓作為藏書及辦公之用[43]。

在這場搬遷與反遷移的角力戰中，中研院只完成總辦事處、歷史語言研究所、數學所的搬遷，占全院的百分之十四，十二個自然科學研究所全部和社會學所都留在大陸。就遷台人員說，歷史語言研究所八十人，總辦事處五十人，共一百三十人，占當時中研院總人數五百零六人的百分之二十五・六，其餘的三百七十人占百分之七十四・四則留在大陸工作。至於一九四八年選出的第一屆八十一位院士中，隨政府來台者有：朱家驊、凌鴻勛、李先聞、吳敬恆、傅斯年、李濟、董作賓、王世杰、王寵惠等九人，占院士總數的百分之十一・九。去美國者有：李方桂、胡適、李書華、蕭公權、趙元任等十二人，占百分之十五。其餘六十人，如陳寅恪、李四光、顧頡剛、竺可楨（本來杭立武在一九四九年希望浙大校長竺可楨等到台灣）、梁思成、陳垣（輔大校長）、柳詒徵等都留在大陸。

對於未能讓中研院院士及研究人員來台，朱家驊亦深感內疚，在致傅斯年函中提到：

接立夫（姜）先生函電，堅辭數學所專任研究員及所長，京滬撤守後，南遷者僅數學、史語兩所及地質所李繼五兄等三人，社會所梁方仲兄一人而已，蔡先生與我學術界同仁二、三十年共同創建之本院，今乃十九淪於鐵幕，弟自去冬迄今春，再再掬誠敦勸京滬同仁南遷，竭力籌款乃成虛擲，均弟誠信未爭領導無方所致，念及此中心滋痛，實愧對國家、愧對蔡先生與學術界同仁者[44]。

朱家驊曾於事後對中研院遷台的情形做報告，提到：

三十七年底，本院各所均擬疏遷，嗣因經費運輸及局勢迅速轉變之事實困難，僅有數學及歷史語言兩所遷台北，較完整遷台的文物安置及借賃宿舍煞費苦心，經傅先生、李先生多方設法才賃租到楊梅車站貨倉存放文物，暫借台大少數教室權充宿舍，困苦情形無可言諭。例如：李先生和董先生兩家，當時僅合住在一間教室，此種艱困情況非僅局外人不能想像，即當時本院留在京滬待遷的各同仁，亦不甚瞭解，各所重要文物除遷台者外，本已裝箱運存上海待運，弟最後於四月二十三日由南京到上海情勢已十分緊急，在四月二十四日還到祁齊路開會，大家仍主張搬遷，會後遇到陳良市長據云南京已經放棄，上海無險可守，且敵人已過蘇州，此間秩序已難維持，趕緊離開為是；繼於深夜接顧總長通知，次晨有飛機待飛，兄弟就匆匆忙忙於二十五日飛來台北。那時幣值貶跌甚厲，交通等於阻斷，在滬各所公物實在設法搶運，同仁愛護學術研究的基礎設備，不忍離開祇得由兄弟於二十九日先轉到廣州，再竭力設法予以可能搶運的便利，不料變化得太快，竟致淪陷[45]。

另外，在美舉行海外院士談話會中亦提到：

是以本院同仁自院士、評議員，以至研究工作人員之忠貞互信，實無所質疑，當政府南遷廣州，本院依組織法規固須隨同南遷，而實際上亦必如此，蓋集中在滬之人員公物，尚待努力搶運，本院依組織法規定固須隨同南移，而實際上各地同仁生活及事業費用，亦須隨時與政府接洽撥款接濟，當時在嶺南大學之院士寅恪、立夫兩先生，本院曾一再堅勸，請其先行赴台，終以兩先生重諾守約，不願臨危離校，以為穗港咫尺，即有事變，由港轉台，當無問題，世事難測，竟至隔絕。其後政府再遷重慶，就當時情形，本院原可逕行轉台，但總辦事處，為接洽公務及經費解撥，仍不能不分人隨往，甫及月餘，川渝吃緊，深在腹地，唯一交通工具，僅賴少數飛機，航行蓉港，途遙勢險，其艱困更非滬穗可比，當時李承三等以食指繁重，顧慮太多，雖欲撤遷，已不可得，臨別之頃，痛哭失聲，此情此景，思之令人悽愴，家驊隨同政府轉還成都，於十二月八日方抵台北[46]。

雖然只是輕輕的帶過，但也可知道當時遷徙的辛酸，即使來到台灣生活亦相當辛苦。如姚從吾一九四九年一月押運第三批文物來台，暫居台中，生活甚苦，賴夫人變賣飾物為生[47]。對此朱家驊在與對行政院的函件提到：

而研究人員，除一部分與台灣大學做學術上之合作者外，悉依此倉庫為其研究場所，甚至有因生活艱窘，食宿寢處安頓眷屬，亦在此倉庫之旁者，此種狼狽情形，引起我國學者不安（如本院院士胡適、趙元任、李方桂、陳省身諸先生均曾紛函詢及），國際文教人士關切（如美國泰勒教授與其他研究漢學之國際人士，均曾親往楊梅參觀，又如美國洛氏基金會人文組主任法斯先生來台，首先詢及此項文務，並專程赴木柵實地察看可資建築之基地。），與日俱增。本院主管其事，聞見真切，認為此情形倘不改善，本僅珍貴文物易致損失，研究工作無法進行，且足影響學術界對國家保存民族文化提倡學術研究之信心[48]。

因此在中央研究院的搬遷過程所牽涉的是國共之間的分搶知識分子的問題，也牽涉到過去學界中的個人恩怨，更有許多是個人的理念與個人的因素在內。如歷史語言研究所的大部分同仁，與傅之間有二十幾年情誼，基於私人感情及對傅的信賴，因此跟隨政府遷台。這些知識分子有自己的理想和信仰，也有各自的環境背景與私人因素，實很難說留在大陸的便是支持中共，來台者便是支持國民黨，去美國或海外者便是追求自由與民主。

四、機關遷移的問題

各機關由於環境及領導者的規劃不同，遷移的地點不同，但所面臨的問題其實大同小異，從國民黨的遷移及上述機關的遷移過程，可以了解當時搬遷的過程，幾乎毫無統籌，各單位各自為政，各機關遷徙中值得敘述者簡單歸納如下：

（一）各機關一遷再遷

行政院及相關機關從南京、廣州遷至重慶，再遷至台灣，歷程差不多。首先以新聞局為例，一九四八年底，行政院翁文灝內閣總辭，時任新聞局長董顯光辭職，由沈昌煥繼任，隨後曾虛白副局長辭職，由第三處處長王家棫升任，蔣君章任主任祕書。一九四九年一月二十八日，中央機關南遷廣州，由中央派專車將新聞局的重要文卷及公物運往廣州，職員及眷屬經京滬、滬杭路、浙贛路轉粵漢路赴廣州；一月三十日，大部分員眷才抵廣州，新聞局到穗後，先在一家美術學校暫時辦公，職員住梅花新邨；六月初，政府實施緊縮，新聞局縮編為行政院新聞處；七月一日，由前軍事委員會外事局昆明辦事處主任鮑靜安接任處長，遷重慶繼續辦公，但新聞局人員因不願遷渝，大部分自動請辭，重要文件及資料裝成一百餘箱，九月間指派張廷樑、唐思禮及朱春華押送，由海運直接運台，在基隆港倉庫儲存一段時間，再交由革命實踐研究院暫時保管[49]；十二月，新聞局隨行政院從重慶、成都到台北。

其次以海關為例，一九四九年初，上海海關稅務司署編制有十科，連同不在署內的單位共有十二科，所轄有津海關、膠海、重慶關、江海關、廈門海關、台北關、台南關、粵海關等共有二十二個海關。海關總稅務司署先遷廣州，再遷重慶，其後由李度（Lester Knox Little[50]）領導撤退來台，所有外籍人員經遣散退休各回該國，許多關員留置大陸，當時隨行來台者僅關員十二人，其中稅務司暨副稅務司共七人，幫辦、稅務員及外勤人員五人；加上借調自台北、台南兩關的人員，勉強恢復祕書、機要、人事、財務、計核、查緝和海務等七科暨運輸股，但人員精簡，每科連同科長平均不到三人。由於其他海關已為中共所占，海關總稅務司署僅管轄台北、台南兩關，台北關稅務司公署設於基隆港[51]。

其三以交通部郵政總局為例，有見於局勢不穩，郵政總局組成西南郵務視導團，前往廣州等地進行視察，視導團成員由劉承漢主任率領，團員包括：洪蓀祥、梁維康、何建祥、曾慶祿、翁學洪、施有強、楊光鑑，隨同者包括：蔡尚華、沈尚德、王逑調、陳潤東等，一九四九年一月八日抵穗，假粵管局局之白雲樓辦公。南京總局亦開始裁減人手，依志願疏調各區，留用人員則分批攜帶檔卷移滬辦公。南京僅由局長、副局長等少數人員留駐，以與部、院聯絡。郵政儲金匯業局亦由南京分撤至滬、穗兩地辦公，滬局由局長谷春潘率領少數人員留駐，其餘大部分人員隨副局長何縱炎率領至穗。

其後由於戰事逼近南京，交通部各主管於一月三十一日搭機抵穗，總局代局長霍錫祥（一九四七年二月，徐繼莊局長辭職，由副局長霍暫代）亦奉命到達廣州，駐西南郵務視導團辦公，上海總局由副局長沈養義代為主持。

二月中旬，視導團劉承漢、施有強二人，奉南京交通部及上海郵政總局之命，返回京、滬，後來到上海一起搭飛機返回廣州，搭機前夕與總局及上海管理局同仁王幼常、沈養義、梅仲彝等聚會時，都為局勢的發展憂心。五月二十日，上海激戰，對外交通斷絕；二十四日，視導團接獲上海電報，稱將一切文件逕寄廣州，有見於上海局勢已危急，在廣州的視導團於二十日在代局長霍錫祥主持下成為郵政總局；五月三十一日，在重慶設置渝、蓉、黔、滇聯區總視察段，調西川郵政管理局局長黃家德為聯區總視察，指揮該四區郵務。這段期間通貨膨脹嚴重，郵政入不敷出，郵資調整頻繁，郵票的面額曾高達五百萬圓，黃家德向總局請領貼補，接濟各郵區，但接獲總局的電報稱雖知員工生活艱難，但經濟力不從心無法補助，希望同仁共體時艱。

行政院決定遷渝辦公，郵政總局上呈：「本局在穗工作人員為數不多，惟所存檔卷公件則達三百餘袋，如遷往重慶，目前交通工具異常困難，道路輾轉需時必久，將來萬一如再播遷，困難更多，為防公務或致停頓起見，擬於必要時派一部分重要人員隨鈞部行動，負責聯絡，其餘比較次要及無時間之工作，則移往台灣辦理。庶局勢無論如何變動，本局公務不致中斷，進退亦可自如。」[52]交通部長端木傑同意，劉承翰率一部分人員先行至台灣，八月二十二日抵台北，次日正式上班，其餘人員陸續來台，郵政總局來台之初，事務較簡，人事緊縮，每一處室僅一、二人。郵政儲匯局於廣州局勢緊張時先遷至香港，十二月十日遷台。設在重慶的渝、蓉黔、滇聯區總視察段於十一月二十一日撤銷，改設郵政總局駐渝辦事處，黃家德為辦事處主任，但因政府撤守未及成立，黃奉命來台。

（二）各單位遷移時間不一

當時各單位並無統一遷台計畫，有些早在一九四八年底即已遷台，有些則隨局勢轉變而遷台，二月三日，地政部遷廣州市政府地政局內辦公。二月六日，財政部遷移廣州，並在福州成立辦事處。二月十五日，主計部遷廣州長堤廣東銀行內辦公[53]，工商部於二月十六日遷廣州市萬福路一七八號辦公。考選部於三月十一日遷廣西梧州辦公。五月二十四日，中央造幣廠遷台北。六月一日，監察院閩台區監察委員行署遷台北市辦公，國立編譯館於六月二十三日由廣州遷至台北。

（三）同一單位分散各地

財政部鹽政總局自一九四八年底開始疏遷，部分調往兩廣、川康、福建、台灣等區，部分留守南京，其餘再分批往上海、廣州，重要文卷公物先運廣州，餘則運存台灣[54]。蒙藏委員會方面，十月，會務由高柱委員負責，一方面資遣員工，一方面疏散員工，十一月，周昆田接任委員長，積極辦理遷台事宜，由行政院核發該會乘機證三十二張，除部分輾轉來台外，部分飛至昆明，尚有部分因飛機過少未及搭乘，即以戰局逆轉滯留成都，致所有財物檔案及簿冊帳據等亦未及攜出，迄一九四九年十二月九日，該會隨政府撤退來台的人數，委員及職員及協助專員等不過三十人[55]。

以考試院為例，一九四八年底，考試院及所屬的考選部及銓敘部已開始進行資遣與遷移，有些遷至廣州，有些遷至上海，各單位重要幹部亦紛紛往各地進行部署。一九四九年一月二十一日，銓敘部常務次長馬洪煥離京赴廣州；一月二十八日，考試院祕書長及銓敘部長、考選部長沈士遠，自南京抵上海，次日考選部長田炯錦、常務次長馬國琳、銓敘部政務次長皮作瓊等亦至上海；一月三十一日，考試院賈景德副院長率最後一批重要幹部離京赴上海，二月初，這批重要幹部又由上海至廣州，考試院中的考選部、銓敘部分駐廣東、廣西，考試院本部則在梧州辦公。此次遷移及復部運務方面，馬國琳次長貢獻最多，田炯錦及皮作瓊亦有貢獻。

三月二十六日，考試院副院長賈景德升行政院副院長，遺缺由鈕永建擔任，鈕於四月三十日至台灣考察，考試委員盧毓駿、張默君及參事陳天錫陪同。五月底，政府有遷重慶及疏散人員的計畫，考試院重要首長集中於考試院本部上班以為因應，此次的遷移工作由馬國琳次長負責，根據「中央機關在重慶設置辦事處布置辦法」，考試院任命馬為布置委員會負責人，由雷祕書長負責遣散人員事宜，分別於六月五日及六月十五日辦理兩次資遣人員，其中亦有一些高級幹部如參事劉光華、祕書陳念中，法規會專門委員潘崇衍等自動請辭。

六月二十三日，根據中樞疏運委員會的規定，考試院及考選部、銓敘部提出赴渝員眷、空運、陸運人數及考試院運渝公物數量清冊於疏運委員會，其數字如下：院本部赴渝員眷空運一百五十八人，陸運七十八人，水運十二人；考選部赴渝員眷，空運一百一十九人，陸運四十八人，水運五十五人，銓敘部赴渝員眷，空運二百八十六人，陸運一百二十人，水運五十七人，考試院運渝公物二百六十五件，一萬八仟公斤，六十八尺碼噸；赴台公物一百三十四箱，五仟公斤，二十一尺碼噸[56]。

除人員與公物的遷移外，機關也隨著時局的發展遷移。六月二十四日，原在廣東、廣西的考銓兩部，隨同廣東省政府移駐海南，並派祕書張天德赴台接洽房屋事宜；八月初，安排公物運台，將部分文卷、公物運往海南；八月二十五日，銓敘部沈部長已洽定台北大龍峒孔廟為辦事處，員眷居住台北市仁愛路東和禪寺及酒泉街文昌廟等地；十一月二十八日，隨政府撤離重慶移成都；十二月八日，遷移來台。

（四）資料嚴重流失

以司法行政部為例，各法院在撤退時由於準備不及或行囊太多，無法搬運，因此流失嚴重，常常由地方臨時議會議長出具證明，山東省及江西省地方法院都曾由臨時參議會議長，證明文卷流失確屬非行政之疏忽所致[57]，浙江高等法院長孫鴻霖於一九四九年四月二十二日報告，壽昌縣地方法院被攻陷情形：

> 在城各機關均認為可以平安度過，詎知二十五日（三月）晨六時土共四面包圍，職等突聞槍聲知難倖免，當將文卷移出一部分，惟斯時城中毫無抵抗，不數分鐘即衝入看守所，人犯首被開放，房屋及前撥經費悉數購買柴米，連所有職工行李全部均遭焚毀無遺。浙江高等法院院報告[58]。

甚至在運台途中因包裝或其他因素致資料散佚，如經濟部水利署及農林署交鐵橋輪由穗運基公物，因木箱破碎損失甚重，請招商局查明情形及追究責任一案，後經飭理貨部張美成詳查，報告稱：「查該批公物因包裝不固，在穗時經已破碎凌亂，故裝貨單上批明原裝破損字樣；特電請查核等」，因此回覆該批公物確屬原裝破損，本公司難負責任[59]。國立中央圖書館的典藏在館長蔣復璁的計畫下，雖有部分藏書遷移來台，但仍有許多珍貴書籍未能遷台。

民國時期國民政府在滬設置中央銀行的檔案，據有關史料記載，一九四九年一月二十九日從上海開往臺灣的太平輪上，計裝有中央銀行祕書處文卷二百三十一箱，會計處文卷帳冊二百九十七箱，國庫局文卷帳冊二百三十一箱，業務局帳冊文卷五百二十五箱，理事會文卷三箱，監事會文卷三箱，人事處文卷四十七箱，發行局文卷帳冊八十七箱，還有物資五十三箱，共一千三百一十七箱。該輪航行中沉沒，檔案損失迨盡，僅小部分遺留在原中央銀行總行所在地上海。解放前，上海各金融機構（包括銀行、錢莊、保險公司、信託公司等）留存二百四十個全宗，二十萬六仟零八十六卷檔案，其中公文信函五萬五千八百七十九卷，帳冊報表一五九二〇七卷（冊）。內有一九三二年章乃器倡儀並會同中國銀行、上海銀行、新華銀行等負責人共同創辦中國徵信所，對所有註冊工商企業的生產和經營狀況，進行信用調查的原始記錄等[60]。

《蔣中正總統檔案》算是較完整的移來台灣。一九四九年一月二十一日，蔣下野後，隨即指示將此一全宗檔案連同中央銀行黃金同艦運台。檔案運台之後，原暫存高雄壽山，一九四九年移轉至桃園縣大溪鎮頭寮賓館，並於一九五〇年成立「大溪檔案室」整理存藏。「大溪檔案」之名，始成於此。

對台灣民國史史料的典藏與研究最為可惜的是，國史館的資料未能遷台。一九四九年二月十二日，戴傳賢館長逝世，由但燾副館長率領遷徙至廣州，暫借文廟為館址；四月十二日，李代總統宗仁任居正為館長，居正奔走於滬、穗、渝、蓉、台之間，未至國史館任事，館務委由但燾負責，但燾副館長於七月間請辭，館務由劉成禺負責，時局危急之際，中國國民黨史料遷往台灣，李代總統則批示國史館遷往桂林，嗣又轉重慶，及川局變化，共軍踵至，國史館不及遷出，史料及人員均淪入中共占領區[61]。

由於多次播遷及原卷管理人員離職，使來台之後的檔案零散，許多單位的檔案室直到一九五〇年代之後都未能恢復，即使有檔案也因礙於經費未能整理，散失腐蝕的情形到處可見，外交部的一九四四年的檢討報告亦提及此問題[62]。

遷移後原機關的資料散佚嚴重，由於各單位在匆促中遷移，僅留置少數人員處理，許多物件遭破壞，如內政部曾報告國民黨祕書長鄭彥棻時提到，有圖書裝箱未運者十七箱，被人開拆者九箱，完整者八箱；宣傳部的圖書亦遭破壞，散亂各地[63]。這些留置原地的文物、資料，因單位已遷移，雖留少數人管理，但其實已呈無管理狀況。

總之，此次機關被迫遷徙，本來面臨問題就極複雜，加上一遷再遷，交通安排本就不易，資料散佚嚴重。公務人員有些不願隨之奔波，有些因為新地方安置不易，只得編遣一些人員，機關文件、器物等也都只能選擇其中較重要者搬遷，因此來台的人員及機關文物其實是相當有限。

（五）各單位遷移時緊縮名額

由於遷移困難，有些人因個人的因素不願隨政府遷移，因此大部分都編遣，立法院六月二日開始遷重慶，並緊縮組織，裁撤內部職員達百分之三十，被裁人員九十餘人（原三百餘人），被裁員者可領六個大頭[64]。此外，如前面提到資源委員會第一批遷移時共四百零五人資遣者達一百零一人，外交部人員四百六十九人，資遣一百六十三人，其後第二次遷移又資遣一些人，到台灣者通常不及原機關的十分之一人數。

第八章
重要文物遷台經過

蔣復璁回憶談到：其時局勢混亂，中央圖書館不知將來去向，有一天，我到教育部田培林次長房間，我問他覺得該怎麼辦？他說：「中央圖書館在重慶有房子，可以到重慶。」我則表示：「我的看法與你不同，因為共產黨從山裡出來，他們對山裡的情況比我們清楚。我們對付日本往山裡走是正確的，對付共產黨再往山裡走卻成了甕中捉鱉。」

一、運台前的準備

一九四九年除了中華民國政府機關及人民遷徙來台之外，重要文物的遷台亦相當重要。在政府機關準備遷移的同時，為了保護重要文物，決定將之遷台，其中較重要者包括國立故宮博物院[1]、國立中央博物院[2]、中央研究院歷史語言研究所所典藏的重要文物，及中央圖書館的圖書等，各有其負責遷移者，如杭立武、譚旦冏、那志良等[3]，這批文物能順利運抵台灣，豐富台灣文化的內涵，也使傳統中國文物得以在台灣安全的被保留下來。

一九四五年八月十五日，日本投降後，各機關團體進行復員工作，當時因日本侵華遷移的古物亦陸續進行復員，然古文物的復員速度甚慢，一方面因原單位破壞嚴重，另一方面則因古物分散各地，又極為珍貴，疏運困難，直至一九四七年底才陸續完成古物的復員工作，然隨著國共內戰，國軍逐漸失去優勢，好不容易才整理好的文物又再度面臨遷移的命運。一九四八年秋季，徐蚌會戰（淮海戰役）戰況緊急，北平備受威脅，為顧及文物的安全，政府考慮再度進行遷運。南京也在動盪不安之中，故宮博物院理事為策文物安全，頻頻商議疏遷事宜，但遷至何地？何時遷移？則一時未決。

當時杭立武擔任教育部政務次長、故宮博物院理事會兼祕書及中央博物院籌備主任的職位，加上其在抗戰時期有搬運文物至大後方的經驗，對於文物的遷運自然責無旁貸，與故宮朱家驊、王世杰、傅斯年、李濟等理事商量，並與兩院（故宮博物院及中央博物院）同仁聯繫，向行政院院長翁文灝（一九四八年五月三十一日—一九四八年十一月二十六日）提議遷運，翁院長為故宮博物院理事會理事長，有建議召開理事會，共商決策，翁認為不方便，有委員主張遷運，翁認為當時正值國共和談，如果遷運故宮文物，不免擾亂人心，但他也無意阻止遷運工作的進行，同意和理事們舉行談話會。

有關中央圖書館重要文獻的遷移，蔣復璁有一段回憶談到：

其時局勢混亂，中央圖書館不知將來去向，我常到教育部聊天，教育部的兩個次長：田培林（一八九三—一九七五）、杭立武（一九〇四—一九九一）都是我的朋友。這一天，我到田培林的房間內，我問他覺得該怎麼辦？他說：「中央圖書館在重慶有房子，可以到重慶。」我則表示：「我的看法與你不同，因為共產黨從山裏出來，他們對山裏的情況比我們清楚。我們對付日本的機械化部隊往山裏走是正確的，對付共產黨再往山裏走卻成了甕中捉鱉。」從田培林的房裡出來之後，我又到杭立武的房間，我告訴他我主張搬到台灣，杭立武十分贊成。[4]

從這段回憶中主張將文物運到台灣的是蔣復聰，其實該談話會是由杭立武聯絡中央博物院、故宮博物院、中央圖書館、中央研究院四個單位的重要成員，包括杭立武、朱家驊、王世杰、傅斯年、徐鴻寶（故宮博物院副院長）、李濟等理事，於一九四八年十一月十日到翁的官邸舉行，談話會中朱家驊以教育部長的身分，提議將中央圖書館的文物一同運台，這本是當時中央圖書館館長蔣復璁所提的要求，蔣復璁確實十分努力為文物遷運的工作奔走。[5]同時傅斯年以中央研究院歷史語言研究所所長的身分提議，將該所文物也隨同搬運[6]，會中既有這些共識，翁文灝院長同意搬遷，蔣介石也同意這個決議，而且表示應儘量搬運，因此文物的遷運不是一個人的主張，而是許多人的共識與共決的結果。

各單位隨即分開作業辦理遷運事宜。中央博物院方面，十二月四日，單獨舉行第三屆理事第三次會議，決定先選擇最重要的精品一百二十箱運台，其餘藏品，在交通可能的情況下，陸續遷運。隨後，外交部也有部分重要檔案，包括國際條約的文件等，決定隨同運台；國立北平圖書館部分圖書，也委託故宮博物院代運。其他如：國立邊疆文化館僅由該館館長推出印信，並無任何公物。至於當時國立編譯館的人員與公物，則均未運出[7]。

當時準備遷運的主要機關有：國立故宮博物院、國立中央博物院、國立中央圖書館、中央研究院歷史語言研究所以及外交部，暨決定將文物及檔案一同運台，由杭立武召集會議，請各機關各推代表一人，成立一個聯運機構，會中各單位代表公推杭立武主持其事[8]。

關於箱件的選擇與整理，當然還是由各機關自己負責，聯合機構的籌備工作，主要著重於運輸工具的洽商及經費的籌措。

箱件的選擇，由於遷運交通安排不易，因此各單位都認為唯一標準是提選精品。故宮博物院方面，最先經由理事的談話會議，決定先運六百箱為原則，而以參加倫敦藝展，後存於安順辦事處的八十箱為主，其後再經開會，才決定全部運台，萬一不可能也要儘量搬運[9]。中央博物院方面，經理事會決定先挑選最精品一百二十箱運台。其他各機關也各自挑選比較重要的物品。中央圖書館當時的藏書一百多萬冊，不可能全部運走，蔣復璁請當時故宮博物院副院長徐

表8-1　運台文物各機關裝箱分配款（金圓券）

單位	分配款	單位	分配款
故宮博物院	10,000	中央博物院	6,000
中央圖書館	3,000	中央研究院	6,000
外交部	3,000		

鴻寶（一八八一—一九七一）選定圖書，在選定後，決定將圖書分四批運往台灣[10]。事實上，後來隨重要文物來台者僅有三批。

箱件的整理，更是重點，兩博物院的文物，在抗戰期間，疏散後方，舟車輾轉，箱件不免破傷，不得不加以修理。經杭立武向行政院請到的運輸費中，撥出金圓券二萬八千元，分配各機關，作為修理及裝箱費用，各機關分配款數如上表：

由於故宮博物院的文物最多，因此分配到的裝箱費用亦最多。至於遷運的交通，則由杭立武聯絡各單位協助辦理，如第一次即由杭立武向海軍總司令部商洽，得到桂永清總司令的協助，派「中鼎輪」擔任這項工作；第二次則因海軍派艦未能確定，因此僱用商船負責遷運。

二、分批運台的經過

負責中華文物運台的主其事者為杭立武，他先派楊師庚、芮逸夫到台灣進行部署來台事宜。遷運分三次進行：第一批文物運出後，立即籌備運第二批；第二批運出後，有第三批文物的遷運。第三批文物運出後，本來還有第四批遷運的計畫，但因內部意見紛歧，加以戰事緊急，遂告停止。

（一）第一批文物運台經過

第一批本來海軍總司令部給教育部的公函是要派中權、中基、中鼎、崑崙等四艦，負責疏運總部人員及物資，後來由海軍總司令部派「中鼎輪」代為載運。「中鼎輪」是一登陸艇改裝的運輸艦。一九四八年十二月二十一日，在南京下關裝船，二十二日開航，各單位所交運箱數如下：故宮博物院三百二十箱，三千四百零九件（譚旦冏提到三千四百零五件）其中含古物二百九十五箱，圖書十八箱，文獻七箱，這一批文物包括參加倫敦藝展的八十箱；中央博物院二百二十二箱，文物內容如表8-2：

另外，有中央圖書館陸拾箱，這批最主要是明朝以前的刻本、校本、手抄本為主。中央研究院一百二十箱（該院記載連同其他公物實際運台總數為二百一十七件），外交部重要檔案六十箱，以上共計七百七十二箱。

各單位所派押運人員如下：故宮博物院；莊尚嚴、劉奉璋、申若俠[11]；中央博物院，譚旦冏、麥志誠；中央圖書館，王省吾；中央研究院；李光宇；外交部，余毅遠。這一批押運工作，由中央研究院李濟[12]率領。其後各批文物押運者及箱數如表8-3：

由於海軍人員聽說有船開往台灣，便攜家帶眷並攜帶行李趕來搭便船，首批文物裝船前，已經有許多海軍方面人員眷屬登輪，準備隨船來台，軍艦方面不便阻止，派員交涉無效，登艦者各自覓地，攤開被褥，屈身而臥，藉以養息，整個甲板上，無復隙地。傅斯年前來巡視，目睹此情此景，大為不悅，以杖叩地，連呼胡鬧，約略詢問中研院史語所押運同仁數語後，即匆

▶ 表8-2　中央博物院運台文物第一次運台文物內容

藏品		箱數	件數
古物陳列所銅器		68	738
古物陳列所瓷器		068	1,524
古物陳列所　瑯		028	1,182
古物陳列所字畫	帝王像	014	1,3,480
	卷軸墨琴	010	1,566
	特等字畫宋版書	001	3,405
中博院舊藏	毛公鼎	001	3,401
	矢令尊、甲骨善本書等	001	3,434
	善齋、頌齋、國子監銅器	018	1,145
	長沙漆器模型	001	3,408
	銅鏡	001	1,121
	莽衡權	001	3,405
合計		212	3,409

資料來源：譚旦冏，《中央博物院二十五年之經過》（台北：中華叢書編審委員會，1960），頁257-258。

▶ 表8-3　各單位押運者及重要文物數量（箱）

單位	押運者及數量		
	第一批	第二批	第三批
故宮博物院	莊尚嚴、劉奉璋、申若俠；320箱。	那志良、吳玉璋、梁廷璋、黃居祥；1,680箱。	張德恆、吳鳳培；1,700箱。
中央博物院	譚旦冏、麥志誠；212箱。	李霖燦、周鳳森、高仁俊；468箱。	索予明；150箱。
中央圖書館	王省吾；60箱。	黃瑩輝、昌彼得、任簡；462箱另有北圖18箱。	儲連甲；150箱。
中央研究院	李光宇；120箱。	董同龢、周法高、王叔岷；856箱。	
外交部	余毅遠；60箱。		

資料來源：綜合那志良，《撫今憶往話國寶——故宮五十年》（香港：里仁書局，1984），頁201-206。

匆驅車離去，逕赴海軍總部，走訪桂永清總司令[13]，杭立武打電話給海軍總司令部周憲章參謀長（留英同學），桂永清總司令親到船上，勸導登輪眷屬，應以國家文物為重，宣達此船乃運送文物安艦，不得搭載無關人員，海軍眷屬經派員疏導後才相率離去，甚至連原先各單位押運的人員，有些也未能成行，全船所載者除航行人員、押運人員及其眷屬之外，全為文物。

十二月二十二日（那志良認為是二十一日）離開南京，這艘船是平底船，遇風浪搖晃厲害，加上船上的箱子又沒有完全固定，船行中常聽到箱子間互相碰撞的巨大響聲；二十六日，這一批文物平安到達基隆，由楊師庚、芮逸夫到碼頭迎接。

十二月二十七日清晨，開始把箱件卸下船來，直接裝上火車，傍晚開車，運到先遣人員楊師庚、芮逸夫二先生預為找好的楊梅通運公司的楊梅倉庫，二十八日搬入，暫行貯存。

楊梅的倉庫容量不大，第一批文物七百多箱，還沒有問題，如果陸續運來，非有更大的倉庫不可。由中央博物院代表楊師庚及歷史語言研究所代表芮逸夫，會同第一批押運人員的代表譚旦冏等人，到中部查看，咸以台中氣候比較乾燥，台中糖廠也有空閒庫房，因急電杭立武，由杭立武電台中市長陳宗熙（金陵大學同學）請他協助，終能得到該廠廠長游升峰（譚旦冏留法同學）慨然允諾，不但撥借兩棟倉庫，作為貯存文物之用，而且撥了一塊地皮，準備修建職員宿舍。

一九四九年一月九日，存在楊梅的文物，除中央研究院所保管箱件，仍然留在楊梅外，其餘各機關文物，都運到台中市，存入台中糖廠倉庫。同時杭立武由南京致電台中的李濟之，請其照料來台文物。

表8-4　中央博物院運台文物第二次運台文物內容

藏品	箱數	件數
古物陳列所銅器	81	878
古物陳列所瓷器	3	98
古物陳列所琺瑯	33	928
古物陳列所雕漆	19	103
古物陳列所洋瓷	38	
古物陳列所文玩	63	1,270
古物陳列所瓷器	249	3,772
合計	486	7,049

資料來源：譚旦冏，《中央博物院二十五年之經過》（台北：中華叢書編審委員會，1960），頁258。

（二）第二批文物運台經過

第一批文物運出之後，即積極籌備第二批遷運工作，當時因為海軍方面一時無法調派軍艦，就決定租用商船，採包船的辦法，不搭其他乘客或貨物，這樣比較安全一些。當時由杭立武託友向招商局接洽，租到了「海滬輪」。不過海滬輪什麼時候到京，沒有明確時期，如是反有充分時間供押運人員做準備工作，箱件亦可從容選擇，所以精品的運出，多在這一批，箱數也以這一批為最多。

一九四九年一月三日，「海滬輪」開到南京下關、四日先裝故宮博物院及北平圖書館託運的文物、五日裝其他各機關的文物、六日開船。各單位所托運的箱數如下：故宮博物院一千六百八十箱，其中包括古物四百九十六箱，圖書一千一百八十四箱，四庫全書即是其中重要的部分；中央博物院四百八十六箱，如上表[14]：

此外，有中央圖書館四百六十二箱，這批圖書主要是善本圖書為主、北平圖書館十八箱、中央研究院八百五十六箱（該院記載連同其他公物實際運台總數為九百二十九箱，亦有記為九百三十四箱），以上共計三千五百零二箱。

各單位所派押運人員如下：故宮博物院：那志良、吳玉璋、梁廷煒、黃居祥；中央博物院：李霖燦、周鳳森、高仁俊；中央圖書館：蘇瑩輝、昌彼得、任簡；中央研究院：董同龢、周法高、王叔岷。這一批的押運工作，本來是請故宮博物院理事徐鴻寶率領，徐臨時因事未能成行，就由各參加機關押運人員共同負責。

國立北平故宮博物院為求輸運的方便，還特別核發護照：「本院科長那志良率同科員吳玉璋、梁廷煒，書記黃居祥押運文物一百六百八十二箱前往台灣，除呈經行政院通令經過沿途各關卡軍警免予查驗放行，並協助保護。」[15] 國立中央研究院歷史語言研究所亦出具證明：「茲有本所及國立北平故宮博物院、國立中央博物院、國立中央圖書館四機關公物共計三百八百箱由南京運往台灣，由董同龢、那志良、李霖燦、蘇瑩輝等押運此項公物，由招商局海滬輪裝運特此證明。」[16]

這一次的運輸，籌備方面，因為時間充裕就比較完備，押運人員大都由各機關發給護照或證明書。由故宮博物院所發的護照及中央研究院歷史語言研究所發給的證明書。而且原因載運有限未能隨第一批文物來台的各單位押運人員及眷屬也搭這艘船來台。

「海滬輪」在一九四九年一月六日由南京開出，九日到達基隆，一路上很是順利，船到基隆後，因為碼頭擁擠，加上貨車車皮不敷分配，由那志良、董同龢隨同譚旦冏到台北交涉，十二日開始卸船，裝上火車，幸運日基隆天氣晴和，文物均未潮濕，由於楊梅車站通運公司無多餘的倉庫可容納續運來台的文物，中央研究院的文物不與其他單位文物混裝，箱件直接運到楊梅貯存外，其餘各單位的箱件都運到台中市，與第一批文物一併存入台中糖廠倉庫。

第二批中央圖書館圖書運達台灣後，蔣復璁從南京到台灣，視察善本書運儲情況，並準備籌設中央圖書館台灣辦事處，後因經費沒有著落而停止。

（三）第三批文物運台經過

第三批因為中央研究院歷史語言研究所的文物已運完，因此這批遷運工作的，只有故宮博物院、中央博物院及中央圖書館。三機關所派代表，一九四九年一月九日在中央博物院開會商討，初步決定這一批共運二千箱，其分配數量是：故宮博物院一百七百箱、中央博物院一百五十箱、中央圖書館一百五十箱。但實際上並沒有那麼多。

一月十四日，中央博物院第三屆理事會第四次會議在南京朝天宮召開，由王世杰擔任主席，參加者有：朱家驊、傅斯年、胡適、翁文灝等，杭立武代表徐鴻寶、洪蘭友代表張道藩出席，並有陳雪屏、曹志宏、班鎮中等列席，會中決議儘可能將留於朝天宮的四千餘箱文物遷運至台灣。

這一次由杭立武籌得運費金圓券六十萬元，本來預定照第二批辦法，包租商船。惟當時京滬一帶，然因情勢緊張，輪船公司忙於軍運，無法供給一般機關所需，只好再度商請海軍方面協助，海軍總司令桂永清指派運輸艦「崑崙號」擔任這一任務。

「崑崙艦」是一艘三千噸的運輸艦，當時這一艘船正有其他任務，海軍方面表示，船的行期是要守祕密的，而船到之後，不能躭擱，就要裝船，建議先把文物箱件運到碼頭，船到隨裝，當即採取了這個辦法。可是，附近倉庫，物資堆積已滿，文物箱件無處可放，只好露天放在碼頭之上，購些油布搭蓋，靜候船隻。那幾天南京是陰雨的天氣，細雨霏霏，江浪滔滔，碼頭上人跡稀少，有一種淒涼景象。

對此「崑崙艦」艦長褚廉方有〈國寶運台記略〉的一段回憶中談到：

> 崑崙軍艦載重僅三千噸，艦齡已老，以時值非常，原定運輸量即已超載，及目睹碼頭上積之二千餘箱文物，內心實感惶惑，然此皆我國歷史文物之精粹，倘不及時運台，勢必陷於匪手，又經杭立武先生洽示其重要性，余乃毅然下令全體官兵，挪出船上所有空間，儘可能協助裝載，於是官兵寢艙飯所，乃至醫療室，均大箱小籠，滿坑滿谷，並做各種安全措施，縱使如此，仍有部分文物，無法容納，如今憶及，猶感遺憾[17]。

一月二十八日下午，「崑崙艦」抵達口岸，艦長宣布只停二十四小時，必須加速裝船。這一天正是舊曆十二月二十九日，工人以過年為辭，不願裝運，幸好工會方面，事前已經接受訂金，經過軍警疏通，並且加發「新年特別獎金」，才勉強答應，連夜搬運入艙。

正裝船時，海軍總司令部方面人員，聽說有船開往台灣，攜家帶眷，一擁而上，軍艦方面，無法阻止。船上本來有兩個艙，前艙已經裝有某機關物資，餘地僅可容納五百箱，後艙完全被這一批眷屬占用，沒有地方容納箱件，交涉多次，終是不得要領，只好把這事再請周參謀長報告桂總司令，請他設法。桂總司令等親自到艦上，想勸導他們，這一次不像第一批「中鼎輪」上的順利，大家見總司令來了，婦孺都放聲大哭。事實上，那時候的南京，局勢已十分危急，大家都抱著逃難的心理，此外，既然好不容易才登上船，當然不肯輕易離去。桂總司令看了這些追隨他多少年的部下眷屬，黯然無語。最後，他諭令艦長，把艦上所有官兵臥艙開放，儘量容納。艦上的人得此指示，文物箱件得以繼續運上去，運到甲板、餐廳及醫務室等處。這些地方堆積已滿，無法把運到碼頭的全部箱件容納，艦長就宣布停止。

由於艦上原已裝載部分物資，雖然開放甲板、餐廳、醫務室等處堆放箱件，但仍不夠用，原來預定遷運的箱件，已經運到碼頭上面的，除了中央博物院的一百五十箱，全部上艦以外，故宮博物院有七百二十八箱，中央圖書館有二十八箱，都無法裝上艦去，只有留交兩機關留守人員運回。

在搬運最後的時刻，杭立武以日本歸還文物中之翡翠屏風、白玉花瓶、清玉花瓶等，這些文物是抗戰時期汪精衛赴日本時，贈與日皇及皇后的禮物，勝利後歸還中國，經八年抗戰，才得收回這有歷史意義的紀念品，本來不在押運之列，後經安排才起運，可是運到碼頭的時候，艦長已下令封艙，後經杭立武及索予明交涉這四箱加入運台，幸得艦長褚廉方的允許，才得運台。對此褚廉方回憶到：

> 余下令封艙之後，負責押運聯絡之杭立武與索予明二先生懇切表示，尚有四箱翡翠屏風等玉器，係抗戰勝利後，自日本皇宮接收回國，不僅價值連城，且為我國八年血戰後所

獲最富意義之紀念品，可惜尚未搬遷上艦，余聞之熱血沸騰，心情激動，乃再下令把官兵寢室之辦公桌椅撤除，將該四箱國寶搬運上艦，惟因木箱體積頗大，致通道阻塞，使官兵在工作及生活上均極感不便[18]。

這一批各機關實際運台的箱數是：故宮博物院九百七十二箱，其中古物六百四十三箱、圖書一百三十二箱、文獻一百九十七箱；中央博物院一百五十四箱。其內容如表8-5：

另有中央圖書館一百二十二箱。故宮博物院及中央圖書館有箱件不能上船，而中央博物院所裝，反較預定之數為多，就是因為有汪精衛贈日皇翡翠屏風等四箱。

這一批文物，各機關所派押運人員如下：故宮博物院，張德恆、吳鳳培；中央博物院，索予明；中央圖書館，儲連甲。這一批的押運工作，本已決定請故宮博物院文獻館館長姚從吾率領，但他因事提前來台，押運的事，仍照第二批辦法，由各機關所派押運人員共同負責。各機關也仿照以前辦法，發給押運人員派令及通行證。

「崑崙艦」在一九四九年一月三十日離開南京，由於這艘船不是專門運送文物，因此沿途港口都要停站，第二天到達上海，先停三日，後開往高昌廟的江南造船所修理，二月九日離滬、十一日抵定海、十四日駛馬尾、二十一日離開馬尾、二十二日抵達基隆，船行達二十四天之久，是三批運輸中最慢的一次。

文物運到基隆，改裝火車，轉運到台中市，二十六日搬入倉庫，貯存於台中糖廠的倉庫裏。

以上三批文物，中央研究院的箱件，單獨存在楊梅；外交部檔案，在運到台中不久就運往台北交還外交部。各機關存在台中糖廠的文物箱件數量如下：

故宮博物院二百九百七十二箱、中央博物院八百五十二箱、中央圖書館六百四十四箱、北平圖書館十八箱，以上共計四千四百八十六箱。中央圖書館珍藏近十四萬冊，絕大多數為善本書，還有精選中文平裝書、雜誌、公報、西文書刊等。

第三批文物運到台灣後，杭立武乘空閒到上海，執行行政院善後救濟物資保管委員會代理主任委員的任務，曾將一批數十隻漁船和整套機器廠設備由上海運送到台，分別成立漁業及機械公司，提經中美合組保管委員會議通過聘請任顯群、張茲闓分任總經理。中央博物院則向教育部報告分批遷運的經過。

總計，國立故宮博物院、中央博物院、中央圖書館、北平圖書館等機關重要文物三千八百餘箱，係於一九四八年十一月間由南京運台。一九四九年五月教育部中華教育電影製片之器材四百餘箱，由滬運抵台中；重慶撤退時，河南省博物館於抗戰時期運渝古物，經教育部選擇精品三十八箱搶運來台，寄存台中；江西省教育所有古物一百八十二件亦擬放在該處。

這次運台文物較南遷文物少，以故宮博物院文物為例，大約只有南遷的四分之一，但那志良認為若以質來說，則南遷文物中較精華的文物大部分都運來台灣，根據那志良的意見做比較如表8-6[19]：

從表8-6可知，運台數量較南遷數量少，但大部分較為重要者都運台，特別是圖書部分，留在南京的重要圖書文獻都運至台灣，但有些文獻確實未能如期運至台灣，來台總數不及南遷箱

▶ 表8-5　中央博物院運台文物第三次運台文物

藏品	箱數	件數
古物陳列所瓷器	52	554
古物陳列所鍍金銅器	98	717
汪精衛贈日皇翡翠屏風等件	4	4
合　計	154	1,275

資料來源：譚旦冏，《中央博物院二十五年之經過》（台北：中華叢書編審委員會，1960），頁258-259。

▶ 表8-6　故宮博物院南遷及運台文物箱件數比較

品類	字畫（件）	銅器、銅境、銅印（件）	瓷器（件）	圖書（箱）
南遷	5,700	2,789	27,870	1,415
運台	5,458	2,382	17,934	1,334
小計	-242	-407	-9,936	-81

數的十分之一，其中包括軍機處檔、宮中檔、清史館檔、實錄、本紀、起居注、詔書等，至於未能運台的圖畫那志良強調大多是清代匠工的作品。

（四）來台後的處理與清點

從南京運到台灣的文物，中央研究院歷史語言研究所留在楊梅，外交部的檔案箱旋運回到台北外交部，留存在台中糖廠的箱件只有故宮博物院、中央博物院籌備處、中央圖書館及委託中博館運來的北平圖書輿圖十八箱；五月間，教育部將中華教育電影製片廠存在上海的一批器材運到台灣，也一併放在台中糖廠倉庫，五單位除北平圖書館無人同行外，其餘四單位都有押運人員，各單位各自設辦事處，並無統攝。而且倉儲的環境亦不佳，中央研究院函行政院時提到：

三十七年共匪兵犯近畿，軍政機關紛紛播遷，本院以院中各項圖書古物儀器以及各種研究資料，均係國家上乘瑰寶，攸關民族文化與光榮史乘，乃將在京各所之前項設備，悉數裝運，集中上海，依照政府指示可遷之方向，準備分頭向台灣、廣州等處撤遷。當時以經費無著，運輸困難而院屬人員生活窮窘，時機又萬分迫切，只得擇要急運，當先將最精華部分即歷史語言研究所之圖書史料、古物設備暨數學所圖書，隨同故宮博物院等文物，同時由軍艦運台，此項圖書史料古物設備，計一千四百餘大箱（包括漢籍連同善本書十四萬冊、西籍書一萬一千餘冊、其他亞洲文籍四千冊、拓片六萬餘紙、民間文學萬餘件，以及明清內閣大庫檔案、殷墟出土之甲骨器皿暨各項標本史料、語言實驗儀器等）。如此珍貴之文物，運抵台灣後，徒以限於經費未獲房屋之故，不得不臨時租賃桃園縣楊梅鎮之貨倉內，因陋就簡，勉強堆放，蟲濕火患，殊難防避[20]。

教育部為適應戰時環境，節省經費開支並推展工作，計畫組成聯合機構。杭立武為集思廣益，在廣州舉行歷任教育部長會議，蔣夢麟、李書華、王世杰、朱家驊等都參加，他們對於統一設置文物機構一事，均表贊同[21]。

一九四九年六月一日，教育部擬具暫行組織辦法，呈報行政院，經六月三日行政院第六十五次會議通過，將故宮博物院、中央博物院、中央圖書館、北平圖書館及中華教育電影製片廠五機關合併組織聯合機構，定名為「國立中央博物圖書院館聯合管理處」，故宮原隸行政院，嗣改隸教育部，此機構於八月三十一日正式成立[22]。該處分設五組：一為故宮博物組（代理主任莊尚嚴），二為中央博物組（代理主任譚旦冏），三為中央圖書組（代理主任顧華），四為教育電影組，五為總務組，各組辦事人員仍為來台押運職員。北平圖書館部分以遷台圖書不多委託中央博物組代為保管不另設組，均由各機關原派押運人員繼續經管，惟在各組之上派設一委員會負責統籌管理清點造冊及警衛之責。委員會主任委員為杭立武，該委員九人有一人係專任，餘如台中市長陳宗熙、台中士紳林獻堂及孔德成均兼任。委員會每週開會一次，職員專任者二十八人其中故宮博物組九人、中央博物組六人、中央圖書組四人、教育電影組四人、總務組三人、會計室二人，另由部調用一人，為委員全部職員合計三十七人[23]。

人員雖少，各項工作進行甚為積極，全部在台文物已造冊齊全，並根據遷移時原冊核對，故宮、中博兩院精品且經照相登記，說明其尺寸大小及其他特徵。聯管處將文物遷往台中縣霧峰鄉北溝新建的山邊庫房存放，又開鑿防空山洞，並訂做新箱。

文物到台灣之後，最重要的是保管與清點，朱家驊對於保管的情形至為重視，曾建議聘請前中央博物院籌備主任理事李濟、中央研究院研究員考古專家董作賓、前教育部次長現本院顧問田培林、前代教育部長現台灣教育廳長陳雪屏、教育部首席參事劉英士，從速組織清點委員會，以李濟擔任主任委員，親至台中，以極嚴密與公開方法清點。並函杭立武，認為過去曾因管理問題引起浮議，為免懷璧其罪，應盡早清點，其中有一段談到：

> 對此攸關國家榮鑒及數千年民族文化之瓌寶一向愛護重視，每於動盪之中力求其安全，為國家保存此一點國粹幸得倖全，故一向主張宜由原經手負責人分別負責保管，並於疏

運存放之後陸續清點減免同仁之責任，並以昭示於國人。……有關遷台文物公牘始知堆存於倉庫尚未著手清點，詎料稽延至今，對國家塊寶責任之重中外人士矚目之殷，與兄交好二十年相知在心，而兩院負責同仁亦多年共處，於公於私均不能不關切愛顧，對國家對社會亦不能不重視。故於去年十一月十五日就弟所知，詳批經過處理之意見，俾政院辦事人員有所依循。為減輕同仁之責任，清點工作即早執行，而關於責任之重大，則仍以依照談話會之決定執行為要。現場簡陋，自以建庫為重，但既可便於抽查則工作似以陸續清點為先，且監視後對於整理堆放亦可免意外破損[24]。

對此，聯管處乃多次派員進行對文物的抽查、清點[25]。有關清查的經過都有詳實的記錄，這對於這批文物的保存有其正面的意義。本文限於篇幅，不討論清點問題，僅就運台初期的保管情形做敘述。

三、文物運台初期的保管與運台過程的檢討

（一）運台初期的保管與處理

一、最初臨時組織：文物運台運輸工作由參加的五個機關——故宮博物院、中央博物院籌備處、中央研究院歷史語言研究所、中央圖書館、外交部等組織的聯合辦事處辦理，並由各機關分別派專人負責各單位事宜。到台灣之後，中央研究院歷史語言研究所已遷來台灣，該所的

文物單獨存放於桃園楊梅，其餘四單位的文物存於台中糖廠的倉庫，第一批先存於楊梅的文物亦一併運至台中，由四機關組織中央文物聯合保管處負責保管。

一九四九年五月，教育部中華教育電影製片廠的電器材料也運到台中糖廠，外交部的檔案在台中，不久之後即由外交部運到台北。七月，杭立武到台灣（接任教育部長），宣布為適應戰時的環境，節省人力起見，將故宮博物院、中央博物院籌備處、中央圖書館、中華教育電影製片廠等四機關暫時合併組成「國立中央博物圖書院館聯合管理處」（簡稱聯管處），成立委員會，由杭立武部長兼任主任委員，每一單位改成一個組，故宮博物院本隸屬行政院，也暫時改隸教育部[26]。

一九四九年八月二十三日聯管處成立；一九五四年九月，中央圖書館在台北恢復設館，聯管處少了一個組。北平圖書館的文物十八箱，奉教育部令移交中央圖書館，一九五五年一月，聯管處奉令改為「中央運台文物聯合管理處」，並頒布設置辦法六條，其中關於分組方面，共分為故博組、中博組、電教組、總務組等，其後電教組由教育部撤回，只剩下兩個博物院，教育部將之改組為「國立故宮中央博物院聯合管理處」。至一九六五年年底撤銷[27]。

二、故宮博物院的管理：故宮博物院來台的理事，為策畫文物在台的保管辦法，於一九四九年三月二十六日在台北召開第一次會議，到會者有王世杰、李濟、傅斯年、杭立武、胡適等理事，檢討文物運台的經過，並策畫保管方面的問題。一九五〇年一月二十三日，教育部長杭立武邀請故宮博物院及中央博物院在台的理事，舉行談話會，與會者認為兩院在台的理事人數甚少，不便行使職權，為因應目前的需要，應組兩院共同理事會，代行兩院理事會職權，五月十日行政院公布兩院共同理事會規程，六月公布第一屆理事，計有：吳敬恆、胡適、蔣夢麟、王世杰、馬超俊、傅斯年、張道藩、羅家倫、杭立武、吳國楨、黃朝琴、丘念台、陳雪屏、李敬齋、田炯錦、黃季陸、陳啟天、余井塘、程天放、李濟、黃建中等。七月十七日，舉行第一次會議，推李敬齋二十八為理事長，理事任期兩年，第二屆王雲五被推為理事長。理事會對於文物的保管確有貢獻，文物的清點、山洞的開鑿、故宮博物院文物等書刊的刊行、展覽等皆由理事會籌畫。

其中有關地點的問題，最先皆放置在台中糖廠的倉庫，雖然台中氣候乾燥，但在台的理事皆認為台中糖廠煙囪高大，距火車站又近，為求文物安全，主張遷離市區，選一靠山的地點，因此最先選在台中霧峰鄉吉峰村北溝一個農場，決定租用該地興建庫房，並在庫房附近闢建小規模山洞，陸續將文物遷至於此。

文物保存最重要課題之一為檢查與整理，故宮博物院文物南運時，所用的木箱有三種：一是訂做的新箱，用來裝銅、瓷、玉等古物；一是宮中舊箱，用來裝書畫、善本書和部分檔案；一是由市面上購來裝香煙的舊箱，用來裝圖書檔案。可是經過抗戰時期及戰後一遷再遷，有許多已破壞不堪，因此到台灣之後，首先就做一百個新箱，以後又陸續添做三百多個新箱，新箱一律加鐵裡，對於防蟻、防蟲、防潮都有幫助。

至於文物點查方面，一九五〇年七月十七日，兩院共同理事會舉行會議，會中朱家驊提議，清查兩院存台文物，以明責任，經理事會通過後，決定先行抽查，成立清點委員會，推選理事或延聘專家三至五人為清點委員，辦理清點工作，最後理事方面推羅家倫、李濟、丘念台，專家方面推董作賓、黃君璧、孔德成、勞榦、高去尋等，加上當然委員李敬齋、杭立武等組成。一九五一年六月開始運作，規定工作計畫如下：抽查箱數暫定一千箱，約占三組運台文物總數的四分之一；抽查時間暫定四個月；抽查標準分四類：最重要文物、文物本身易於損壞者、箱件已破者、在台曾經開過者。分組工作，全體委員分為兩組，每組委員至少三人以上到場者始能開箱檢查，經常維持兩組工作[29]。自六月十六日至九月八日止，共抽查一千〇一十一箱，其中故宮博物院的有五百六十箱。抽查結果，箱內文物與清冊大致符合，破損者極少。其後各年度分年繼續點查，不但可以知道文物有無錯誤或短少，甚至可以趁機重新改善包裝，以策文物的安全。

（二）文物運台的檢討

雖然重要文物最終得以順利運台，在運台過程中，中共利用各種手段阻擾，管理文物單位內部也出現不同的意見，反對遷台者亦不少；此外，文物在運台過程中亦有毀損的情形，簡單敘述如後：

一、破損及不符名目的情形：故宮博物院院長馬衡在北平，華北局勢緊張時，杭立武曾敦促他南下，他在一月十四日自北平寫回信，因病不能南飛，其中談到：

> 運台文物已有三批，菁華大致移運，第一批書畫受雨淋者已達二十箱，不急曬晾即將毀滅，現在正由基隆運新竹，又由新竹運台中，既未獲有定所，則曬晾當然未即舉行，

時間已逾二星期，不能不有損失，若再有移運箱件則曬晾更將延期，竊恐愛護文物之初心，轉增損失之程度[30]。

可以看出文物遷運途中確有受損情形，馬衡也提到聽聞還有第四批運台故宮文物，為減少輸運過程的損失，希望第三批即為最後一批。一九五〇年三月，教育部指令聯管處清理河南文物，郭蓮峰於四月十日簽報清點情形中談到：「該項古物因開封倉促，撤退包裝過於粗疏，經由寶雞轉道川陝公路入渝自易破損，而存渝十載迄未加以整理，有數箱陶器破碎，混雜幾難辨認，目前似宜就人力財力所及將銅器、陶器部分重新包裝，以免繼續損失。」[31]其他方面如裝甲骨文的箱子霉爛，使原件受損，圖書方面亦因日藏過久霉爛生蠹。中博院文物亦發現有破損情形，而且是新的損傷，如銅器損傷十四件，瓷器損傷二百九十件，文玩損傷二百六十七件，其他還有破碎者銅器九件，瓷器三十件，文玩五十七件等，當時清查委員認為係包裝欠佳、舟車輾轉，搬卸不慎所致。

至於與原冊不符的情況亦時有所聞，郭蓮峰談到河南博物館存渝古物六十八箱，惟查該館送部清冊列有細目者僅有六十一箱；此外，圖書六箱及未列號檔案一箱[32]。譚旦冏亦提到經抽查中博院的一些小問題，如品名不符（如插屏誤寫為插瓶）、件數不符有三處、箱數不符者二處[33]。

二、中共極力阻擾與內部意見紛歧：中共在國共內戰期間也重視文物的保存，並曾以北平為故都，為避免戰火波及故都的古蹟與文物，說服傅作義和平轉移。對於故宮文物，透過一些文化界人士反對南遷，杭立武當時聽說中共派陶孟和作為南京文化的「接收人」，接觸許多文教界的人士，如中央博物院的組長曾昭燏女士，曾坦白告訴杭立武，陶孟和曾向她表示，文物不必遷運。此外，中共已經滲透到各博物院，阻止精品選挑來台。

對於當時運台文物主其事者傅斯年及杭立武等，中共視為文化戰犯，中共中央討論此問題時翦伯贊、向覺明（向達）、郭沫若、馬衡等都提出意見，郭認為傅為主動罪，故不容赦。杭之列入亦不為苛，翦則認為杭僅供奔走，不足重視[34]。最後杭立武及傅斯年都列為文化戰犯。

翁文灝負責，實際由傅斯年統籌，當時反對運台者為故宮博物院院長馬衡，其學生莊嚴贊成，師生因此發生衝突。此外，在得知重要文物運台之後，北平文化界包括陳垣在內的二百二十九人聯名發表宣言，指責政府盜運文物[35]。

三、許多文物及重要檔案未及遷運來台：雖然那志良認為大部分南遷文物的精華都遷至台灣，但與南遷箱數相比，以數量計，僅有南遷箱數的四分之一[36]，其中故宮博物院的文獻，南遷的數量三千七百七十三箱，存台的僅有二百零四箱，特別是明清時期的奏摺大部分留置在大陸，目前北京第一歷史檔案館典藏的重要檔案，有許多是當年未規劃遷運或未能運台的文件。另外，中央圖書館圖書亦有許多圖書原來規劃運台，到最後未能成行，蔣復璁回憶到：

這時第三批普通本圖書近二百箱運抵台灣，但因這批圖書在南京裝船時，碼頭工人要求加價，未能全運來台。第四批圖書正待裝箱啟運，李宗仁（一八九一—一九六九）代總統下令禁運，這批圖書終未能運出[37]。

由於決策中僅以中央博物館、故宮博物院、中研院史語所、中央圖書館等幾個較重要的單位為主，許多地方博物館的文物都沒有列在考慮之內，因此許多重要文物未能遷運來台；此外，上述單位的文物由於經過挑選，難免有遺珠之憾。

遷徙是一個流動的概念，個人管個人的眷屬，文物方面雖有整合，然仍以各單位為主，有些得以來台，有些則留置大陸。不論如何，這批文物來台，不但使明清故宮重要文物能完整的保留下來，也豐富台灣的文化內涵。

第九章

外省人來台的途徑與交通

由於來台的人數相當多，軍隊之外，有黨政要員、學術界、一般公務人員、民意代表、學生及一般民眾等，有些人隨軍、隨學校、隨機關、隨工作單位來台，亦有個別申請或偷渡來台者。他們來所乘的交通工具不同，來台的路線亦不同，有些人不但攜家帶眷，甚至貴重的家俱、隨從都跟著帶到台灣，有些人一票難求。

一、途徑與交通

自日本投降之後，陸續有大陸人士來台，但大部分是來台觀光或公務之需要來台，來台後大部分人都未有在台定居之意；然自一九四八年國共內戰，國軍逐步敗退，自中國東北及華北地區南下遷徙的人增加，來台的人數亦增加，觀光的因素變少，避難的性質增加，形成一股逃難潮，記者倖生觀察一九四八年底的情形：

恰是徐州大戰序幕快揭開的時候，京滬兩地的人們，好像熱鍋上的一群螞蟻，焦急的來回亂爬，車站上早已成了一座人山，如果要想正式買得一張車票，真比上青天還難[1]。

三大戰役國軍失敗後，東北及華北大部分地區為中共所占據，許多民眾往南遷徙，逃亡人潮不斷穿梭於沿海的城市，有些人轉往香港，大多數人遷移來台，來台的出口地點包括：上海、廣州、青島，其中以上海和廣州兩地來到台灣者最多。上海近首都南京，又是重要的對外口岸，當共軍突破江陰要塞，脅及首都時，上海自然成為輸送逃難者出海的重要口岸。中共渡江之後，華南岌岌可危，遷移至廣州的政府機關開始分地辦公，有些機關撤至台灣，劉安祺部的軍隊奉命保衛廣州，回憶時提到：「這時在廣州的機關很多，像立、監兩院、國民大會等，……我們咬著牙，掩護這些機關撤完之後奉命撤退。」[2]至於青島方面，是政府有計畫的撤退行動，許多外省人來到台灣[3]。此外，由於政府西遷，因此許多人由重慶、成都、西昌等地直接坐飛機，或輾轉來台。

由於來台的人數相當多，軍隊之外，有黨政要員、學術界、一般公務人員、民意代表、學生及一般民眾等，有些人隨軍、隨學校、隨機關、隨工作單位來台，亦有個別申請或偷渡來台者。他們來所乘的交通工具不同，來台的路線亦不同，有些人不但攜家帶眷，甚至貴重的家俱、隨從都跟著帶到台灣，有些人一票難求。

來台的管道有些透過政府安排，如黃宏基（後來成為海軍將軍）於一九四九年十月二十日，乘坐招商局「鐵橋輪」由廣東汕頭經金門到台灣，當時即是跟隨江西省政府的一個電台到台灣，後來才考上海軍官校[4]。有些則是趁機上船，作家張拓蕪談到其搭「華聯輪」來台的經過：

> 第二道是海關：憲兵檢查是在跳板中間一道，任何人上岸或上船，都得經過這道關，除非有凌空虛渡的本領，那個憲兵正在盤問一個軍人，一面檢查差假證。憲兵的背靠著跳板的欄繩，趁一對夫婦擠過時，我從憲兵背後溜了過去。海關不檢查軍人，我就三步併作兩步的跑進了候船大廳。在上海時還穿著軍服，第三天船在海上我們便換了單軍服，左口袋上角還綴著一枚老符號……你既然戴了，別人也就懶得去管你是哪個單位[5]。

或許每一個人來台的動機與經過不同，但絕大部分都是自己購票來台，其中以搭「中興輪」來台者最多，如盧立人、張默、李敖、張松涵、馬白水、顧毓秀、余文秀、郭鱗徵等，另有搭其他輪船來台，如孫越、葛香亭、陳新等人，因此大部分都從高雄及基隆港登陸。根據基隆及高雄港的統計，一九四七年有八萬九千八百零七人，一九四八年有十三萬八千五百四十四人，一九四九年有二十二萬四百二百四十人，一九五〇年有十六萬一千二百七十七人[6]。這可說明確實來台者交通工具以輪船為主。

當時來台者幾乎涵蓋大陸各省，來自各種職業及各種階層，當時來台的重要的出海口有：上海、廣州、青島、重慶、香港、沿海島嶼（海南、舟山、金門）等，其中以上海、廣州到台灣者最多，一九四九年上半年集中於上海，下半年集中於廣州。

由於台灣與大陸隔著海，來台的交通以海運及空運為主，一九四九年後空運以上海、廣州、重慶為中心，有部分班機飛經汕頭、香港、廈門，大部分直飛台北、台南。航空公司主要以中國航空公司、中央航空公司、台灣航業公司為主，大約有一百餘架飛往台灣，有固定班次，但亦有旅行社以專機方式招攬旅客，如高德旅行社一月二十七日由上海直飛重慶，一月二十八日上海直飛台北，刊登大幅廣告以招攬客人[7]。除民航機外，另有軍機以專機方式運送黨政軍要員、重要的資料，及輸運一些留守的公務人員及眷屬。由於飛機的運量有限（大部分飛機載客都在二十—五十人左右）、票價較高、航行的時間受天候及戰事的影響較大，輸運旅客有限。海運成為當時來台的重要交通工具。

海運方面，來台的旅客以上海、廣州為中心，上海的輪船最多。一九四五年日本投降後，經營台海航運的公司有：中聯公司、中興航運公司、民生航運（實業）公司、招商局[8]、台灣航業公司[9]、舟山輪船公司、台州信記輪船公司、平安輪船局、茂利商輪局、太古輪船公司、美通航業公司、大通興輪船公司等。這些公司大部分以貨輪為主，即使是客輪亦兼運貨品，因此載客量有限。

當時往來上海至台灣較重要的客輪及客貨輪有：中聯公司的「太平輪」；舟山輪船公司的「舟山輪」、「穿山輪」；台州信記輪船公司的「台州輪」（上海至高雄客輪）；台灣航業公司的「永興」、「華孚」、「泰生」、「鎮海」、「南山」、「民眾輪」（先航上海至基隆，後航行廣州至基隆）；平安輪船局的「大華輪」；上海實業公司的「滬漢輪」；達興輪船局的「復興輪」、「達興輪」；茂利商輪局的「茂利輪」；招商局的「海天輪」、「海黔輪」、「海湘輪」（廣州至高雄）、「海平輪」（定海至基隆）；中興航運公司的「漢民輪」、「永生輪」、「美信輪」；德和航業股份公司的「德和輪」；裕中航業股份公司的「裕東輪」；永源行股份公司的「永源輪」；中興輪船股份公司的「銘興輪」、「景興輪」；美通航業公司的「亞平輪」；其他如「四川輪」、「萬富輪」、「萬國輪」、「民生輪」、「瑞新輪」、「英杭輪」、「延平輪」、「鐵橋輪」（廣州至基隆）、「台中輪」、「盛京快輪」等。此外，有許多貨輪往來上海與基隆[10]，如下頁表9-1：

當時行駛上海至基隆的客輪本來以「太平輪」、「中興輪」為主，加上「民眾輪」、「華聯輪」、「延平輪」等。一九四九年一月「太平輪事件」發生後，「中興輪」成為主要的客輪；四月二十四日，上海告急，「中興輪」改駛香港線，另有「滬廣特快輪」，專門行駛上海至基隆到廣州；此外，為配合公教人員撤退來台，一些軍艦用於輸運撤退來台的軍公教人員及眷屬，如海贛輪、大江輪、海桂輪、海羊輪、海鷗輪、海湘輪等。載客量隨著局勢發展愈來愈

▶ 表9-1　1949年1-3月上海往台灣重要貨輪

輪船名稱	所屬公司	出發時間	抵達地點	載運情形
啟興	中興航業	1月4日	基隆	貨運3800噸，員工87人
德和	德和航業	1月10日	高雄	空軍供應司令部軍差，員工77人
海翔	安利航業	1月27日	基隆	貨運600噸，員工65人
新康	台灣航業	1月27日	基隆	兵工廠器材3,000噸，員工96人
鎮海	台灣航業	1月28日	基隆	貨運400噸，員工55人
滬漢	上海實業	1月29日	基隆	貨運500噸，員工68人
永興	台灣航業	2月3日	基隆	空放員工88人
華孚	台灣航業	2月11日	高雄	貨運2,600噸，員工70人
裕中	裕中航業	2月6日	基隆	貨運7,000噸，員工82人
大萍	大陸航業	2月5日	基隆	貨運500噸，員工82人
天平	中國航運	2月12日	高雄	軍差、員工70人
南山	台灣航業	2月25日	基隆	官兵118人，軍品4,932噸，員工104人
台安	台灣航業	3月3日	基隆	貨運1,000噸，員工84人
民眾	台灣航業	3月5日	基隆	貨運600噸，員工81人
永源	永源航業	3月8日	高雄	貨2,000噸，員工94人
鎮海	台灣航業	3月9日	基隆	貨運350噸，員工56人
裕東	台灣航業	3月11日	基隆	貨運6,500百噸，員工86人
德和	德和航業	3月17日	基隆	貨運1,000噸，員工74人

資料來源：上海市檔案館藏，《本會（上海市輪船商業同業公會）會員填報輪船出口報告單》，檔號：S149-2-72。

多，以中興輪上海至基隆港航線的載客為例，三月二十日，二百六十四人[11]，四月六日，五百餘人[12]、五月四日，一千二百四十九人，行李約一萬件、五月十二日，二千五百八十二人[13]。其他輪船亦疏運不少旅客來台，民眾輪於五月九日自上海至基隆載四百餘人[14]。鐵橋號於七月十五日由廣州至基隆，載重要文件一百九十箱，總統府及中央社所屬單位人員三百一十二人[15]。

其後由於政局不安，許多業務由中國招商局所屬輪船負責，後因國民黨逐步由大陸撤守，航線中斷，招商局的輪船或因老舊，或因業務關係，如海吉、海皖、江寧、江平、江靜等，於一九四九年十月初決定停航[16]。

由大陸至台灣的航線在上海未被占據之前，旅客最多的是上海至基隆航線，其次才是上海至高雄，五月上海為中共所占據之後，廣州至基隆的航線成為最熱門的航線，另有從汕頭、青島[17]、海南等地來台者。

上海到基隆、高雄從清末以來就有客貨輪行駛[18]，日本投降後中興、民生兩航運公司定期客貨班輪往返於上海至基隆之間。中興輪船公司的中興、景興、平興輪每週定期開船，年客運量達三、四萬人次。民生實業公司的民眾輪開航申台線客班，每次客貨滿載。「民眾輪」改航北洋航線後，國營招商局調派海川輪航行上海至臺灣線，每隔四天開航，十二天往返一次。一九四八年，民生公司在臺灣設分公司，調民眾輪專航申台線。一九四九年，因國軍敗退，由上海撤退至臺灣的人數增加，上海被中共占據後，申台線中斷。五月後中興輪改駛廣州。

貨運部分航線，上海至臺灣的主要港口基隆和高雄[19]，日本投降後，大陸、臺灣間客貨運輸繁忙。自一九四六年至一九四九年五月間，中興、民生兩航運公司有定期客貨班輪返往於基隆至上海之間；此外，招商局、復興航業公司、臺灣航業公司等航運企業以及一些民營小型輪船公司，有不定期貨運航線，承運基隆、高雄、台南至上海等地貨物。時臺灣運往上海等地的主要貨物有糖、煤、鹽等。上海運往臺灣的則有肥料、礦砂等。一九四八年八月，招商局海黔輪由臺灣運往上海的貨物多達二・〇六萬噸。一九四九年四月，台糖一・〇九萬噸，亦由招商局遣輪自高雄運至上海。上海被中共占領前，高雄還向上海輸出過石油，包括汽油和原油[20]。

日本投降後，台灣出入境的口岸以基隆[21]、高雄港為主，進出兩港的船舶或貨運量都逐年增加，一九四九年達到是最高潮，如下列諸表：

上述資料因計算基準不同，有些含軍艦，有些不包括軍艦，數據略有出入，但仍可以看出幾個現象：

其一，自一九四七年後，進出基隆及高雄港船舶數量與噸位都逐漸增加，以表9-2及表9-3為例，基隆港進港方面，一九四七年，船隻為：一千一百五十九艘，船舶的總噸位為一百七十六萬七千零七十三噸；一九四八年，船隻為一千三百七十一艘，船舶的噸位共為二百五十三萬二千零六十噸；一九四九年是一個高峰期，船隻增為二百一百零八艘，船舶的噸位總和三百八十五萬三千二百二十一。高雄港方面，一九四七年，船隻為七百一十六艘，船舶的噸位合為七十萬零四千一百八十二噸；一九四八年，船隻為一百二百二十七艘，船舶的噸位共計一百一十八萬三千二百九十九噸；一九四九年是一個高峰期船隻增為二百零六十六艘，船舶的噸位為二百四十六萬四千三百三十一。出港的情形從一九四六年之後逐年增加，一九四九年是進出港船隻與噸位最多的一年。

表9-2　1946-1950年基隆、高雄二港進港商船

年別	港別	總計		輪船		機帆船		帆船	
		艘數	總噸數	艘數	總噸數	艘數	總噸數	艘數	總噸數
1946	基隆	2,207	1,678,603	318	1,606,646	412	44,425	1,477	27,532
	高雄	715	470,570	93	447,280	340	499,591	282	6,297
	共計	2,922	2,149,173	411	2,053,926	752	544,016	1,759	33,829
1947	基隆	1,159	1,767,039	551	1,705,489	380	54,128	228	7,422
	高雄	716	704,182	218	675,493	333	25,398	165	3,291
	共計	1,875	2,471,221	769	2,380,982	713	79,526	393	10,713
1948	基隆	1,371	2,532,060	834	2,481,275	367	46,352	170	4,433
	高雄	1,227	1,183,299	432	1,133,450	614	45,048	181	4,801
	共計	2,598	3,715,359	1,266	3,614,725	981	91,400	351	9,234
1949	基隆	2,108	3,853,221	1,153	3,785,845	375	56,195	580	11,181
	高雄	2,066	2,464,331	825	2,396,377	862	58,341	379	9,613
	共計	4,174	6,317,552	1,978	6,182,222	1,237	114,536	959	20,794
1950	基隆	1,222	3,088,635	890	3,074,859	51	7,673	281	6,103
	高雄	1,089	1,903,151	645	1,874,843	407	27,128	37	1,180
	共計	2,311	4,991,786	1,535	4,949,702	458	34,801	318	7,283

資料來源：交通處根據基隆、高雄兩港務局按期造報資料匯編。載於《台灣省統計要覽》，第20期，頁252。（本表不包括軍艦及漁船之進港數字）

▸ 表9-3　1946-1950年基隆、高雄二港出港商船

年別	港別	總計		輪船		機帆船		帆船	
		艘數	總噸數	艘數	總噸數	艘數	總噸數	艘數	總噸數
1946	基隆	2,296	1,646,980	309	1,574,677	390	42,010	1,597	30,293
	高雄	733	462,639	94	439,148	321	16,158	318	7,333
	共計	3,029	2,109,619	403	2,013,825	711	58,168	1,915	37,626
1947	基隆	1,147	1,769,658	543	1,708,012	374	53,772	230	7,874
	高雄	711	675,606	211	646,958	331	25,331	169	3,317
	共計	1,858	2,445,264	754	2,354,970	705	79,103	399	11,191
1948	基隆	1,351	2,465,447	818	2,415,785	358	45,113	175	4,549
	高雄	1,210	1,160,506	430	1,111,289	604	44,654	176	4,563
	共計	2,561	3,625,953	1,248	3,527,074	962	89,767	351	9,112
1949	基隆.	1,991	3,817,171	1,126	3,752,666	368	54,628	497	9,877
	高雄	2,025	2,396,372	798	2,328,907	848	57,769	379	9,696
	共計	4,016	6,213,543	1,924	6,081,573	1,216	112,397	876	19,573
1950	基隆	1,322	3,114,943	890	3,096,494	77	11,189	355	7,260
	高雄	1,080	1,942,885	644	1,914,965	403	26,895	33	1,025
	共計	2,402	5,057,828	1,534	5,011,459	480	38,084	388	8,285

資料來源：根據基隆、高雄兩港務局按期造報之資料匯編。收載於《台灣省統計要覽》第20期，頁254。（本表不包括軍艦及漁船之出港數字）

▶ 表9-4　基隆港、高雄港進出港口船舶統計

年別	港口	進港		出港	
		艘次	總噸位	艘次	總噸位
1946年	基隆	2,207	1,678,603	2,296	1,646,980
	高雄	715	470,570	733	462,639
1947年	基隆	1,159	1,767,073	1,147	1,769,658
	高雄	716	704,182	711	675,606
1948年	基隆	1,371	2,532,060	1,351	2,465,445
	高雄	1,227	1,183,299	1,210	1,160,506
1949年	基隆	2,108	3,853,221	1,991	3,817,171
	高雄	2,066	2,464,331	2,025	2,396,372
1950年	基隆	1,222	3,088,635	1,322	3,114,943
	高雄	1,089	1,903,151	1,080	1,942,885

資料來源：《基隆港建港百年紀念文集》（基隆：基隆港務局，1985），頁129。台灣省政府統計處，《台灣省統計提要》（台中：台灣省政府主計處，1971），頁616-619。（本表資料含軍艦）

▶ 表9-5　1946-1950年基隆、高雄二港進港貨物數量

年別	港別	總計	國外	省外	省內
1946	基隆	171,247	19,054	144,094	8,099
	高雄	28,709	8,568	11,556	8,585
	共計	199,956	27,622	155,650	16,684
1947	基隆	267,055	42,904	211,419	12,732
	高雄	175,301	95,829	41,037	38,435
	共計	442,356	138,733	252,456	51,167
1948	基隆	228,753	137,045	227,857	24,851
	高雄	450,447	222,379	119,970	108,099
	共計	679,200	359,424	347,827	132,950
1949	基隆	544,332	277,485	230,380	36,467
	高雄	629,072	398,289	196,523	34,260
	共計	1,173,404	675,774	426,903	70,727
1950	基隆	511,653	471,055	9,443	31,155
	高雄	582,648	484,640	259	97,749
	共計	1,094,301	955,695	9,702	128,904

資料來源：交通處根據基隆、高雄兩港務局按期造報之資料匯編。收載於《台灣省統計要覽》，第20期，頁256。

其二，受到大陸局勢的影響，大陸沿海地區遭中共封鎖，有些船舶甚至遭中共扣留，因此進出基隆港的船舶與噸位一九五〇年後都逐漸銳減，以表9-4為例，進港的船舶方面，一九四九年，高雄港與基隆港合計四百一百七十四艘，總噸位為六百三十一萬七千五百五十二噸；到了一九五〇年減為二百三百一十一艘，總噸位亦減為四百九十九萬一百七百八十六噸，減少的數量甚大。出港的情形亦同。

其三，進出貨數量而言，一九四七年之後貨物進口量逐年增加，到一九四九年最多，一九五〇年後又開始遞減。

其四，以基隆港與高雄港做比較，一九四五年十一月至一九四六年年底，由於高雄港口在太平洋戰爭末期被炸，破壞慘重，一時未能修復利用，客貨運輸，大部分匯集基隆港，一九四七年後高雄港大致修復，但基隆與高雄港的進出港的情形還是不同。船舶進出的數量及噸位，基隆港都大於高雄港；貨物量方面則有不同，國外的貨物量高雄港大於基隆港，一九四八年基隆港為十三萬七千零四十五噸，高雄港為二十二萬二千三百七十九噸；一九四九年基隆港為二十七萬七千四百八十五噸，高雄港為三十九萬八千二百八十九噸。但省外也就是從大陸地區進入台灣的貨物量，基隆還是比高雄多。一九四八年基隆港為二十二萬七千八百五十七噸，高雄港為十一萬九百九百七十噸；一九四九年基隆港為二十三萬三百八十噸，高雄港為十九萬六千五百二十三噸。這可說明基隆港為大陸來台的主要進口港，高雄港則以國際航運為重點。

至於旅客方面，根據《中華民國五十五年統計提要》有關港口或機場的出入境統計，一九四七年為三萬零七百一十六人，一九四八年為六萬三千三百八十九人，一九四九年十八萬六千二百九十九人，一九五〇年為十三萬零八百二十二人人。這些數據不含軍人，因為當時軍人出入境不必經過海關檢查。其中又以港口進出者大於機場甚多，港口中則基隆港多於高雄港，根據當時報紙的統計，一九四九年一至六月基隆港方面：船舶進一千一百三十八艘，出一千零五十五艘，旅客進三萬五千人，出一萬四千九百五十三人；貨物進二十七萬九千二百七十六噸，出二十七萬九千四百七十六噸[22]。一九四九年五月二十一日為例，就有十一艘巨輪進口，中一〇八、鴻章、執信、彌陀佛、海王星、海天、華孚、寧遠、漢民、益亨、TUDOR等輪，大部分由滬、蓉來台[23]。基隆車站擠滿了人，基隆車站往來的乘客每日達三萬人以上，每天的客貨運收入增至五億餘元，占全省鐵路車站收入的六分之一強[24]。基隆港之貿易額，占全省總貿易額百分之九十四。一九四七年以後，高雄港逐漸修復，基隆港在全省貿易總額上所占的比率乃相對下降，一九四八年降為百分之七十九，一九四九年政府播遷來台，對大陸貿易銳減，惟基隆港貿易所占全省總額的比率乃為百分之六十二[25]。

隨著國共戰局的發展，有許多公司改變航線與航次，以台灣航業公司為例，一九四九年六月調整如下：

基隆——上海線：原定配駛台航公司六千七百七十五噸級的延平輪及招商局撥租的一千八百七十三噸級培德輪，每十二天往返一次，因上海撤守時主要由延平輪負責，培德輪尚未接收，以上兩輪航線將來視各線需要隨時調配。

基隆——廣州線：配駛台航公司三千八百二十噸級台中輪及招商局撥租之一千八百七十三

噸級之仲愷輪，每月往返二次半。

高雄——廣州線，配駛招商局撥租一千八百七十三噸級之執信輪及招商局撥租一千三百五十一噸級之海杭輪，每月往返二次半。

基隆——福州線：配駛招商局撥租一千三百五十一噸級之海平輪，每月往返四次。

高雄——汕頭——廈門線：配駛招商局撥租一千三百五十一噸級海津輪，每月往返三次。

廣州——海口線：配駛招商局撥租一千三百五十一噸級海滬輪，每月往返二次[26]。

上海為中共所占後，上海與青島的軍隊開始撤退來台，上海的航線也隨之中斷，必需調整航線，即使如此，海上的危險愈來愈高，貨輪有被中共所劫，台灣航業公司台航八號機帆船，、月五日由基隆開往海門途中，被共軍迫駛溫州，遭共軍扣留[27]。

二、來台的票價

上海為當時重要的進出港口，國內航線即分為南洋線、北洋線、滬甬溫閩線、滬漢宜線等。各航線的客貨運費隨時間做不同的調整，自一九四八年底，由於國際油價上漲百分之八十二，外匯亦上漲百分之一〇三，不論是機票或船票，都不斷的調整。從一九四六—一九四九年，以南洋線票價為例，僅將客運、貨運、及一般貨物與軍品列表如表9-6、9-7、9-8：

可知客貨運的價格調漲幅度頗高，政府對於軍品的運輸與交通運輸公司商訂，其價格較為便宜。其中漲幅較大的應是一九四九年一月十七日，即日起增加六成，中興輪一九四九年四月份上海至台灣特等艙為一百五十萬金圓，約合七十五元美金。船艙等級的價差甚大，以上海

▸ 表9-6　南洋線客運價目表（單位：法幣，1949年以法幣換算）

航線	浬程	等級	1946年7月	1947年7月（含餐）	1948年10月（含餐）	1949年1月
上海｜基隆	419	特等	42,600	502,000	728,000	1,410,000
		頭等	28,400	335,000	486,000	940,000
		二等	18,900	222,000	322,000	620,000
		三等	12,600	171,000	248,000	485,000
		四等	8,400	114,000	165,000	320,000
上海｜廈門	564	特等	57,800	677,000	982,000	1,900,000
		頭等	38,500	450,000	653,000	1,265,000
		二等	25,700	302,000	438,000	850,000
		三等	17,100	231,000	335,000	650,000
		四等	11,400	152,000	220,000	430,000
上海｜汕頭	673	特等	68,900	905,000	1,167,000	2,255,000
		頭等	45,900	538,000	780,000	1,510,000
		二等	30,600	356,000	516,000	1,000,000
		三等	20,400	273,000	396,000	765,000
		四等	13,600	183,000	265,000	510,000
上海｜香港	823	特等	84,100	985,000	1,428,000	2,760,000
		頭等	56,100	657,000	953,000	1,845,000
		二等	37,400	437,000	634,000	1,230,000
		三等	24,900	336,000	487,000	940,000
		四等	16,600	222,000	322,000	620,000
上海｜廣州	912	特等	93,200	1,092,000	1,583,000	3,055,000
		頭等	62,100	729,000	1,057,000	2,045,000
		二等	41,400	484,000	702,000	1,360,000
		三等	27,600	371,000	538,000	1,040,000
		四等	18,400	245,000	355,000	690,000

資料來源：綜合整理上海市檔案館，《本會公訂的客票價目表及貨物價表》，檔號S149-1-166；《各航線主要港埠客價價目表》，檔號S149-2-209。

到基隆為例，一九四七年十月特等艙票價為七十二萬八千元，四等艙為十六萬五千元，將近五倍。此外，票價逐年高漲，一九四七年十月特等艙為七十二萬八千元，到一九四九年一月後漲到一百四十一萬元，近一倍，到四月又漲到一百五十萬元，三個月漲了九萬元。

航空公司方面，中央航空、中國航空自一月三日起先調漲百分之七十八，二月四日，各項物價飛漲，汽油售價增加百分之一百二十四，此次調整增加為百分之一百一十七，計每乘客每公里自金圓十一元調整為金圓二十三‧八元。一月三日至二月四日，一個月後再度調整，二月十一日，調整更大，客貨運價，照原價增加百分之二百六十[28]。簡單將上海飛往各地的票價列表如表9-9：

當時上海往來台灣還有幾個問題：其一，來台票價調整方面，進入一九四九年後物價飛漲，船聯常務監事及滬會理監事聯席會議，以自一月二十六日以來，航行總成本激增加百分之一百七十，而物價仍日有波動，致無法計算成本，經決議請政府於日內壓平物價，暫不調整運價[29]。但到了四月在物價的壓力下自四月一日起，船聯理監事會議決：貨運增加百分之二百，客運增加百分之一百五十，台省出口以台幣計算者，貨運增加百分之二十五，客運增加百分之二十[30]。四月二十五日起又增加百分之二十。上海市輪船商業同業公會也致函相關軍事單位，要求照價調整，如一九四九年四月十六日致函空軍通信學校，告知廣州至高雄本無固定班輪，招商局有一登陸艇，可載GMC卡車四十至四十五輛，但卡車除另加「笨重貨物附加費」外，如交運時運價調整，應照新價計算[31]。客人行旅亦規定輕便行旅二件，行旅費用只收現鈔。雷震一九四九年五月三十一日記提到，當時廣州至台北票價為銀洋五十五元，購票時不分大頭小

▶ 表9-7　南洋線貨運價目表（每噸）

航線	浬程	等級	1946年7月（法幣）	1948年12月（金圓券）	1949年2月（金圓券）
上海－基隆	419	第一類	120	665	3,830
		第二類	144	800	4,610
		第三類	171	950	5,470
		第四類	219	1,220	7,040
		第五類	234	1,295	7,470
上海－廈門	564	第一類	120	665	3,830
		第二類	147	820	4,730
		第三類	171	950	5,470
		第四類	219	1,220	7,040
		第五類	234	1,295	7,470
上海－汕頭	673	第一類	138	760	4,390
		第二類	165	915	5,270
		第三類	201	1,115	6,430
		第四類	252	1,390	8,010
		第五類	270	1,495	8,620
上海－高雄	614	第一類	147		4,730
		第二類	180		5,760
		第三類	216		6,910
		第四類	270		8,620
		第五類	291		9,290
上海－廣州	912	第一類	216	1,200	6,910
		第二類	261	1,445	8,330
		第三類	312	1,720	9,920
		第四類	390	2,160	12,460
		第五類	420	2,320	13,370

資料來源：綜合整理上海市檔案館藏，《本會公訂的客票價目表及貨物價表》，檔號S149-1-166；《各航線主要港埠客價價目表》，檔號S149-2-209。

▸ 表9-8　南洋線一般貨運與軍品價目表（1949）

航線	浬程	類別（每噸）	1949年2月（金圓券）	1949年4月（金圓券）
上海－基隆	419	一般運價	57,500	431,300
		軍品運價	42,100	315,800
上海－廈門	564	一般運價	57,500	431,300
		軍品運價	42,100	315,800
上海－汕頭	673	一般運價	66,350	497,800
		軍品運價	49,500	371,300
上海－高雄	614	一般運價	71,500	536,300
		軍品運價	53,150	398,800
上海－廣州	912	一般運價	102,850	771,500
		軍品運價	75,350	572,800

資料來源：綜合整理上海市檔案館，《本會公訂的客票價目表及貨物價表》，檔號S149-1-166；《各航線主要港埠客價價目表》，檔號S149-2-209。

▸ 表9-9　上海飛各地票價表（以金圓券計算）

日期＼地點	南京	香港	重慶	廣州	台北	台南
1月3日	790	5,650	8,790	8,160	4,040	5,650
2月4日	6,400	36,140	25,460	32,860	16,280	22,000

頭，約合港幣四百元[32]，比四月份高出將近一倍。

其二，對軍人及中央民意代表有特別的優待：軍人方面以六折付現購票[33]，國大代表常要求免費或優待，如交通部航政司李景潞一九四九年致函上海市輪船商業公會李雲良祕書長：「茲有國大代表杜希陵等三十人擬搭輪赴台灣，囑予免費優待，因招商局赴台輪船只有煤船，未便委屈搭乘，惟民營船隻向無免費規定，擬請吾兄就近洽商中興華聯等公司能否酌予折扣以利通行，或不規定艙等慨以來回票計算酌予優待，仍請見復。」[34]另外對於貨運價格，國防部每要求打折，對此一九四九年一月十七日上海市碼頭商業同業公會呈公用局：「查本會各會員公司碼頭業務近受時局影響異常冷淡，且鈞局所核准之費率較實際成本低，依商價七折計，各會員公司已因虧累太巨，無力負擔，今若依照軍價計算，無法照辦。」[35]對此意見，湯恩伯總司令的態度至為強硬，特函上海市碼頭商業同業公會，提到：軍事運輸極關重要，悉由該會通知現在各會員，自即日起，有關應照前命令，不得藉詞推托，萬一貽誤軍機，致干重咎，務各稟遵。

除軍運品要求折扣外，其他的民意代表更要求免費提供票，台灣航空公司由於特權運用過於頻繁，航運公司也頗感壓力，招商局總管處函國大聯誼會（一九四九年七月十九日）：「敬悉溯自上海局勢轉變後，本公司航線日蹙，收入銳減，經濟困難達於極點，目下賴以稍資維持者厥為少數客貨班輪，本公司前應國大代表之請求特予優待免費乘輪赴穗，原以秋瑾輪一次為限，嗣後一再請求援例辦理，本公司在萬分困難之中仍勉予照辦，惟長此以往，業務上之損失誠不堪設想，以此極少數之客貨輪勢必無法維持影響交通至深且鉅，茲特向貴會聲明自即日起國大代表免費乘輪之優待辦法應予停止，嗣後務須照庫購票上船，藉資挹注區區之苦衷，尚祈轉請原諒為荷。」[36]有許多民意代表自己購票來台，並未享受特別優惠的待遇。

其三，匯款至台灣的問題：由於台灣省自一九四九年二月四日起停止一切私人及商業匯款至台灣，而國籍輪船因疏運關係，多數駛往台省，關於購買燃料、發給薪工及一切開航費用均以台幣計算，需費浩大，船聯常務監事特電台省陳誠主席，對於輪船所需台匯，轉電上海台灣銀行准予儘量兌換[37]。一般的匯兌有須多限制，浪費時間，為便於資金的往來，陳誠最後特別同意在上海銀行准予兌換。

其四，僱用及檢查問題：由於有人以僱用之名偷渡來台，因此國防部特別函船聯理監事會：「為維持軍紀，嗣後海軍士兵未經本部准予退伍，並未給有證明者，請勿雇用，以免通緝追究，諸多不便。」[38]此時檢查更為嚴格，人事檢查由水上統一檢查所負責，憲警不得單獨執行。貨物檢查仍由海關負責，防疫檢查由檢疫所負責，船舶安全檢查由航政局負責。

其他個別問題：如輪船公司與托運者因調整運費及裝卸時間的衝突，中元輪船公司所屬的良心輪運中央印製廠（公家機關）貨物到基隆，超過時間未裝卸，要求每天賠償損失金圓十萬元。

當政府情勢危急之際，許多人已忘記年初太平輪事件的悲劇，一波波的遷移人潮，對台灣方面而言，除基本上食住的壓力外，更增添幾許的恐共氣氛，但無疑的這批外省人為台灣的文化注入新血，許多精英分子與知識分子為往後台灣發展的重要動力之一。

第十章

陌陌千里急急行——還台的場景與悲劇

我帶著部隊到黃埔碼頭，碼頭上已是人聲鼎沸，士兵、軍眷、難民擠在一起，人們爭先恐後搭船逃離上海，整個碼頭猶如人間地獄。為了要多搭載些人，國軍奉令把武器彈藥一概丟棄在碼頭上，只要人上去就行了，於是碼頭上堆滿了武器、彈藥、黃金、白銀、家當。

一、上海碼頭

一九四八年下半年，當東北戰場、華北戰場熱烈激戰時，上海交通開始比較忙碌，但還沒有特別擁擠，大家似乎仍把希望放在國民黨，蔣下野前三天（一九四九年一月十八日）任命湯恩伯為京滬杭警備總司令，頗有穩定政局的作用。隨著局勢的發展，國共北平談判無結果，接下來中共渡江之後，人潮蜂湧而來，上海碼頭人聲鼎沸，擠滿了到台灣的旅客，這股遷徙潮，一波接著一波，最後變成狂潮巨浪，成為逃難潮。

面對局勢的變化，一九四九年五月政府鼓勵人民疏散，五月五日，上海市政府、京滬杭警備總司令部上海市人口疏散委員會第一次會議記錄，出席人員有：淞滬警備司令部周力行、京滬杭警備總部處長張慶榮、上海區運輸司令部陶軒雲、招商局輪船公司趙驊、全國輪船業同業公會熊大經、上海市政府徐哲陶、中國航空公司吳福威、中央航空公司陳洪綬、交通部直屬民航大隊馮玉衡等人。最後做成結論：一、本會名稱確定為：京滬杭警備總司令部上海市人口疏散委員會。二、淞滬警備司令部周力行、京滬杭警備總部處長張慶榮、上海區運輸司令部陶軒雲、招商局輪船公司趙驊、全國輪船業同業公會熊大經、上海市政府徐哲陶、中國航空公司吳福威、中央航空公司陳洪綬、交通部直屬民航大隊各單位各派一人擔任。三、疏散聯合執行委員會仍予保留，以便必要時繼續工作。四、本會為加緊疏散工作起見，須先行要求做到下列幾點：船舶的管制辦法須放寬，核准手續須簡便，以免延緩開船時間。出境旅客除無黃牛嫌疑外，雖無身證，亦可購票。檢查手續亦應儘量簡化。飛機、輪船應儘量增加班次，定期航線班次不准減少，如船只須調用時，另以船隻抵補。飛機票可委託各旅行社代售，由公司在票價內酌付手續費，以免乘客購票擁擠，并限五月九日起實行。空運旅客免費攜帶行李增加為二十五公斤，過重者仍儘量照章收運。海港檢疫所除往國外旅客外，往其他各埠旅客准用合法醫師注射證。五、本會開會遇有事必要臨時召集。六、本會對外行文由淞滬警備總司令部代行[1]。已做最後撤退之準備。

這項會議放寬民眾遷移的手續，自有助於急於逃難的民眾，然因交通工具有限，仍有許多人未能如願來台。在遷徙的過程中，男性與女性的遭遇與記憶差異甚大，商人與公務人員的經歷不一，各階層的流動情形亦不同，女人較多的是生活的觀察，公務員增添了機關的描述，有些人選擇性的記憶與失憶，因此回憶不一定是歷史的原貌，但有些場景的集體記憶相當類似，本文不細分男女、職業與階層，僅根據來台的民眾搭船之前在上海碼頭的景象做綜合論述：

（一）上海碼頭擠滿赴台的旅客與送行的人潮

上海本來就是近代以來對外貿易的重要城市，上海碼頭不僅是內河航行及沿海航行的重要轉運站，更是對外交通的中心，平常往來的民眾就不少，隨著國共戰事的變化，一九四九年初，上海碼頭業務較平常忙碌許多，一月底以後，人潮漸多，每天都有人湧到碼頭詢問船票及班次，共軍渡江前後擠往碼頭的民眾更多，運輸也特別的忙碌，許多報社的記者也湧向碼頭捕捉逃難的鏡頭，外國記者也不例外，一位外國的記者保羅・德芮肯（Paul Dereck）在《中國珍珠港》一書中，形容他看到的情景：當時裝滿人與貨物的大小船隻川流不息地從黃埔江開過，有些明顯超載，或是不適合越洋使用的江船，都被國民黨軍隊徵用，為的是趕在上海陷落之前儘快運出更多的物資到台灣，但碼頭上仍然擠滿了貨物與逃難的人，似乎永遠都運不完似的。當時轉進來台的青年軍賈貞齋回憶五月的情形：

（五月二十四日）我帶著部隊到黃埔碼頭，碼頭上已是人聲鼎沸，士兵、軍眷、難民擠在一起，人們爭先恐後搭船逃離上海，整個碼頭猶如人間地獄。為了要多搭載些人，國軍奉令把武器彈藥一概丟棄在碼頭上，只要人上去就行了，於是碼頭上堆滿了武器、彈藥、黃金、白銀、家當，有些船由於人滿為患而將船梯收起，為了擠上船，許多人冒險企圖攀爬上船，結果像餃子下鍋一樣，由船舷落入海中，真悲慘！由於船隻不夠，碼頭上十五萬國軍，大概僅一成上了船，當船慢慢駛離黃埔江時，最令人鼻酸的是那些上不了船的婦女、家眷，在碼頭上呼天喚地的哀嚎，因為這一分離不知何年何月何日才能再相聚[2]。

曾經擔任蔣介石祕書的董顯光回憶說：「留在上海的親友到碼頭上來送別，抗戰八年彼此長期隔離之後，剛重敘又要分手，此次一別能否再見，誰也沒有把握。因此，船駛離碼頭時，在暮色蒼茫中彼此相向揮手，莫不泫然淚下。」[3]女青年工作隊余國芳回憶：「等船這段期間，經常是到了碼頭說要上船，等了半天，後來又不上船，每天就這樣把東西搬來搬去。後來規定不准帶很多東西，許多人就將衣服丟下來不帶。」[4]青年軍彭年回憶：「（一九四九年）五月共軍打上海。我費了好大的工夫登上一艘坦克登陸艦上，整艘軍艦上擠滿了軍人和眷屬，我被擠在軍艦上的小艇上，有時大浪還會打上小艇。」[5]另一位青年軍尤懷賢回憶：「（一九四九年五月中）由黃埔江登船，當時上海已亂成一團，黃埔江沿岸擠滿了人及待運物資，多少人因搶搭船掉落黃埔江被淹死，造成妻離子散，骨肉分離的悲劇，誰也管不了，人命如螻蟻般的難民潮，因為我們係部隊性質，所以能驅散人潮順利登船。」[6]女青年工作隊王珂回憶：

> 我們算是該船最後一批運抵台灣的人。同船來的是大批軍隊、公務員和招來的流亡學生，其中女青年大隊隊員共有二十四位，年紀都很小，最小的才十四、五歲。我們離開時，上海淒風苦雨，市面已呈飄搖不定的狀態，黃埔碼頭上停放數千輛被人棄置的汽車，逃難的人，揹著小包袱在各號碼頭等著搶搭離船，每船都呈飽和狀，人們依然往船上擠，在甲板守衛的阿兵哥只好將難民打下船，抽掉跳板，才能開船，情況很悽慘。[7]

由於人數增多，貨運量亦大量增加，上海碼頭的業務不勝負荷，不但影響航班，也造成上海市輪船商業同業公會的損失，公會屢次要求水上警察局、淞滬警備司令部、憲兵護航隊、統一檢查站等單位維持上海碼頭的秩序，但上海碼頭依然混亂。為整頓上海碼頭秩序，上海市輪船商業同業公會於一九四九年一月初推陳天駿、姜克尼、張耀明、沈琪等為代表，向上海港務整理委員會、警察局水上分局、淞滬警備司令稽查處、憲兵護航隊等單位接洽辦理，最後制訂關於碼頭秩序規則草案[8]。港務局對於維持碼頭秩序提出新措施：各碼頭出入處儘可能設置欄柵、崗位，禁止閒雜人等進入，船員須憑證章符號，旅客須憑船票，船之外港亦不准舢舨停靠[9]，情況雖稍有改善，但碼頭的秩序依然混亂。

上海碼頭的另一問題，是本為商業公司的碼頭倉庫多為軍隊占據[10]，維持秩序既感困難，執行業務亦多阻礙，且多為軍火，尤恐發生意外情事，上海市碼頭公會雖請求上海市政府處理，但效果不彰。根據上海市公用局的報告：「乘客秩序未達理想，碼頭上除檢查船票者外，駐衛警等應多注意予以維持，尤以小販不應在碼頭衝要兜攬生意。」[11]雖然在上海市區可能變化不大，但碼頭附近的車潮與人潮明顯增多。

（二）來台的船票一票難求，且票價不斷調漲

自一九四八年後物價波動嚴重，特別是上海地區，一九四九年的物價為一九四七年的百倍以上，票價當然亦不例外。中興輪船公司位於上海四川中路一六一號，每天詢問電話不斷，買票人潮擁擠，為此該公司在《中央日報》刊登廣告，公告較重要的規定：一、購票者須憑身分證、牛痘證、照片二張；二、旅客無身分證者，台灣當局嚴禁入境，扣押並命令由原船返回；三、攜帶行李不得超過三十公斤或十二立方尺。一九四九年年初的票價到四月份漲了一倍，黃牛票漲的更多，通常是訂價的好幾倍，但仍然被搶購一空。對此情形，黨政要員張道藩的太太蔣碧薇回憶：

> 道藩抵滬，我們都搬到旅館集中，以便隨時成行。他託人買中興輪的船票，因為中興輪

是航行台滬之間最大最舒適的客輪，可是當時京滬一帶戰況緊急，在上海等船急於成行的不知有多少人，即使花黑市票價，想買一張票也是難如登天。二十八日下午，沈左堯陪我到海黔輪上去看看，海黔輪停泊在招商碼頭，預定第二天開船，頭天就擠得滿滿的，連過道上都打著地舖。我們的汽車裝在甲板上，旁邊還搭起了帆布篷，有許多乘客已經開始在那兒餐風宿露。我一看這種情形，心裏非常的著急，即使我此刻便留在船上不走，想占一個鋪位也是很不容易，幸虧沈左堯找到一位水手，和他私下商量的結果，這位水手願意幫忙，把他的床位讓給我，可是靠山吃山，靠水吃水，他需要二十塊銀元的代價，我立刻便欣然照付。

上海現鈔奇缺，前天（一九四九年四月二日）上海大頭（銀元）價格竟然高過美金，昨天美金的價格方始稍微提高，上海的金融這麼混亂，以後還不知道將會亂成怎樣[12]？

由於船票難求，特權與關係到處可見，為了能擠上船，除軍人具有特權外，有許多人運用各種關係達到其目的。雷震在一九四九年一月十一日的日記中記到：

中興輪乘客一千餘人，加以行李為數不謂不多，至下午六時始開柵門准旅客依次排班上船，白日讓許多人擁於門前等候，在時間上論，最少應於下午二時門開，俾旅客可從容入舟也，而便門只准貨物搬入，旅客不准由此門入，但有軍人身分或其他緣由者，可由此門入。亞英等六人，行李二十八件，為排班不知要到何時始能上船，故持恩伯兄片子亦由便門入也。但進入內碼頭上船時，又不知花了許多精神，每上一次行李，必須交涉一次，只有四人搬夫，必須許多次始可搬上也，又劍慧兄託帶麵粉一大包，我自己亦帶一包，除自食外再送人，而船員說麵粉是走單幫的東西，不准上船，結果打了行李票又准上船，其無秩序可想而知[13]。

雷震所記的時間是一月，到了四月份這種情形更為嚴重。

（三）客滿與超載

碼頭擠滿了人，船上的情形亦復如此，內河航行的船隻超載嚴重，對外的輪船更為嚴重。一九四九年初，上海市長吳國楨訓令港口警務機關及上海市船業工會：「查輪船載客額限制例禁甚嚴，近以日久廢弛，主管者不加干涉，航輪者唯利是圖，不顧旅客生命安全，演成巨禍，如上海市輪渡公司改組二年以來只見腐化實現而無擴充與改善，如二十年前之舊輪，行駛已屬危險，而載客逾額，竟又視為普通常事，每逢星期日、星期一、星期六，三天乘客擁擠尤甚，客額溢至半數以上，蠕蠕如螻蟻，鵠立如木雞，幾無寸隙，遑論座位，但每聞加價則又勇為各輪先驅，從未聞對業務改善，以謀乘客便利，其更荒謬者，竟以無船頭、無船尾、無乘客執照骨牌式之長方形碼頭裝置機件，作為長行載客之用，開航業惡例，更為我航海業界之汙點。」[14]

政府雖一再三令五申不得違法，但業者唯利是圖，逃難的旅客則只要能擠上船就感到滿足，錢石英回憶：「只是這艘華孚是一艘船齡很老的散裝貨輪，據說是三千噸，船上原來沒有旅客房艙，水先生（船主）安排在船尾甲板下的船員艙騰空間給我們使用，我們把行李堆疊在中間，房艙擠得滿滿的。」[15]發生於一九四九年年初的太平輪事件，原因之一即是超載問題。

（四）碼頭附近賤賣各種物品

由於想離開的人有些是全家遷移，一方面認為不知何時才能回來，一方面變賣一些物品以增加盤纏。一九四九年上海街上滿街是賣車、賣家俱、賣舊物、賣舊書的。舊書的價格甚便宜，平常一部黃綾的《三希堂法帖》一千大洋買不到，現在只賣五十大洋，二十四史論斤出售，許多好書便宜極了，看在即將遷移的知識分子，或愛書的人眼裡，買了帶不出來，徒呼負負，感慨萬千[16]。李敖也在當時的逃難潮中，他做綜合的回憶：

一九四九年一月十日，歷時六十六天的淮海戰役（國民黨叫「徐蚌會戰」）結束，國民黨大將黃維、杜聿明等先後被俘。整個江北已經全部失守，局勢的突變，使爸爸對國民黨能守江南的信心動搖，國民黨欲求隔江而治皆不可得。那時候人人逃難、家家逃難，爸爸的北大老學弟張松涵全家，也搬到我家樓下。張松涵是與安省政府教育廳長、太太戴樹仁是國大代表，跟國民黨淵源都深，準備逃到台灣。臨走前勸我們也去台灣，爸爸同意了。張松涵到台灣後，立刻代我們領了入境證寄來。於是爸爸和我立刻到市區買船票。我家離開上海前，儲存的麵粉等留給了六叔，又送了六叔一兩黃金，所剩全部財產，只有幾兩黃金，全家九人，每人分不到一兩，也就追隨大官鉅賈，朝台灣逃難了。

當時上海已經是用銀元的天下，銀元有袁世凱像和孫中山像之分，叫「袁大頭」「孫小頭」，民間自動變成了銀本位，金圓券沒人要了。市面上的情形是「大頭小頭，叮叮噹噹」。爸爸和我在市面上加入客串銀元黃牛，兌到船票票價，到船公司搶購，居然買到中興輪的甲板上船票，非常高興。上海的房子，以買價的十分之一大廉售，居然也賣掉了。於是一切準備妥當，準備再逃難。

上船那天晚上，中興輪全輪上下，已經擠得頗有黃埔灘擠兌黃金的密度，我背著我的藏書，終於擠上了船。當晚就睡在甲板的行李上。第二天清早，船開了，六叔趕來揮淚招手，就這樣的，船慢慢開出崇明島，遠處已經依稀有砲聲可聞。從上海到海上，我們又逃難了。[17]

李敖父親留下日記，摘錄五月六日至十一日的日記，五月六日：一、入境證寄來。二、決定暫去台尋生路。三、託人解決房子，由北平而上海，家資已去了大半。此番再去台灣，則一切皆空矣！五月七日：一、房子問題，居然意外收穫，以六兩半（指黃金）頂出，六弟尚落一住處，雖然比較頂來，賠累甚多，但以住處換住處，尚差強人意也。二、購船票必需金圓券，同敖兒去河南路換金圓券。等同銀元小販，在弄堂內石階小坐，左手大洋，右手金券，共換得四億多。三、購二等票二張，三等票整票三張、半票三張，共用去四億三千多萬。四、通知松涵車票已購得，請到船碼頭一接，並代覓房子。五月八日：一、解決木器、米麵等項。一、麵十四袋、米四包（原注：二百斤）、零星用品，均交六弟暫用，以渡難關，並予黃金一兩，使其安心治病，生此時代，離聚皆不由己，只有聽諸天命而已。三、送行李上船。五月九日：六弟同桂貞等上船，此番去台，為解決困難，在滬之日用傢俱能帶者無不帶走，東西多累人，信然。五月十日：一、晚上船，挨過一夜。一、次日早六弟岸上相送，以淚洗面矣！五月十一日：一、如期開船，一帆風順。二、船上人多得要命、熱得要命，後悔來得無味也！李敖家只是當時幾十萬人之一的個案，而且還算是幸運的個案，而上海黃埔江的景象只是變動中城市之一而已，其他像重慶、廣州的情形亦頗類似[18]。

這只是上海的一角，所舉者只是其中的個案，當然不能以此認為當時的上海市區都是處於動盪之中又可能犯了以偏概全的錯誤。當時上海的報紙做觀察，將會發現歌舞昇平依舊，大部分的民眾除了感受物價的波動之外，其實是沒有多大的改變。本文以動盪的記憶只是凸顯在這個年代裏，各種現象都有，資料、口述歷史、回憶錄等均不足以描繪當時的全貌。

這些上海的情景，在廣州也是如此，一位青年軍記述離開廣州前上船的情形：

> 雖然這艘船是政府安排，送我們這批青年軍到台灣去受訓的。但許多眷屬、現役軍人，以及歷盡千辛萬苦逃出來的難民，也急切的想到台灣去。……每個人都像失去理性的瘋子，唯一的目標就是上船。船身有限，容不下岸邊所有人，他們還是不斷地擠，不斷的擠[19]。

當在變亂之際，仍有許多人燈紅酒綠，雷震在一九四九年五月三十日到廣州，遊東堤時發現有許多飲食船，更有一船名為勝利咖啡店，是一大賭場，酒店之船上均可賭博，雷震感慨認為都市生活之糜爛，廣州可謂第一，所謂吃喝嫖賭到處均是[20]。從重慶輾轉來台，或直接搭機來台的情形與上海及廣州的情形類似，在重慶不但一票難求，即使買到票也不一定能搭上飛機，特別是在一九四九年底戰火波及下，機場常受到砲火的威脅。小說家王藍細數重慶當時的情形，特別提到：畢竟飛機數量有限。用各種方法搶搭飛機的花樣，開始在重慶上演。十一月底，整個重慶的市街陷入混亂，到處塞滿搬運東西卡車、小汽車和行人，各機關都是人去樓空，只有一、二人員在哪兒焚燒文件檔案，顯然政府正在緊急撤退。由重慶到成都，四百五十公里的路程，小座車一日半即可到達，有時走了五天，整個公路都塞得水洩不通，一部車拋錨，一大串車子都得跟著熄火，軍車、商車糾紛時起。數以千計的人潮在新津機場（成都）等候飛機，飛機不曉得什麼時候來，也不曉得什麼時候走，不過天天都有起降。想搭機赴台的人，一分一秒都不能離開飛機場，只有天黑以後，始敢各自散去，找地方過夜。機場內房屋極少，辦公室內又不能睡覺，這上千人便把機場周圍的旅社、小店與民房統統住滿。每天只有少數的人，在大家羨慕、妒嫉的目光中搭機離去，卻有成千上百的人繼續自城內流來機場，未出三日，候機人超過了兩千。晚來者，沒有房子可住，只好睡在機場內空地上任憑風吹雨打[21]。劉先雲回憶說：

約於十一月上旬，重慶飛香港、台北的飛機班次愈來愈少，聽說國航、央航兩公司經理率機十二架投敵，致使飛機班次減少，人心浮動。李代總統滯留昆明不回，蔣總裁又遲遲未到，重慶中樞無人，陷入一片混亂[22]。

這時重慶充滿矛盾，有樂觀，也有絕望。復員後出現房荒，一些屋主期盼國共內戰時期政府的遷移，能為重慶重新帶來繁榮，隨處可見招租廣告，希望能招徠來往的客人，這些過客並未給重慶帶來繁榮，反而治安愈來愈差，能逃的人都已逃走，國共內戰和抗戰期間都為重慶帶來人潮，但已判若兩個不同的世界[23]。

二、渡台悲歌──太平輪事件

（一）發生的經過

一九四九年是大遷徙或者大逃亡的年代，這年中華民國政府從南京遷到廣州、重慶再到台灣，中共政權由延安、西柏坡入駐北京，許多人民隨著國共內戰的情勢遷居台灣，本節就一九四九年來台的個案：太平輪事件，探討大陸人士來台的艱辛過程。

一九四七年，台灣發生「二二八事件」，大陸人士來台受到衝擊與影響，數量上明顯的變少，但隨著國共內戰的變化，戰事不利於國軍，民眾展開一波的逃難與移民潮；一九四八年底之後，往返上海與基隆的民眾增加，最多的時候一天有五十五艘船隻穿梭於基隆港，當時往來上海與基隆港的最主要客輪為「中興輪」、「太平輪」、「華聯輪」、「民眾輪」。「太平輪事件」雖說是一件意外事件，但也凸顯當時逃亡或移民來台的一些問題。

一九四九年一月二十一日，蔣介石下野，國共內戰國民黨部隊有節節敗退的跡象，東北及華北大部分為中共所占，許多民眾開始另一波的遷徙，有些人準備遷往台灣，一月二十七日中午，上海黃埔灘頭外的碼頭邊擠滿了人潮，登船的時間未到，有近千位旅客陸續搶登從上海開往基隆的「太平輪」（客貨輪）[24]，這些旅客有些是商人，因逢農曆年前趕著到台灣的迪化街等地對帳或收帳；有些是軍公教人員及其眷屬[25]，隨著各單位轉進來台；有些是來台工作或回台者；有些是因大陸局勢不穩，急著到台灣避難的民眾。除了旅客之外，船上載有許多的文卷與貨物。

原預計下午二時出海，因故延至四時二十分才開船（當時輪班大多延誤）[26]，由於國共內戰的關係，這個時期夜間海面實施宵禁，原則上禁止夜間行船，淞滬警備司令部曾函上海市政府公用局等單位要求戒嚴期間絕對禁止開航，並於一月十五日發布告：「查本部轄區內水面宵禁時間為便於檢查控制起見，自三十八年一月五日起改為每日下午六時至翌日上午六時止，除轉飭警備部遵照外，合行布告周知，希各知照為要。」[27]事實上違反規定者到處可見，為了躲避共軍的襲擊，大都沒掛燈，為趕時間高速航向基隆，又抄近路，當天晚上，沒有霧，船上大多的旅客出海不久之後即沉睡。大約十一點三十分左右，當船抵舟山群島附近，與另一艘載著二百七百噸煤礦與木材從基隆開往上海的「建元輪」[28]相撞，由於「建元輪」噸位較小先沉下去，船上七十餘人死亡，三十人被救上「太平輪」，「太平輪」原覺得無礙，船上工作人員廣播說沒事，被驚醒的乘客陸續回船艙睡覺，不久，前艙開始進水，因超重的船身傾斜更為嚴重，工作人員試著往舟山群島靠近，想要找沙灘擱淺，但卻無力航行，船逐漸下沉，大約在二十八日零晨十二點三十分，「太平輪」沉沒。當時附近的大海洋中僅有澳艦華倫孟卡號（Warramcunga）由上海開往天津，在吳淞口外獲得求救信號，趕往出事海面。

船難發生，每個人驚惶失措，爭相逃命，救生圈不夠，許多人往海裡跳，船很快的沉沒，船艙的木板、衣櫃、箱子四處飄落，會游泳的人抓著板子在海上漂浮，不會游泳的、力氣小的，大部分罹難，僅有少部分人倖存[29]。

對於出事的經過，遇難獲救的李逑文[30]在〈太平輪遇難脫險記初稿〉中談到：

> 一月二十六日購妥中聯公司太平輪客票，當日下午七時將行李上船，留人看守，二十七日上海在海港檢疫所種痘，十二時前同行十三人全部登輪，靜候開駛，該輪牌示原定下午二時啟錠，直駛基隆，不悉何故，竟遲至四時二十分始啟錠離滬，船行約七、八小時後，時當深夜，余在艙內忽聽砰然一聲，繼有鐵鍊急放聲，心知有異，乃出艙探視，得悉太平與建元兩輪互撞，建元輪被撞後，立即下沉，見水上漂浮多人，太平輪急放救生工具多件，搭救上船大約二三十人，當建元輪沉沒後，太平輪尚以為本身無恙，繼續駛行，經旅客發現下艙進水急報船長時，船上始悉艙身進水有沉沒危險，乃開足馬力向右方海岸急駛，無如進船水勢頗兇，甫一刻鐘，船身即陸續下沉，及滅頂時約為子夜十二時一刻也[31]。

另一個生還者葛克也見證當時的情形，一九四九年二月二十二日以證人身分敘述當時的情形：

> 時下艙已有浸水進入時，余乃挽內子及三小兒隨眾客擠登甲板，本欲攀登救生艇，奈人已擠滿，無法插入，是時余抱長子及次女，余妻抱幼子於懷中並挽余之右臂，立於煙筒左側，緊緊擁抱，精神早已慌張失措，一切只有付諸天命。……船首右部已漸下沉，轉瞬間砰然一聲，忽感一身冷氣，知已隨波浪墜下海中，妻兒業已失散，余連喝水數口，乃努力向上掙扎，漂浮水面，獲一木箱，乃向燈塔方向划行，奈適退潮之際，是時有風浪，不能隨心所欲，木箱亦因進水又欲下沉，余乃另尋他物，回顧適有一大木板，離身不遠，遂乃棄箱就板，後又續上二人，三人端坐板上，下半身浸於海中，乃開始漂流茫茫大海上，做生死之掙扎，落水時之恐怖，已使精神受極大打擊，而天氣寒冷，全身又濕透，東方漸白，遂見一巨輪向我方駛來，乃勉力嘶喊呼救[32]。

（二）旅客的背景

根據事後統計，太平輪上除了有購票登記的五百零八人（男性為二百六十九人，女性為二百三十九人）之外、船員一百二十四人，另外還有沒有購票擠上船的旅客約三百人，總共有九百三十二人，其中特等艙五十人，二等艙一百六十人，其餘擠在三等艙。出事後數小時，澳洲軍艦華倫孟卡號救起三十八人[33]，被救起者包括國防部參謀葛克、袁家姞（袁世凱孫女，後成為葛克的太太）、喬建（青島警局服務）、胡尚富、孫元齊、張成禾、陸阿裕、朱作道、吳忠康、李榮慶、高恭陸、朱大華、薩炳、葉根善、蔡勤仕、葉立明、湯公子、陳景景、徐興道、賈子明、郭捷克、廖旺德、李德文、李世愷、吳子超、郭超圭、來文新、曾文懷、羅鴻頭、周元祥、李永卿、周阿殊、徐志浩、李沭文等三十四位男性，另有周啟秀（衛蕾）、王兆榮、周蘭英、李阿香等四位女性[34]。

其他約九百人均死亡，包括刑事鑑定專家李昌鈺的父親李浩民、音樂家吳伯超、海南島受降代表王毅將軍、清真寺創立者常子春妻小親人共十一人、山西籍國大代表邱仰濬、國民黨一些要員，如總統府機要室主任毛慶祥的兩個兒子（蔣經國留俄的好友俞季虞也在船上，蔣經國寫文章懷念他），中央銀行首批派台公務人員三十餘人等人。當時購票者，根據「太平輪」旅客登記的資料，統計如表10-1、10-2：

從太平輪的旅客資料及載運的物品，可以做以下的分析：

一、有些是一家數口，如王正本家四人、王李淑真家五人、王綱世家十一人、徐守正、徐守勇一家六人、劉董氏一家九人。

二、來台旅客職業各行業均有，如鐵路局員工楊洪釗，在台北經營毛筆的林世湘、擔任教職的李芳勛（臺大）、沈佐（花蓮農職）、糖廠上班的王綱世等。顯然在太平輪事件發生時，雖有逃難的情形，但還不算嚴重，許多人心存觀望，旅客中以來台經商及軍公教人員居多。其中經商者人數最多，可能與年關將近，有些商人來台對帳或收費有關，但亦有來台工作者。

▸ 表10-1　太平輪旅客職業統計

職業	人數
學生	56
商人	157
軍人	61
公教	37
家管	41
自由業（含記者）	59
無（未填）	96
總計	508

▸ 表10-2　太平輪旅客年齡層統計

年齡	人數
1-9	7
10-19	56
20-29	167
30-39	146
40-49	56
50以上	38
未知	48
總計	518

資料來源：上海市檔案館藏，〈中聯公司太平輪出口旅客名冊〉，《被難家屬名冊》，檔號Q185-3-23594-4。

三、台籍罹難的乘客共三十四人，這批人或回台過年、探親，或係避難逃回台灣，從名單中可以知道大部份為個人，與大陸來台的罹難者攜家帶眷不同[35]。

四、以購票旅客的資料來分析，男性為三百六十九人，女性為一百三十九人，年齡層方面以青年及中年人居多，二十至三十九歲者占所有旅客的七成，九歲以下及五十歲以上者較少，僅占所有旅客的十分之一。這種現象與移民及逃難的情形相似。

（三）事後的處理與延伸的問題

事發後，交通部上海航政局，曾派員進行調查，局長洪瑞濤並將調查的結果及處理的情形呈報交通部：一、失事原因自係碰撞所致；二、責任問題因雙方負責駕駛的船員均未獲救，一時無法就技術上進行查究，經已傳詢所有生還船員，並三次向海關調查，已將上項所得有關資料於本年四月四日送請在滬專家研究，擬再彙集各方意見開會審議；三、善後事宜早經被難家屬推派代表隨時洽公司方面辦理，並分在上海、台灣報由法院依法處理，關於法院處理情形亦經本局以卯刪代電報請核辦有案[36]。

事發後由被難家屬組織「太平輪被難旅客善後委員會」，中聯公司代表亦多次與家屬開會協商，家屬同時向上海及台灣法院提出告訴，他們提出幾項要求：追究刑事責任，同時致函台南高等法院、高雄地院、台北高地院，依法保障被難家屬的損害賠償；並函滬航政局、社會局及其他有關機關，責令中聯公司從速辦理撫卹與賠償[37]。在臺灣的家屬善後委員會要求扣押中聯企業名下的輪船，包括當時曾為蔣介石的座船華聯輪。

罹難家屬四百一十六位選定齊杰臣、呂谷凡、楊洪釗、常尺春、羅躋平等向中聯公司提出告訴，認為該公司有業務上的重大過失：其一，船舶救生設備不足，據生還的李逑文稱當時太平輪上秩序混亂之際，搶登右邊救生艇，但人已擠滿，無法插足，改向左邊救生艇亦情同右艇；又據生還的周衛蕾致其父母函云：「大家都擠在救生船，船主不管事，結果救生船並未放下水，等到船已萬分傾斜的時候，救生艇還尚未放下水，繩子用刀也割不動。」葛克亦談到同樣的情形。其二，船隻本身未修繕完畢即行開航，太平輪本身鐵板已壞須更換，並已在英聯船廠登記修理，而公司並未等到修理完竣即行開駛。其三，船長以此船員指揮及駕駛技術均欠熟練，出事當晚滿天星斗，且無濃霧，相撞前不鳴汽笛，出事後不開燈，足見業務上有重大過失。其四，載量過重，臨時裝鋼條，一百五十萬噸後發現超重，但業務主任將全部四百五十萬噸裝載後才啟錠。葛克稱太平輪全船無空隙，非貨即人，致出事後加速該輪下沉。其五，船長、船員是晚因舊曆年皆置職務不顧，共聚喝酒賭錢，以致看舵的二、三副交班不銜接。其六，太平輪出事後發出求救信號，中聯公司並未立即設法救援[38]。

中聯公司否認以上的指控，但也答應先發放臨時救濟金，自二月二十二日起在台北重慶北路中聯公司內發放，每一罹難者家屬可領金圓券一萬元，折合台幣三十五萬元[39]。由於太平輪船籍設在上海，加上中聯總公司在上海，因此整個案件移至上海審理[40]。罹難者家屬到上海交涉，由中聯公司安排住在吳宮飯店，負擔一切費用，每人發放米十五石。但死者家屬到上海中聯輪船公司，群情激憤，將中聯輪船公司的桌子、椅子都掀了，氣氛非常火爆。中聯公司業務副經理馬斯才在法官審訊時表示：「因為恰巧是年初一，辦公處沒有人，他們就把辦公室搗毀又趕往總經理周曹裔家中，將室內傢俱玻璃等完全擊碎，公司方面始終容忍著。」[41]後來雙方無法達成和解共識，最後走上法律訴訟。

訴訟案分別在台北與上海法院審理，上海法院判決中聯輪船公司要賠償，台北地方法院初審判決被告對原告應負損害賠償計台幣二百二十三萬元，因被告未繳款，法院乃將被告所有的華聯輪一艘實施查封，核定最低價格台幣一百五十萬元拍賣，惟原告以該輪曾供總統乘坐，且於政府必有用途，呈行政院請求政府收購，後經交通部協調財政部及招商局商議[42]，亦無具體結果。法院判定扣押則引起中聯公司員工的不滿，陳情中華海員總工會上海分會提到：「詎料太平輪被難旅客善後會竟得寸進尺，變本加厲，除將本公司安聯輪在途經高雄時擅請扣押停止航行外，現又擬將本公司僅存之「華聯輪」加以扣押，聞該會擬計畫將該兩輪另行出租以收入抵賠償，如此公司業務停頓，收入既無，則員工眷口近萬之生計，將何以維持，事關命脈所繫，安能坐以待斃，為維護員工職業計，特於三月二十五日下午二時召集全體同仁，除商討對策自動保障職業外，並籲請各界社會人士主持正義而疏困相應。」[43]其後上海地方法院於三月二十一日駁回原告假扣押，其理由：「本案原告人數眾多，內容複雜，審理需時，輪船停駛過久，非特阻礙海上交通，妨害社會經濟，且於船員生活亦有影響，查船舶所有權之移轉，非經登記不得賣第三人。」[44]由於罹難者人數眾多，又無保險[45]，被難者家屬得不到合理的賠償，中聯公司也無法繼續營運。

關於太平輪沉沒的賠償問題，蔡康永在〈我家的鐵達尼〉文章中提到：

爸爸在上海開的一家輪船公司所擁有的船，這家公司的所有輪船當中，最有名的一艘，叫做「太平輪」。一九四九年，國民黨和共產黨內戰的揭曉之年。那年除夕前，一群急著要離開上海的有錢人，終於瞭解到狀況的緊迫，連過年都顧不得了，搶著要擠上早已客滿的太平輪。這些人，有的用金條來換艙位，硬是從原來的乘客手上，把位子買過來。有的靠關係，像爸爸或船公司其他合夥人要到最後幾個位子。理所當然，這群太平輪的「最後一批乘客」裡面，有當時上海最有錢有勢的一些人，也有爸爸最要好的朋友。在戰亂的時代裏，命運之神似乎揹負著祂自己也無法控制的戾氣——太平輪開到半路，出事沉沒。全船只有三十六人獲救生還。船上漂流散落的珠寶手飾、佛像牌位，讓許多附近的漁民大吃一驚，悲喜交雜。爸爸從來沒有跟我說過太平輪沉沒的原因。只提過當時他們公司所擁有的每一艘輪船，一律都向英國著名的保險公司投保。唯獨太平輪例外，因為當時爸爸一位相識在上海開了保險公司，為了捧捧人場，就把手上這艘剛要開始在上海和台灣之間航行的太平輪，給這家上海人自營的保險公司承保。太平輪一出事，這家保險公司，立刻宣布倒閉。所有賠償，由輪船公司自己負擔。在太平輪上遭難的乘客，人數之多、牽連之廣，無論再怎麼樣的賠償都不可能讓家屬滿意。官司始終無法解決，公司旗下太平輪以外的另外兩艘輪船，被鐵鍊鎖在高雄港，直到全部鏽爛，成為廢鐵。還有兩艘貨輪，留在大陸，被共產黨接收[46]。

這段談話除敘述發生的經過外，也提到當時來台旅客確有避難的情形。由於太平輪船東

——中聯公司破產，無力賠償，中聯輪船公司所有的輪船分別在大陸及台灣被沒收。後來朱雍泉買下台北「中聯公司」的房子，成立安平百貨公司，即安撫太平輪家屬的意思[47]。政府對此民事糾紛案件，並未積極介入，以致許多人求償無門。

「太平輪事件」牽引的生死別離，成為大時代的往事，這樣的故事除了基隆港東十六號碼頭的紀念碑前，于右任題字的兩人高的紀念碑上刻著「太平輪遇難旅客紀念碑」、上海市檔案館所存的資料及一些紀錄影片的追索外[48]，這段歷史正只剩下許多人的回憶與懷念。鑑識專家李昌鈺博士接受採訪時說：

> 如果沒有太平輪海難，今天的我可能不會是現在的這樣，家父在上海南通一帶，經商非常成功。而也因為這個事件，讓我從小養成節儉的習慣，以及對母親深切的情感[49]。

太平輪罹難者家屬向上海市社會局的陳情函上談到：

> 本會（太平輪罹難者家屬）家屬或全家罹難孑然一身，或父子傷亡頓成孤獨，或夫妻喪命祇剩鰥寡，或兄弟喪失痛傷鶺鴒，甚至三代同亡，全家不保，所攜財產亦均漂沒海洋，人間之慘事，為舉世所同悲[50]。

獲救的徐志浩在〈太平輪是怎樣失事的〉一文中說：「一個母親手緊緊地挽著她四個兒

女，四個孩子也都緊緊的擁抱著他們那位唯一的最後的保護者，他們都知道這是死亡的一剎那，最後他們完全被無情的海水吞了下去。我也看見用手巾滿包著的金條，在人們全身只剩一個頭在水面時，這時價值百萬金圓的金條也都不再戀惜地被送到了海的懷抱裡！什麼都在這時成了廢物。」[51]

有些人幸運的沒搭上船，當年二十二歲的劉費阿祥，現為臺灣區浪琴表總代理，當時費盡艱辛才買到一張船票，由於抱著繈褓中的嬰兒，在友人的建議下，透過關係把船票改期，與友人同搭前一班船（一月十六日）好互相照應，幸而逃過這場世紀海難。梁肅戎是國民黨四平市書記長，東北淪陷，逃到南京，與幾個東北人如王大任等住在一起。本來要坐太平輪，但因剛生下的二女兒發燒不適，梁妻想晚點走，東北的幾家好友患難情深，說要留下來陪梁媽媽，把票退了。這幾家二十口沒搭上這艘船，只有遼寧省主席徐箴夫婦上了船[52]。

有些人則沒有那麼幸運，先行來台的南京音樂院院長吳伯超之女吳漪曼以及母親，經友人介紹認識「太平輪」的三副，吳伯超因而認識了這位三副。一月二十七日當天，原本沒有預計搭這趟船，在碼頭邊碰到三副讓出床，搭上死亡之旅。

席涵靜追憶，當年只有十二歲，跟著爸媽從山西一路逃到上海。他所屬的這個逃難團大約有一百人，主要是山西政府機關的公務員及其家屬，席涵靜的三個長輩邱仰濬（山西省監察委員）、韓恕基（邱仰濬祕書）、李沘文（山西省公務員）當年搭上這艘「太平輪」，邱、韓罹難，李沘文幸運獲救。

葛克是「太平輪事件」幸運的生還者，當年是國防部參謀少校，在農曆年前將妻子家小帶到台灣，買了船票，原以為全家上船張開眼，就可以踏上四季如春的寶島，卻沒想到卻是踏上了悲劇航程。

事件發生後留下許多悲劇與回憶，但這一事件並沒有嚇阻欲從上海到台灣的人潮，出事後幾天稍緩登船的熱潮，二月過後搶搭輪船的民眾仍然絡繹不絕，隨著國共戰事國軍的敗退，上海碼頭天天爆滿的民眾，似乎早已忘記「太平輪事件」。此事件雖是一件從大陸來台的意外事件，但從這一事件可以觀察到一九四九年存在的詭譎多變的政局與變遷中民眾的心態。

太平輪事件是發生於一九四九年初的一個意外事件，當時船上的旅客大部份罹難，留下許多懷念與追憶，在當時詭譎的時局中，是否來台都是民眾的大掙扎，就事件發生的經過及旅客名單中，在此簡單做歸納：

其一，當時輪船違法的情況嚴重，太平輪上當時除了有購票登記的五百零八人之外、船員一百二十四人，另外還有沒有購票擠上船的旅客約三百人，總共有九百三十二人，這三百名旅客，無從查出為何可以上船，特權、賄賂固然係要因，碼頭管理鬆散亦值得檢討。此外船舶救生設備不足，又不按照時間行駛，嚴重的超載、超重亦是不幸事件的肇因。

其二，當時中華民國政府已開始做轉進來台的準備，從太平輪所載運的物品：有中央銀行祕書處等單位（國庫局文卷帳冊）的重要卷宗、文卷及帳冊二百三十一箱，業務局帳冊五百二十五箱，會計處文卷帳冊二百九十七箱，理事會文卷三箱，監事會文卷三箱，人事處文卷四十七箱，發行局文卷帳冊八十七箱，還有上海各金融機構、銀行、錢莊、保險冊、信用狀、報表，所有工商企業生產和經營往來資料五十三箱，共一百三百一十七箱。另有，中國國民黨重要黨史資料一百八十箱、南北雜貨、鋼條約六百噸、上海各金融機構、銀行、錢莊、保險冊、信用狀、報表，所有工商企業生產和經營往來資料、《東南日報》整套印刷器材、白紙等大約百噸。可惜這些文件均石沉大海。

其三，大陸人士已開始遷徙來台，旅客的名單中有來台工作、經商、旅遊、隨政府安排來台（山西省政府）、軍公教、中央民意代表及其眷屬等，如山西籍國大代表邱仰濬、總統府機要室主任毛慶祥的兩個兒子、中央銀行首批派台公務人員三十餘人，雖然這時還不是逃難的高峰期，但已有許多人陸續移居台灣。

其四，太平輪事件的影響，最直接的當然是罹難者的家屬，面臨生離死別的傷痛；許多珍貴史料亡佚；由於一九四九年二月之後局勢更加惡化，欲來台的人民愈來愈多，太平輪原是航行於上海至基隆較平價的客輪，太平輪沉沒後，對於疏運上海到基隆的旅客的確有影響，許多民眾因此無法離開大陸來台。

第十一章

學生遷台的個案——山東流亡學生

王曾才回憶說：一九四九年，國共內戰結束，神州大陸發生了天崩地裂的變化，我隨著收留我的海岱聯合中學，在沒有交通工具的情況下，徒步在京杭國道上，日夜奔走，一路吃盡苦頭，從宜興走到杭州，然後經上海到基隆，再輾轉到澎湖馬公。

一九四九年年初，來台者發生「太平輪事件」，這只是偶發的事件，並沒有影響到當時外省人來台的意願，許多人透過機關的安排，或循各種管道來台，有個別來台者，亦有集體來台者，山東流亡學生即是集體來台的個案。有關山東流亡學校及學生的回憶錄甚多[1]，亦有陳芸娟撰寫〈山東流亡學生研究〉之論文，隨後並出版專書[2]，已對山東流亡學生遷台的過程做部分研究，本文儘量避免重複探討，因此主要分析二大部分，一為一九四八年中葉以後的學校遷移所面臨的困頓，其次將重點放在一九四九年的遷台過程，至於遷校後的問題則不討論，藉此了解一九四九年中學生遷台的問題。

日本侵華期間，教育部命令一般公立、私立大專院校南遷、西移，目的在保護國內稀有的大專教授及學生數量，以保留抗戰的元氣，大專院校或遷移至後方，或停辦，一九三八年國府專門成立「全國戰時教育協會」，負責領導全國各地學校的遷建工作。經盛鴻教授初步的統計，內遷的高校集中於四川的重慶及成都，重慶最多，共有二十五所[3]。胡國台教授更為精確的統計，一九三八年十六所，次年二十三所，到一九四二年三十五所，一九四四年三十九所[4]。

抗日戰爭結束後，教育部進行復員，各校紛紛遷回原地，好不容易安置好，一九四九年前後，又出現一股遷校熱潮，但這次的遷校，無論是師生員工的心態，還是政府提供的條件，都與抗戰時期不同，學校、學生的態度也反應在對國共的態度上。遷移的過程先是從東北及華北各地南下，之後隨著戰局的發展及國民黨政府的政策安置，再度遷至各地，許多人（包括學生在內）輾轉遷移來台，他們來台的路線與方式不同，這股政治移民的遷徙過程極為艱辛，一般民眾的遷移已屬不易，學校及學生的集體遷移更加困難，山東地區的流亡學校還算幸運，透過多方的交涉終於由大陸來到澎湖，最後落腳在台灣的彰化員林，為台灣孕育許多優秀的人才[5]，從山東各校遷徙來台的過程可窺知當時民眾及學生遷移所面臨的困境。

一、流亡學生的困頓

一九四八年底，國共內戰如火如荼的展開，國共雙方都爭取學校、學生，一九四八年九月以後，國民黨在東北和華北的軍事逐漸失利，為不讓學校落於中共之手，先後動員一些學校遷校，最先被要求遷校的是戰火最逼近的前線地區學校，其中東北、江西、河南等地遷移的大專、中、小學校最多。但遷校的地區不一。一九四八年九月，國立山西大學奉教育部電令，文、法、工各學院二年級以上學生及醫學院醫科二年級以上的學生，均遷到張垣上課，校址設在張垣市長春路陳列館，校本部及一年級學生遷到北平，一校兩址甚為不便，十一月，張垣分校決定遷北平。十月底，國立河南大學奉令遷到蘇州，同時，從河南鄭州、開封主動撤退的四十餘所中等學校，約五千餘人師生，教育部指定遷至皖南，開辦臨時中學收容，教育部並派專員到海寧進行安排，以收容魯豫流亡學生[6]。十二月，西北大學、西北公學院及西北農學院決定遷至成都。

政府雖然決定遷校，但對於遷校的經費、圖書儀器如何遷移、交通工具的安排等問題並沒有具體的規畫，因此出現幾個問題：

一、各校出現贊成與反對遷校的兩種意見：一九四八年底華北地區岌岌可危，許多學校開始做遷移的準備，但平津教授及學生自治會絕大多數持反對的立場，北平輔仁大學首先表示不遷校，燕京大學、清華大學、北京大學等校的教授也表示原地不動，一九四八年十二月八日，陳雪屏（教育部代部長）不得不宣布：「平津地區國立學校及重要文教機構原則上不遷移。到十一月底，只有唐山工學院遷移，其他都暫時不動。」[7]輿論肯定這些不遷移的學校師生的表現，認為是華北的穩定力量。平津地區遷校不成，政府又試圖遊說南方學校遷移，一九四九年年初中央大學接獲教育部遷校的電文，但大多教授表示反對，教授會主席鄭集明白表示：「學校經不起搬移折騰，一遷已甚，何以堪再，西遷是因為日寇入侵，不得已而為，而此次是國內戰爭，根本沒有搬遷的必要。」[8]理學院的教授張江樹亦反對遷台。北京大學於一九四八年十一月二十四日召開教授會，胡適校長主持，出席教授一百零五人，討論遷校問題，數分鐘即通過「北大從未考慮遷移，今後也絕不遷移」的議案[9]。

私立大專院校許多師生認為現在的形勢與抗戰時期不同，是國共間的內鬥，不論結果，院校財產都不致落於外寇之手，他們只希望有一個安全的學習環境，因此對於遷校並不積極，形成以教授會為中心抵制政府的力量。然迫於經濟，上海私校如聖約翰、滬江、大同、東吳等校的負責人召開會議，決定一九四九年春季開學時收取實物，以充學費，以三擔五斗至四擔五斗為原則，一次收取，雖然有參議員認為此無異破壞財經制度。

二、遷移地點並沒有規劃：學校的遷移，不僅是學生的流動，上課地點的安置，器材的移置等都應考慮，但可惜當時政府並沒有整個配套措施。一九四九年四月二十九日，教育部要求學校緊急疏散，首批為上海法學院、國立暨南大學、私立光華大學、國立同濟大學、國立復旦大學、私立滬江大學、國立交通大學等十五校，限於三十日前疏散，疏散地點及辦法由各校自行決定，遷移事宜由上海市警察局嚴格監督辦理，如有藉故拖延者，則強制執行。但這項要求也遭到多校的反對，因此形成學校方面，部分遷移，部分不動。此外，由於戰火不斷向南延伸，許多遷移的學生也須隨著戰局不斷遷移，許多學生被迫一遷再遷。

三、群龍無首：以一九四九年一月南京為例，中央大學由理學院數學系系主任周鴻經代理校長，周見南京秩序混亂，帶中央大學校印離開南京，學校陷於經費短缺、秩序混亂的狀況，中文系教授胡小石、社會系教授孫本文等乃挺身而出，成立校務維持會，由梁希任擔任主任委員，胡小石為副主任委員，負責校務的正常運作；交通大學亦同，學生自治會自有其作用[10]。各方傳說胡適帶校印南移，胡適只得出面澄清。

四、流亡學生經費與安置困難：北方學生有些受國民黨宣傳的影響，有些害怕戰爭，紛紛南遷，他們大都不清楚這場戰爭誰是正義，只知道戰爭會毀壞校舍、危及生命，尋找一個遠離戰火，安定的求學環境是他們共同的企盼，他們沒有多少的自主性，只能將希望寄託在政府妥善安置上。然而政府這時窮於應付戰事與經濟問題，根本沒有多餘的經費與精力處理流亡學生的問題，這批學生只有部分得到較好的照顧，大部分都顛沛流離，各地的情形不一。一九四八年九月，流亡在漢口的河南學生，靠同鄉熱心籌款度日，經重新登記合格的學生共三千八百餘人，在漢口有親屬未准登記的另有二千八百餘人，合格的學生，當時政府僅可收容一千人，其他二百八百餘人必須自己設法解決，令漢口流亡學生深感不公平的是同為河南的流亡學生，到徐州、南京、商丘等地者，政府都設有招待站，並提供一筆經費；到漢口者反被漠視。另有些戰區學生在逃難途中，因政府沒有統一安置辦法，經常靠社會善心人士臨時籌募的款項度日，然僧多粥少，有些學生甚至加入難民行列，沿途募捐乞討。《大公報》記者採訪到一九四八年十一月從鄭州到吉安的流亡學生，談到教育部所設的招待所每人每天配發兩角錢，徐州一碗麵是八角錢，根本不夠用；此外，擠車的危險鏡頭每天都上演[11]。一九四九年二月二十二日，山東濟南地區的流亡學生二百多人到上海，其中一百餘人找不到負責人，最後由社會局安排住在山東會館，並派施粥車運粥到山東會館，畢竟是臨時救濟，長期飲食幾乎無人負責[12]。山東臨沂中學遭遇甚慘，借住在農倉裏，只領到棉衣兩百套，未分配到的只好裹著棉被上課，他們每天各領七十萬元法幣做伙食，限價一開放，連稀飯都難喝到[13]。

有關配給的問題發現人數浮報的情形，流亡北平的學生，一九四八年十一日底進行點名，查出浮空一萬八千名的。另有一些未入校者，先予收容再想辦法[14]。當時南下的學生不僅山東地區，平津地區的學生也紛紛南下，在滬平津學生組織華北東北十四院校留滬學生聯合會，推派代表北京大學葉力進、師範大學劉樂津、東北大學田振山、長春大學郭柏林、東北大學補習班徐培英、中國大學劉鏡之、華北學院沈宗汴等七人，來南京向立法院、教育部呈情，要求成立聯合大學、派員解決南下學生的生活、在青島、上海、漢口等地設立南來學生招待站等，立法院於四月五日聽取學生報告後，通過立委穆超所提的臨時動議，由立法院咨請行政院轉教育部，迅速安置南下學生[15]。教育部僅能做暫時的安排，杭立武部長對當時山東流亡學校最開明而切合實際的決策，就是「部款省辦」，省去許多行政上與時效性的麻煩[16]。巧婦難為無米之炊，在經濟困窘的情況下，流亡學校依然面臨經費不足的困境。

五、續讀的問題：一九四九年由於國軍逐漸退敗，流亡學生更多，年初，淮、徐、豫三省區流亡到鎮江的學生五千三百餘人，內有二千二百餘人分發到句容、呂城、梁溪三中學續讀，還有三千一百餘人，因證件不足，由教育部江蘇青年輔導部收容，每人只發給救濟金四元，學生大失所望[17]。平津區流亡到南京的學生，也沒有得到馬上妥善的安置，只能寄讀在南京的大學，而且教育部對於平津國立大專院校疏散的安置辦法中，對於該學生的救濟，只有寄讀辦法，無旅費等補助。此外，如南京無其相關的科系亦不能寄讀，因此學生先取得寄讀證，到寄讀學校報到，再報部核准，才能將原校公費撥到寄讀的學生，畢業辦法更是麻煩，一為原校寄歷年就讀的成績到寄讀學校，由寄讀學校發畢業證書，一為將寄讀學校的成績寄回原校，由原校發畢業證書。這種規定雖頗費周章，但已算不錯，一九四九年廣東中山大學為了接納愈來愈多的流亡學生，校方特別訂定暫時收容辦法：寄讀學生限於二月五日至十九日來校登記，呈繳原校證明書及歷年成績單，寄讀生不設寄宿，並須填寫保證書：寄讀生不給公費及獎學金；寄讀生於寄讀原因不復存在時，應即返原校就讀。這些規定讓當時這批流亡學生深有寄人籬下的感覺。

六、交通問題：眾多的學生流亡給整個社會帶來不少的壓力，使原先先天不良的鐵路更加擁擠，京滬鐵路及浙贛線特別嚴重，有一段時間浙贛線為疏運豫、魯、蘇、皖四省流亡學生，停開普通客貨車列車，專供學生搭乘，有時加掛車箱運送學生，一個多月才稍為舒緩。

由於流亡學生面臨許多問題，因此有些學生又輾轉回到原地。而這些問題可能大專院校與中學的遷移所面臨的情況不一，但對學生而言這次的遷移都是一段艱辛的過程。

二、山東流亡中學生

大學是政府鼓勵遷移的重點，中學則沒有那麼幸運，中學生的遷移大都享受不到公費待遇，只憑校長的關係到處找人，求情解決學生的食宿問題，另一的問題是所謂安全區，如江西、湖南等地學生隨著國軍的失敗，學生愈來愈多，對當地接待工作造成不少的壓力，根據江西省教育廳統計，截至一月二十一日為止，招待過境的學生一萬三千四百零一人，按人數多少排列，依序為河南、山東、河北、東北，他們或在江西選定校址，或轉道至湖南。

一九四八年秋，山東濟南為中共所占據，山東各重鎮相繼失守，國軍駐軍奉令移防，煙台市外圍守軍紛紛向市區集中，各校校長齊集會商應變之策，一致決定由國大代表張敬塘、煙台市議會議長兼國華中學校長鄒鑑、煙台市教育科長兼中正中學校長趙蘭亭及煙台市志孚中學校長徐承烈共同晉見海軍總司令桂永清將軍，請求搶救青年，派艦接運脫險，十月九日，桂永清在重慶號軍艦上接見呈請代表，桂總司令面允協助，先派三艘登陸艇支援撤退學生專用，總計師生約三千餘人，其中益文商專莊志毅校長率師生三百餘人，中正中學校長趙蘭亭率師生三百餘人，國華中學校長鄒鑑率師生七百餘人，崇正中學兼崇德女中校長馬文遠神父率師生五百餘人，徐承烈[18]率志孚中學師生約八百餘人，十月十一日分別登上中基輪、中鼎輪及太平輪，駛往青島市，到青島不久，又開往上海，十一月初抵上海，登岸後，安排住進自忠路山東會館[19]。除這批教職員生外，其他各校亦因時局緊迫紛紛南遷。

十一月中，鄒伯陽、馬文遠、趙蘭亭及及徐承烈等聯袂赴南京向教育部及山東省教育廳報告詳情，教育部為收容並教育這批學生，在滬杭、浙贛、粵漢等鐵路沿線成立八所聯合中學，即濟南第一、第二、三、四、五聯中[20]、煙台聯中[21]、昌濰聯中、海岱中學等[22]。後來又有許多山東教職員生南下，經教育部與有關單位協助，奉准在江南設校者還有臨中六所、臨師二所，正式復課的師範學院一所；此外，尚有大專院校教職員生如醫學院、農學院學生若干人，寄讀於浙江省立醫學院及雲南大學農學院，統計教職員生約二萬餘人[23]。中等學校部分有些統計是十五所共約一萬四千三百五十人，有些則統計約一萬八千六百二十四人[24]。

南下的學生帶來若干問題，教育部長杭立武召見山東及河南兩位教育廳長，指定部份山東學生遣送湖南，河南學生遣送江西，限三天內離開南京；另由教育部分電湘、贛兩省教育廳協助籌覓校舍[25]。山東教育廳長李泰華立即召集主任祕書李福祥及王志信會商，決定將到達徐州、南京的學生約八千餘人，分批遣送湖南，由王志信以督學兼任「山東遣湘學生總領隊」，於十一月十五日率第一批學生約二千餘名出發，其後由李祺增、宋東甫及孫業洪等率領學生陸續抵達湖南，分別安排於衡山、郴縣棲風渡及宜章等處。山東聯合中學各校設置的地點如下：一聯中設在浙江省海寧縣的長安鎮，校長為劉澤民；二聯中在杭州市西湖濱各大寺廟，首任校長張彥聲，辭職後由陳震繼任；三聯中設於湖南衡山霞流市，校長為王志信；四聯中設於湖南宜章縣、郴縣，校長為弓英德；五聯中在江西貴谿上清鎮，校長毛儀庭；昌濰臨中設在衡陽車江鎮，校長杜仁山，辭職後由劉書芬代理校務；海岱臨中成立於江蘇宜興，校長馬觀海；煙台聯中成立於上海，遷校於湘西新化縣藍田鎮及安化鎮，校長張敏之[26]。簡單列表如下：

▶ 表11-1 山東聯合中學的情形

校名	校長	遷移地	高初中班級數	學生數	教職員數	備註
魯南第一臨中	馬友三	江蘇	高8、初13	1,145	58	
魯南第二臨中	蘇叶之	江蘇	高5、初13	931	41	
魯南第三臨中	李恭任	無錫	高5、初9	720	39	
魯南第四臨中	劉承放	安徽	高2、初8	526	28	
魯南第五臨中	吳丕源	無錫	高3、初8	564	32	
濟南第一聯中	劉澤民	海寧	高10、初11、師8	2,580	132	遷台灣
濟南第二聯中	陳子雷	浙江	高10、初14、師11	2,051	121	遷台灣
濟南第三聯中	王志信	湖南	高5、初15、師6	1,736	112	遷台灣
濟南第四聯中	弓英德	湖南	高6、初19、師5	1,728	109	遷台灣
濟南第五聯中	毛儀庭	江西	初12	652	25	遷台灣
濟南第六聯中	王玉圃	湖南	高6	343	15	遷台灣
海岱聯中	馬觀海	宜興	高10、初25	2,318	131	遷台灣
煙台聯中	張敏之	湖南	高15、初25	2,735	125	遷台灣
昌濰臨中	杜仁山	衡陽	高6、初6	542	33	
魯南第一臨師	孔繼升	京滬路	初8	450	24	
魯南第二臨師	呂漢鎔	江蘇	初9	482	26	
岱南臨中	趙立齊	江蘇	高12、初28	2,400	92	

資料來源：教育部教育年鑑編纂委員會，《第三次中國教育年鑑》（台北：正中書局，1957），頁1135-1136。

這些流亡學生，不論是經濟或是人力都是國民黨的一大負擔。另外，又發生流亡學生與當地居民衝突事件。如一九四八年十一月，山東流亡學生與南京首都客運服務員發生衝突。一九四九年三月後，政府不再鼓勵學生南遷，以山東昌濰區中學及教職員工眷屬為例，一九四九年三月初，原有三百餘人從昌濰區逃到青島，因青島學校公費名額少，許多學生無法入學，學生生活困難，六日，只好搭船至上海，此時青島的學生有一千九百餘人準備南下，山東駐滬人員建議對於青島學生就地安置，暫停送往上海，華北各地南下的學生，亦復如此，此舉變相阻擾學生南下之舉，引發學生的不滿，因此到三月中下旬之後，南下的學生相對減少。

這些流亡學校暫時獲得安置，隨著時局的變化，不得不做再遷徙的打算，特別是遷到湖南的學校，湖南省主席程潛自競選副總統失利之後，態度曖昧，四月下旬，王志信校長在所住的「茅店」召集四聯中弓英德等校長緊急會商，決定遷校，據王志信的回憶：

> 算來算去，以台灣較為安全，理由是中共只有陸軍，而無海軍，即使其能侵據全部大陸土地，亦無能力進犯孤懸海外的台灣，待其建立海空軍，亦必須相當長的時間，在此等待期間，我們就可以有喘息機會，重新振作，以圖復興，況世局多變，在此期間，也許國際發生變化，能得到國際的援助[27]。

到台灣雖為山東流亡學校的最佳選擇，經向教育部長請示後，杭立武部長的回答：「去台灣事，教育部雖甚贊同，卻毫無辦法」，教育部提供兩個意見，其一是台灣陸軍訓練司令孫立人將軍處，現派人在廣州招收青年去台訓練，學生可以自由參加；其二是將各校師生，分發到廣東各校寄讀。此兩建議都有難處，後經與山東省主席秦德純等商議，認為四十軍李振清為山東同鄉[28]，現在澎湖整訓，應可接洽去台事宜。時山東省其他聯中校長如一聯中劉澤民、二聯中陳震、三聯中王篤脩、四聯中弓英德等均已抵廣州，經商量後決定先將學生集體遷來廣州。五月初，在湖南的山東流亡學生由衡陽火車站抵達廣州，到廣州後，校本部住同安小學，二分校住洪德小學，一分校和三分校住漢民小學[29]。各校校長咸知廣州亦非久留之地，唯一安全去處還是台灣。但當時台灣在東南行政長官公署及台灣省主席陳誠的嚴格管制下，拒絕大陸撤退的難民及流亡學生入境，各校曾透過各種不同方式申請遷臺，均不得要領，乃由秦德純以山東省主席身分致函台灣省政府[30]，請求收容各校學生予以軍事及專技訓練，以儲國家人才，其函文如下：

共匪倡亂，赤燄日熾，敝省流亡學校二十四處，共學生二萬四千餘人，自京杭撤守後，已泰半淪於匪手，橫被摧殘，良堪痛惜，所餘湖南等地學校尚有六處，員生五千餘人（五千七百一十九），亦以戰區擴大，安全堪虞。如不早謀搶救，深恐陷於京杭各校之覆轍，喪國家之元氣，現政府既已重申戡亂決心，自應培植幹部，充實國力，竊以山東青年，素質純樸，思想正確，亟應妥籌安置。貴省為當前幹部訓練之中心，並為將來復興之基地，擬請准予將各校員生集合編併，移送貴省施以軍事及專技訓練，俾做復興幹部[31]。

教育部於五月三十日又提出三個方案：甲案，各校應鼓勵初中三年級以上學生參加陸軍訓練總司令部主辦之軍官訓練；乙案，初中三年級以上，年齡體格均合標準之男女生，其不願參加上項軍官訓練者，一律參加集中軍訓；丙案，年齡或體格不合標準者，及初中三年級以下男女生另行分發寄讀，或設短期技術訓練班，予以訓練[32]。山東省教育廳則認為有些不切實際，接文後即於當天上簽呈致教育部，提出解決辦法：其一，商請台灣省陳主席將本省學生接運赴台，歸由李司令官振清編併訓練；其二，年在十七歲以上之學生，除施以軍事訓練外，並准保留其學籍，對各階段應修之主要課程仍繼續傳授，以完成其學業。屆畢業年限，其成績及格者，照案發給畢業證書；其三，年在十六歲以下學生，應另外設立一個教育機構，除予以正常教育外，並施以軍事管理，至年在十七歲以上應受軍訓之學生，有關課業方面，統由該新設教育機構合併辦理；其四，該新設教育機構之負責人選，應以對部、省兩方均認為熟悉者為適宜[33]。

由於事涉複雜，加以經費捉襟見肘，各校校長集體請辭，杭立武部長全力慰留，對於遷台事宜，由教育部擬定「山東煙台聯中、濟南第一、二、三、四、五、六聯中、昌濰臨中等八校員生安置辦法」，商得國防部（秦德純任國防部次長）及東南軍政長官公署（陳誠為長官）同意實施，陳誠在面議時即提到：「此次山東學生去台是特例，其他各省學生不得援例」。並附有但書，即「無論教職員學生，凡思想動搖確認有問題者，必須設法除去，否則不能接運赴台。」[34]

當時商定的辦法：其一，十七歲以上及齡男生集體從軍，不得任意進退。該項學生保留其學籍，對各年級應修之主要課程，仍繼續補習，以完成其學業。應屆畢業年限學生，其成績考核及格者，照章發給畢業證書，就業或升學。其二，幼年男生及全體女生，由部另行設置「澎湖防衛司令部子弟學校」安置，自一九四九年七月開始，規定學生名額二千名，按月發給膳食費，不得收受原在各地臨時中學以外的學生。該項學生逐年畢業後，不得招收新生，自然結束。其三，該校設教職員名額一百四十名，此項名額遞減至學生完全畢業為止[35]。商定原則後，一九四九年六月二十日，教育部分令山東省教育廳及各臨時聯合中學遵照辦理（共十一項）。

在爭取過程中，各校校長合作無間，不僅運用各種關係遊說，並積極爭取教育部補助款，在安置辦法的第八項條文「各該原八校由原在地遷穗費用，不得再向本部另請撥款。由穗到台旅途費用，及到台後新校覓址、開辦設備等費，亦應自行負責。」這可看出教育部對這些校長屢次要求經費深感困擾，遂將此燙手山芋丟給積極爭取的這些校長去處理。

三、從廣州到澎湖

辦法商定後，東南軍政長官公署即派台灣港口司令部副司令乘「上海輪」赴穗接運，李振清司令（四十軍）並派三十九師羅廷瑞副師長隨船赴穗照料。出發前教育部長杭立武，國防部次長兼山東省主席秦德純，曾召集全體師生講話勉勵，師生一時備感鼓舞，可惜政府未能兌現當時的承諾。

本來五月底就已經派船赴廣州，但到廣州後以修船理由遲遲未行，七校校長為免夜長夢多，晉謁行政院長閻錫山，祈盼早日成行，行政院即電聯勤總司令部，限一週內將山東學生運離廣州，聯勤總司令部速電港口司令部，限三天內運走，港口司令部始派船分兩次運送，山東八所聯中師生，號稱八千子弟[36]，由國防部安排，在澎防部所派遣的軍官引導下，懷著國仇家恨的悲憤，在黃埔碼頭，分兩批登上了開往澎湖的濟和輪。第一批為濟南第一、二、三聯中及煙台聯中四校於一九四九年六月二十三日出發，六月二十五日抵澎湖。第二批為濟南第四、五聯中及昌濰臨中三校師生於七月六日出發，七日抵澎湖。煙台聯中與濟南第一聯中全部在漁翁島登岸（即現在的西嶼），煙台聯中校本部住在內安小學，一、三分校住在外安小學，二分校住在牛心灣，張校長深怕荒廢學生課業，為安定學生情緒起見，立刻命令各校即起就地上課，澎防部不久派來指導員與許多幹部，以作整編的準備工作。煙台與濟南聯中凡初中三年級以上甚或初中一、二年級身體較高發育較壯的男生，全部編入陸軍三十九師（師長韓鳳儀），只有女生及極少數年幼男生，未被編入部隊，繼續就讀，也就是「澎湖防衛司令部子弟學校」誕生[37]。

有關學生一再遷移的經過，王曾才回憶說：

> 一九四九年，國共內戰結束，神州大陸發生了天崩地裂的變化，我隨著收留我的海岱聯合中學，在沒有交通工具的情況下，徒步在京杭國道上，日夜奔走，一路吃盡苦頭，從宜興走到杭州，然後經上海到基隆，再輾轉到澎湖馬公[38]。

七月一日，正式開學，首任校長由山東省教育廳長徐軼千兼任，後因病未能視事，堅辭，一九五〇年二月，校長由教育部委派澎湖司令官李振清兼任，由濟南第三聯中校長王篤脩（志信）以副校長名義執行校務，由澎防部指派一總務主任駐校實際督導。分為高中、初中、師範、簡師、初中補習班等五部，實為一多元制的完全中學[39]。由於教育部規定公費教職員名額為一百四十名，八校聯中各校教職員共三百三十九名，接到子弟學校聘書者不到三分之一，其餘只好在馬公鎮上擺地攤謀生，部分則來台灣本島或參加海軍以謀出路。

教職員有些被資遣，學生問題更多，當時商定來台的辦法，十七歲以上才施予軍事訓練，十六歲以下准設學校予以教養，但七月十三日，集體齊集防衛司令部大操場，依身材高矮站隊，凡超過防衛部所訂的高度，就一律編為軍隊（不論年齡是否在十七歲以上）即「青年教導總隊」。為時甚短，又編為普通部隊屬於三十九師第一一五團、一一六團及防衛司令部特務營、通訊營。對於學生的管束更出現若干問題，私捕及虐待學生之事時有所聞，導致許多冤案的發生[40]。

其後又於一九五三年二月開始搬遷，國防部、交通部鼎力協助，派花蓮號巨艦到澎湖，將師生接運到基隆，當師生抵基隆時，在台的山東籍國代、立、監委及鄉賢列隊迎接，大陸救災總會理事長谷正綱及祕書長方希孔（方治）等亦到場迎接，慨允協助，後經國防部軍官鄭覺山、張天然安排，將運輸軍品的列車箱三十節，撥借載運師生至員林，十二日，全校遷至員林。來澎湖初名為「澎湖防衛司令部子弟學校」，改稱為「教育部特設員林實驗中學」[41]，冠上「教育部特設」，係因此為流亡學校的特例；所以叫「實驗中學」，因為它是一個大雜牌，在普通中學部外，尚含有師範部、高工部等，為一種混合式教學的學校[42]。一九五四年改由台灣省教育廳接管，易名為「台灣省立員林實驗中學」[43]。這段遷徙，史學家陶英惠也曾述說其辛酸[44]。

這批流亡學生，從山東到南京、湖南等地，從南京、湖南等地到廣州，又從廣州到澎湖，最後終於落腳在彰化，居住的地區超過五省，經歷五年才算安定下來。大部分的同學都是懵懂的跟著學校走，中央研究院院士張玉法談到當時遷移的情形：

> 一九四九年五、六月間，由於共軍渡江後國軍分向四川、福建、廣東等省撤退，行政院遷到廣州，原來暫設在浙江、湖南等省的七個山東聯合中學，陸續轉徙到廣州，從廣州繼續流亡的方向有二：一是去四川，因為抗日戰爭時期政府以四川為最後基地；一是去台灣，因為台灣是海島，政府有些機關已遷到台灣，台灣也可能是政府的最後基地，我像大部分同學一樣，什麼都不懂，只好跟著學校走[45]。

不論如何，能定居下來已算僥倖，其中端賴國防部、教育部、山東同鄉、澎湖防衛司令部等單位共同努力的結果，因此陳誠才說這是個案，教育部亦避談此事，儘量避免其他學校循例效尤。山東流亡學校到台灣可以說是集體學生來台的個案而且是唯一的個案，其他地區就沒有那麼幸運，許多青年欲來台卻不能如願。

第十二章 外省人遷台數量

公務人員及一般民眾與軍隊人數，到一九五三年大約各六十萬人，合計約一百二十餘萬人，一九五三年台灣人口總數八百餘萬人，外省人占當時的人口七分之一左右，大約百分之十四・八九。

台灣在日本投降之前的人口以閩南、客家及原住民為主。一九四五年八月日本投降後，大陸人士陸續來台，被稱為「外省人」，後來有些人為族群融合，將一九四五年八月之後由大陸地區陸續來台者稱為新住民，又有稱為戰後新移民[1]，本文採用外省人。由於大量人口的移入，對於原來的台灣人口結構產生極大的衝擊，到底一九四五—一九五三年有多少外省人來台[2]？有以下幾個不同的說法。

一、五十四萬人：李勝偉在統計台灣人口變遷時，提到一九四七年至一九七〇年台灣淨遷入六十九萬人，一九四七—一九五〇年淨遷入五十四萬人[3]。

二、七十餘萬人：台灣省參議員楊陶，於一九四九年三月參議會中提出臨時動議：「關於管制旅客來台辦法，業經台省各縣市參議議會正副議長聯合聲明擁護，台省府切實施行在案，近日有立法委員以為違憲，向立院提請廢止，此似出於誤會，蓋此辦法，係因台省人口在數月之內，驟增七十餘萬人據。」[4]這項提案係因為當時台灣省擬實施入境管制，有些中央民意代表反對，基於台灣省治安及防止大量移民潮所提的建議，但所指的數據只是一九四八年至一九四九年年初的入台人數，並未包括所有一九四五—一九四九年間移居台灣的人數。

三、一百萬人：社會學者根據內政部統計大陸遷台人口：一九四七年是三萬四千三百三十九人，一九四八年是九萬八千五百八十人，一九四九是三十萬三千七百零七人[5]，另外推估約五十萬人沒有納入居民戶籍的軍事人員撤至台灣[6]，合計約一百萬人。人口學家李棟明在其〈光復後台灣人口社會增加之探討〉論文中，以社會增加的統計方式估算，共計九十萬八千五百人[7]。

四、一百一十萬人：柴雅珍在其碩士論文中提到：「保守估計，在一九五六年以前來台的外省籍人口至少有一百一十萬人。」[8]

五、一百三十萬人：有認為一九四五—一九四九年間從大陸遷徙來台的民眾約七十萬人，軍隊約六十萬人，合計一百三十萬人[9]。

六、一百五十萬人：楊蓮福將台灣移民分為五個階段，第三階段國府遷台初期政治移民（一九四五—一九七〇年）中提到：「一九四九年，約一百五十萬中國大陸各省人民，因戰亂緣故，隨國民政府遷移台灣，成為台灣人口的新一波移民。」[10]

七、一百五十—二百萬人：蘇嘉宏指出：「光復後的三、四年內至一九四九年國民黨退入台灣，出現了一次人數計約一百五十萬至二百萬的大型移民潮。這使得原來人口僅有六百多萬的台灣，一下子增加大量外來人口，澈底改變了台灣的人口族群結構。」[11]

八、二百萬人：許秦蓁認為：「一九四九年十二月七日，國民政府撤守台灣，約二百萬軍民（其中約八十萬名軍人）渡海來台。」[12]費正清（**John King Fairbank**）亦提到：「一九四九年，國民黨被共產黨擊敗，國民政府帶領二百萬殘兵、難民來到台灣。」[13]中國大陸學者葛劍雄提到：「國民黨政府遷往台灣，西元一九四五年以來，大陸遷往台灣的人口約為二百餘萬。」[14]

九、二百五十萬人：夏功權（蔣的副官，後來出任大使）在接受高格孚（**Stephane Corcuff**）訪問時提到：在一九四九年至一九五〇年，總共有二百五十萬人，包括一百多萬軍人[15]。

這些資料到底何者較正確？雖然台灣省政府於一九四八年十一月起至一九四九年八月，

曾針對軍事機關、部隊及其眷屬外的其餘單位如：機關團體及其招募來台者、中央派台工作人員、一般公務人員、工商團體等進行調查。包括內地來台人員的姓名、現職、同行人數、來自何處、現在地址等，但可惜現僅存彰化縣政府部分[16]，其他縣市政府的資料不全。由於一九六〇年之前軍籍未列入戶籍，加以統計根據的資料不同，因此如林勝偉、張奮前等人[17]，在處理戰後台灣人口的問題，對於來台的人數仍有許多解釋不清之處。本文就內政部、台灣省等單位及戶口普查的資料做交叉分析，將之分為民眾（含公務人員）與軍人兩大類進行討論。

一、外省人民遷台數量

雖然台灣人口的統計在日本統治時期，透過定期的人口與戶口普查，及連續性的戶籍登記資料，已有相當的數據，具有現代特徵的人口管理，一九〇五年起定期辦理的人口普查，是統治政權在台灣建立明確完整的人口統計數據的開始[18]。根據統計，日本投降時，台灣人口約有六百六十萬人，其中約有六十萬人是日本人。日本投降後，台灣行政長官公署，一方面整理日治時期的戶籍資料，一方面籌畫建立戶政體制，戶口異動反而停擺，一九四六年一月三日，戶籍法修正公布，將戶政工作改由民政單位負責，同年四月開始進行戶口清查，一九四九年再度進行戶口登記與普查，但有關人口的統計落差甚大，直至一九五六年止，從六百六十萬至一千萬人，高低差距三百餘萬人。甚至在一九四九年發生《公論報》誤植事件，五月二十日，《公論報》發表五月一日人口的普查總數，指台灣省人口已經超過一千萬人[19]，次日台灣省政府發表全省戶口總檢討結果，總人數為七百零二萬六千八百八十七人，總戶數為一百二十四萬五千一百八十八戶，五月二十五日，省政府對於《公論報》予以懲處，理由是該報錯刊台灣省人口總查的人口統計數字，有意誇大，因而明令停刊三天，這件事情凸顯台灣當時人口統計的問題。

為有效瞭解日本投降後，台灣到底有多少人口，台灣省曾多次進行戶口的清查工作，如表12-1：

其中一九四六年的戶籍登記被人口學者視為不完整的調查，一九四九年的戶口登記、一九五六年的人口普查、一九六六年的人口普查等最為重要，對於人口的大致情形已有相當的數據可循，但台灣戰後初期的人口統計有二大問題：

其一，主管機關無正確的統計資料：造成無法精確統計的原因之一，一九四四－一九四六年間台灣地區並未實施戶口普查，因此這段時間有多少外省人到台灣極難統計。原因之二，一九四八年後逃難者過多，影響國境的例行性的管制，此外戶籍的查核有賴警察與戶政等機關的相互配合，日本投降之初，政府還在進行警察體系的接收與重建時，突然湧進大量的外省人民，大量增加的人口如何登入戶籍、如何管理，都讓主管單位大為困擾。原因之三，由於來台之初的外省人流動性大，空戶漏戶、未申報戶籍或登記錯誤的情形嚴重，影響戶籍及人口登記的準確性；此外在一九五〇年之後有許多人自軍籍退伍或轉任其他工作，變動性大，而內政部與台灣省政府根據各縣市呈報的時間不同，出現同一年內政部與台灣省政府人口統計數據不一的情形。

其二，軍籍是否登入戶籍、列入統計的問題：戰後台灣人口管理機制最引人注目的現象，

▶ 表12-1　戰後初期台灣有關戶籍整理大事略表

時　間	相　關　措　施
1946年	1月，戶政工作改由民政單位接管，修訂公布戶籍法[20]
	4月，實施戶口普查、設籍登記、基層編鄰等措施
	11月，正式辦理初次戶籍登記
1947年	1月，公布「台灣省各縣市辦理戶籍登記辦法」
	4月，頒訂「台灣省各縣市臨時清查戶口實施辦法」
1948年	實施戶口總檢查，規定外省來台公教人員申報戶口登記辦法
1949年	辦理戶口總檢查，規定「各縣市臨時戶口查記辦法」
1956年	辦理戶口普查
1966年	辦理戶口普查

資料來源：係綜合各項辦法所作之簡表。

是軍事人口與一般人口在制度上兩相區隔的現象，也就是呈現「二元化」的現象，這種區隔主要表現在幾方面，在國境管制上，軍事人口入境的程序或管道有別於一般民眾，他們由軍事單位所屬的憲兵而非海關人員與警察單位查核。另外有部分的公教人員及其眷屬與部分民眾，搭乘軍艦或軍機來台，亦不列入出入境的統計資料。部分軍人隨軍隊直接進軍事基地，無須經過海關，出入境中無行政體系、無軍人出入境的資料；一般軍人由軍方單位造冊管理，如果統一，只要將政府的人口統計資料與軍方統計的軍人資料合計起來，也可瞭解當時人口的總數，但有部分軍官家眷又設籍，並將該軍官列入戶籍，因此統計上常出現「誤差」，造成到底有多人外省人來台有不同的數據。一九五〇年之後為了配合軍方與地方戶籍管理的需要，逐步要求軍隊人員設籍，直到一九六九年「戶籍改隸」制度落實後，才真正解決軍人落籍問題。但即使如此也還是出現設籍的遺漏或空戶的問題。

此外，由於學者在統計人數時計算時間不

同，有些學者統計以一九四五—一九四九年，有些學者只計算一九四九年的移民潮，有些以一九四五—一九五六年，因此有不同的結果。本文有關戰後初期外省來台的人數時間起於一九四五年八月，終於一九五〇年初期（大約一九五三年），雖然一九四九年大陸大部分地區已為中共所占據，港口管制甚嚴，但仍有一些人民由其他地區輾轉來台，軍隊亦陸續轉進至台灣，一九五四年之後來台的大陸人士已大量減少，因此以一九四五—一九五三年為討論點，根據幾項人口統計資料做分析。

就戰後初期外省人的總人數方面，以下頁三表做說明。

從上述的統計表及《台灣新生報》的二個統計資料：1.一九四九年五月與一九四八年同月外省人遷入的人口相比，增加二十一萬九千二百八十二人。2.一九四九年底的統計資料為七百三十九萬六千九百三十一人，較五月分的統計多三十六萬九千二百六十二人[21]。可簡單做歸納如下：

其一，戰後外省人陸續來台，每年都在增加：一九四六年台灣人口數為六百零九萬七千一百一十七人，其中本人省占百分之九十五以上，外省人只有三萬七千九百七十八人，戰後雖有許多外省人士來台，但大部分是來台觀光，未在台灣設籍。其後外省人每年不斷的增加，一九四六年增加二萬七千餘人，一九四七年增加三萬四千餘人，但人數仍然有限，反而這二年有許多原籍台灣者，陸續由大陸或其他地區（南洋地區等）返回台灣。

一九四八年外省人增加九萬八千五百八十人，出現大量的移民現象，較一九四五—一九四七年來台外省人數總計的六萬九千餘人高出甚多，一九四九年一年中更超過三十萬人來

▶ 表12-2　戰後台灣地區本省人與外省人及總人數（單位：人）

年別＼項目	總數	本省人	外省人
1946年	6,097,117	6,059,139	37,978
1947年	6,497,734	6,436,444	61,290
1948年	6,807,601	6,678,969	128,632
1949年	7,396,931	6,980,234	416,697
1950年	7,554,399	7,029,459	524,940
1951年	7,869,247	7,268,557	600,690
1952年	8,128,374	7,478,544	649,830

資料來源：《台灣省統計要覽》第13期，1952年。又見，國史館藏，〈台灣人口研究報告〉，《台灣省政府檔》，檔號037/139。

資料說明：所謂的本省人係指在台灣取得永久戶籍者，外省人指在他省取得永久戶籍者。此表不含警察局登記的流動人口及軍人。

▶ 表12-3　戰後來台外省籍人數（單位：人）

年代	1946	1947	1948	1949	1950	1951	1952
總數	26,922	34,339	98,580	303,707	81,087	13,564	10,012
男	18,062	23,594	61,679	199,026	58,604	8,465	6,532
女	8,860	10,745	36,901	104,681	22,483	5,099	3,380
男女比例	2.04	2.19	1.67	1.90	2.61	1.66	1.96

資料來源：《中華民國戶口普查報告書》（1956年），第2卷第1冊，頁721-723。

說明：本表不包括現役軍人。

▶ 表12-4 戰後台灣省遷入、遷出人數統計（單位：人）

年別	遷入人數	遷出人數	增加人數	人口總數
1946年	26,576	8,253	18,323	6,090,177
1947年	37,726	9,819	27,907	6,495,099
1948年	80,942	10,987	69,955	6,806,136
1949年	374,535	36,752	337,783	7,396,931
1950年	179,389	73,426	105,963	7,554,399
1951年	46,075	9,158	36,917	7,869,247
1952年	41,763	9,012	32,743	8,128,374

資料來源：台灣省政府統計處編印，《台灣省統計提要》，頁56-57。《台灣光復二十五年》（南投：台灣省政府新聞處，1970），概一14。

台定居，不僅是一種移民，也是一種逃難潮，是外省人移民來台的最高點，比一九四五—一九四八年來台的總數約十六萬七千七百餘人多出近一倍。又從遷入人口的統計而言，一九四六—一九四八年的遷入人數為十四萬五千餘人，一九四九年一年中遷入人數為三十七萬四千餘人，其中以一九四八年及一九四九年遷入人數最多，顯示外省人來台數量這兩年呈現暴增的現象。

一九四八年底國共內戰國軍逐步敗退，一九四九年一月蔣下野，興起第一波逃難潮[21]，許多人對時局憂心，為安全起見到台灣避難。四月二十一日中共渡江，五月南京、上海等重要城市為中共所占，造成人民的大恐慌，六月初政府正式自青島撤退，興起第二波逃難潮。一九四九年下半年福州、廣州岌岌可危，政府開始分地辦公，一九四九年十二月八日政府宣布遷台辦公，興起第三波的逃難潮，其中除一般民眾外，公務員及其家眷及中央民意代表較前二波為多。

一九四九年六—十二月半年內是外省人數移入的高峰

期。到一九五一年外省人在台的人數已達六十萬零六百九十人（不含軍人）。

其二，一九五〇年後來台的外省人人數明顯減少：隨著政府在大陸敗退，大陸各港口已為中共所掌控，從大陸地區來台的外省人數逐漸銳減，遷入台灣者為十七萬九千餘人，遷出者為七萬三千餘人，增加約十萬五千餘人[22]。一九五一年來台的外省人遷入者降為一萬三千餘人，年平均增加率約為千分之三十左右[23]。遠低於一九四六年之後來台的人數。

其三，從性別比例言，由於許多人是攜家帶眷來台，加上軍籍不列入這項統計，因此移居來台的男女的比例較為接近，一九四六為一〇二・〇四：一〇〇，一九四七年為一〇二・一九：一〇〇，到一九四八年降為一〇一・六七：一〇〇，一九四九年為一〇一・九後：一〇〇。（這些比例未將軍人列入）

根據上述統計及其他的資料，一九四五—一九四八年年底來台的外省人大約為十七萬人，一九四九年大約為三十餘萬人，合計一九四五—一九四九年年底從大陸來台的人數大約五十萬人。加上一九五〇至一九五三年有約十餘萬人輾轉來台，一九五〇年初期做推估，公務員及一般民眾遷台的人數大約六十餘萬人。

二、軍隊來台數量

軍隊來台的情形相當複雜，自一九四五年日本投降之後國府即派軍隊來台接收，其後陸續來台部防，一九四九年國共內戰國軍逐漸敗退，軍隊撤退來台者激增，直至一九六一年仍有從各地轉進來台者，加上當時缺乏準確的軍籍統計、軍隊制度上的不完備，常有冒名頂替，或虛報的情形，吃空缺者甚多，一個孫姓的退役軍人談到一九四九年他由山東上船，逃難海南島，來台的經過：

> 這個海南島就要撤退了，要轉進台灣，其實那時也有載老百姓的船，我怕擠不上，跑去偷一套海軍陸戰隊的衣服，想說先上船再說嘛，上了軍艦，船一直開到左營。……在左營下船，就什麼也沒有，軍艦嘛，左營是海軍基地，下來怎麼辦呢？那時從海南島一起過來的，有一個姓關的，是陸軍三二軍，他也不知道是哪個連啦，說有一個文書沒跟上來，落伍啦！問我要不要去頂他的缺，我也沒別的地方好去，就去三二軍，用那人的名字，在裏面幹文書[24]。

這樣的個案在軍中不算少數，以上海戰役撤退為例，一九四九年五月三十一日雷震在日記中就提到：「晚間九時許周（至柔）來電話，詢悉恩伯（湯）已撤出七萬餘人，前日朱先生來訪，謂恩伯之報告已撤出七萬二千人，余不信，今至柔亦同樣說，我想數目不確，實際上絕不會有七萬人，也許為餉械關係，多報數目。」[25]不僅雷震懷疑，五十四軍軍長闕漢騫向俞濟時報告時亦指出：

> 職奉命率十二師、三十五師、九十九師轉進，當以逐次掩護登輪均經全部撤離，先達定海，三十日晨到達基隆，本軍部隊轉進抵台者，不足三分之一，其原委，本軍由大場江

> 灣轉進時奉令指定海吉、海鷹、海蘇三輪裝運，該三輪僅可載一萬餘人，而各輪事先又裝載其他機關二十餘單位（約六、七千人），全部甲板更以為私人汽車、沙發、眷屬所占領，致部隊到達碼頭時無法登輪（僅少數輕裝步兵擠上，軍直屬隊友譯電組軍需處全未登輪）遂占領吳淞江灣間與匪激戰。本軍滬西作戰未蒙重大犧牲，而於轉進時反遭受劇烈損失[26]。

除闕漢騫軍長的報告之外，第八師的副師長許志雨亦指責當時石覺司令未盡責，使許多的官兵無法順利撤退來台；依據《國民革命軍戰役史第五部：戡亂》的統據的資料，國軍從上海撤出七．九萬人[27]，被認為是預定載運數，而非實際載運數[28]，中共的資料認為上海國軍撤出五萬人[29]，上海地區軍隊撤退來台的數量就有如此之迴異，其他方面亦是如此，特別是軍隊整編與計算常以軍、師等單位為主，江防戰後，國軍一路撤退，有些軍師下落不明，數字並不可靠。因此部隊來台的人數比編制內人數少許多，僅憑來台的部隊番號，無法確知其確實人數。

到底有多少軍人來台，軍方與學者的說法不一，本文軍隊來台的數量以一九四五—一九五三年作為粗估的斷限。

這段時間軍隊來台的數量有：五十萬、六十萬、八十萬、一百萬等不同的說法，最普遍者當然是「六十萬大軍」的說法。首先來自軍方的統計：

一、六十萬人：根據一九四九年六月三十日東南軍事會議，討論軍費時所提海陸空三者軍費，在台灣約六十萬人[30]。劉安祺也認為是六十萬人[31]。學者官蔚藍指出：「三軍具體數字牽涉國防機密，無法獲得，亦不便公開採用，因此只能照一般說法估計為六十萬人。」[32]

二、八十萬人：根據潘華國在一九五〇年四月十六日的〈台灣保衛戰況判斷〉報告中談到：「國軍現有約八十萬之陸海空軍兵力，處置：將金門即行自動放棄，因放棄金門於大局無多影響，以該處陸軍之全部及海空軍之大部，增強台灣本島之防務，合併台灣現有兵力，將全島部署重行調整。」[33]八十萬軍隊也無其他的具體統計資料。

三、四十餘萬人：一九五〇年五月的國軍狀況資料：部隊實力：陸軍：現有十三個軍部四十一個師（一九五〇年底十二軍三十九師，當時一個師約八千餘人），一個裝甲兵旅（約三千人），六個砲兵團（約八千人）三個要塞，惟各部隊人數不足尚待繼續整編。海軍：現為三個艦隊（不到一萬人），共有軍艦及補助艦艇六十八艘，計十萬九千噸。空軍：現有八又三分之一大隊，共計各式飛機三百五十二架，平均約有百分之二十五在檢查修理中，經常可保持各式妥善飛機約二百六十四架，分駐於台灣本島七個主要基地，其中空軍方面含行政人員抵台者約二萬人[34]。學者鄧善章估計，一九四六—一九五二年間全國軍人約為五十五萬，其中駐防外島的軍人推測有五萬，有戶籍的軍人推測有七萬，在台無戶籍的軍人約四十三萬人[35]。

四、五十萬人：一九五〇年報告軍隊的整編情形報告，提到第二次整編保留七五、八七、六七、五、一八、一九、六、五二、五四、八〇、六九等十一個軍，另有七一、三九、九二、二九、九九等五個獨立師，其後又從海南轉進的二三、五〇兩個軍。陸軍以一個師大約八千餘人計算，大約四十餘萬人，加上海軍、空軍的數量約五十萬人。學者胡台麗根據退輔會的資料，認為大陸來台的軍人數達五十八萬二千零六十人[36]。此外，美國中情局顧問委員會（Intelligence Advisory Committee）提出的備忘錄，提到一九五八年國府總兵力約莫四十五萬人，當中三十二萬有作戰能力，三分之一部署於金馬各島[37]。

以上資料，不論是軍方的報告或學者的統計，除潘國華的報告談到八十萬人之外，大部分資料都顯示一九四五—一九四九年間，國軍到台灣者大約五十萬人；其後又有軍隊陸續退至台灣，一九五〇年五月部署於舟山群島的軍隊七萬餘人，另有約五萬青壯民眾隨軍來台，合計約十二萬人[38]。從海南島撤退約二萬餘人，一九五三年黃杰的部隊從越南富國島來台的軍民約二萬六千零二十八人[39]，加上一九五三年之後有些軍隊陸續轉進來台，如一九五四年一月從韓戰的華籍戰俘來台近萬人（有說一萬四千人、一萬人或七千餘人[40]），滇緬李彌的殘部約三千人[41]，總共部隊大約六十餘萬人。

公務人員及一般民眾與軍隊人數，到一九五三年大約各六十萬人，合計約一百二十餘萬人，一九五三年台灣人口總數八百餘萬人，外省人占當時的人口七分之一左右，大約百分之十四・八九。一九六〇年之後由於軍隊入籍問題獲得解決，人口的統計較精準，但外省人人數占全台灣人口的百分比仍出現極大的落差[42]。因此一九四五—一九五三年來台的外省人數一百二十餘萬人應該是較接近實際人數的統計數據。

第十三章

外省人遷台經過及抵台初期的觀感

小說家羅蘭回憶：「到處的木屐聲，是我在日本占領下的北方生活中曾經熟悉的，只是在下雨天，穿高底木屐的走路聲，在清靜的巷弄裏顯出了和平歲月的詩意和古意。」這種穿木屐在街上走動的景象，讓這批剛到台灣的外省人印象深刻。

台灣地區（含地域上的澎湖與蘭嶼）最早居住的一些南島語系原住民，從十六世紀中葉以後有大批的漢人因為經濟原因到台灣移墾，這批移墾者以福建省（閩南）及廣東省（客家）為主，一九四九年左右有許多大陸居民（外省人）來台，原住民、閩南人、客家人、外省人四大族群構成台灣主體[1]，這些外省人中雖以福建、浙江、江蘇省、山東省居多，但大陸各省都有，職業以軍人最多，但其他公教人員、民意代表及其他行業都有，身分的多元性，來台的原因雖為避難，但亦有其複雜性，每一位遷台者都可以寫成一本書，內容可能不盡相同。

一九四九年，中國大陸各省人士來台的原因不同於明清時期，這批人被稱為外省人，這也是台灣歷史上在最短時間內湧進最多人的時期，與其說是遷徙，不如說是逃難更為貼切。因為當時大部分的中國人是不願意離家逃亡，他們經歷了抗戰的遷徙，受戰爭的破壞，經過顛沛流離的辛酸，好不容戰事方歇，無不渴望安享太平歲月，他們大多不願輕易再離鄉背井[2]。有些人受到安土重遷觀念的影響，甚至認為局勢再如何變化也不會比現在差，因此不想離開；有些人則是捨不得家鄉的產業與親情，作家朱西寧的父親即是這種想法[3]。當然也有一些人是對未來感到惶惑不安；不論如何，如果不是配合公務或為避開戰火，大部分人是不願意離開家鄉，因此這次人口的逃難或遷徙與一般人口的移民不同。歷史學者許倬雲對於抗戰以來至一九四九年間，中國所受的艱苦，做了如是的形容：

> 今天的青年人，可能認為「國難」兩字，只是教科書上及詞彙。對於在那一段歲月中長大的人，這兩個字卻是活生生的事實——那是驚悸與絕望，那是淚水與死亡[4]。

這段話對經歷過一九四九年遷徙來台的外省人更能體會其意涵，當時到底有哪些人遷徙來台？這些外省人來台的原因為何？都是值得關注的課題。本節除敘述這批外省人的身分之外，並將之與明清之際的移民作比較。

一、外省人遷台的經過

戰後至一九五〇年初期來台的外省人約一百二十餘萬人，追究其來台的原因甚為複雜，政治、經濟、社會及個別因素皆有，文學家葉石濤曾分析戰後初期移民者的結構提到：

> 光復不久到台的大陸移民大約可分為以下的六種成分：其一，是陳儀的班底，大多數為陳儀在福建省主席任內所培養的統計幹部。其二，為國民黨各派所派來駐台灣的先遣隊分子。其三，是國共戰爭摧毀企業基礎，避免大陸的亂局，想在台灣這塊世外桃源建立一番事業的，屬於資源委員會系統的非政治人士。其四，是老留日分子在台灣求發展。其五，是舊滿洲國、汪政權有關分子為逃避漢奸罪隱姓埋名來台混水摸魚。其六，是閩籍人士依靠語言可以溝通的方便來台淘金者[5]。

從上述的論述中分析、葉石濤可能只是敘述戰後到一九四八年來台者的性質而已，似乎並未討論到一九四八、一九四九年的移民潮。至於統治結構，葉氏只看到一些粗淺的現象，認為一九四〇年代中期移民的構成分子三教九流，包羅萬象，缺乏共識及統合性的經管；一九四九年因避共來台者多為在大陸享有統治實權的精英分子，包括軍政、黨務、財務、財經、學術界等，因有實際的統治經驗，很快的便能建立一個統治模式[6]。用這樣的對比來討論中華民國政權遷台後穩定的原因，似乎太過簡約，中華民國政府遷移來台，並穩定步入統治正軌，與時局的變化、蔣介石來台前的布局、韓戰爆發後美國積極協防台灣，並給予美援的協助、大陸精英分子加入台灣的建設、台灣地區安定的環境等因素有關。

一九四五—一九五二年外省人來台的結構，相當複雜，為討論方便，粗分為兩大類：第一為軍人，當時軍人幾乎全是由男性組成，這種人口的特殊性，對台灣既有的人口結構產生一定程度的衝擊，總體人口造成性別與年齡層的影響甚大，男性增多，青壯年比例提升。軍人來台大致分為三階段，其一是日本投降後被派來台受降的部隊；其二是協防台灣的部隊；其三是一九四九年之後加強協防台灣及其後撤退來台的部隊。

第二類包含最廣，來台的途徑不一，有些是政府安排來台，有些隨團體來台，有些是隨家庭來台，有些是個別來台，自大陸出發的地點亦不同，有從青島、上海、廣州、重慶等地直接到台灣，有些人則從香港、舟山等地輾轉來到台灣；來台的時間不同，有些在日本投降後即來台，大部分集中於一九四八年年底至一九四九年底，但亦有一九五〇年之後相繼來台者；來台的原因不同，有些因工作來台，有些因依親來台，但因國共內戰的轉變，避難者占多數；由於所涉人數甚多，無法一一羅列，粗分為公教人員及其眷屬、民意代表與黨政要員、知識階層（含教授、文化界與學生）、一般民眾（含表演團體、宗教界、工商人士等）等方面簡單敘述。

（一）公務人員及其眷屬

日本投降之初，有些公務員被派來台接收或派台工作，這批人員最先沒有移居台灣之意，後來因為時局的關係有許多人留在台灣；到一九四八年底之後，有許多公務員隨政府政策遷徙來台，這一部分人數較多，亦較有計畫，一九四九年二月初行政院院會經討論後，決議行政院自二月五日遷移廣州。當中共渡江後，政府機關已有疏運計畫，有些地方的撤退即是政府有計畫的行動，以山東青島為例，一九四九年六月初，華北唯一未失守的駐青島部隊有計畫遷台，估計其人員組成，軍、憲、警及政府人員所占的比例可能高達九成[7]。有許多公務員及其眷屬隨政府撤退來台。十月十日，廣州各機關加緊疏散；十月十二日，總統頒布中央政府遷往陪都重慶辦公令：「中央政府定於本月十五日起在陪都重慶開始辦公，所有保衛廣州之軍政事宜駐華南軍政長官余漢謀負責統一指揮。」[8]但同時也宣示保衛廣州的決心；十五日，行政院正式遷移，在重慶辦公。十一月二十一日，政府決定遷至成都（實際二十九日才遷），同時行政院通過「保衛西南中心的四川部分方案」，十二月四日，蔣與張羣、閻錫山研究遷都西昌或其他地區及軍事費用等問題。政府有見於時局漸不利，宣布除必要人員留蓉（成都）外，一部抵瓊（海南），待時機轉往台灣；十二月七日，中央政府決定遷台北辦公，並於西昌設置大本營。十二月八日，行政院召集緊急會議，決議遷都台北，在西昌設大本營統率陸海空軍在大陸指揮，繼續與中共作戰[9]。當天，閻錫山院長對記者宣布行政院自九日起正式在台北辦公。九日，台灣省議會電呈代表全省歡迎政府遷台。政府行政中心正式遷至台北。雖然有公務人員因個人因素或機關無法安排未能隨政府來台，但仍有不少的公務人員隨機關至台北，如一九四九年十月，沈宗瀚與中國農村復興聯合委員會同仁，從成都搭飛機離開大陸，轉到香港，再到台灣[10]。

政府機關不斷遷移，為安置各單位公務人員，有些予以資遣，有些隨政府機關遷移來台，由於當時交通工具有限，政府在安排公務人員來台時煞費苦心，有些人並非高級公務人員，如郃學海。一九四五年，中央政府遷都南京，蔣經國指派郃學海擔任蔣介石總統的司機，一九四九年蔣下野，郃學海跟隨至浙江溪口。後來由溪口乘登陸艇至廈門，住一個多月，再由廈門到台灣。各機關在安排公務員來台的同時也調查有多少眷屬，因此有許多眷屬亦被安排來台，如後來的文學家何欣隨其父親何容（推行國語教育者）、周美玉隨國防醫學院眷屬來台。

公務人員遷台的時間而言，自戰後就有公務人員奉命來台，但人數甚少，一九四八年之後來台的公務人員增加，一九四九年下半年後政府機關決定來台，公教人員及其家屬來台者更多，以台灣地區公務人員人數增加為例。

從下表得知，自一九四六年後公務人員逐年增加，最先每年來台的公務人員約增加一千餘人，一九四八、一九四九、一九五〇年每年各增加二千餘人，一九四九年公務人員明顯增加，一九四九年比一九四八年增加三萬五千人。這自然與一九四九年政府大部分的行政機關搬遷來台，公務員隨之來台有關，根據《台灣省統計年報》的統計，一九四六年，台灣的外省公務員比例為百分之二十二・三，到了一九四九年增加為百分之三十三・三，一九五一年更增為百分之三十九・一[11]。在公務員遷台的同時，眷屬亦大部分隨之來台。

▶ 表13-1 台灣地區公務人員籍貫統計

時間	省籍	行政機關	公營事業	公立學校	小計	總計
1946	外省人	7,371	2,732	2,097	12,200	51,428
	本省人	19,132	8,293	10,916	38,341	
	外國人	445	370	72	887	
1947	外省人	8,218	4,259	4,041	16,518	63,200
	本省人	20,317	10,208	15,951	46,476	
	外國人	105	97	4	206	
1948	外省人	10,747	5,801	5,172	21,747	70,612
	本省人	20,452	10,471	17,821	48,744	
	外國人	56	62	3	121	
1949	外省人	12,873	3,644	7,646	26,277	78,899
	本省人	21,874	7,808	20,619	52,599	
	外國人	12	5	2	23	
1950	外省人	14,814	3,595	8,080	26,686	76,510
	本省人	21,383	7,348	20,584	49,798	
	外國人	12	3	2	17	

資料來源：《台灣省統計要覽》，第14期，1953年，頁26。

（二）中央民意代表及黨政要員

在動盪中民意機關亦受影響，李宗仁推動北平和談失敗後，四月二十一日，中共陸續突破江防，南京岌岌可危，行政、立法、監察三院院長及祕書長不得不開會討論緊急疏散事宜，李宗仁也下達中央各機關南遷廣州的命令，令文：「前據行政院議決，自本年二月五日起以廣州為政府所在地，茲因時局之需要，中央各院部會除有關治安及防衛者外，其尚未遷往者應迅即遷移。」[12]五月初立法院在廣州復會，監察院由南京遷廣州辦公（廣東省審計處原址）中央機關所屬各單位籌備遷渝人員於六月九日乘專機抵重慶，立法院等單位人員亦隨行。其後又隨之遷至台灣。蔣介石雖是軍人出身，但非常重視法統及正當性，因此即使蔣在行憲之後對陳立夫頗多微詞，但對於CC系的中央民意代表則盡力拉攏，許多在行憲時所選出的民意代表對共黨政權沒有信心，中華民國政府也極力拉攏，如給予來台較優渥的條件，或免費或折扣搭乘機艦等，亦有自己想辦法來到台灣。立法委員齊世英指出：「真正能出來的都是與政府、黨（國民黨）有關的軍公教人員，尤其是國大、立、監委與黨的關係深，政府給予許多交通上的方便，所以出來最多。」[13]監察委員郝遇林、王樹霖、錢用和、張志廣、張秉智、于德純等於一九四九年四月由廣州乘專機來台，陳志明、孫玉琳五月由福州搭船來台。立法委員來台的比例甚高，如下表：

▶ 表13-2　1949年立法委員來台統計

	補選數	缺額數	總數	百分比
當選人數（1947.11.23）			760	100%
1949年辭職者或被認定辭職者人數		-185		
1949年在大陸死亡者人數		-34		
1949年被撤銷立委身分人數		-42		
1949年狀況不明者人數		-26		
1949年遞補人數	+92			
1949年遞補後失去資格者		-15		
統計（1949年12月）	+92	-302	550	72.37%

資料來源：松田康博，《台灣における——黨獨裁體制の成立》（東京：慶應義塾大學出版社株式會社，2006），頁58。

立法委員遷台較有名者如倪文亞、李田林、許孝炎、汪少倫、馬樹禮、高語和、唐國楨、張金鑑、蕭錚、王寒生、劉志平、韓振聲、汪漁洋、楊寶琳、許占魁、唐嗣堯、姜佐周、程毅志、白大誠、皮以書、王竹咸、張翰書、段劍岷、鄭震宇等百餘人，於一九四九年十月十一日由廣州乘專機來台。立法委員在一九五〇年二月在台開會時，報到四百九十七人，已逾半數。

國大代表方面遷台者不甚理想，一九四七年十一月二十三日當選人數為二千九百六十一名，一九四八年三月二十九日，第一次集會報到人數為二百八百七十八人，一九五〇年留在大陸或流亡他處未到台灣者為一千八百五十六名，加上死亡八名，最先來台者人數約九百九十七人，僅占總數三十三%左右，未達到國民大會開會的三分之二門檻，其後遞補及輾轉來台，第二次會議（一九五四年）出席者僅一千五百七十八人，亦未達開會的三分之二門檻。後來修訂組織法及遞補，使國民大會得以繼續在台開會；雖然來台的國大代表的比例不甚理想，但人數卻不少，來台的國代代表有賈永祥、黃忠、武鏞、盛文等近千人，使中華民國的法統得以賡續，維持民主機制的運作。

這些民意代表來台有些是政府的安排，有些是立院同仁的鼓勵，有些則是對共產黨沒有信心，有些當然有自我的使命感在內，正如立法院長劉健羣在遷台後的第一次院會中報告談到：「立法委員歷盡辛苦，踴躍來台的原因，主要是為了向選民負責，期無愧怍。」[14]然由於政府並無全盤的規劃，除有特殊管道者外，大部分都是輾轉來台。

一九四九年前後來台中不乏黨政要員，這其中當然包括蔣介石的領導核心，這批要員有些於一九四八年曾來台觀光或考察，其中較重要者：一月分：居正（一日）、朱家驊、錢昌照（十五）、林蔚（十七）、李石曾（二十）；二月分：張家璈（十一）、湯恩伯（十二）、孫科（十四）、吳紹澍（二十）、翁照垣（二十一）、鮑爾漢（二十二）；三月分：吳鐵城、王曉籟（九）、丁超五（十）；四月分：趙君勱（十九）、關麟徵（三十）；五月分：胡文虎（二）、胡世澤（十）、賀耀組（十五）、鄧文儀（二十八）、熊式輝（三十一）；六月分：徐永昌（八）、洪蘭友（九）；七月分：賴璉（十六）、羅卓英（十八）等[15]。這只是《風雲》半月刊的記者馬榮所做的統計，遺漏者甚多。

一九四九年初後，來台的黨政要員大都不是觀光，大部分都是做政府遷台前的部署，或直接遷徙來台者，其中最為重要者當然包括蔣介石、蔣經國父子。其他如張式綸、臧啟芳、董彥平、翁文灝、孫連仲、陳雪屏、趙志垚、丘漢平、姜佐周、張維翰、黃季陸、于右任、閻錫山、朱家驊、陳立夫、馬超俊、李文範、方覺慧、居正等，或由專機接送來台，或搭船來台。董顯光及家屬、徐柏園、黃仁霖、劉德全、張世哲、李希成、錢公來、董文琦、高惜冰、王鐵漢、劉真、鄭天杰、唐子常等分別搭中興輪來台。另有國民黨中執會執行委員吳鐵城、鄒魯、丁惟汾、谷正綱、方治等，中央監察委員會吳敬恆、王寵惠、雷震、程天放等。

有些在野黨領袖及其眷屬藉由其黨政的人脈才得以來台，如左舜生於四月來台，但其眷屬未能同行，乃致函王世杰，謂其眷屬大小七口尚陷上海，無法遷台，請代為設想，五月六日，再度致函雷震，囑將黃竹生夫人設法移台，並云：「渠之家眷有錢走路即無錢吃飯。」[16]黨政要員都面臨此困境，其他一般民眾可見一斑。

（三）知識階層

本文所指者包括學校的教職員生及文化界人士，在抗戰時期，有些學生及學校響應政府的呼籲，遷到後方地區，此次國共內戰的性質與日本侵華迥異，遷移者不如抗戰時期，政府亦無全盤的安置措施，許多學校的學生都等到快被戰火波及才遷移，而這批流亡學生才淪為乞食團，其中山東流亡學生最後到澎湖成立的「澎湖防衛司令部子弟學校」算是一個特殊的案例。

學生來台除了像山東流亡學生之外，無法集體遷台，又得不到正常管道來台後，臨時加入政府徵召進入軍隊服務，或隨其他團體來台，如日後成為史學家李恩涵，曾經回憶到：「一九四九年三月，我在山東省立青島臨時中學唸高三時，因大陸局勢逆轉，我的父親要我跟在聯勤被服廠服務的堂兄恩渥前來台灣。當時聯勤被服的設備與員工眷屬，搭乘招商局的「海張輪」，於三月八日經過二天半的遠航之後抵達基隆。次日全廠設備與員工及眷屬由火車運到高雄小港，從此我也成為該廠的員工了。」[17]像這樣由學生轉為軍人、政府員工、表演工作者的個案甚多。有些則是隨家眷來台，由於大陸地區部分學生遷徙至台灣，提升台灣省的教育程度，使台灣地區的學生數逐年增加。從下表的統計資料，可窺其一二。

一九四九年台灣受高中以上教育程度者突然增加甚多，一九四八年高中以上者為十三萬二千九百八十四人，一九四九年為二十二萬七千五百零五人人，增加近一倍，此與大陸學生遷入及大量公務人員的遷台有關[18]，因為具公務員身分者，受中等及高等教育者居多。大專院校的學生人數一九四九年較前增加許多，一九四八年大專院校學生數為二百九百一十四人，一九四九年增為五百九百零六人，增加將近三千名學生。一九四九年第一學期大專院校的教職員人數為三百八十三人，學生數為二百九百一十四人，到了下學期教職員數為九百二十二人，學生數為五千九百零六人，學生人數增加二千九百九十二人[19]。下學期開學大約是一九五〇年二月，這些增加的學生人數大多來自大陸地區的移民。

有些來台的知識分子長期以來與國民黨的關係較密切，隨著政府遷徙來台，如郭廷以、傅斯年等。有些則抱持理想到台灣者，台灣光復初期，何容想到台灣推行「國語」運動，當時在重慶工作甚忙，為協助行政長官公署推行國語運動，毅然決定來台[20]。又如郭嗣汾，一九四八年在結束善後救濟工作後，拜訪其老師，時任海軍官校政治部主任的王道，王道表示要到台灣設海軍學校，請其幫忙，郭乃懷著理想來台。這些知識分子各領域都有，包括殷海光、張其昀、錢穆、方豪、牟宗三、方東美、李濟、王雲五、汪祖同、姜佐周、張維翰等。

表13-3　1946-1950年台灣省教育程度統計

年別	大專	高中	初中	國小	不識字
1946年底	18,910	56,552	126,476	1,815,084	2,725,938
1947年底	26,495	71,959	159,677	2,074,721	2,607,381
1948年底	37,049	95,935	195,046	2,268,568	2,592,929
1949年底	68,427	158,978	271,426	2,478,993	2,679,494
1950年底	75,409	168,958	295,681	2,542,260	2,704,234

資料來源：台灣省政府統計處編印，《台灣省統計提要》（台中：台灣省政府主計處，1971），頁42-43。

文學家方面，一般而言這些人皆非志願來台，畢竟，其生長落根處即在幅員遼闊的大陸，若非戰亂，何嘗願意離鄉背井，流離東渡，落腳小島[21]。這些文學家來台的途徑不一，有隨軍來台者，作家柏楊冒充海軍軍士學校職員來台；劉心皇則是從南京到長沙再到廣州，一九四九年五月登上華聯輪來台，做〈告別〉離開大陸[22]。作家翟君石（鍾雷）因戰火波及上海，帶著妻子搭上最後一班上海飛台灣的飛機來台[23]。其他如王平陵、孫陵、齊如山、陳紀瀅、王藍、夏濟安、馮放民、林適存、田原、張至璋、夏祖麗等。這批作家與本省作家一樣，所面臨的都是一個斷裂的時代，然因語文的優勢與政治力宰制的因素，成為五〇年代的文壇主力，懷鄉與反共成為許多人寫作的題材（後被稱為反共懷鄉文學，或有稱為戰鬥文學）。

由於知識分子的去與留，似乎牽動整個社會對兩個政權的信任與支持，當時出現國共搶救知識分子的行動，搶救的行動從北方到南方，甚至海外的香港[24]。甚至利用個人網脈及地下黨從中策動，周恩來、董必武等人對於策動知識分子留在大陸或為中共政權服務有其貢獻。張伯苓[25]、熊十力[26]、梅蘭芳[27]等都受到周恩來等策動的影響。

政府方面也積極搶救學人來台，在國共內戰政局危急之際，除重視故宮博物院、中央研究院歷史語言研究所、北京圖書館等的文物與圖書遷運到安全地方，及希望大專院校像抗戰時期一樣遷至安全的地方繼續上課外，也重視高級知識分子的搶救。其中朱家驊在教育部長任內訂定「搶救大陸學人」計畫，並緊急命令傅斯年接任台灣大學校長，安排學人遷至台灣，延續學術的命脈。雖然傅斯年是在一九四九年一月二十日，正式視事，但事實上在一九四八年底已開始延攬人才來台，有許多知識分子來台與傅斯年的延攬有關。

一九四八年年底北平被中共包圍之際，政府把計畫南撤的北平文教界人士分為四類：一、各校、院、會負責人；二、中央研究院院士；三、與官方有關的文教人士；四、學術界有貢獻者。以上計畫為數約三、四百人[28]。負責「搶救大陸學人」計畫者為朱家驊、傅斯年、陳雪屏、杭立武等人，其中北平方面由蔣經國、傅斯年、陳雪屏組成三人小組，教育部、國防部及華北剿總等協助。但長期以來以教育部為主導，以速成的觀念為指標，以中央為主的思想模式，各單位各自為政的現象，常使結果大打折扣。根據上列四原則羅列名單，如馮友蘭、饒毓泰、毛子水、楊振聲、羅常培、張政烺、沈從文等，但正如陳三井教授指出，可能常有增刪，因此找不到完整的名單[29]。但在北平學界已有許多傳言，列在其中的人有的因職務在身不願離開，如鄭天挺於一九四九年一月六日致傅斯年的信中談到：

連奉賜電，仰見吾兄從火救人之熱誠，愛國家、愛學校、愛學術、愛朋友，讀之泫然；

苑峰（張政烺）更為之憔悴不寐。弟等所以遲遲，並非觀望，實緣職務耳，日內若有飛機，子水、思亮、千里、百齡、壽民（劉崇鋐）、鳴歧、驤塵、世維必可先行。孟實（朱光潛）、友松（崔之蘭）、苑峰、恭三或等一班[30]。

不列在其中的學者深感不滿，似乎表示自己並不重要，在學界也產生困擾，其中傅斯年搶救學者以北京大學、清華大學、南開大學等校的學者居多，並陸續派機準備載運來台的學者。從一九四八年十二月即積極派專機前往北京，十五日，胡適、陳寅恪、張佛泉、張伯謹、王聿修、王冀懷、劉崇鋐、黃金鰲、毛子水、錢思亮、侯璠等人乘空運大隊專機於下午抵南京；二十一日，又派兩架飛機將清大梅貽琦校長夫婦、北平研究院副院長李書華、北平圖書館館長袁同禮、北大張頤及英千里、趙梅伯等人接出[31]。有些學者不願南下，當時許多飛機載送的有些非原先規劃的名單，甚至有飛機到北平卻無人在機場。當時有許多校長以校務為重，常待到最後危急時刻才離開，如清華大學校長梅貽琦十二月十四日赴北平城中洽公；十五日，清華園與北平城內交通斷絕，梅校長電令校務暫由校務會議處理，校印交馮友蘭教授保管；二十一日，梅校長搭第二架教授專機飛南京，擔任南來教授招待委員會委員。

南下的學者中有許多並沒有在南京居住下來，又回到北平，一九四九年初平津危急之際，政府只得再派專機前往，但乃有許多學者不願南下，一月七日晚，有兩架自北平至南京的專機，載英千里（輔仁）、毛子水（北大）、錢思亮（北大）、顧崇鋐（清華）等六十餘人，北平方面也傳出這可能是最後一架飛機，因為各校員生都不願離開北平，而教育部在安排交通上亦非易事[32]。對於國民黨的搶救學人計畫，有些人頗有意見，馬衡在一九四九年一月十一日的日記中有一段記載：

下午至北大，聞教育部專機此後將不來，南下的教授可免費搭運飛機至青島轉京，據毅生言，此次做旅行社，非為搶救教授，實不啻為台大當差，誠慨乎其言之也。蓋中央派機來接，實發動於傅孟真。孟真榮膺台大校長，意欲將北大、清華名教授羅致于台大，名為搶救，實別有企圖。實際上清華南去者僅月函、寅恪；北大則真如、子水等數人，且未必皆受其羅致，心勞日拙，何苦！何苦[33]！

有些文化界人士一開始就選擇留在大陸，以徐悲鴻為例。一九四七年八月，徐悲鴻就任北平藝術專科學校校長，一九四八年十月，藝專部分職員在校發起南遷運動，但他決定留在北平到年底，教育部發「應變費」，要他將學校遷往南京，他將「應變費」發給師生員工，作為生活費。一九四九年一月中，出席傅作義將軍召開的北平大專院校校長會議，當傅提出何去何從的問題時，徐悲鴻第一個在會上率先聲明不走，並說：「北平是馳名中外的文化古都，不戰則可以保存這個名城。」主張用和平的方式解決。一月下旬，教育部再次派飛機至北平要他和一批文化人離開北平，他以自己因心臟病不能乘飛機為由婉言謝絕[34]。另以曾任輔仁大學校長的陳垣為例，政府於一九四八年底即開始敦促其南下，在得知政府派人到北平接其南下，一九四九年一月八日，便到劉乃和家中躲避不願南下，但是當時傳聞其已搭機南飛，一月十日，陳垣的書函中談到：「昨日此間報紙載我南飛消息，不確，恐傳至粵，以為我真已南飛，自前月十七、十八日，政府來電，並派飛機來接，都未成行，後又敦促多次，均婉謝，因無走之必要也，只難為粵中家人掛念耳，其實情形不至如報紙所傳之惡。」[35]

雖然有關爭取中央研究院各所同仁及院士方面不算成功，但也有許多知識分子隨政府來台，最為重要的是延聘學者到台大任教則有具體的成效，主其事者為台大校長傅斯年[36]（一八九六—一九五〇），一月十九日，傅斯年抵台，陳誠親往機場迎接，並同進午餐，談到北方若干南遷教授將來台大任教[37]。一月二十日，傅斯年接任台灣大學校長，到其過世雖還不到二年（一年十一月），卻是最為人所稱道的台灣大學校長之一，對於策畫校務極為用心，特別是引進大陸籍人士到台大服務影響甚大。到任後隨即揭示「開誠心，布公道」的辦學態度，希望在安定中求進步，使台灣大學成為一所理想大學，尤其是一所以學術研究為目的的大學，並儘量設法使台灣大學與已遷台的中央研究院等機關合作，展開學術研究工作，擬於最短期間內提升台大的學術水準。為提升台灣大學的學術地位，擬儘量與已遷台的中央研究院等機構合作。

傅氏就任後，旋分別聘任錢思亮、鄭通和、余又蓀為教務長、訓導長（學務長）及總務長，並陸續修復戰時受損的建築物，採購圖書儀器設備，更重要的是延聘師資，當時各校延聘師資普遍存在人情與官方的壓力，未能真正聘到所需的專業教授，傅校長一方面用人唯才，不講人情，另一方面根據「邊遠地區服務人員獎勵條例」，訂定「國立台灣大學新聘來台教職員旅費支給暫行辦法」，對於一九四九年一月起新聘教員自省外來台者，於到校之月起提前發薪一個月，有眷屬者兩個月薪津總額之津貼，以補助其到職旅費等，以示優待[38]。

自日本投降後，羅宗洛（日本北海道大學畢業）被派來接收台北帝國大學（即台灣大學），並接任第一任台大校長，第二任校長為陸志鴻（日本東京帝國大學工程部畢業），相繼引用一些大陸籍學者來台大任教，一九四六年十月陸志鴻校長擔任校長之初，全校約有二百位教授，其中留用日籍師資八十七位，來自大陸者四十位，台籍較少；一九四七年初日籍教師仍占百分之二十[39]，其後引自大陸，留學歐美的師資逐漸增加[40]，一九四八年中就到台大任教，以文學院的中文及歷史系為例，院長沈剛伯（一九四八年八月）、中文系教授台靜農（一九四六年八月）、戴君仁（一九四八年八月）、鄭騫（一九四八年八月）、劉仲阮（一九四八年八月），歷史系夏德儀（一九四六年八月）、徐子明（一九四八年八月）、李宗侗（一九四八年八月）等。其後在傅校長的努力下，迄一九四九年二月底已到校者，中文系毛子水（一九四九年二月）、董同龢（一九四九年二月）、孫云遐（一九四九年二月）、王叔岷（一九四九年二月）；歷史系余又蓀（一九四九年一月）、張貴永（一九四九年二月）、勞榦（一九四九年二月）、姚從吾（一九四九年二月）、方豪（一九四九年二月）、劉崇鋐等[41]，當時擔任助教的傅樂成亦是一九四九年二月到校任職，其後又有夏德儀、徐子明、沈剛伯、李宗侗等加入（其後又有一些歷史學者輾轉到台大歷史系服務，如李守孔等）；中文系有董作賓等；其他各系教授在傅斯年的安排下陸續來台，並進入台大服務[42]。李濟、芮逸夫等雖在中研院歷史語言所服務，亦被延聘至台大任教。

傅斯年對於聘任大陸地區學者來台任教及提升學術確有其貢獻，到一九四九年五月底止，台灣大學專任教員五百三十一人，與部定員額五百四十九人，僅短少十八人，而且師資陣容亦趨堅強，所延攬者，概以中國大陸籍占大多數，師資結構與質量亦隨之根本改變，台籍師資不及百分之五。

傅斯年延攬大陸知名學者來台大服務，雖有貢獻，但亦有人質疑，如葉青（任卓宣），指傳校長不但是蔡元培、胡適的高足，且繼承北大自由講學與研究的傳統，出任校長後，亦將自由主義作風帶到台大，所聘教授中竟有共產主義或親共分子，以致學校成為政治上的特區，院系成為共產黨細菌的溫床[43]。其所指的是法學院院長薩孟武及副教授張立之，經查的結果，並無明顯證據，而中文系李霽野無故離職前往大陸，已請警備司令部查辦[44]。

當然也有學者本來答應要來台，最後因個人因素未能留在台灣，羅宗洛即是其例。羅本來已經接到台大的聘書，後來因各種因素，未能成行，其中原因之一，是捨不得離開原有的學術環境，羅宗洛在一九四九年一月五日致書傅斯年的時後談到：

> 二十九日所發「快信」於四日上午收到，當時躊躇不敢即覆，因覆書將仍使兄失望故也。植物所無一人願意去台灣，上海各所亦皆不願遷移，大家既願意與所共存亡，弟何能獨離，弟已分別致函台大舊同事，包括一部分優秀之台灣人，請彼等全力協助我兄。兄赴任時，弟擬一名單交兄帶去，兄可按單索驥，以備諮詢。弟去與不去，無關宏旨，且弟即去，所能為兄謀者，亦不外此也。滬台相距甚近，若果有非弟親到不可之事，則弟奉命即行，朝發午至，亦不致於誤事，萬望原諒弟之立場，恕弟不能同行之罪[45]。

除了台大教授外，其他學者如牟宗三、殷海光、徐復觀等於一九四九年左右來台，亦有一九五〇年代之後才輾轉來台者[46]。

（四）其他

這部分包括商人及來台工作者、表演團體、宗教界人士及其他。一九四九年遷徙來台者，有來台經商或避難的商人[47]，有因工作來台者，如報社的孫如陵，一九四九年，《中央日報》內部有人主張將報社遷往福州、廣州或台灣，後來將向美國訂製的一架Goth高速機運往台灣交貨，中央日報社請孫一起到台北看報社的新廠，由於孫未曾到台灣，便與同事一起搭船來台，上岸後以舊台幣二百萬元買一張回程票，因中央日報社社長馬星野及同事的盛情挽留，留下來，後因大陸動盪就留居台灣[48]。

另有許多表演團體來台，京劇是其中較為重要的一個團體，一九四八年年底即有許多劇團來台，從各報刊整理出如下頁表：

這些京劇表演團體來台，有些是以文化交流為目的，如「顧劇團」，顧正秋自己說是一九四八年年底因為永樂戲院的劉經理相邀來台[50]。由於來台表演相當成功，戲院馬上續約，留下來過年，一九四九年政局變動，留在台灣，顧正秋回憶來台的原因談到：

當我決心合同滿了絕不再續約的時候，母親給我來了信，她說上海物價一日數漲，生活非常不穩定，勸我不必急著回去。我原以為也許母親有來台灣玩一趟的意思，便聽她的

表13-4　報刊所見1948年底至1949年大陸來台京劇團演出時間表[49]

演出時間	劇團名稱	演出地點	演出劇目	主要成員
1948.12.14	顧劇團	台北永樂戲院	演出四年半	顧正秋、胡少安
1949.1.31	上海張家童伶京班	台中國際戲院	鮑自安、大鬧嘉興府、龍鳳呈祥白馬坡、金錢豹	
1949.2.23-3.21	綺霞平劇團	台中國際戲院		
1949.3.1-11	上海正義京劇團	全成戲院	關公戰場沙、大英節烈、木蘭從軍等	
1949.3.24	綺霞平劇團	全成戲院	紅娘、紅樓二尤、大英節烈、木蘭從軍	
1949.5.2	上海正義京劇團	高雄明星戲院		
1949.8.1-11、10.11	上海正義京劇團	高雄大舞台	關公過五關斬六將、十八扯、巴駱和等	
1949.8.17	中國國劇團	新民戲院	演出一個月	
1949.8.18、21、9.01	上海麟翔京劇團	台中國際戲院	天官賜福、黃金滿台、四杰村、紅娘	周麟崑、劉玉琴
1949.9.30	上海麟翔京劇團	台南戲院		
1949.10.11	上海麟翔京劇團	嘉義大同戲院		
1949.10.21	上海正義京劇團	國際戲院		
1949.11.01	上海麟翔京劇團	南都大戲院	大鬧嘉興府、群英會、四郎探母等	周麟崑、于淑良、吳劍虹等
1949.11.24	上海麟翔京劇團	全成戲院	紅娘、過五關、斬六將	同上

資料來源：各報刊載摘錄。

話留下來[51]。

顧劇團在因緣及時局下留在台灣，其後上海有許多劇團紛紛來台表演，如正義京劇團、麟翔京劇團等紛紛來台，帶動台灣京劇的發展。

除上述劇團外，軍中劇團亦甚為重要，由於京劇是軍中的重要娛樂，許多軍種都有自己的軍中康樂隊，後來發展成劇團，戰後首先來台的是政治部主任周漢儀所率領的「陸軍七十軍政治部劇宣隊」，為加強演出陣容，特別由上海聘請有演劇經驗的林逸民等加入演出，這也是中國大陸話劇第一次來台表演，該團體於一九四六年四月來台，分別在台北的中山堂、台中的青年劇院等地演出，雖然當時的觀眾有些因為聽不懂國語而影響其演出的效果，《人民導報》一篇觀後感提到：

> 演劇的對象是觀眾，台灣的觀眾，因為語言不大懂的關係，所以發生許多不良現象，實在很影響聽得懂的觀眾，希望後回演出，能以一獨幕劇用國語，三幕劇用方言試試看，自然秩序可以好一點[52]。

其後來台的是南京「國防部新聞局演劇三隊」，因受到「二二八事件」的影響台灣劇界蕭條，為振興台灣戲劇，受命來台，隊長董心銘和劇員傅碧輝、趙振秋、曹健等來台，且留在台灣，成為其後台灣劇界的中堅。一九四八年年底及一九四九年來台並安排演出較有名者為「國防部新聞局演劇三隊」、「裝甲兵司令部特勤隊」、「空軍傘兵司令部靖海劇隊」等。其他依附在軍中成立的劇團甚多，如傘兵部隊的飛虎劇團、裝甲兵的三三劇團、六十九軍的永慶劇團等。

一九四九年後政府機構陸續遷台，人民來台者增多，許多劇人來台後紛紛組成業餘劇團，如抗建劇團、成功劇團、自由萬歲劇團，演員包括：威莉、王珏、黃宗迅、賈德頤、吳戈、潘亞懷、鮑應、井淼、孫俠、羅頻、楊甦、正綱、李行、周旭江、徐楓、孟鷗、唐仲華等，使一九四九年下半台灣的劇業呈現熱鬧的景象[53]。為團結台灣劇界，打開台灣劇運的發展，一九四九年三月四日，陳大禹和吳劍聲、金姬鎦等一群劇界人士，發起籌組「台灣戲劇協會」，可惜後來陳大禹被捕，該會籌組無疾而終。

當時來台的表演團體除京劇外，還有福州的「都馬劇團」，由於國共內戰戲班生意不佳，聽說台灣歌仔戲蓬勃發展，決定到台灣演出，將劇團改名為「廈門都馬劇團」，一九四八年底來台，預計一九四九年七月返回廈門，因戰事的變化，從此留在台灣[54]。當然也有崑曲、豫劇等團體來台，如豫劇編導張若鑑即是一九四九年來台，由於表演藝人湧入，加上人口結構改變了觀眾的結構，對於歌仔戲和職業新劇而言有一定程度的影響。

這些表演工作者有些隨團體來台，有些隨軍中來台，有些隨家庭來台，有些則是個人以各種不同的身分來台，如相聲大師吳兆南，在回憶中談到：「我到台灣，可以說是冒名頂替，冒充空軍眷屬來的，那時有二十多個空軍太太要到台灣，都是小姑娘、千金沒有出過門，先生出任務了，她們沒人照料，我哥哥的連襟看上我了，他認為起碼我是一個好人，那是民國三十七年年尾，我就伺候她們二十多個出來了。」[55]另外孫越也談到：「某日姑父家中來了一位朋友，乃姑父的部下，在裝甲兵當隊長，正要整裝待發，準備到台灣去，問孫越要不要去玩幾個月，於是就這樣到台灣。」[56]

宗教界人士亦值得介紹，這方面的人數雖不多，但代表著對中共政權宗教政策的不信任，一九四九年前後來台的僧侶有智光法師、中輪法師、東初老人等，其來台的原因頗多，有些是被抓去當兵，隨軍來台，有些是自願當兵，有些是怕中共清算，有些不願被中共統治，有些是應聘來台辦學或隨師友來台，如自立法師、唯慈法師、幻生法師等於一九四九年二月由上海來台。東初老人在大陸淪陷前夕，攜帶「中國佛教會」招牌逃難來台，免為中共之利用；亦使佛教得以在台繼續其弘法活動[57]。其他如道源法師、白聖法師，道源法師於一九四八年秋離開華北至上海，駐錫安靜寺，一九四九年戰局緊張，上海進入備戰狀態，道源法師隨白聖法師至台灣[58]。

有些僧侶被抓去當兵隨軍來台，如真華法師（俗姓劉保昇），一九四九年由蘇州到上海，再到寧波、普陀山等地，一九四九年十月出普陀山駐軍要離去時，將二十幾位年青比丘抓去當兵，真華法師即是其一[59]。

亦有一些法師在國共內戰期間受到國民黨宣傳的影響，深怕共黨統治迫害僧眾，因此不斷遷徙，道海長老於一九四七年從山西太原的崇善寺到北平的廣濟寺，又南下到漢口，其後因國共戰事逼近再度遷至廣州，再由廣州到香港[60]。這種個案甚多，如倓虛法師等亦是如此。聖嚴法師也談到：「國民政府的軍隊雖然毀了狼山，但是國民黨還沒有用思想政策來取締宗教，跟著國民黨跑，畢竟還有一線希望。」[61]有些法師在政權變動之際仍心繫於如何挽救佛教，道安法師（一九〇七—一九七六年）於一九四九年元月在香港與巨贊、優曇、敏智法師等一起討論如何挽救中國佛教[62]。後來道安又回到湖南，一九四九年南京失守後，湖南省人心浮動，五月三日，南岳佛學院召開應變會議，討論兩條路線：一是積極自救，一是消極疏散。自救是指如何組織全寺僧尼生產機構，達到自食其力的目標；疏散則採完全自由行動，不留不動。但僧團主張道安、靈濤、定超三人應速離開，避免遭綁票，當天晚上，道安打聽由台灣赴日本的出國手續，為何取道台灣，可能基於在台灣找到日本留學的台灣佛教有地位人士介紹，由台赴日較為容易[63]。最後雖未立即到台灣而於九月避難香港，直到一九五三年才來台。香港成為許多法師的來台的暫居地，印順法師亦是如此。

天主教方面，有一批從一九四九年就離開中國大陸到香港或菲律賓，但被中共迫害逃亡的高潮則是一九五一年，後來輾轉來到台灣。一貫道的前輩、點傳師（即較重要的領導者）及一些信徒紛紛來台。

總之，大多數逃難者都值得同情，抗戰八年顛沛流離，國共內戰還要逃難，有些人懶得動，有些人實在逃不動，逃難者多數出於無奈。一九四八年底全國性的人口流動潮，與國共內戰有關，有些達官貴人、豪門、富商、大地主及其眷屬，憑著金條、人情、權勢等擠上輪船、飛機、火車，形成一股逃難的狂瀾[64]，遷往香港；有些則直到一九四九年年初及中共渡江後，見局勢混亂，為求安身立命的地方開始遷移，立法委員梁肅戎的兒子梁大夫曾談到此現象：

在那個大時代就是，淮海戰役過了以後，整個幾乎大局就已經定了，國民黨算是打敗了，那一些上海、南京的商人，就是整個當時中國地區，這個最富裕的地方，所以比較環境好的商人跟大的財主，通通搬到香港去了。那他們當然是走的比較早啦，那剩下的，跟國民黨淵源幾較深的，或者是跟國民黨的這個軍隊的負責人，或者是黨務的負責人，他們都在早幾班船，都已經先到台灣了，那等啊等到最後這幾班船離開大陸的，大概都是屬於二三流的角色了[65]。

當時來台的人職業以軍公教人員及其眷屬居多，原籍方面則是自大陸各省都有，以一九五六年的人口普查為例，見下頁表：

從下表可知，當時大陸來台者以福建省、浙江省、江蘇省、廣東省、山東等五省為最多，人數約五十三萬以上，占遷台人數約百分之六十，這絕大多數與居住在沿海地區據地利之便有關，但有部分則是因為政府有計畫的撤退有關，如青島、上海即是其例。

二、誰知他鄉變故鄉——抵台之初的台灣印象

自日本宣布投降之後，陸續有大陸的旅客來台，一九四五－一九四八年間來台者，除軍公教人員及其眷屬外，大部分的旅客都是來台旅遊、經商者，極少有打算在台移民定居者。另有許多的劇團也到台表演，如海派京劇名伶顧正秋，一九四八年十一月受邀至台北延平北路永樂戲院獻藝，後因時局變化，成員大多進入軍中劇團，如海光、陸光、明駝等，對台灣的京劇發

表13-5 1956年在台外省籍人口原籍統計

籍貫	人口數	百分比	籍貫	人口數	百分比
福建省	142,520	15.35	湖北省	36,184	3.90
浙江省	114,830	12.37	河北省	36,124	3.89
江蘇省	95,836	10.32	江西省	30,666	3.30
廣東省	92,507	9.97	上海市	16,179	1.74
山東省	90,068	9.70	南京市	12,491	1.33
湖南省	54,154	5.83	廣西省	11,620	1.25
安徽省	44,533	4.80	遼寧省	11,220	1.12
河南省	41,674	4.49	北平市	7,850	0.85
四川省	36,369	3.92	其他	53,454	5.76
總計	928,279	100.00			

資料來源：台灣省政府戶口普查處，《中華民國四十五年戶口普查報告書》（台中：台灣省政府，1957）

說明：該數據未含約三十萬未設籍之軍事人口。

展貢獻卓著[66]。

在來台的旅客中，不乏飽學之士以及各種專門技術人才、行政人員、學生等，有部分輿論認為，能夠在短時間內網羅各種人才，相當不易，人才紛紛到台灣是盛事，也是建設台灣、繁榮台灣的難得機會[67]。隨著政府在大陸戰事的失利，來台的外省人日漸增加，包括各行各業或一般民眾，定居台灣的外省人不斷增加，與台灣人的接觸不再是短暫相遇而是長期相處，這批外省人不完全是以統治者優勢姿態看待台灣人[68]，有些是一些刻板的印象，如認為台灣女人有日本女人的性格，有西洋女人的風度[69]，但也有些不認為此。這批外省人因教育程度、工作環境、個人際遇、男女性別等對台灣的印象並不完全一致。

這些外省人大部分未曾到過台灣，面

對日本統治五十年的台灣，有些人充滿了好奇與期待，女青年工作隊成員王逸雲回憶：

> 我對台灣還有一些特別的感情，首先就是我還在省立揚州中學讀高中時，有次，學校找了以前的一位校長周厚樞先生回校演講，周校長那時在台灣當台糖廠長，因故回到揚州，被邀至省立揚中樹人堂演講，他在演講中提到台灣四季如春，風景是如何可愛、香蕉如何大、甘蔗如何甜，並說如果我們有興趣到台灣來參觀，他可以帶我們到糖廠玩，台灣的糖廠都很大，坐小火車幾個鐘頭都轉不完等等，這些話對當時還是年輕學生的我們都是很具吸引力的。因此我一看到女青年大隊的招生廣告說要是到台灣受訓，同時就想到周校長的演講，對台灣有很新奇的衝動，對台灣的印象也特別好。[70]

有些人則只是逃難者過客的心態，從他們的回憶中，不但看到一九四九年台灣的若干情景，更可體會出這批新住民對台灣的感受。本節舉一九四八年底以後一些剛到台灣的外省人的回憶或口述歷史的片斷，說明其對台灣的印象，一方面說明其觀感，另一方面也可檢視戰後初期台灣的一些現象。

（一）衣食方面

台灣的香蕉讓外省人印象深刻，台灣自清統治以來，米、糖、樟腦、茶等成為外銷的重要產品，日治時期更積極發展農業，許多農產品聞名國際，中國大陸民眾對台灣的香蕉特別感興趣，特別是北方地區很少人嘗過香蕉，許多人踏上台灣土地，對台灣香蕉的印象特別深刻，女青年大隊的成員張艾媛提到：「（一九四九年五月）八日由上海搭船到基隆，順利入境，領教了雨都永不停止的雨，且吃大香蕉。」[71] 裴王志宏一九四八年底到台灣，對台灣的印象：

一開始逃難就聽說要來台灣，我對台灣的認識是來自小學的課本，知道台灣產甘蔗，可是也聽說到台灣沒有東西吃，只能啃香蕉皮，有錢人才能吃香蕉。經過兩天兩夜之後，船抵基隆，首先看到的就是賣香蕉的小船，船上也賣其他種類的水果，像橘子和甘蔗，印象最深的還是一大串一大串的香蕉，北京的香蕉沒有這麼大，只有廣州產的小香蕉[72]。

另一位女青年隊的成員郭劍英回憶：

記得我們在廣州等船時，我們對台灣的印象根本很渺茫，毫不知道台灣在何處，只知道國家幫我們安排，要把我們運送到台灣來。我們等船時，都住在碼頭旁一個倉庫裡，當時等船的單位很多，有學生軍、撤退機關、軍眷等，都住在那倉庫裡，那個倉庫很大，一個單位、一個單位的，各自有自己的據點、範圍，伙食也各自處理。一下船，就看到很多香蕉，在大陸上很少看到香蕉，而且都很貴，大家一問台灣的香蕉這麼便宜，就猛買來吃[73]。

對台灣物資的印象，女青年工作成員陳新說：「（一九四九年初）上岸後，同學幫我買了一片西瓜，花費老台幣五千元；又買了一碗米苔目，需老台幣一萬元。」[74]隨部隊來台的眷屬徐留雲說：「過幾天（一九四八年十二月底），我到街上轉轉，想看看到底有沒有米，結果走到新竹的東門市場一看。哇！米好漂亮，根本不像他們之前說的。市場不但有米，還有炭爐子、鋼炭，因為我們的行李還沒到，我就買了一個鍋子、鋼炭，回去洗米燒稀飯，雖然和市場的小販言語不通，反正多少錢就給他多少。」[75]青年軍宋德中說：「三十八年三月一日，以六個迫砲連為基幹，擴編成砲兵十四團，在屏東大武營營區接受砲兵專業訓練，結訓後我調升第四班下士副班長，那時生活更加艱苦，物價飛漲，伙食很差，當時一天的伙食費只有六毛錢，以青菜為主，很少吃肉。」[76]

有些有錢的難民不習慣台灣的衛生設備，服裝的變化不多，因此許多上海的商行因應而生，小說家羅蘭回憶說：「鮮衣華服的高級仕女，使冬穿單衣、腳踩木屐的本地人相顧失色。於是以上海為號召的美容院、時裝旗袍店，逐漸開設起來，委託行也因應而生，昂貴的衣料、皮鞋，物稀為貴的擺在櫥窗，試著滿足高級仕女的購買慾。」[77]但也有些對於台灣女性顏色上愛鮮豔，氣味上愛沉俗，並認為台灣女性並不會配色[78]。這些形容其實都有些片面，誠如游鑑明教授提到：「過度或誇張的形容再套上國家認同問題時，整個論述更充滿複雜性。」[79]有些人將台灣女性的負面形象歸於戰後受到上海風氣的影響。

（二）住行方面

台灣在清朝時期的建築以傳統閩南式建築為主，清領末期有洋樓式建築，日治時期除仿巴洛克式、現代主義等建築外，另外有許多日式房屋住宅，從大陸來的新住民對於日式房屋印象最為深刻。由於日式建築與閩南建築內部的結構不同，生活習慣也不同，國劇名伶梅蘭芳的太太對記者（《中央日報》俞仁傑）談到台灣的榻榻米說：「進門脫鞋，出門穿鞋，可真夠煩，不過看著光潔的榻榻米，我真想在上面躺下來。」[80]小說家羅蘭回憶：「到處的木屐聲，是我在日本占領下的北方生活中曾經熟悉的，只是在下雨天，穿高底木屐的走路聲，在清靜的巷弄裏顯出了和平歲月的詩意和古意。」[81]這種穿木屐在街上走動的景象，讓這批剛到台灣的外省人印象深刻。雖然有些外省人對於台灣許多日式的房屋、地板的榻榻米深感興趣，但對於進屋都要脫鞋則頗不習慣。

行的方面：青年軍師文彬回憶：「來台初（約一九四九年）的台北市容讓我印象最深刻的是，當時台北市的公共汽車大都漆成黃色，是很老的福特汽車，那時從新生北路往松山那邊走，全部都是稻田，當中只有一條馬路，有公車行駛，和現在台北的景觀完全不同。」[82]鄭天杰回憶：「（一九四九年三月）十七日，中興輪抵基隆，我立即乘火車赴台北，在市內，我生平第一次乘坐台灣特有的高高黃包車，印象十分深刻。」[83]張道藩的太太蔣碧薇則談到：「三十八年五月，台北街上的車輛不多，行人寥寥，若干地方還殘留著被轟炸的遺跡，台灣同胞多半衣著樸實，通常男人都是舊式香港衫，女人是上衣連裙的洋裝，穿木屐的人滿街可見，踢躂聲響讓我恍疑自己也到廣州。最有趣的是比大陸高出一截的人力車，兩隻膠皮輪高大得駭人，坐在上面真有君臨全街的氣慨。」[84]

然因每個人所見的情形不一，有些認為台灣地區富裕，有些人卻認為台灣當時的生活困苦，這樣的記憶大部分來自於比較，國防醫學院周美玉回憶：「初到（一九四九年春國防醫學院）台灣時，大家生活都很艱苦，住的是帳篷，一個帳篷裏可能住好幾家人。」[85]一般而言，外省人對台灣人民衣著較為樸實、奉公守法、溫和有禮等印象頗為一致。

（三）生活習慣方面

台灣屬於海島型島嶼，雨量豐沛、濕氣重，軍公眷屬余文秀回憶：「我剛到台灣覺得生活習慣很不一樣，例如：基隆多雨，記得下船的那段路積水很深，把鞋襪都浸濕了，公公就要我把鞋襪脫了穿木屐，但我不會穿木屐，只好光著腳，趕緊坐上三輪車。另外，燙頭髮也是我難忘的經驗，台灣的女性燙髮很普遍，到台灣的第二年，我公公就叫我去燙頭髮，但這裡是電燙的，很嚇人，雖然很害怕，我還是燙了，這是我生平第一次燙髮。」[86]

日本統治時期為消滅傳染病，重視醫療與衛生，台灣其實算是一個相當乾淨的地方，女青年工作隊成員黃珏回憶：「我們母女都很喜歡台灣，風光和大陸完全不一樣，而且寧靜、純樸，真是個好地方。」[87]作家王藍說：「離開松山機場（一九四九年十二月二十日），一路上我飽覽台北風光，我看到了晴朗的多日陽光，我看到了油綠如春的田野，我看到了安謐整潔的馬路，我看到了玲瓏美觀的建築物。」[88]台灣女性的溫柔與和善亦頗為遷台的外省人所稱善。

台灣的秩序與守法讓他們印象深刻，蔣碩傑回憶：

我是民國三十七年底坐中興輪來的，那時候船擠得不得了，甲板上都睡滿了人，救生的設備完全沒有，要到走道、欄杆那兒都不容易走，船很奇怪搖，得真厲害，其實中興輪不小，可是船底不知怎麼樣，大概不是走海路的船，搖得很厲害。到了台灣，我覺得基隆的碼頭倒不錯，日本人建築得比大陸上強多了，大陸上像這麼好的碼頭很少，上海都沒有[89]。

黃仁霖回憶：「那時台灣並不缺乏工人，而且他們都是好工人，在日本占領之下，他們已經養成了好習慣，肯聽話服從，幾乎到達了順民一般的情形，而且能吃苦。有一個時期，基隆港有一批最快的搬運夫，已經名揚中外[90]。教育部長杭立武一九四九年三月二十四日到台灣，認為台灣的國民教育比內地發達，一般人民守法的精神也比內地好[91]。蔣碧薇談到：「（一九四九年四月三十日），船抵基隆，海黔輪駛進三面環山的基隆雨港，難得的是雨港居然有燦爛的陽光在笑靨迎人。基隆碼頭建築的整齊，以及港埠秩序的良好，海關辦事人員工作的效率，在當時曾給我留下深刻的印象……」、「漸漸的，我覺得我很喜歡住台灣，五月初夏，天氣雖然比京滬一帶熱，但入晚便有徐來的清風，吹散一天的暑氣，而且台北夏季少雨，沒有大江南北的『五月黃梅時，陰氣蔽遐邇』的那麼令人難受。此外，我和台灣同胞接觸不能算多，可是我對於他們的樸質親切，尤其重秩序、守公德、彬彬有禮的態度，印象相當深刻。」[92]

有些人則回憶來台的艱辛。楊文達回憶：「太平輪抵達基隆時，碼頭上有許多大陸來的士兵，他們衣衫襤褸，卻又自以為是，好像常勝軍一般驕傲，給台灣百姓很壞的印象。剛到台灣時，這裏社會很安定，可謂夜不閉戶，這是日本人留下來的基礎。在物質方面，什麼東西都沒有，十分落後。我們住在日本式房子中，沒有床，就睡在榻榻米上；也沒有桌子，我就到材料庫中拿空箱子，翻過來就是我們的桌子，就這樣過了半年。」[93]作家王明書也談到來台的困窘：「三十八年我們來到台灣，當時我們真的好窮，房產帶不動，能帶的僅是一點點首飾、衣物，一對小夫妻抱著三個幼兒，一點微薄的薪水，不夠吃飯。」[94]

（四）語言方面

朱家驊在一九四八年來台進行考察時提到：

台灣國語推行的很好，本人曾經看到教師上課沒有講土話，只有一個學校有一位教師上自然課是講閩南話，過去那裏的青年有些連閩南話都不會講，完全講日本話，因為講日本話有很多便利，在日本時代學校裏根本沒有中文課程，並禁止說中國話，可是現在進步的很快，各級學校的員生都能講國語，甚至小學生特別說國語，比內地沿海各省都標準。因為他們的國語是認真學的。勝利兩年來台灣的國語推行確有很大成功，關於這件事我們不能不佩服魏建功、何容兩先生，他們都是國語推行委員會委員，於光復時派去的，在台灣組織國語推行委員會工作極為努力，當然也是因為台灣同胞對祖國的熱忱有以致之。那位在日本時代台灣大學當教授的杜聰明先生，今年五十六歲，他告訴我勝利之前國語一句話都不懂，可是現在他的國語說得很好，問他怎樣學的，他說每天在無線電裏學得來的，原來在無線電裡每天有二十分鐘標準的播音[95]。

普遍而言，國語仍不十分普及，史學家郭廷以曾談及此：「三十八年初，林獻堂懇邀我到台灣通志館協編《台灣通志》，我很感興趣，答應了，參加工作後發現編纂工作人員都是本省人，講的都是台灣話，和我講話要透過翻譯，我只好辭了。」[96]蔣碧薇回憶：「羅斯福路上很少有店面，一路走到衡陽街，這才發現台北賣家俱的店家實在不多，我想大概是榻榻米房子無須什麼家俱的關係，只是漢唐古風的席地而坐，在我已經很不習慣，台灣同胞和悅可觀，但是他們的『嘸宰羊』、『卡失禮』使我們無法繼續交談。」[97]

與勝利接收之初做比較，一九四九年許多環境似乎有需要改善，如俞濟時一九四九年六月十三日呈蔣介石：「三十五年隨節巡視台灣及此次來台對台灣之台北、高雄兩市政腐敗情形，感慨萬千，以內地人見之，雖屬平常，然以敵人統制五十餘年之台灣人及外人觀感，實必最壞，茲略舉數端恭呈如左：其一，市區馬路年久失修，到處由小洞破爛擴大為大洞，天雨積水，車過泥水四濺，妨礙行人。其二，小巷明溝淤塞，晴天積水汙臭，雨天成災。其三，警察崗亭倒塌有礙市容。其四，台北公園、高雄體育場與市政府範圍甚大，四周荒草遍地或垃圾亂堆。其五，高雄市區路燈如愛河橋梁上的電燈有失明者、有燈泡無燈罩者。其六，電訊不靈。以上數端實非台灣反共革命根據地應有之現象，似應即責成陳主席第一步嚴飭各該市長從速整飭市容。」[98] 蔣即將此建議文轉飭陳誠妥善處理，但一九四九年已有明顯的改善。

當然這批外省的遷徙者對台灣也非完全是正面的印象，其中也帶有些許的優越感，極難去分辨這樣的優越感從何而來，但可能與抗戰所受的遭遇有關，他們大都認為沒有中國大陸的抗戰努力，台灣就不能回歸祖國的懷抱，因此台灣人應心存感念，楊文達接受訪問時就認為自己是勝利軍[99]；另方面與中央的心態有關，他們自認為是中央的代表，地方應為其服務，孫震即將外省人來台，比喻為劉備入川，他說：

> 當年中央政府帶著二百萬人來台，剛好填補日本人撤退後台灣的空虛。這二百萬人大多水準很高，其中更有一大群精英分子，像李國鼎、尹仲容、資源委員會的工程師等，共同成為台灣早期迅速發展最主要的人力資源。其實，中央政府帶著二百萬人來台，與《三國演義》裏，劉備帶著十萬百姓入四川的故事十分相似[100]。

這樣的說明不完全正確，從地理及教育而言，台灣並非是一個未受教育未開發的地區，當年劉備的部隊既不是優秀的部隊，一九四九年遷台者也非程度都相當高的一群人。戰後至一九五〇年代初期，大陸各省民眾逃難來台確屬不易，而且這批外省人有些人的知識條件與經濟條件都不錯，有些人受過教育，但亦有一些士兵並未受過教育，經濟的條件亦不佳。

一九四五年至一九五二年移居台灣的眾多外省人中，每一段往事都值得大書特書，但因每個人選擇性的記憶與失憶，加上這批人大半凋零，僅憑著些許的訪問與回憶錄資料，很難確實的描繪出當時移民或逃難的完整圖像，至少可以看出，經過日治後兩岸因地理及歷史的隔閡，這批外省人對台灣其實是陌生、好奇中帶有一些好感，經過六十年後，這些集體的記憶值得重視。

第十四章

台省因應逃難潮——入境管制措施

實施入境限制雖然說合法者仍可入境，但在兵荒馬亂之際，能迅速取得合法文件者畢竟是少數，許多人限於交通與文件徘徊穿梭於碼頭之間未能如願來台，對於台灣安全上雖有幫助，但卻阻隔了許多親情相聚的機會。

一、實施入境管制的背景及目的

任何一個地方都有地區主義或本位思想，該地區的主要負責人，除配合中央的政策之外，也必須顧及地方民意的反應。陳誠奉蔣介石之命掌理台省，鞏固台灣的安全為其第一要務，面對愈來愈多的外省人遷徙來台，陳誠如何進行管制？入境管制所帶來的影響為何？值得討論。

進入一九四九年，大陸人士來台者愈來愈多，有軍公教人員及其眷屬、有來台經商貿易者、有文學家等，大部分是逃難者性質，來台之初延伸出許多問題，特別是民生問題。

首先是吃的問題。戰後初期，臺灣遭受戰爭傷害與風災，一九四六年各縣市糧食生產復原情形普遍不佳，米糧供應頓成問題，有些固然與第二次大戰期間，台灣遭到美軍的轟炸有關[1]。但有些則是人為的囤積與炒作的結果，經歷了「二二八」事件的悲劇，台灣民眾對於外省人移民潮所帶來的米糧危機仍記憶深刻，好不容易穩定的局勢，一九四八年底開始，物價又開始大幅波動，台灣人民的觀感又認為與過多的外省人移入有關，陳誠既標榜「人民至上，民生第一」[2]，自當設法解決，對於移入的人口應有所限制。一九四六年台灣農業生產，實質的產質只有一九三七年的三分之二左右，一九四九年雖已恢復一九三七年的水準，但仍不及日治時期，糧食生產復原的情形普遍不如理想，無法充足供應眾多移入人口所需。

住的問題：由於外省人的湧進，不但帶來房屋與房租的漲價，小說家羅蘭觀察到當時的情形說：「旁觀逃亡潮，也旁觀那光復後第一波的房價飆漲，日式房屋以每疊『他他米』一兩黃金計算。」[3]許多個別來台的民眾透過個人的關係尋找住屋，即使是被聘來台的教授，學校亦未能安排住處，公務人員及眷屬更加困難，故宮博物院、中央研究院史語所的研究人員還需借台大的宿舍。如何安排新住民居住也成為政府亟需解決的問題。

陳誠主政臺灣初期，即注意到駐臺軍人與軍眷住屋不足的問題，屏東、嘉義等地空軍曾因住房問題與陸軍部隊發生爭執，雖經勸導，問題始終未解決，因此，一九四九年元月八日，陳誠電呈總統蔣介石，建議由國防部負責增建房舍，所需五金材料由上海訂購[4]。其後，陳誠出任東南軍政長官公署長官時（一九四九年八月至一九五〇年三月），特在公署內設立軍眷管理處，將東南區各前方軍人眷屬集中管理，指定地區分配住所，統發眷糧[5]。

其他機關也為其員工住的問題大傷腦筋，如省婦女工作會在一九四九年初，為從內地來臺的單身婦女添設女子公寓，開辦之初，三十餘鋪位即住滿了人，後來登記者，很難分到住宿[6]。

增建房舍緩不濟急，頂屋、租屋等房屋糾紛層出不窮，房屋投機者因應而生，報紙及公告欄的租屋，甚至賣屋的廣告增加，房租無限制地飆漲，房地產價格亦不斷上揚，雖然與上海的房價相比，台灣仍算便宜，但台灣的輿論大多認為房價的上揚將帶動物價波動[7]，並將矛頭指向過多外省人的湧入，房價上揚雖不能怪罪大陸來臺人士，但人口暴增，以致供不應求則是不爭的事實。

衛生的問題：日治初期台灣有許多傳染病，天花、瘧疾、肺結核等，日治期間，加強衛生管理，重視醫療網，使傳染病獲得一定程度的控制，戰後湧入相當多的人口，垃圾嚴重氾濫，為傳染病鋪設更好的溫床。一九四九年台北由於人口大量增加，住屋供給不足，違建者普遍存在，很多人就居住在衛生設備簡陋，甚至根本沒有衛生設備的地方。

當時負責台北市衛生、醫藥等項的衛生院，也深知在衛生工作方面，最成問題的即是清掃垃圾和清除糞便，而以前者尤為嚴重，然而衛生工具卻嚴重不足，只有垃圾車十二輛，衛生大隊隊員的名額因為新舊編制的關係而不能補實，也不能淘汰。一九四九年蔣介石在松山機場，曾告訴台北市長游彌堅特別注意環境衛生，並表示可發動市民和青年服務清除垃圾，因此，此年的秋季大掃除尤其受重視。清潔大檢查尤其嚴格[8]。

用電問題：臺電公司總經理劉晉鈺視察全省所屬機關之後，招待記者指出，內地來臺者以時局關係頂租房屋者日眾，原來房屋，電燈數目較少，但新遷入住戶，往往任意增加電器用品，漫無限制，以致各處變壓器，多因負荷過載燒毀；並說明該公司資金短絀，無力補充更新陳舊的輸電配電器材，希望新遷來臺各用戶，勿浪費電力[9]。

物價的波動問題：由於經歷一九四六年底的物價上漲導致隔年「二二八事件」的發生，台灣士紳極關心物價波動，黃朝琴談到：

三十八年春，大陸局勢益形混亂，各地同胞紛紛來台避難，各機關亦紛紛遷入，流入資金因而大增，於是游資充斥，貨幣貶值加速，政府乃限制或停止外匯，並令台銀盡力設法收縮通貨，雖不無效果，但物價仍動盪不定，昇降無常。三月底，黑市利率空前暴漲，地下錢莊如雨後春筍，營業鼎盛，人民貪圖高利，不願將現款存入銀行，金融業遭受重大打擊。四月，京滬陷落，局勢劇變，中央機關已有部分遷台，各地難胞湧入更多，社會震盪，人心不安，政府為謀澈底解決本省金融混亂情形，先於四月中旬著手嚴厲取締非法金融組織，遏止投機囤積之風，復於五月間命令各行庫局，除台銀外，一律停本票，並限期收回，同時命令台銀辦理黃金存款，鼓勵儲蓄，加強收縮通貨，如此分頭並進，物價漸平，當局見時機成熟，遂進一步於六月十五日實施幣制改革，獲得全民普遍支持，於是幣信樹立，金融逐漸安定，物價亦漸下降[10]。

葉龍彥提到當時經濟凋敝，民生困難，物價不斷上漲，而電影票價的逐次調整，正足以顯示舊台幣的膨脹驚人[11]。其他諸人游資、民風與治安問題都是台灣的隱憂。這些或許都可以解決，但卻成為實施入境管制措施的重要藉口。

針對以上諸問題，陳誠主政期間不得不進行入境管制，對於入境管制的目的，薛月順曾為文稍加說明[12]，但不詳盡，從陳誠及相關的資料顯示，當時入境暫行辦法實施的目的主要有三項：

一、預防人口過度增加：防止不必要的人口增加，以減輕台民的負擔，因為受國共戰爭，國軍軍事失利的影響，一九四八年底開始有大陸人士湧入台灣的現象。大陸地區旅客爭往台灣，不但由上海飛臺班滿機客，臺滬間定期客輪中興輪，亦班班客滿、超載，在警備總司令部的一份內部報告中談到：嚴格限制無來台必要之機關，無公務、無職務之軍公人員既非直系親屬及隨員不准入境[13]。台灣省參議員楊陶，曾在參議會臨時動議中提到：「蓋此辦法（指入境管制辦法），係因台省人口在數月之內，驟增七十餘萬人，因而糧食缺乏，住宅不足，物價波動，不但台灣人民生活頗感不安，即來台各省人士，亦深感無法維持生活，故不得不採取此項辦法。」[14]由於大陸局勢的急速變化，使台灣的人口驟增不少，這也是台灣民眾及民意代表所關心者。

二、防止中共的滲透破壞：國共內戰國間的失利原因之一即無法有效防止中共的滲透，對此國防部總檢討時指出：「往往我軍行動計畫，尚未付諸實行，即為共匪所知，預為布置，使國軍墜入其圈套。」[15]陳誠入主臺省當然知道過去的缺失，他認為情勢已然到了最嚴重的關頭，只剩下台灣，而共產黨思想無遠弗屆，非海洋所能阻擋，因此必須加以防制，以建造「政治、經濟上的防波堤」，否則將不足以保障這艘救生艇的安全[16]。經過三大戰役之後，中共不僅繼續展開對長江以南正規戰役的部署，同時也加強滲透工作，為防止中共破壞台灣，有必要限制閒雜人等來台，三月二日，台灣省政府制訂入境補充辦法第五項規定：十二歲以下孩童暫免繳驗身分證及入境證明書。可以說明其對孩童的限制不嚴，也間接佐證當時限制入境有防止中共滲透之目的。特別是在一九四九年下半年，由於戰局對國軍愈不利，台灣省保安局為確保台灣省的治安防止中共滲透，以加強入境檢查為其重點，本來入境的檢查以高雄、基隆港及台北、台南機場四個檢查站，十月後增加一百三十個檢查站，聯合軍警憲統一指揮，同時夜間放步哨，對入境的旅客都加以嚴密檢查[17]。十一月後又規定申請來台的人士，事由欄一律應詳填明，甚至遊歷、訪友、接洽商務均不發證，台灣省內居民外離須事先辦入境證[18]，以杜絕中共混入。有關此點目的，在一九四九年八月二十三日，東南軍政長官公署召開限制入境座談會和改進入境檢討會議時，陳誠再度強調必落實入境政策以達成「保障人民、肅清共匪的任務。」[19]

三、台灣治安的維護及確保台灣人民生命財產：在入境辦法第一條中即規定：臺灣警備總司令部與臺灣省政府為確保本省治安，特訂定本臺灣省准許入境軍公人員及旅客暫行辦法。治安也是陳誠所關心的重要課題。

在實施入境後，陳誠指示必須不斷舉行入境檢討。一九四九年八月二十二日，在一次的檢討會議中，東南軍政長官公署副總司令彭孟緝談到：

入境政策實施以來，使台灣能夠安謐如常，這事各位一定感覺安慰，但我們不能以此自滿，因為我們今天的任務和使命，是確保台灣七百餘萬人民的生命財產，並由此基地向大陸反攻，因此必須澈底防止共匪的潛入，和切實的制止其潛伏分子的活動，所以對於入境政策更要有切實的改進和嚴密的檢查[20]。

基於以上諸因，自陳誠就任後即積極規劃入境管制的措施。

二、實施的情形

入境管制的管理機關，為台灣省警務處及台灣省警備總司令部，陳誠在一月五日就職後，一月二十一日，成立台灣省警備總司令部，由陳誠兼總司令[21]，副司令為彭孟緝。掌控台灣政局，陳自覺責任重大，面對不斷移入的人口，其間夾雜著散兵游勇以及潛伏的中共分子，或將破壞台灣的安定，必須積極有所作為，阻止可能由對岸進入台灣的不利因素[22]。

戰後對於中國大陸地區居民來台，無論是入境管制或安全檢查方面，台灣省行政長官公署時期，曾經針對公署及警備總司令部之職員眷屬由滬赴台，要求辦理登記及赴台許可證，不過這項規定的目的是在於助其取得便捷的交通工具，而非限制其入境[23]。而且對於大陸地區人士來台並未有嚴格的限制，一九四八年魏道明擔任台灣省主席時即已頒訂「台灣省出入境旅客登記暫行辦法」（如附錄一）以規範進出台灣的旅客，對於「可疑之旅客及行李，得在泊岸後由憲警會同海關繼續舉行查問」。但真正落實嚴格的入境管制，規定入境軍旅須事先申請，以及遣返或限制出境的處置，則在陳誠擔任省主席之後[24]。陳誠主政一年中施行許多措施：出入境管理（一九四九年三月一日）、戶口檢查（一九四九年五月一日）、戒嚴的實施（一九四九年五月二十日）、三七五減租、新台幣的改革[24]等，其中因應移民潮較有關者為前二項。

為加強旅客的管理，陳誠就任之後，台灣省政府根據戡亂期間台灣省出入境旅客登記辦法第四條、第十條、第十一條之規定，特派員分駐上海、福州、廈門三地協助辦理入境旅客之審查。上海辦公處主任赴滬，於一九四九年一月十日起在上海武進路三一〇號三樓成立辦公處，凡由滬搭乘飛機、輪船赴台者，必須填具登記表，連同證明文件送審，經簽核後始得購票入境。如不照規定則原輪船、飛機載返原地，絕不通融[26]。並於二月一日，針對戡亂期間實施「台灣省出入境旅客登記辦法」實施成效不彰的問題，陳誠認為應該強化下列三項：一、軍用飛機輪船及各機關包機、差船，載運軍人及其眷屬旅客入台，均應接受派駐港口、機場執行旅客登記人員之檢查；二、搭乘軍用飛機輪船及各機關包機、差船之軍人及其眷屬、旅客等，均應按戡亂期間台灣省出入境登記辦法、登記辦理；三、軍用飛機、輪船及各機關包機、差船乘客，不受檢查登記或有毆辱港口、機場執行旅客登記人員者，軍人送警備總司令部法辦，其他人依法究辦[27]。

一九四九年二月十日，台灣省警備總司令部公布「台灣省准許入境軍公人員及旅客暫行辦法」（簡稱暫行辦法），預計自三月一日實施（見附錄二），同時也公布「入台軍公人員及旅客注意」事項（如附錄三），各項出入境管理措施紛紛出籠，如「戒嚴時期加強管制航運旅客入境及檢驗辦法」[28]。台灣省警備總司令部於五月二十三日公布「台灣省出入境軍公人員及旅客登記辦法」，此辦法與一九四八年訂定的辦法更為簡單[29]，但也是因應「暫行辦法」而訂者。

台灣省警備總司令部於二月十九日，台灣省警備總司令部舉行執行暫行辦法之會議，除由副總司令彭孟緝主持外，出席者有省民政廳長朱佛定、基隆要塞司令姚盛齋、高雄要塞司令呂國楨、憲兵第四團團長曾佑民、省府交通處長陳清文，及高雄、基隆港務局，台北、基隆市、新竹市警察局長、中國航空公司、中央航空公司、中國旅行社、台灣旅行社、台灣航空公司、招商局等單位的負責人。彭孟緝在會中宣布四項要點：一、三月一日實施此項辦法，並嚴密執行；二、各船隻船員可備照片、名冊、備文送省警務處請領長期入證；三、本辦法實施時，嚴禁舞弊，自申請至發給證件不得超過五天，如有故意留難旅客情事或買送人情行為，如係軍人則應軍法從事，一般人員亦將依法嚴辦；四、基隆方面應由要塞司令姚盛齋負責辦理，高雄方面應由要塞司令呂國楨負責辦理，其他各港口則由省府警務處所駐在各地之警察局長及分局長負責辦理[30]。

頒訂後並隨時增訂辦法，三月二日，台灣省政府訂入境補充辦法，規定：一、軍公人員入口證明書，旅客入境許可證有效期間為三個月，僅能使用一次，入境時由檢查人員收繳，其有特殊情形經警備總司令或省府主席特准者，得發給半年或一年有效證明書或許可證，隨時攜帶憑證入境，期滿收繳；二、中央各機關派台工作人員及台省軍公人員之眷屬，以隨行直系親屬為限，若單獨來台，應視同普通旅客辦理；三、其由香港來台之旅客，應向外交部兩廣特派員公署寄請台灣省政府發給入境許可證或證明書後，方得來台；四、來台遊歷人員，經辦理申請許可手續者，准許入境，但應依限出境；五、十二歲以下孩童暫免繳驗身分證及入境證明書[31]。

入境管制的管理機關，最主要為台灣省警務處與台灣省警備總司令部，依申請者背景之不同，分別辦理旅客、公教員眷與軍人軍眷出入境案件之審查發證。台灣省警備總司令部，最早係由台灣省行政長官公署長官陳儀兼任總司令，一九四七年五月十日台灣省政府成立前夕，該機關改組成立「台灣省警備總司令部」，司令由高雄要塞司令彭孟緝轉任；等到陳誠就任主席一職，又改回原來的名稱，並由省主席兼任彭孟緝退居副座。陳儀與陳誠均以行政首長兼任警備總司令，魏道明就任時，未兼警備總司令職，但是在體制上，全省警備司令部仍由省主席指揮。一九四九年八月十五日東南軍政長官公署成立後，臺灣警備總司令部旋即撤銷，九月一日另設「台灣省保安司令部」，掌理肅奸防諜與入出境事宜[32]。全省出入境及保防治安事項概由保安司令部負責，同時，省警務處亦歸該部指揮監督[33]。一九四九年八月十五日以後，臺灣的軍事系統統歸東南軍政長官公署節制，保安司令部亦同，而保安司令一職，初始由彭孟緝任司令職，省主席不兼該職。吳國楨繼任省主席時，陳誠本來反對保安司令由非軍人的省主席兼任，後來同意，但只是名義上的，軍事事務仍交給副司令彭孟緝負責[34]。

由上述入境管理機關的演變，可知實施入境管制的關鍵人物是陳誠與彭孟緝，一九四九年警備總部和保安司令部均受轄於陳誠，繼其位擔任台灣省主席的吳國楨，權力不及於保安司令部。

為確實實施入台限制辦法，台灣警備總司令部電上海市政府：「為確保本省治安起見，特訂定「台灣省准許入境軍公人員及旅客暫行辦法」一種，定於一九四九年三月一日起實施，並決定於二月二十五、二十七兩日，為本省舉行戶口總清查日期，一切民用輪船航機停止入台。」[35]後來因台省戶口清查展期，滬台班機照常。但台灣方面實施暫行辦法，顯然已有若干成效。

自三月一日實施以來，出入口人數相較，出超四千七百三十四人，此為光復以來所未有，以實施入境前及實施入境後的比較，一九四九年一月進口人數為一萬零九百五十人、出口人數為六千六百零一人、入超四千三百四十九人，二月份進口為一萬二千八百九十八人、出口為五千九百五十八人、入超為六千九百四十，三月份實施入境限制後，進口二千九百六十九人、出口為七千七日零三人、出超四千七百三十四人。三至四月核准入境男一萬零五十九人、女四千七百一十人、孩童一千四百八十一人、共一萬六百二百五十人，內含公教人員二千八百七十六人、商人五千八百三十人、學生一百一百一十一人、工人一百零四十人、自由業四百九十四人、農人九十一人、家務二千九百四十四人、其他三百八十三人[36]。由此可見來台的人數核可者以商人最多，其次為公教人員及其眷屬，再次為學生，無業者甚少，旅遊者不多。而且申請通過率約百分之三十五，以三月下旬的統計，台北市奉准通過發給入境證二百零四人，警察局批駁不准者為四百三十六人。

實施入境管制措施後，大陸局勢逐漸惡化，為保障台灣地區的安全與安定，台灣省自一九四九年五月二十日實施戒嚴，將全省劃分五戒嚴區，台北市戒嚴區司令，以警備旅長任世桂兼任；北部戒嚴區（含台北縣、新竹縣、基隆市、新竹市），由第六軍軍長戴樸兼任司令；中南部戒嚴區（含台中、台南、高雄縣，彰化、嘉義、屏東市），以八十軍軍長唐守治兼任司令；東部戒嚴區（含花蓮、台東），由憲兵團團長歐廷昌兼任司令；澎湖戒嚴區，以馬公要塞司令李振清兼司令。

由於大陸局勢愈來愈不穩，航行台海兩岸的民航船機銳減，為因應撤退，搭乘軍用船機者增多，十一月十四日，台灣省政府再函招商局：「查邇來未經許可入境旅客（包括公教人員及軍人眷屬）逕乘軍用飛機、輪船來台依法不合，影響治安至鉅，特規定乘搭軍用機船旅客入境補充辦法三項：一、乘搭軍用機船來台旅客應持有入境證或其他證明文件依法入境，入境後應即將入境證或許可文件送繳附近機場或港口檢驗處請求檢驗，並於國民身分證加蓋查驗章；二、乘搭軍用機船來台之無證旅客應即先報流動人口，限十一月底以前覓具保證書投送擬到地區之警察機關，並同時補辦入境手續，奉准後經加蓋國民身分證查驗章，始得申報戶口，逾期不准補辦，限令出境。三、自十一月二十日起凡未經許可入境旅客一律不准乘搭軍用機船來台。」37

暫行辦法實施之初，有些公司具保讓旅客入境，台灣省保安司令部認為如此無異開後門，乃規定無證旅客不准交保禁止入境，於一九四九年十一月二十三日規定無證入境普通旅客處理辦法三點：其一，在各該省縣份未陷中共前已來台，現原居住已淪陷，經查無匪諜嫌疑及其他案件者，可准其具領保後並補辦手續；其二，已淪陷後之省縣份旅客無證逕行來台或假道香港等地來台者一律拒絕入境，並責令原船遣回。其三，載運無證入境旅客之船隻應照加強管制辦法，規定嚴格執行罰金[38]。

為安全及防止走私，基隆港對於入境船隻進港程序及檢查都相當嚴格，交通部就行文給台北招商局輪船公司，要求進港船隻務必與港務局聯絡[39]。軍機方面，空軍總司令部亦函交通部國營招商局：「查本軍飛機航行於大陸及台灣之間日見增多，茲為防止意外事故發生，特令各機在越海航行時間內應與航線所經海岸電台保持聯絡，如遇緊急事故，俾可迅速探知出事地點，以便及時救護，藉策安全。」[40]

為配合入境限制措施，台灣省頒布實施「台灣省取締散兵遊民辦法」，其中第二條：凡住在本省之軍民及公教人員有下列情事之一者均應予以取締：甲，居住本省逾規定期限尚無合法戶口（含流動戶口）或未有本省國民身分證之軍民與公教人員。第三條：為嚴密取締散兵遊民全省各地隨時舉行戶口突擊檢查[41]。這些條文其實市配合入境限制措施的一部分。

此外，為瞭解內地各機關及其人員的遷台情形，台灣省政府於一九四九年九月函各地方政府，填報「內地來台人員調查表」調查對象的時間為一九四八年十一月至一九四九年八月，調查對象之身分除軍事機關部隊及其眷屬外，其餘機關團體及招募來台者、中央派台工作人員、一般公務人員（包括民意代表）、工商人士等，詳列現職、同行人數、來自何處、現址等事項[42]。並責成由各輪船公司進行呈報資料，招商局總管理處於一九四九年七月九日發函要求由滬、蓉最後撤退各輪撤退之日期、承運軍隊及軍品數量、部隊番號、往返地等具報[43]，以切實掌握內地遷台人士的動向，並頒布許多辦法，如「戒嚴時期台灣省港口船舶管理辦法」[44]、「台灣省政府檢查軍用飛機輪船辦法」[45]、「水路軍運辦法」等，以落實限制入境政策。

但當時大部分的辦法只能對於一些文件上有缺失或不符者進行管制，有辦法者仍可利用關係透過不同管道取得合法的文件，沒辦法者則偷渡來台。

三、入境管制的意見

暫行辦法公布並實施以來，引發正反兩面的意見，其中支持方面大部分來自台灣的民意代表與民眾及輿論，台灣省參議會於三月一日致立法院支持實施限制入境辦法，台灣省市參議長於三月十日在台北集會，對於限制人口入境發表書面聲明：「認為限令人口入境是台灣民眾的要求，並稱光復後台灣民眾歡迎內地人士來台領導台灣建設，惟因人口激增結果食住均感恐慌，易引起社會秩序混亂及刺激物價，如產米之台灣，米價竟然高過大陸，台灣為國家安定力量，不得不要求政府採取權宜的措施。」[46]三月十一日，省府第八十九次委員會，由陳誠主持，決議通過無業者入境案，強調應嚴格限制入境管制。台灣省議會對此頗為重視，參議員楊陶，於參議會駐委員會中提出臨時動議稱：「關於管制旅客來台辦法，業經台省各縣市參議議會正副議長聯合聲明擁護，台省府切實施行在案，近日有立法委員以為違憲，向立院提請廢止，此似出於誤會，蓋此辦法，係因台省人口在數月之內，驟增七十餘萬人，因而糧食缺乏，住宅不足，物價波動，不但台省人民生活頗感不安，即來台之各省人士，亦感無法維持生活，故不得不採取此項辦法，實為全省人民之公意。」[47]

由於引起立法委員的反對，台灣省政府新聞處吳錫澤處長曾對此在南京向記者提出說明台灣省政府公布這項辦法，係根據三個理由：其一，基於台灣全省人民的要求；其二，去年（一九四八）年十二月，總統府給台灣省府亥寒府議電文裏曾經要省府限制外省籍人士遷到台灣省；其三，外省籍人士大量遷入的結果，容易造成台灣的糧荒和房荒，這樣對於台灣物價的刺激，是難以估計的[48]。

對於立法委員的不同意見，台灣省商會聯合會理事長陳啟清、台灣省農會理事長殷占魁等，代表台灣省各界電行政院何應欽院長及立法院童冠賢院長，認為自暫行辦法實施以來，台灣省經濟更為穩定，實有其需要[49]。隨後台灣省教育會、體育會、藝術建設協會、文化協進會、台灣省總工會，也分電李宗仁代總統、行政院何院長、立法院童院長及全體監委表達支持的立場。大部分的意見都認為暫行辦法確有防止宵小侵入、杜絕走私、保持淨土、平穩物價、維護治安、適應地方需要的功能。省參議會於三月二十四日電立法院，說明其中重要的理：「查此案係因本省人口，數月之內，驟增七十餘萬，糧食缺乏、住宅不足、物價波動，不但省民生活頓感困難，即來台各省人士，亦感無法維持，故不得不採取限制辦法，實為全省人民公意，絕無其他企圖。」[50]並請台籍立法委員堅持到底。

在眾多立委反對聲中，台籍的立委則表達支持的意見，蔡培火即發言表示：「暫行辦法為中央與地方所決定，並不違憲，因為憲法第二十三條亦有『避免緊急危難維持社會秩序』之規定，故不違憲，大家應實查下邊民情，不可空談理論，有害於國家民族的空洞理論是不應有的，此一入境辦法，在理論與實際上絕對沒有違害國家民族之處，要使台省成為復興根據地，必使其安定。」[51]四月十九日，台中縣和台南縣的商會、工會、農會、婦女會等團體，表達擁護「台灣省准許入境軍公人員及旅客暫行辦法」。

至於反對的意見則來自大陸的民意代表，大陸籍立法委員對於台省頒布管制來台辦法，多數提議廢止。三月二十五日，立法委員連謀、丘漢平等提出「廢止台灣入境軍公人員及旅客暫行辦法」，原文：「查台灣省頒布入境軍公人員及旅客暫行辦法，其用意或為房止奸宄，及制止單幫商民，但依據憲法，人民有居住及遷徙之自由，和生存權之保障，此項措施，殊有未妥，實有咨請行政院即予廢止之必要，茲將各項理由列後：

一、違反憲法：憲法第十條規定：「人民有居住及遷徙之自由」非有憲法第二十三條之原因，不能制定法律加以限制。

二、否認國民身分證為合法證件：全國一致施行的國民身分證，台灣省不予承認，必須事先經省政府核准方可入境，倘各省效尤，則人民行動出入本國各地之自由不特完全剝奪，政府辦理此項手續之麻煩及人力財力損失不可計算。

三、剝奪台灣人民之行動自由：「入台軍公人員及旅客注意」第七條規定「軍公人員因公因事離境仍須返台灣，須事先請有入境軍公人員證書或入境旅客許可證。」此乃剝奪台灣人民之行動自由。

四、藉口確保治安之無理由：過去各城市淪陷，泰半由於軍政內部之不健全，並非辦理檢查不嚴所致。

五、禁止行商之違法。

六、貶低國際地位不如香港。

以上六項理由乃天理、國法、人情三者所不許，應請院會通過，咨請行政院立即廢止台灣省入境軍公人員及旅客暫行辦法，並嚴禁各地方政府對於人民入境除必要得驗明國民身分證或限制之規定，妨害人民之居住及遷徙之自由。」[52] 四月十四日，立法院內正委員會決議：「該辦法（指入境辦法）未盡妥善，咨請行政院飭令台灣省政府會同省參議會予以修正。」[53] 以上正反兩面的意見都具有民意基礎，也都從本位主義出發，台灣省最後還是基於安定的理由並未修改入境管制的措施。

四、施行後的問題及其影響

（一）施行後的問題

在實施的過程有些輪船及航空公司並未嚴格執行，並有持輪船公司發給的員工入台身分證入台者，或持其他身分證，搭其他航機船舶來往台省經商，由基隆港務警察所函輪船商業公會，該證只是便於員工隨船工作之用，不能作為入境證，任意搭乘其他飛機、輪船入境台灣。此外，對於招商局輪船股份有限公司因案解職或辭職之船員，如欲離船入境時，應依照普通旅客入境辦法辦理申請入境手續，否則拒絕入境[54]。因此一般人民入境難以申請，要查入境證，也要查身分證，但入境辦法對於軍公人員及少數特權階級，手續較為簡便，軍事機關及部隊來台，不必個別申請入境證，僅須填部隊番號、主管姓名、人數及任務、駐地即可。公務人員，如中央各機關派台工作人員及其眷屬，因公派員來台者，僅須主管機關發給證明文件，並通知警備總司令部或省政府有案可查者，即可發給入境證。對於中央民意代表，如國大代表、立法委員、監察委員等來台，只要憑出席證或監察證即可自由出入台灣，免辦入境手續，形成嚴鬆的兩個極端。

此外，有關申請文件亦常有問題，如中央駐台下級機關代替上級機關人員證明、台省機關代替中央機關或別省機關人員證明、各省機關人員直接向台省申請、機關濫發證明等情事，並且執行上，常不依法行事，使實施管制措施效果不如預期。

台灣省警務處對於實施以來的疑異提出說明：其一，入境許可證明書，除台北、基隆、高雄三市，由各該市警察局轉發外，其餘各地一律由警務處直接逕寄申請人收取，為迅速計，希望申請人在申請書上註明在某處逕行自取；其二，在一個月內可否申請入境兩次以上者，法雖無明文規定，如確有正常商業在台，得可視其需要核定，但須於申請書欄內，敘明具體事由，以憑核辦；其三，在台無固定商店，而經常往來經商屬單幫之類者，申請入境，依法不准；其四，居住本省而無戶籍及國民身分證申請入境者，一律不准，須其申報戶口後再行申請；其五，第三條第五項內「確有工商業務在台」一節，係指申請者在台開設有正當工商行號或服務正當工商行號，並在行號所在地有戶籍者為限；其六，在台探視或遊歷申請入境者，須有直系親屬在台確實證明，及遊歷程度與親友足資證明而定[55]。

實施一個半月後，也發現若干問題，《台灣新生報》社論即提出六點缺失，希望改正，簡要歸納：一、不能因乘飛機、輪船及艙位的等級而有嚴格程度上的不同；二、辦證的時間過長，長超過十日，應研究改善；三、有些機關、團體往往為朋友或替職員非直系親屬辦文件，如何嚴查；四、申請手續的接洽及詢問，至少在廣州及上海等主要城市；五、基隆等入境口岸，如在上班時間應隨時辦理，不得拖延；六、應確實執行[56]。

由於限制入境辦法實施以來，有許多人假借商行、工廠、店號經理、股東或店員等名義申請入境，台灣當局為補救原規定之疏漏，並防止虛偽申請起見，一方面要求自五月二十八日起，出入境者應持身分證向船機公司填具申請書彙送主管機關審核始可放行，另一方面自六月四日起訂定防止虛偽申請入境實施事項兩點：一、凡工商行號之經理股東或店員等名義申請入境，擬到縣市未有戶籍者，應附有該工商行號所在地之縣市政府許可證，及其足以證明該經理股東或店員之身分證，經縣市警察局所核驗後退還，如果是新招請來台的員工，一律不予核准。二、凡在台軍公人員及旅客，其家屬申請入境以直系血親及配偶為限，但有年老岳父母，或未成年弟妹須依賴扶養的，亦可申請入境，申請入境時如查明在擬到縣市未有戶口者，應由申請人隨繳原籍地鄉鎮公所之證明或戶口明細謄本，以憑核辦[57]。

其後又發現軍公教人員申請來台的幾個問題：一、中央駐台下級機關代替上級機關申請；二、本省機關代替別省機關申請；三、別省機關代替其中央上級機關申請；四、各省市所屬機關以申請書送向本省申請；五、加蓋已陷共諸地區原有機關印信以為證明；六、機關濫給名義並予證明等情事[58]。對於此越俎代庖的情形，台省明令不受理，入境申請書亦須經警察派出所調查簽註方始有效。七月一日後台灣省警務處又定補充入境辦法，在入境身份證上加蓋「查訖」字樣及入境日期，否則不准申報戶口，規定愈來愈嚴。

一九四九年八月二十四日，陳誠特別電令招商局等輪航公司，要求嚴格執行，否則嚴處。其函文如下：

查最近來台未辦入境之軍公旅客為數多，其中以差船尤甚，是項無入境證之軍公人員及旅客依照規定應由原船看管載回，茲為嚴防奸宄混跡，並確保本省治安計，嗣後各公司（局）機船對於來台之軍公旅客，凡未辦有入境證及非經本省警備總司令部或本府或本府警務處通知准予來台者，一概不准載運來台，如敢故違，定嚴處[59]。

這些防堵的措施，所限制的對象其實是較難以來台的一群，包括：一、純以旅行為目的的旅客；二、沒有公司行號的單幫商人；三、擬來台謀職的失業者；四、非軍公人員的嫡系親屬而又無依無靠的老幼婦孺；五、散兵遊勇；六、淪陷區的難民。從表面而言，入境辦法確有一定程度的管制作用並未完全根絕實施後的弊端，有關係者依然可以鑽其漏洞入台。

陳誠除實施入境管制措施之外，也加強取締內部存在的可能敵對力量、散兵遊勇等，自五月一日實施戶口總檢查，檢查戶口以「肅清內奸」的工作，成為往後數十年台灣歷史的常態。為進一步肅清內部並防止中共滲入，陳誠的另一項措施即是一九四九年五月十九日所頒布的「戒字第一號」，公告自五月二十日零時起，全台戒嚴。直至一九八七年七月十五日蔣經國時期才宣布解嚴，成為世界上實施最久的戒嚴令，對此問題探索者甚多，在此不贅述。

（二）施行後的影響

其一，來台的旅客大減：台灣省自審查旅客入境之後，赴台的旅客減少，直接影響輪船公司與航空公司的營業，上海航業公會統計實施兩週以來的情形：客輪船售出的赴台客艙比以前大約減少百分之五十一，一艘大型的輪船上一千多個客位，現有四百五十五個空位。赴台機票則大約減了百分之十[60]。三月九日搭中興輪從上海到基隆的旅客僅一百九十二人（平常平均約八百人），而且僅有七十名有證准許入境[61]。十二日搭中興輪由台駛滬的旅客則八百四十七名，是中興輪航行上海基隆以來，從未有過的現象。

三月二十日中興輪由滬抵基隆，載客人數二百九十二人，較前次多數十人，但比台灣省限制旅客入境前尚少八、九倍。由於載貨仍多，因此中興輪基隆分公司表示不會影響營運。乘客中四十五位為軍人，二十九位無入境證，普通旅客中，僅有七十人手續完備，其餘三百七十七人手續都沒辦好，但其中有許多是已經申請有案可查，或在台北的親友，為他們領下證件，在月台候接，所以仍得取保。直至下午仍有五十多位旅客尚留船上[62]。

台南自遵行入境限制辦法後，來台旅客稀少，三月中旬乘中航公司來台的旅客僅兩三人，因此中航公司與相關單位協商，凡因特殊事情必須來台者，可先向出境站填具申請書，但抵台後必須覓定保人，出具證明，在出具證明前，警察局暫予扣留身份證，公司扣留行李[63]。

中航調整班次，星期日，由港經穗汕抵台南，當日經穗抵港；星期二，由港經穗抵台南，當日經廈抵滬；星期三，由滬經廈抵台南，當日經穗抵港；星期五，由港經汕抵台南，當日經廈抵滬；星期六，由滬經廈抵台南，當日經汕抵港[64]。

暫行辦法實施一個月以來，三月份基隆港的統計，進口旅客大量銳減，進口旅客一百九百四十六人，出口旅客三百八百五十人，與二月份比較，進口少七百二百九十二人，出口多六人。全省各縣市獲准入境的旅客統計如下：台北市：五百一百一十九人，基隆市：一百二百九十八人，高雄市：三百六十七人，台南市：三百六十六人，嘉義市：一百五十人，台中市：二百六十一人，屏東市：五十八人，彰化縣：一百六十人，新竹市：三百五十六人，台北縣：二百五十六人，台中縣：九十四人，台南縣：九十六人，高雄縣：一百零一人，台東縣：八人，花蓮縣：五十一人，澎湖縣：二十四人，新竹縣：七十一人，公教人員八百七十七人，以上合計九千七百二十三人[65]。明顯的比二月以前來台的人數少很多。

根據台灣省警務處的報告，自三月一日至五月十二日，三個月期間共有一萬五千六百零九人入境，較前減少許多。

實施入境限制雖然說合法者仍可入境，但在兵荒馬亂之際，能迅速取得合法文件者畢竟是少數，許多人限於交通與文件徘徊穿梭於碼頭之間未能如願來台，對於台灣安全上雖有幫助，但卻阻隔了許多親情相聚的機會。更值得批評者是，在上海為中共所占據後，一九四九年下半年由於政府單位已逐漸撤退來台，為安排其軍公教人員的眷屬，許多的規定又視實際及情形放寬，這對前一階段未能來台的民眾的確是不公平。

其二，發現一些違法的案件：基隆七堵大東公司李學詩親屬于在良夫婦，以五十美元賄賂大東公司勾結官員領取入境證，經保安司令部偵查依法懲辦[66]。另有廈門駛台的英輪船，載有大批無准許入境之旅客，勾結不肖船員，企圖冒充船員遣入台省，八月二十八日，被逮十四名。類似這種違法的案件，在當時被抓者已經是不勝枚舉，僥倖偷渡者比比皆是。

其三，穩定台灣局勢；入境辦法加上其他的管制措施如「戒嚴期間台灣省港口船舶管理辦法」、「台灣省政府檢查軍用飛機輪船辦法」等使台灣的治安獲得控制，陳履安回憶晚年陳誠對於無證者被遣回的民眾有幾許的不捨，但又有不得不實施的無奈。這項限制隨着國共內戰愈來愈緊急，管理更加嚴格，俞濟時有關台灣防務的報告特別提到兩點：一、台灣各地已發現中共的標語及不定期之《光明報》，且沿海港灣甚多，船舶來往頻繁，共諜極易混入新竹、淡水等地。二、台灣情況特殊，二二八事變之前車之鑒，以台胞對政府之信仰未臻堅定，尤其高山族人民愚昧無知極易接受共匪之煽惑鼓動[67]。因此要特別注意防範。這些都顯示管制措施確實達到防共入台的效果。

在實施入境管制的同時，陳誠也做了許多努力，如增加台灣物資資源，一九四九年二月四日，陳誠電上海市吳國楨市長：「台灣銀行上月匯款因中央銀行及中紡公司不願出售棉紗故未購到，台省存紗雖不少，但人口及軍隊增加仍不足用，需要甚切，請趕速運台，並加運存台數量，以備閩粵等省所需。」[68]二月十四日，陳誠電農林部左舜生部長：「貴部所存肥料承允由台省廉價收購至深感激，請派員來台洽商。」[69]此外，台灣省於二月八日擬定台東開墾荒地籌措計畫，歡迎大陸人士來台同胞前往開墾[70]。對於中央駐台機關經費無法周轉，二月二十二日訂定「中央駐台機關及人員經費墊付暫行辦法」，由省府墊付，範圍包括中央駐台機關及中央各部會指派來台人員，在台期間的個人歲費公費或薪給[71]。由於負擔頗重，自七月一日起，未取得中央銀行擔保者，台灣省不再墊付其經費。此外，也加強台灣物資的供應，陳誠於四月二十九日電陳良代市長：「滬上物資如紗布、麵粉、五金材料、牙刷、牙膏粉、毛巾等日用必需品，本省極為需要，請儘量輸運來台，以免資敵，可以煤交換或購買亦可。」[72]由此可知，陳誠在實施入境管制的同時，也重視台灣的民生發展。

第十五章

外省人遷台的性質與影響

大陸一百二十餘萬人撤退至台灣，直接立即的影響即是人口族群（ethnic group）結構，本來日治時期台灣的人口結構以閩南（福佬）、客家、原住民及日本人為主，日本投降後，日本人除留用的技術人員外，大部分相繼回國，台灣的人口結構即以閩南（福佬或河洛）、客家、原住民、外省人為主，形成四大族群。移民者當然也希望獲得認同，然由於歷史因素產生許多不合諧性，族群衝突與融合成為台灣變動的因子。

一、移墾與逃難——與明清時期漢人來台的比較

「外省人」的意義，本來只是一個單純的相對於「本省人」的名詞概念，只要是來自外省的客旅，都會被當地人稱為外省人，如浙江人到廣東省工作，浙江人在廣東省當地就屬於外省人，民國以來由於局勢變遷與社會經濟的發展，各省都有許多外省人移居於異鄉，中國由於受到長期以來地域觀念，確實存在著認同與排擠的問題，這樣的情形若移到台灣，本來也應該是同樣的概念，但是事實上另有一層問題。日本投降之後在台灣所謂外省人，不只是單純相對於台灣省籍的人，而是有一口外省腔，愛講當年打日本、打「共匪」英雄事蹟的一群人，具有時代因素的特定族群，有些人認為區分外省人是外省人自己居於優越感而劃分的，如楊開雲便認為：「其實追根究柢，本省、外省之分，不是本省人分的，而是外省人自己先分的，外省人因為初來的時候有一種優越感，於是鴻溝就劃出來了。」[1]這種說法並不完全正確，戰後台灣外省人的塑造與變遷是經過較長時間才逐漸形成[2]。

戰後初期來台的大陸人士已被稱為外省人，本來沒有排斥性，然因二二八事件發生被延伸為省籍的紛爭，特別是一九四九年湧入更多的大陸民眾，外省人變成為特定的指稱，一般而言，是指在一九四五－一九五〇年前後，由大陸各省陸續來到台灣的軍公教及民眾；即使經過幾十年後已融合在台灣社會內，但他們仍然被稱為外省人，雖然有些人開始採用新住民來稱呼，但社會上普遍的認知，仍泛稱外省人。這批來自中國大陸不同的省份的軍民，移居到台灣含有移民與逃難兩種性質。

「移民」一詞在中國《周禮》、《管子》書中都曾出現，另有用「徙民」，意指人口的遷移；近代以來，西方用「移民」（emigrate）或離散（diaspory），有被認為是遷往國外定居的人，或國內較大多數的人口遷移之意，亦有從地理或社會的角度界定移民者。葛劍雄在《中國移民史》中對移民做如下的定義：「具有一定數量、一定距離，在遷入地居住了一定時間的遷移人口。」[3]以一九四九年左右從中國大陸各地來台的人口而言，數量百餘萬人，從大陸到台灣居住的時間已近六十年，具有移民的內涵，這一階段的移民，有學者認為是屬於政治性的移民，係指受到戰亂因素影響，或因內戰而徙居外地者，這是相對於日本投降之前由大陸移入台灣的非政治性移民而言[4]。由於國共內戰失利，公務人員基於職務，一般民眾基於安全等因素的考量，自一九四八年年底之後已開始有計畫的遷居台灣，因此確有移民的性質，但不是一般個別移民的性質，而是一種政治性的移民。

然而從另外一方面，這批人到台灣也具有相當程度的逃難性質，由於國共內戰戰火波及人民的安全，許多人被迫在短期內攜家帶眷、變賣家產倉促離開，遷徙到安全的地方，天津《大公報》有一篇〈烽火中的逃難者〉談到：

> 逃難的洪流，由華北而華中，而華南，最後有些人高飛遠走，遁往異邦，其時，這股流向只能代表上層社會，人數不多。譬如說，兩週間國內到香港的人逾萬，到台灣或其他華南各地的人數雖無統計，擁擠雜沓則在想像中。我們對這種消息，並不否認其足以加甚人心的恐慌，但冷靜予以分析，無論如何，他們總是比較少數，比較有辦法的人物，

這只能算是一種逃難。或是政治的，或是財產的，或是商業的，原因不一，處境互異[5]。

這段敘述相當符合當時的情形，因此是一種逃難，一九四五—一九五〇年代初期來台者大都有共同的歷史記憶。

逃難者在心態上大都是被迫，對於逃難地區一開始多少有過客的心態，加上來台的領導者不斷的宣傳「一年準備、二年反攻、三年掃蕩、五年成功」，大部分民眾總希望能在戰事告一段落之後返回原鄉，有些較富裕者並沒有藉著較佳的經濟條件在台灣大量置產。

除了逃難、移民的名詞之外，另外有部份的大陸學者甚至主張用逃離而非逃難，因為他們不認為中國共產黨佔據是苦難的開端，但其實這是一種認知的問題，逃難者確實感受時局對他們而言會帶來不安與苦難，因此才需千辛萬苦到台灣。至於國軍方面有用「轉進」來形容自大陸撤退至台灣的部隊，中共渡江後南京、上海棄守，政府為避免國軍被完全殲滅，保存反共的希望，逐漸將軍隊撤退來台，有些將之稱為轉進，成為台灣人口的主要結構。

不論使用移民、遷徙、逃難、撤退或轉進都有其特定意義，交互使用應該都可以，雖然當時外省人來台確實是一段逃難的過程，但多少有遷移的性質，本書認為並不需要刻意去統一，交錯使用遷移、遷徙、逃難、撤退、轉進等名詞更可凸顯大時代動盪的特質。一九四九年的逃難潮對台灣注入新血，文化及社會都起了變化，新的外省精英，無疑對台灣是一股動力，對原有的台灣居民與這批外省人而言都帶來雙向的影響。

台灣過去為許多南島語系原住民居住的地區，自明代中業後漢人遷台的人數逐漸增加[6]，其後經四百餘年的歷史發展，呈現出許多特質[7]，其中移民的特質特別明顯，甚至有學者認為：「整部的台灣史，也就是台灣的移民史。」[8] 亦有學者認為：「移墾社會的探討，為研究台灣史不可或缺的一環。」[9] 從十六世紀末開始有漢人來台墾殖，之後荷西時期、鄭氏時期、清領時期各有許多漢人來台，特別是清領時期，來台移墾者更多，但以福建、廣東省籍為主，特別是閩南一帶的民眾最多。

雖然學者都重視移民的問題，但對移民社會的問題則有不同的觀點，以清代移墾社會的轉型的探討就有三種不同的理論，其一，「內地化」理論，以李國祁為代表，李提到：「台灣自康熙時期歸入清帝國版圖後，雍正以降，清廷所推行的政策，則為使其內地化，其目的在使台灣變成中國本部各省的一部分。」[10] 其二，「土著化」理論，以陳其南為代表，陳強調：「從一六八三年到一八〇五年的兩百多年中，台灣的漢人移民社會逐漸從一個邊疆的環境中掙脫出來，成為人口眾多，安全富庶的土著社會，整個清代可以說是來自漢人由移民社會走向土著化變成土著社會的過程。」[11] 其三，「雙向化」理論，陳孔立對於上述兩種理論評論時提出：「它是雙向型的，而不是單向型的，即一方面日益接近大陸社會，一方面日益札根於台灣當地。」[12] 不論這些爭議如何，明清時期來台者可以歸為一個時期，稱移墾時期或移民時期都可以。日本投降後（一九四五—一九五二），再度有許多漢人從大陸來台灣，在台灣歷史上是時間最短，湧進最多漢人的時期，可以稱為逃難時期或撤退時期；這兩個階段，不論是來台者的身分或來台的原因、時間、性質及所產生的影響都不同，簡單做一比較：

一、明中葉後陸續有漢人到台灣移墾，清初期移民人數更多，這批移墾者大部分是屬於經濟性的移民，也就是說大部分是因為經濟或生存的原因來台灣[13]，這批來自閩粵的移民具有濃厚的經濟取向，以謀求經濟利益或希圖改善其生活狀況為主[14]。他們大半趨利而來，重財之風較盛，雖然當時渡海的環境險惡，仍千辛萬苦自願而來，他們其實對於台灣的自然與社會並不熟悉，沒有特定的認同感，只要合適的地區都可定居下來，因此不斷開發、不斷的流動，成為當時社會的一個現象，對台灣地區的開發具有一定的貢獻。

戰後外省人來台的原因則大部分是政治因素或戰亂因素來到台灣，也就是避難的因素居多，這批人有些是公務人員及其眷屬，隨著政府的遷移避居台灣；軍人則隨著軍隊撤退來台；有部分對於共產黨的經濟政策與宗教政策沒有信心，為避免戰火的波及避難來台，這批移民者大部分都不是自願而來，他們對台灣也沒有特別印象，來台後雖然也不斷的移動，但多數是隨工作移動，對台灣文化多元化的建立有其貢獻，其性質與明清以來的閩客移民迴異。

二、男女比例方面，明清的移民，由於是移墾性質，加上清康熙其中一項不准帶家眷來台政策，使移居台灣者男性多於女性，李國祁教授舉大埔庄在一七二一年後的男女比例為二五六：一，強調這是台灣移墾社會的重要特徵[15]。台灣的人口組合既是青壯男子多而婦女少，社會上婚姻困難，男女結婚的年齡相距懸殊；此外，也延伸若干問題，如械鬥頻繁、養女之風盛等現象。

國共內戰，戰亂之際雖然有些人移居到台灣，但仍有許多人不願離開故鄉，也出現男多於女的現象，如下表：

▶ 表15-1　第二次世界大戰後台灣地區男女性別比例（單位：人）

年別	總人數	男性人數	女性人數	性別比例
1946年底	6,090,860	3,060,527	3,030,333	101.00
1947年底	6,495,099	3,271,504	3,223,595	101.49
1948年底	6,806,136	3,437,660	3,368,476	102.05
1949年底	7,396,931	3,766,018	3,630,913	103.72
1950年底	7,554,399	3,853,799	3,700,600	104.14

資料來源：台灣省政府統計處編印，《台灣省統計提要》（台中：台灣省政府主計處，1971），頁26-27。

一九四六年男女比例為一○一・○○，一九五○年則為一○四・一四，顯示一九四九年左右逃難或移民來台的男性人口多於女性，如加上約六十萬國軍，一九五六年外省男女的比例為一五六：一○○。由於軍隊中士兵多數未婚，在婚姻中出現一些現象，其一，外省人內婚中，程度較高者的比例最高，外省人外婚，夫妻教育程度都低的比例超過百分之五十[16]。，其二，由於來台外省人的男性比例大於女性，因此必須對外找尋對象；其三，由於一般士兵教育程度不高，加上剛到台灣來期盼很快回到大陸，並沒有立即結婚的準備，晚婚者多，找尋合適對象愈來愈困難，只得經過各種媒介，找尋程度不高的台籍（含原住民）結婚。

三、明清時期的移民以農人、漁民及勞動人口為主。一般而言，教育程度不高，根據光緒三十一年底（一九○五年）的統計，台灣移民的職業比，農業占百分之七十五・三，公務員及自由業僅占百分之一・四[17]。這批移民者到台灣大部分從事開墾的工作。

戰後的移民者，各階層皆有，除軍公教人員及其眷屬外，移民分子較為複雜，教育程度較高，有學者指出，這批移居台灣者，與國共內戰初期蘇北人遷居上海極為類似，大多是地主、商人和學生[18]。工作方面從事農、漁、牧者較少。

四、明清時期移民，由於大多數來自福建（閩南）及廣東（客家）兩省，因此地緣關係較濃；此外，由於移民者互為引介，有部分宗親的血緣關係。

一九四九年前後的移民，軍隊以蔣的嫡系部隊為主，省籍較為分散，各省都有，有些軍人未有家眷來台，同鄉與同袍的感情較深，許多同鄉會因應而生，加重地緣的關係；此外，由於政府為安置來台的軍人及其眷屬，興建許多眷村，形成特殊的眷村文化，無形中也形成另一種追憶與認同。

五、移民的時間，早期大陸移民從明末直到清中葉，大約二百餘年，時間較久，一九四五年後的移民則因戰亂的關係集中在一九四八—一九五三年間，其中又以一九四九年為最多。雖然交通工具，日本投降後有客貨輪、軍艦等，與清季時期相較，載運量增加許多，且航行的時間縮短，但由於人數過於集中，使一九四九年的港口顯得十分擁擠。

二、外省人遷台對文化教育的影響

（一）文化藝術方面

國共內戰最後政府撤退來台，其實是許多人所始料未及者，戰後不論是軍隊的數量、武器的精良程度、統治地區或統治區的人數，政府都具有絕對的優勢，但國共內戰到後期，政府漸趨劣勢，三大戰役之後更是節節敗退，最後撤至台灣，約一百二十餘萬人相繼來到台灣，對於台灣地區產生巨大的影響，有些影響是立即而明顯，有些則需要從長時間的線性觀察。外省人來台大約六十年，經過第一代、第二代，甚至第三代，第二代之後已產生許多變化，許多方面與當時來台的環境已有極大的差異，僅就來台初期（約二十年）外省人所產生的衝擊之犖犖大者做討論。

首先就文化方面而言，文化包括文學、藝術及表現於市民社會的行為表徵，其範圍相當廣泛，如擴大到生活層面，可探討的主題相當龐雜，僅舉一些具體方面的影響。

藝術方面，雖然當時來台的藝術專家與人才，就全中國而言，可能只是極其少數，但這些藝術人才對台灣有若干啟迪的作用。日本投降後，大陸來台的畫家有張大千、黃君璧等，對日後台灣美術發展的啟發相當大。影響台灣畫壇者，不僅是當時已成名的畫家，有些是隨家庭或軍隊來台，日後成為畫家，如劉國松初中畢業後，進入國民革命軍南京遺族學校就讀，一九四九年來台借讀於師大附中，日後從事水墨的革新，倡導中國畫現代化，並建立抽象水墨的鮮明個人風格。又有書畫家如黃群英（一九二〇年生於江西省），一九四九年來台擔任公職，長期致力書法之研究，為當代台灣著名書家，作育英才，對台灣書畫教育影響甚深。如此之個案甚多如李文漢、李世家等不勝枚舉。

五十年代之後的建築有來台的大陸建築師解決鄉愁的具體文化形式，一九五〇年陳聿波在高雄台灣銀行分行首先設計了「宮殿式」新建築，其後緊接著成群的宮殿式機構建築出現，如舊國立中央圖書館（利群／陳濯，一九五五）、台北市立綜合運動場（基泰／關頌聲，一九五六）、台北科學館（盧毓駿，一九五九）、台北文化大學大成館（盧毓駿，一九六〇）、台北圓山大飯店（和睦／楊卓成，一九六一—一九七一）、台北故宮博物院（大壯／黃寶瑜，一九六五）、陽明山中山樓（澤群／修澤蘭，一九六六）等皆是採用鋼筋混凝土建造的華麗裝飾性古典建築。除宮殿式的建築外，戰後來台的大陸建築師有另一批留美建築菁英，他們受現代建築大師的影響如金長銘、張肇康、陳其寬、王大閎（國父紀念館建築）等人，他們反對裝飾，企圖以樸素的材料本質與清水混凝土的構架，來重新定義中國建築文化，發展新傳統形式。另有隨空軍於一九四八年來台的賀陳詞（台南市大同教巴哈伊中心）等對台灣的建築發展都有一定程度的影響。

雕塑方面，一九五〇年何鐵華《新藝術》雜誌創刊，倡導建立一個自由中國本位精神的文化體系，鼓吹現代美術思潮，雕塑家楊英風雖生於台灣宜蘭縣（一九二六—一九九七），曾先後求學於日本東京美術學校、北平輔仁大學美術系、國立台灣師範大學藝術系等，一生創作千餘件漫畫、版畫、雕刻、雷射藝術、景觀與建築規劃等各類藝術作品。自幼即是虔誠的佛教徒，楊英風震攝於中國北魏時期大佛造相莊靜、純樸剛健，因而捨棄傳統佛像造相中繁雜的紋飾，超越「形似」的階段，將空靈意境，轉化為抽象造型語言，呼應藝術形虛質實、妙化萬有的精神。他的「佛教系列」，可稱是台灣佛教藝術創作品的最上作，並獲殊榮無數造形以變形與抽象為主，以本土意識與前衛理念為創作之源[19]。這些藝術家來台，豐富台灣文化的內涵。

戲劇方面，以表演藝術團體為例，京劇是民初以來大陸的主要戲曲之一。在日本統治台灣時期，台灣的表演主要以布袋戲、歌仔戲及一些民間的車鼓陣為主，大陸的京劇、崑曲、話劇等相繼在台灣生根發展，雖然許多表演具有政治宣傳的目的，但正如王安祈教授提到國軍文藝獎（俗稱競賽戲）時所說：「由於競賽戲基本上是以鼓舞國軍士氣為前提，所以選擇題材時特別強調主題意識，句踐復國、毋忘在莒、岳飛抗金、推翻蒙元之類的情節便經常搬演。近年來，競賽戲承擔了許多社會上的負面批評，但至少就當時觀眾現場熱烈的反應來看，或許我們仍不宜以一句『政治干預戲曲』來為它做籠統的論斷」[20]；一九五〇年初期，雖然台灣地區的野台表演仍以歌仔戲、布袋戲為主，但劇院的表演，京劇等表演團體特別是在室內的表演確實擠壓了台灣本土劇曲的表演空間。

文學方面，大陸來台知名的文學家不算多，但由於國民黨政府失去中國大陸的政權，來台政府的領導者檢討失去中國大陸的原因之一是受思想的影響，因此為生聚教訓，鞏固思想，去左翼化成為當務之急的工作，一九五〇年四月，中華文藝獎金委員會成立，文藝獎給獎除有高額稿費之外，並轉介到其他報刊發表，一九五一年發行的《文藝創作》月刊，成為其發表的重要園地，當時許多來台作家喜歡在《文藝創作》發表其創作。一九五一年五月四日，中國文藝協會成立，由立法院長張道藩主持，積極推動反共抗俄文學，一九五三年八月一日，中國青年反共救國團大力支持的中國青年寫作協會成立，成立典禮上，王昇提出國防文學的口號。同時國防部總作戰部設置軍中文藝獎金，促成軍中創作的風氣，《軍中文緣》也於一九五〇年創刊，透過這些獎倡及對左翼思想的禁制，反共懷鄉文學，蔚為一九五〇年代文壇的主流。當時在《文藝創作》發表的作家，如朱西寧、段彩華、墨人、蘇雪林、齊如山、王藍、陳紀瀅、司馬中原、張愛玲等都是由大陸來台的外省人，他們展現出來的不僅是一種對故鄉的情懷，更重要的是推動反共抗俄的文藝氣息。充斥的作品，有時不免流於八股，到一九六〇年代在文壇上激起一些鄉土文學，如黃春明等的創作，雖然有一些論辯，但對台灣文學的發展是有助益，豐富台灣文學的內容，文藝作品日漸豐富，使台灣的文化加入更多元的因子。

其他知名大家，有些是經過許多波折後輾轉來到台灣，如林語堂、蔣夢麟等，對台灣文壇注入新的因子，深化台灣文化的內涵。

展示文化，從大陸遷移來台的故宮博物院、中央博物院、中研院歷史語言研究所等文物，更有其重要的貢獻，中央圖書館的典藏善本書的遷台，增加台灣圖書的收藏，豐富台灣的文化內涵。

中原文化從過去的歷史而言，對邊區及附近地區具有一定的強勢，加上此次移民的數量特別是知識階層甚多，挾著政治統治的優勢，對於台灣文化產生相當程度的影響。如普通話（即國語）的強力推行，自陳儀擔任台灣省行政長官之後，即引介其同鄉好友許壽裳（一八八三—一九四八年）為台灣省編譯館館長，主要的任務即是推展國語文，編寫中小學國語教材，將台灣重新拉入中國文化之內。另外又成立台灣文化協會，發行《台灣文化》，作為中國文化植基於台灣的媒介。

（二）教育與學術方面

高等教育方面，許多原在大陸地區的大學紛紛在台復校，大學方面，如清大[21]、輔大[22]、東吳[23]、中央大學[24]、交通大學[25]等不論是公立或者私立，其教學理念與立校的精神，對台灣地區而言，不僅是傳承，也是再生，樹立不同的典範，使台灣的高等教育更加的多元。學術的發展本來就有承續性，臧振華教授就提到：

民國三十四年台灣光復以後，日本考古學者逐漸離開了台灣考古的舞台，而在大陸以發掘安陽殷代都城遺址聞名的一批考古學者，包括李濟、董作賓、石璋如和高去尋等，卻隨中央研究院歷史語言研究所遷至台灣。他們的到來，使得因為撤離而瀕臨中斷的台灣考古重新獲得了生機，對爾後這門學問的存在和成長，發揮關鍵性的作用[26]。

由於許多大陸學者陸續來到台灣，使大陸的學術得以在台灣延續，以歷史學相關的發展為例，在學校方面，台灣在日本投降之初，僅有台灣大學設有歷史系，其後一九四六年台灣師範學校設有史地系，大部分的師資來自大陸如傅斯年、姚從吾、李濟、董作賓、方豪等，其中又與傅斯年引介的貢獻最大，一九五二年胡適在台大演講時提到：

現在台大文史的部門，就是從前在大陸沒有淪陷的時候也沒有看過有這樣集中的人才，在歷史、語言考古方面，傅先生把歷史語言研究所的人才都帶到這裡來，同台大原有的人才，和這幾年來陸續從大陸來的人才連在一起，可以說是中國幾十年來辦大學空前的文史學風[27]。

許多的研究大部分是民國以來的延續[28]。一九五〇年代進入台大就讀的李亦園及許倬雲等，都受到這批大陸學者的薰陶，許倬雲教授多次提到台大和史語所不少師長（李宗侗、李濟、董作賓等）對他的栽培和影響[29]。

三、外省人對社會經濟的衝擊與影響

大陸菁英分子加入台灣的建設，帶動台灣發展，台灣土地改革及後來的經濟發展即是借重來台的技術官僚的專業與努力，其中有許多大陸的企業或產業遷至台灣繼續發展，對台灣的經濟亦有一定的貢獻。

一九四九年前後，大陸紡織工業紛紛遷台，其中又以台灣最缺乏的紡紗廠設備最多，華南紗廠由上海、寧波裝運紗錠三千枚來台設廠，台元紡織公司由於吳舜文力主遷台，搬遷一萬錠的機件來台，雍興實業公司於一九四八年底遷台，中國紡織公司於一九四九年五月在台成立辦事處，並將華南各辦事處的物資遷台，成立紗錠一萬枚、布機三百台的台灣紡織廠。此外，申一紡織廠、嘉豐紡織廠、萬寶紡織廠等三家超過一百台動力織布機廠商從上海遷台；針織衫衣部分有超過一半以上由上海、青島遷台，其中較有名的如：遠東針織廠公司、建國棉織廠、慶祥棉織廠來自上海地區，六和棉織廠來自青島[30]，除了以上公司外，另有台北紡織公司、華南紡織公司等，不論是紡織工廠數，或設備的規模亦逐漸擴增，對於台灣往後紡織業的發展自有其影響。

國民黨黨營企業如齊魯公司[31]、天津恆大公司[32]、濟南興濟公司[33]、瀋陽益華公司[34]、安徽農產公司[35]、上海樹華公司[36]、永業公司[37]、台灣興台公司等，因應國民黨政策相繼遷來台灣，對台灣的橡膠業、棉織業的發展亦有助益。其他方面如：在青島設立多家工廠的尹致中，於一九四七年來台創立大東工業公司，創設造紙廠，兼生產自行車[38]，都有一定的貢獻。

此外，一些技術官僚[39]到台灣之後（如嚴家淦、尹仲容、李國鼎、孫運璿、趙耀東等），對穩定台灣早期的金融及台灣往後的經濟發展甚有貢獻。由於大量的外省軍人退伍後，投入台灣公路交通的建設，許多困難地段的開通，這些外省人功不可沒。

台灣族群新結構與問題——芋仔與蕃薯的糾葛

大陸一百二十餘萬人撤退至台灣，直接立即的影響即是人口族群（ethnic group）結構[40]，本來日治時期台灣的人口結構以閩南（福佬）、客家、原住民及日本人為主，日本投降後，日本人除留用的技術人員外，大部分相繼回國，台灣的人口結構即以閩南（福佬或河洛）、客家、原住民、外省人為主，形成四大族群。移民者當然也希望獲得認同，然由於歷史因素產生許多不合諧性，族群衝突與融合成為台灣變動的因子[41]。

以戰後台灣的族群結構而言，一九四五年本省籍（含閩南、客家、原住民），占百分之九十九，一九四九年，本省籍占百分之九十四・三，外省人僅有百分之五・六，到了一九六一年，本省籍為百分之八十七・八，外省籍人口占百分之十二・二[42]，雖然這項比例未將軍隊人數計算在內，即使加上軍隊占台灣總人口的比例仍不算高（約百分之十五至二十左右），但在政治地位上，不論是黨政的領導階層，或中央民意代表，外省人都占有絕對的優勢，而且由於這批人居住集中於某些地區，語言不同於原來台灣居住的居民，形成一個特定的群體，被稱為「外省人」、「阿山」、「芋仔」，這批人到台灣之後，對台灣產生一定程度的影響。

首先，從來台外省人內部的融合而言，戰後初期，外省人來台者雖然以福建、浙江、江蘇、廣東、山東省居多，但包括大陸各省，來到台灣之後，不僅是與台灣省內的三大族群的融合，也是大陸各省間族群的大融合。從民國以來，歷經軍閥統治、國民政府的統一，不僅有中央與地方的衝突，省籍的排擠問題一直存在；戰後初期歷經共同逃難的苦難，加上政府在安置上所形成的眷村感情，外省人與外省人之間的紛爭與競逐可能還存在，但相互的排擠減少，在共同記憶如對日本人的仇恨，恐共的心理及對大陸的情懷上較為一致，使原來在大陸時期的省籍問題來到台灣之後的確變淡[43]。特別在國家的認同上，在台灣的族群氛圍下，福佬、客家、原住民在政黨支持與國家認同的立場上比較異質而分歧，相對的，外省人則有較高的同質性[44]。

其次就外省人與台灣族群間的問題，共同的語言、文化與共同的記憶，較容易融合；相對的，不同的語言、文化則容易引起不必要的誤會，一九四七年發生的二二八事件，原因之一即是來自文化與語言的差異，由於事件造成甚多人傷亡（約萬人），被宣傳成台省人與外省人的衝突，政府遷台之後，問題依然存在，這批渡海來台的移民者不會使用島上通行的福佬語（河洛語）或客家語，無法與當地居民流暢的溝通，過客的心態使他們一開始並沒有認真學習河洛語，長期以來的互不瞭解一開始並未改善。「外省人」在黨政軍統治地位的優勢，代表著政治的權力與社會地位的強勢者，相當程度的擠壓部分台籍人士的發展；大量眷村的興建[45]，雖解決外省人居住的問題，但外省人自成為一個文化圈，無形中也是一種隔礙，本省人與外省人間好像總是存在著一些鴻溝[46]，加上政治因素的影響，如中央民意代表及地方縣市長的選舉，有些候選人以省籍進行操作，使原本合諧的族群關係，被放大而出現一些衝突，族群間的矛盾未能消弭，成為往後台灣相當棘手的問題。

其三相互影響，戰後渡海來台的外省人，與台灣土生土長的台灣人，對這塊土地有不同的感情認同，但是，外省人與台灣人的想法卻一直都在彼此互動下相互影響（interaction）[47]。來台的外省人，雖然大部分集中於台北縣市、桃園縣、高雄縣市與台中縣市[48]，但其他縣市皆有，與台灣人經過長時期相處之後，建立起精神與物資的相互交流與影響，移民者帶來新的文化思維，本身亦逐漸融入整個社會中，從生活習慣到文化思維確實有一些改變。

這批外省人來到台灣，除了適應與融合台灣的生活文化之外，也帶來大陸時期各省的生活習慣，各省的家鄉菜充斥街頭巷尾，北方的麵食、川菜、湘菜館林立，成為許多人生活消費的地方，台灣民眾過去的衣著儉樸，由於移居台灣者以大陸沿海城市居多，一些高級的服飾店增多，「海風」（上海）、「港風」（香港）的奢華與時尚，對台灣衣著帶來一些負面的評價[49]，但大陸人的部分衣著（長袍馬掛、中山裝、旗袍）成為當時台灣生活的一部分。相對的，台灣的飲食文化也成為外省人生活的一部分。

對台灣而言，一九四九年可以說是接續民國以來歷史發展與台灣歷史發展的開端。給台灣帶來了正負面的影響，在不斷的衝擊與融合中，有許多人已成為歷史，但他們到台灣的確增加了許多歷史的材料，所建立的多元文化價值應該值得肯定。

結論

一九四九年大撤退，主要包括蔣介石暨政府機關遷台、重要文物及黃金遷台、人民遷台、國軍撤退等五大方面，遷台的主要原因是國軍剿共失敗，國軍在日本投降之初不論是武器或軍隊數量都較共軍為優，經過四年的國共內戰之後，節節敗退，最後撤退來台，除了國際因素之外，戰後派系傾軋、通貨膨脹、學生運動、軍隊各自為政、中共善於宣傳等都是要因，但蔣介石的決策與領導也難辭其咎。

蔣在日本投降後太依賴美國的態度與援助，對中共和戰不定，在美國的壓力下，最初希圖以政治方式解決中共的問題，當重慶會談及政治協商會議毫無結果後，本擬速戰速決，又礙於美國的調停打打停停，不但未能達到美國的期盼，更影響士氣，三大戰役的失敗（遼瀋、平津、徐蚌會戰）是極重要的轉捩點。三大戰役國軍失利除個別因素外，有許多共同因素，包括：中共利用地下黨員從中蠱惑、士官兵作戰受失敗主義的影響士氣不振、各軍隊間不能相互協同作戰、最高指揮官與蔣介石在戰術與戰略上的矛盾等；不論如何，戰爭具有骨牌作用，三大戰役國軍失敗，不論在國際上及國內都對政府不利，蔣於一九四九年一月二十一日被逼下野，李宗仁推動的和談亦無結果，中共於四月二十一日開始渡江，南京及上海相繼失守，政府開始大撤退。（一九四九年大事紀如附錄四）

一九四九年的大撤退，雖然是逼不得已的行動，但有許多是有計畫進行的，其中籌謀者以蔣為中心，由於蔣下野時，仍具國民黨總裁身分，加上長期以來，蔣為黨政軍的領導核心，部屬紛紛前往請益，使蔣成為實際的領導者，黨政軍的重要決策不在南京而在溪口，因此蔣對於政府機關及文物、黃金、重要文卷的遷移，態度極為關鍵。

不論是一九四八年底或一九四九年上半年，國軍防禦的重點及政府遷移的地點，都有許多選擇，抗戰時期的重慶、東南的廣州、隔海的台灣都是可以考慮的地點，台灣確實是蔣策畫中一個極為重要根據地，但並非是唯一的反共基地。蔣在做布防時常是多方面考量，即使順應各方的要求下野，三大戰役失敗，他並未放棄對大陸政局的希望，一方面積極爭取美國的支持，另一方面則希望黨政軍同志堅守崗位繼續奮戰，並以廣州、上海、重慶、台灣等地為據點同時進行部署。

蔣介石來台前做了二項部署：其一，下野前人事安排，由陳誠接任台灣省主席，蔣經國接任國民黨台灣省黨部主委；其二，將故宮博物院等重要文物及黃金等運到台灣，保存文化與經濟的重要命脈。

在重視台灣的同時，蔣著手於西南與東南的布防，下野前宣示固守南京的決心，計畫先守長江，長江不保，全力守上海，上海被占，再將重心移往東南的廣州、西南重慶及隔海的台灣，特別重視上海的防衛，責成湯恩伯等集中兵力全力守衛上海，以待國際變化。引退前任命陳誠為台灣省主席，同時發布張羣為重慶綏靖公署主任，希望藉由張羣的人脈，以重慶為基地，穩定西南，確保廣州與重慶兩大陪都的安全，中共渡江後，南京失守，上海岌岌可危，政府不得不有所準備。

蔣決定來台與政府遷台，兩者不論是時間與原因都不同。蔣是一九四九年五月十七日到澎湖，二十六日抵高雄，隨後到台北；政府於十月二十一日遷往陪都重慶，十一月二十一日決定由重慶遷成都辦公，十二月八日行政院召集緊急會議，決議遷都台北，在西昌設總指揮。蔣決定來台與先前對台灣印象極佳：台灣較無共產黨的活動，隔海安全上較有保障，幕僚陶希聖、陳誠及兒子蔣經國積極建議、李宗仁不斷進逼其出國，希望台灣另起爐灶等因素有關；政府決定遷台主要是國共時局漸不利於政府，只得遷至台灣較為安全。

許多學者從黃金的運台推測蔣來台是在下野之前就做決定，其實蔣決定來台灣，雖不是倉促決定，但也不是下野前就已經確定。台灣是蔣下野後安排退路的選擇之一，不是唯一的選擇，下野到溪口，離開奉化在上海及大陸沿海觀望，就是等待時局的變化；因此可以說，一九四八年年底醞釀來台，在一九四九年四月二十二日參加杭州會議之後決定來台，五月十七日正式到澎湖，二十六日抵高雄，隨後轉到台北，台灣成為其另起爐灶的地點。

抗戰時期與國共內戰時期政府機關的遷移有許多相似之處，都是被迫、機關與文物都進行搬遷、曾進行多次、多地的遷移；也有相異之處，其一，企業的配合度：抗戰時期許多沿海的工業、物資都遷至後方，一九四九年有許多企業未能遷至台灣；其二，公務人員方面：抗戰時期大部分的公務員隨機關到重慶，一九四九年則許多公務員被資遣或未隨機關來台。其三，府院態度方面：抗戰時期府院對遷移的地點與態度較一致，一九四九年時，府院不同調，機關的遷移並無完整的計畫；其四，交通工具：抗戰時期大部分文卷經由鐵路、公路、河運、空運等系統運至重慶，一九四九年只能經由空運與海運。

機關遷移過程中出現：各機關一遷再遷、各單位遷移時間不一、同一單位分散各地、資料嚴重流失、各單位遷移時皆緊縮名額、遷移後原機關文物散亂等現象。因此來台的機關有些資料齊全，有些只是掛牌運作，窘境百出。有些機關來台者甚至是少數單位，如中央研究院，當時共有十四個研究所，最後只完成總辦事處、歷史語言研究所、數學所的搬遷，占全院的百分之十四，十二個自然科學研究所全部和社會學所都留在大陸。

重要文物方面，故宮博物院等重要文物遷台較有計畫，較有成效，或許與抗戰期間已經有一次遷移的經驗，主事者杭立武等駕輕就熟有關，但更重要的是，在國共內戰未至緊急時即已遷移是其中重要的關鍵。在局勢危急之際，政府為保護重要文物，決定將之遷台，其中較重要者包括：國立故宮博物院、國立中央博物院、中央研究院歷史語言研究所所典藏的重要文物，當時杭立武擔任教育部政務次長、故宮博物院理事會兼祕書及中央博物院籌備主任的職位，加上其在抗戰時期有搬運文物至大後方的經驗，對於文物的遷運自然責無旁貸，與故宮朱家驊、王世杰、傅斯年、李濟等理事商量，並與兩院（故宮博物院及中央博物院）同仁聯繫，向行政院院長翁文灝提議遷運，當時準備遷運的主要機關有：國立故宮博物院、國立中央博物院、國立中央圖書館、中央研究院歷史語言研究所以及外交部，暨決定將文物及檔案一同運台，由杭立武召集會議，請各機關各推代表一人，成立一個聯運機構，負責中華文物主其事者為杭立武，先派楊師庚、芮逸夫到台灣進行部署來台事宜。遷運分三批進行，第一批文物運出後，立即籌備運第二批；第二批運出後，有第三批文物的遷運。分別由海軍總司令部派「中鼎輪」、招商局租借「海滬輪」及海軍「崑崙艦」代為載運。總計，國立故宮博物院、中央博物院、中央圖書館、北平圖書館等機關重要文物三千八百餘箱係於一九四八年十一月間由南京運台；一九四九年五月教育部中華教育電影製片之器材四百餘箱，由滬運抵台中，重慶撤退時，河南省博物館於抗戰時期運渝古物經教育部選擇精品三十八箱搶運來台，寄存台中。雖然有些重要文物留置在大陸，但這些運台的文物，使明清故宮重要文物完整的保留下來，也豐富台灣的文化內涵。

人民的遷徙而言，這部分較為複雜，明清以來即有許多人從大陸至台灣移墾，一九四五年日本投降後，大陸人民來台者，一些是派台的接收人員及軍隊，一部分是來台觀光、工作及經商者，做遷徙定居台灣者占極少數；一九四八年底後，來台的人數增加，一九四九年後開始出現大量的移民潮，這批人包括：軍隊、公教人員及其眷屬、知識分子、學生、商人、中央民意代表、黨政要員、僧侶、一般民眾等。其中軍隊占一半，他們大部分是隨國共內戰的發展撤退來台，並沒有太多自由選擇的機會，有一些甚至是被國軍強拉入伍者，他們是來台者中平均教育程度較低的一群人。

這批移民來台的原因不一，所面臨的場景不同，有些人從容的離開，有些人用盡各種辦法，撤盡僅有的財產，擠到台灣，有些人全家團圓，有些家庭支離破碎。在那個年代什麼事情都可能發生，那是時代的悲劇。不論是跟隨政府來台或對中共制度無信心，大部分都是出於無奈。所乘的交通工具不同，來台的路線亦不同，當時來台的重要地點包括：上海、廣州、廈門、青島、重慶等地，較為重要的是上海與廣州。來台的交通，分海運及空運兩部分，空運以上海、廣州、重慶為中心，有部分班機飛經汕頭、香港、廈門，大部分直飛台北、台南。海運方面，以上海、廣州為中心，抵達台灣的基隆及高雄。

來台的人數方面，各方的說詞不一。根據資料統計，一九四九年來台的外省人大約在三十萬人以上，一九四五—一九四八年十二月間來台大約二十萬人，合計一九四五—一九四九年年底止，從大陸來台的人數約五十餘萬人，一九五〇年代初期又有約十萬人輾轉來台，合計約六十萬人。軍隊方面，一九五〇年左右來台的軍隊大約四十五萬人左右，其後又有部分軍隊撤退來台，來台人數約六十萬人，合計戰後到一九五〇年初期（一九五三年左右），外省人來台的人數大約一百二十餘萬人。

每一個的移民來台者都有一段艱辛的故事，有些未能來台就罹難，發生在一九四九年初的「太平輪事件」只是其中的個案，幸運來台者也付出極大的代價，當初來台也沒想到被迫離鄉後，要等到三、四十年後才能回鄉，真有「少小離家老大回，鄉音無改鬢毛衰，兒童相見不相識，笑問客從何處來」之嘆。來台每一個個案都不同，從集體記憶及一些檔案史料中雖只敘述其中的梗概，但已足以瞭解當時來台的複雜性。

經過六十年，如何看待一九四九年左右蔣介石暨中華民國政府與人民遷台，是一個相當值得討論的課題。張玉法院士曾經談到：「從中國歷史的長流來看，清國—中華民國—中華民國和中華人民共和國，其承續和斷裂的脈絡相當清楚。」[1]的確，在民國以來，政府或政權變動的三個時期：一九一二年、一九二八年、一九四九年，有其連貫性（或承續性）與斷裂性，第三個時期在大政方針上，大部分為第二時期的延續，但領土僅餘數百分之一，人口僅餘數十分之一，立國態勢截然不同[2]。在人事的布局上，在遷台之初的重要人事大部分是大陸時期的連續與擴大，蔣介石在一九五〇年三月復行視事，大陸時期選出的民意代表來台繼續運作，隨後實施孫中山的建國理念，使台灣成為三民主義的模範省，維持法統上的延續性；大量外省人遷至台灣，也使情感與血緣上密切的結合在一起。但在某一層面上而言，亦有其斷裂與改變，有些改變是正面，如民國以來各省之間省籍衝突，來台者雖然各省都有，外省人成為命運的共同體，過去各省之間的衝突問題變淡，但延伸出與台灣原有族群的族群問題。這些延續與斷裂自與一九四九年大遷徙有關，本書探討遷徙的經過，作為接續兩個時期的開端。

附錄

附錄一　台灣省出入境旅客登記暫行辦法

第一條　為確保本省治安，防範奸黨活動特訂定「臺灣省出入境旅客登記暫行辦法」（以下簡稱本辦法）實施之。

第二條　全省實施出入境登記之地域，為經台灣省政府開放之基隆、高雄、台中、花蓮、馬公、淡水、安平、布袋、蘇澳等十省際港（指定基隆、高雄為兩國際港）及現在使用之台北、台南兩民航機場。

第三條　全省出入境旅客登記由各港口（機場）駐台憲警會同派員執行之。

第四條　凡入台旅客向來埠各輪船公司購買客票時，每人應填具入台旅客登記表乙份，黏附本人二寸半身照片一張，由船上負責人隨帶登岸港口連同公司旅客統計表二份，彙交港口執行出入境旅客登記之憲警核辦，普通旅客應隨帶身分證（或證明書）及原所在地政府（如縣政府區鄉鎮公所）或治安機關（如警備、保安、警察等機關）填發之出境證明書，或其他足資證明之證件，軍公人員應隨帶差假證，各地華僑應隨帶該管領事所發華僑登記證或證明書，以備憲警查驗。

第五條　憲警查詢旅客於輪船泊岸前舉行之。

第六條　凡入台旅客向來地各航空公司購買票時，每人應填具入台旅客登記表乙份，黏附本人二寸半身照片一張，由機上負責人隨帶，降落機場連同公司旅客統計表，彙交機場執行出入境旅客登記之憲警核辦，普通旅客應隨帶身分證（或證明書）及原所在地政府（如縣政府區鄉鎮公所）或治安機關（如警備、保安、警察等機關）填發之出境證明書，或其他足資證明證件，軍公人員應隨帶差假證，各地華僑應隨帶該管領事所發華僑登記證或證明書，以備憲警查驗。

第七條　凡離台旅客向各輪船公司（或代售客票處），購買客票時，每人應填具離台旅客登記表乙份，黏付本人二寸半身照片一張，由公司（在台未有分支公司者由船上）連同旅客統計表二份，彙交港口執行出入境旅客登記之憲警核辦，普通旅客應隨帶身分證（或證明書）及原所在地政府（如縣政府區鄉鎮公所）或治安機關（如警備、保安、警察等機關）填發之出境證明書，或其他足資證明之證件，軍公人員應隨帶差假證，各地華僑應隨帶該管領事所發華僑登記證或證明書，以備憲警查驗。

第八條　對於外國輪船載客及外僑出入境之手續，除中央另有規定外，得依本辦法辦理之（外國非定期班輪載客入境得於輪船入港後，旅客補填登記表）。

第九條　各輪船公司、航空公司及旅客有故意違背本辦法者，視其情形可分別予以拒絕出入起降或其他之處置，如因不諳手續或所報不齊者，可著其補具，若擅在本省實施出入境旅客登記以外之港口及機場駛出起飛赴省外，或自省外駛入降落者，扣留其船隻飛機及人員旅客法辦。

第十條　憲警查出旅客有違法可疑事實者，依法律辦理，並另案會報台灣全省警備司令部核備。

第十一條　憲警實施輪船出入境旅客登記以後，將原旅客登記表及公司旅客統計表之一份交由港務警察局，其無港務警察局設備者，交由當地警察局存備，入境旅客再由該局按旅客所填居留住址，分送各該地警察局核辦，並彙集每日進出港各船出入境旅客之情形，以船為單位，填具出入境旅客調查統計表二份，會報台灣全省警察司令部備查，憲警實施民航飛機出入旅客登記以後，將原旅客登記表及公司旅客統計表一份，交當地警察局存備，入境旅客再由該局按旅客所填居留住址，分送各該地警察局核辦，並填具出入境旅客調查統計表二份，會報台灣省警備司令部備查。

第十二條　憲警實施出入境旅客登記時，應遵守法紀，態度端和不得有倨傲粗暴及故意留難之行為，俾利行旅。

第十三條　本辦法如有未盡事宜得隨時以命令修正之。

第十四條　本辦法自頒布日施行。

資料來源：上海市檔案館藏，《台灣省出入境旅客登記暫行辦法》，檔號Q1-10-142。

附錄二一　臺灣省准許入境軍公人員及旅客暫行辦法

（一九四九年三月一日實施）

一、臺灣警備總司令部與臺灣省政府為確保本省治安，特訂定本「臺灣省准許入境軍公人員及旅客暫行辦法」（以下簡稱本辦法）。

二、本辦法係遵照總統亥寒府貳代電訂定之，絕對禁止無正當職業者入境。

三、暫准入境軍公人員及旅客以下列者為限：1.中央各機關派臺工作人員及其眷屬，經主管機關發有證明文件，並通知本省警備總司令部或省政府有案可查者；2.本省警備總司令部或省政府，及其所屬各機關招致來臺工作人員暨其眷屬，經總司令部、省政府、或武職少將、文職簡任以上主管核准，並經報准總司令或主席有案，發有入境軍公人員證明書者；3.總司令或主席特准入境，持有證明文件，或事先通知檢查機關放行者；4.中央各院部會及各省市政府，因公派員來臺者，除由其派遣機關發給證明文件外，並應事先電知警備總司令部或省政府查照；5.工商人士來臺時，須先擬到地區之縣市政府，填具入境旅客申請書，附本人二寸半身照片兩張，經當地警察機關查明，確有工商業務在臺，並經呈報省政府核准，發有入境旅客許可證者；6.本省人返臺或外省籍人家屬在臺，擬來臺居住，經向擬到地區之縣市政府，填具入境旅客申請書，附本人二寸半身照片兩張，經查明屬實，並經呈報省政府核准發有入境旅客許可證者；7.由國外來臺者，應持有我國使領館之證明文件（由香港來臺者由兩廣特派員公署發給證明文件）；並於入境口岸或機場補具入臺旅客登記表二份，各粘附本人二寸半身照片呈繳檢查人員查驗。

四、上條所列軍公人員及旅客來臺時，除依照各項規定辦理外，並應攜帶國民身分證或原戶籍管轄區戶籍謄本；同時應向啟程地點之輪航公司，取填入臺旅客登記表二份，各黏附本人二寸半身照片，於下機下船時，將入臺旅客登記表，交於檢查人員，同時出驗國民身分證，及准許來臺證明文件等。

五、第三條所稱證明書及入境許可證，軍人及其眷屬均由警備總司令部統一發給，其餘由省政府統一發給；承辦機關，警備總司令部為政工處，省政府為警務處。

六、為求聯繫密切起見，警備總司令部與省政府，每週應將准許入境軍公人員及旅客，互相通報，並呈報一次，必要時應隨時通知。

七、實施本辦法時，由警備總司令部與省政府，會銜分電各有關機關及省市政府之照外；並知照各有關輪航公司，非持有中央機關派臺服務證明文件，或本省警備總司令部省政府所發之證明書或入境許可證及填具旅客入臺登記表貳份者，不得准其購票來臺；否則一律拒絕入境，責令原輪、原機遣回。至於准許入臺軍公人員及旅客，應以每輪、每機為單位，由各輪航公司造具名冊及統計表各三份，於到達時，送交當地檢查機關備查。

八、凡准許入境軍公人員及旅客，由警備總司令部、省政府，將其姓名、年、籍、同行人數、入境事由、住址等，隨時列冊，分令入境口及機場軍警憲合組之檢查機關（無特組之檢查機關地區，由當地警察機關負責檢查），分別查驗放行；軍人由憲兵檢查，其餘旅客由警察負責。

九、准許入境軍公人員及旅客，如發現有可疑事實及不法情事者，得予扣留，分別層報警備總司令部或省政府，依法移送有權受理機關核辦。

十、軍警憲合組之檢查機關，應將每日所收之入臺旅客登記表及旅客名冊，統交由當地警察機關處理；入臺旅客登記表一份，分寄旅客到達地區之警察局，並由警察局列冊通知當地戶政機關；其餘一份（連同每輪、每機旅客名冊及統計表各一份），有軍人身分者，呈送警備司令部政工處，餘送省政府及警備總司令部，並分送民政廳備查。

十一、省政府警務處，應逐月將入臺旅客做成統計表，呈報省政府及警備總司令部，並分送民政廳備查。

十二、所有准許入境軍公人員及旅客之事先事後調查事宜，由各縣市警察機關負責，必要時得會同戶政機關及憲兵辦理之；並將調查所得情形，隨時呈報警務處，分別轉呈警備總司令部省政府，及通知民政廳。

十三、所有准許入境之軍公人員及旅客，應於十日內向到達地區之主管戶政機關及警察機關申請登記，否則得限令出境。

十四、軍事機關及部隊來台者，不受第三條之限制，但必須將名稱、或番號、主管姓名、人數、武器、及任務、駐地等，事先通知警備總司令部備查。

十五、外交官、領事官或領事館職員來臺者，依「中華民國境內外人出入居留規則」辦理。至於外人入境，除依照上項規定辦理外，並應向啟程地點之輪航公司，取填入臺旅客登記表二份，各黏附本人二寸半身照片，交到達地點之檢查人員查驗。

附錄

十六、軍公人員及人民因公因事離境仍須返臺者，應事先請有入境軍公人員證明書或入境旅客許可證。

十七、本辦法實施時期，由警備總司令部會商省政府決定之。

資料來源：《臺灣省政府公報》，春字第四十一期，頁五九四—五九五；國史館，〈台灣省旅客入境出境辦法〉，《招商局輪船股份有限公司》，檔號230-002-1。

附錄三　入台軍公人員及旅客注意

（一九四九年二月二十一日公告）

一、入境軍公人員及旅客暫以下列者為具：

中央各機關來台工作人員及其眷屬經主管機關發有證明文件，並通知本省警備總司令部及省政府有案審查者。

本省警備總司令部或省政府及其所屬機關招致來台工作人員暨其眷屬，經警備總司令部或省政府或武職少將、文職簡任以上主管核准，並經警備總司令部或省政府有案發有入境軍公人員證明書者。

經本省警備總司令或省府主席特准入境，持有證明文件或事前通知檢查機關放行者。

中央各院部會及各省市因公來台者，除由其派請機關發給證明文件外，應事先電知警備總司令部或省府查照。

工商人士來台必須先向擬到地區之縣市政府填具入境旅客申請書，附本人二寸半身照片二張，經當地警察機關查明確有工作業務在台，經呈請本省省政府核准來台入境旅客證者。

本省人返台或外省人籍人家擬來台居住，經向擬到地區縣市政府填具旅客申請書，附本人二寸半身照片二張，經查明屬實，並轉呈本省省政府核發有旅客許可證者。

由國外來台者，需持有我國使館之證明文件，並於入境口岸或機場補具入台旅客登記表二份各貼附本人二寸半身照片呈檢查人員查驗。

上列軍公人員及旅客在台時，除依照各項規定辦理外，並應攜帶身份證或原戶籍管區之戶籍謄本同時向啟程地點之輪船公司填入台旅客登記表二份，各貼附本人二寸半身照片於下方，下船時將入台登記表交予檢查人員，同時出驗國民身分證或准許來台證明文件。

第二項所驗證明書及入境許可證軍人及其眷屬由台灣省警備總司令部統一發給，其餘由台灣省政府發給，承報警備總司令部政工廳或省政府警務處。

所有准許入境之軍公人員及旅客應於十日內向登記地區之主管戶政機關及警察機關申請登記否則限令出境。

軍事機關及部隊來台者不受上項之限制，但必須將名稱番號、主管姓名、人數及任務駐地事先通知警備總司令部備查。

外交官領事官或領事館職員來台者，依中華民國境內外人出入及居留規則辦理，至於外人入境除依上項規定辦理外，並向啟程地點之輪航公司填入台旅客登記表二份各貼附本人二寸半身照片交到達地點之檢查人員查驗。

軍公人員因公因事離境仍須返台灣，須事先請有入境軍公人員證書或入境旅客許可證。

以上各項規定自三十八年三月一日開始實施，除呈請行政院核備，並分電各有關機關及輪航公司查照辦理外，特此公告周知。

資料來源：《台灣新生報》，一九四九年二月二十一日，第八版。

附錄四　一九四九年大事紀

一九四九年（民國三十八年）

一月一日，蔣介石發表元旦文告，呼籲和平。

正式承認大韓民國政府

一月五日，陳誠正式就任台灣省政府主席。

一月六日，中央研究院公物四千餘箱，交通部公物一千六百餘箱由招商局海滬輪運往台灣

一月八日，行政院美援運用委員會在台辦事處成立。

一月十日，蔣介石總統命蔣經國赴上海訪俞鴻鈞，希其將中央銀行庫存準備金移存台灣，以策安全。

一月七日，共軍猛攻天津，與國軍展開激戰。

一月十四日，中共主席毛澤東提出「和談八條件」作為談判的基礎。

一月十五日，天津國軍戰敗，天津防衛司令陳長捷被俘，中共軍隊正式占領天津。

一月十九日，傅作義代表鄧寶珊與中共代表簽定解決北平問題和平協議十四條；二十一日，傅作義宣布「北平和平解放實施辦法」的條文。

二月三日，共軍進入北平城，平津戰役結束。

一月二十一日，蔣中正（介石）總統宣布引退。李宗仁副總統代行總統職權。台灣省警備總司令部正式成立，陳誠兼任總司令。

一月二十六日，行政會議議決政府遷移廣州，並定於二月五日在廣州正式辦公。

一月二十七日，太平輪自上海開往台灣途中與益祥輪船公司的建元輪，在吳淞口外相撞失事。

一月三十日，美、英、法駐華使館南遷廣州。

二月一日，中國國民黨中央黨部移廣州辦公。

二月四日，行政院正式遷至廣州。

台灣省政府主席陳誠正式宣布實施三七五減租

二月十日，中央銀行之金銀轉運至台灣的工作完成。

二月十三日，政府與警備總司令部會銜公布「台灣省入境軍公教人員及旅客暫行辦法」。

三月一日，台灣省正式實施限制入境辦法。

三月十二日，孫科於三月八日辭行政院長職，十二日立法院同意由何應欽組閣。

四月一日，政府和談代表抵北平；四日，國共和談代表正式舉行會談，中共提出八條二十四款條件，限四月二十日簽字。

四月十八日，江北共軍發動攻勢，在鎮江對面展開猛攻；二十日晚，共軍於荻港、江蘇江陰附近渡江；

四月二十一日，共軍突破國軍沿江之防線，進逼南京；二十三日，國軍撤出南京，國府由南京遷至廣州，南京為中共所占。

四月二十二日，共軍經七次攻擊後摧毀太原周圍的護城堡；二十五日，山西代理主席梁敦後及太原守軍官兵五百人自戕，太原為共軍所占。

四月二十四日，共軍抵太湖兩岸，二十六日，共軍占領無錫，二十七日，占宜興、宜城，

五月三日，中共第三野戰軍進入杭州。

四月二十五日，政府委員紛自上海飛廣州及台灣。

五月一日，台灣省全省戶口總檢。

五月十二日，共軍進攻太倉，抵上海市郊，攻月浦、劉行；十六日，發動上海總攻擊；
二十五日，攻上海市區，浦東、高橋相繼失陷，國軍向定海、台灣撤退；
二十七日，共軍占領上海；二十八日，國軍完全撤守，結束淞滬戰役。

五月十四日，共軍占南昌。

五月十五日，國軍撤出武漢。

五月二十日，台灣省宣布戒嚴，基隆、高雄兩港實施宵禁。

五月二十六日，國共激戰於吳淞口。

五月二十六日，共軍由城陽、馬山向青島逼進；六月二日，國軍自青島撤退。

五月二十七日，台灣警備總司令部訂定「戒嚴期間防止非法集會、結社、遊行、請願、罷課等規定實施辦法」、「戒嚴期間新聞雜誌圖書管理辦法」。

六月三日，李宗仁提閻錫山組閣，經立法院同意。

六月十五日，中共在北平召開「新政治協商會議」
台灣省實施幣制改革，舊台幣四萬元折新台幣一元，新台幣五元折合美金一元。

六月二十四日，蔣介石決定總裁辦公室於台北草山（陽明山）

六月二十八日，共軍向長沙進攻，國軍將領程潛、陳明仁叛變，國共在長沙附近展開對戰；八月五日，長沙附近之國軍撤守。長江發生大水災。

七月十日，蔣介石訪問菲律賓，與菲總理季理諾舉行碧瑤會議。

七月十六日，中國國民黨非常委員會在廣州成立。

七月十八日，行政院任命陳誠為東南軍政長官，轄蘇、浙、閩、台、瓊五省區，長官公署設於台灣。

七月二十六日，蔣介石決定設立革命實踐研究院。

七月二十七日，李宗仁自廣州飛抵台北與蔣介石會晤，經五次討論；三十日返回廣州。

八月五日，美國國務院發表「中美關係」白皮書。

八月八日，蔣介石與韓國總統李承晚發表聯合聲明。

八月十三日，毛澤東宣布將以北平為首都。

八月十五日，共軍攻連江，十六日，攻馬尾。

東南軍政公署在台北成立。

八月十七日，共軍陷福州。

八月二十六日，西北的蘭州為中共所占。

八月三十日，東南軍政長官公署任命孫立人為台灣防衛司令官。

九月一日，台灣省保安司令部正式成立。

九月初，廣州外圍國共激戰；二十日，共軍攻陷贛州。
九月三日，前雲南省政府主席龍雲發動政變。
九月十七日，新政治協商會議第二次籌備會，改稱「人民政治協商會議」
九月十九日，中共占張掖。
九月二十一日至三十日，中華人民政治協商會議（新政協）在北平舉行；二十七日，會議通過「中華人民共和國中央人民政府組織法」；二十九日，通過「中央人民政治協商會議共同綱領」；三十日，選毛澤東為中央人民政府主席。
九月二十四日，共軍占領寧夏。
十月一日，北京「中華人民共和國政府」宣告成立。
十月二日，蘇俄承認中共政權，與廣州政府斷絕關係。
十月十二日，總統頒布中央政府遷往陪都重慶令；十五日，正式在重慶辦公。
十月十二日，共軍攻廈門；十七日，占領廈門，國軍撤往金門。
十月十六日，革命實踐研究院第一期開學，蔣介石親臨致詞。
十月二十一日，汕頭國軍撤守；二十六日，廣東全省為中共所占。
十月十七日，國軍自廈門撤守。
十月二十四日，共軍由大嶝、小嶝出發，進攻金門；二十五日，登陸古寧頭，遭國軍圍攻；二十六日，國軍展開肅清；二十七日，共軍敗退，是為古寧頭大捷。
十一月一日，共軍陷巴東，沿川鄂公路南侵，進占酉陽，川東門戶洞開；二十三日，國軍羅廣文部與共軍激戰於冷水場、水江石地，共軍陷惠民場；十二月一日，重慶為中共所占。

十二月三日至六日，國共展開登步島戰役，三日，共軍向登步島進擊，國軍石覺部隊反擊；九日，共軍逃竄，是為登步島大捷。

十一月十四日，共軍第二野戰軍占領貴陽。

十一月二十一日，政府決定由重慶遷成都辦公（實際在二十九日才遷）。

十一月二十三日，國共激戰於茂名、廉江等地。

十二月八日，行政院召集緊急會議，決議遷都台北，在西昌設總指揮；六日，正式在台北辦公。

十二月十五日，台灣省政府改組，吳國楨代陳誠為主席。

十二月十八日，白崇禧部隊進入越南。

十二月二十七日，成都為中共所占。

十二月二十八日，雷州半島失陷。

註釋文

前言

1 該書的英文原名為《無關緊要的一年》（*1587, A Year of No Significance*），中文版為《萬曆十五年》（台北：時報文化，二〇〇〇年三十刷）。

2 金沖及，《轉折的年代——中國的一九四七年》（北京：三聯書店，二〇〇二）。該書認為國共內戰的轉折點早在一九四七年就開始。劉統，《中國的一九四八年兩種命運的決戰》（北京：三聯書店，二〇〇六），該書除談遼瀋戰役與淮海戰役外，其實也談到一九四八年的土地改革及上海的一些現象。國史館，《一九四九年：中國的關鍵年代學術討論會論文集》（台北：國史館，二〇〇〇年），該書集結許多探討一九四九年課題的專文。

3 傅國湧，《一九四九年：中國知識分子的私人記錄》（武漢：長江文藝出版社，二〇〇五）。張仁善，《一九四九中國社會》（北京：社會科學出版社，二〇〇五）。

4 田居儉，〈開國奠基的一九四九〉，《當代中國史研究》，二〇〇五年九月。第十二卷五期，頁十九。

5 國史館，《一九四九年：中國的關鍵年代學術討論會論文集》（台北：國史館，二〇〇〇），呂芳上序。

6 梁漱溟〈勝敗是非利害〉，上海《中央日報》，民國三十八年三月十一日，四版。

7 每一課題或有一些文章討論，如陳三井對知識份子來台的問題，未探討政府及人民遷台全貌。

8 許倬雲，《從歷史看領導》（台北：書評書目出版社，一九九二），頁一七二。

9 沈醉，《戰犯改造所見聞》（台北：傳記文學，一九九七），頁二六一一。

10 張仁善，《一九四九中國社會》（北京：社會科學出版社，二〇〇五），頁二一四。

第一章

1 這點美國的學者易勞逸（Lloyd E. Eastman）提出毀滅的種子的觀點，他曾經談到「一九四九年的失敗，不是因為缺少美援，而顯然是由於國民黨自身的弊病和分裂，諸如腐敗無能、紀律廢弛。」詳見Lloyd E. Eastman, *Seeds of Destruction: Nationalist China in War and Revolution, 1937-1949*（Stanford University Press, 1984）, p. 2.

2 金沖及，《轉折的年代——中國的一九四七年》（北京：三聯書店，二〇〇二）。

3 劉統，《中國的一九四八年兩種命運的決戰》（北京：三聯書店，二〇〇六）。

4 蔣中正致何應欽電〉《第二次世界大戰戰區受降紀要》，頁六四。

5 彭明，《中國現代史資料選輯》，第六冊，補編（一九四五—一九四九），一九九三年三月，頁四九。

6 中國陸軍總司令部編，《中國戰區中國陸軍司令部處理日本投降文件彙編》，下卷（台北：文海出版社，一九七四），頁五。

7 中國國民黨中央委員會中央黨史委員會，《中華民國重要史料初編——抗日戰爭時期，第七編，戰後中國》（台北：中國國民黨中央委員會黨史委員會，一九八一），頁二七九。

8 《毛澤東選集》，第四卷（北京：人民出版社，一九六〇），頁一一四四。

9 西村成雄，〈戰後中國兩個時期的「分疆而治」論〉《一九四九年：中國的關鍵年代學術討論會論文集》，頁二一一—二一四。

10 國史館，〈一九四五年八月杜聿明意見具申〉《特交檔案——川康滇黔政情》，《蔣中正總統檔》。

11 唐縱，《在蔣介石身邊八年》（北京：群眾出版社，一九九一），頁六八六—六八七。

12 轉引自汪朝光，《中華民國史》第三篇，第五卷（北京：中華書局，二〇〇〇），頁五〇九—五一〇。

13 這份密令曾被中共所獲，見《毛澤東年譜》（北京：人民出版社，一九九三），頁三五。
14 國史館，《事略稿本》，一九四六年六月十三日，《蔣中正總統檔》。
15 國史館，《事略稿本》，一九四六年七月二十一日，《蔣中正總統檔》。
16 史丹福大學胡佛研究所藏，《蔣介石日記》，一九四五年八月二十六日。
17 史丹福大學胡佛研究所藏，《蔣介石日記》，一九四五年八月二十七日。
18 史丹福大學胡佛研究所藏，《蔣介石日記》，一九四五年十月十一日。
19 《王世杰日記》（台北：中央研究院近代史研究所，一九九〇），第五冊，一九四六年一月五日、九日。
20 國史館，《事略稿本》，一九四六年六月七日，《蔣中正總統檔》。
21 熊式輝，《熊式輝回憶錄》（香港：明鏡出版社，二〇〇八），頁五一一。
22 《中華民國重要史料初編——對日抗戰時期，第七編，戰後中國（二）》（台北：中國國民黨中央黨史委員會，一九八一），頁九〇九—九一〇。
23 史丹福大學胡佛研究所藏，《蔣介石日記》，一九四七年七月五日。
24 國史館，《籌筆》，一九四七年七月十四日，《蔣中正總統檔》。
25 國史館，《特交檔案》〈軍事剿匪〉〈全般措施〉，《蔣中正總統檔》。
26 國史館，《籌筆》〈戡亂時期〉，《蔣中正總統檔》。
27 國史館，《事略稿本》，一九四八年一月二日，《蔣中正總統檔》。
28 國史館，《事略稿本》，一九四八年一月二日，《蔣中正總統檔》。
29 史丹福大學胡佛研究所藏，《蔣介石日記》，一九四七年九月六日。
30 南京第二歷史檔案館，《總體戰》，《南京國民政府行政院檔》，檔號3621.022/2023。

31 國史館，〈陳誠呈三七年上半年作戰計畫〉《革命文獻——中共》，第十三冊，《蔣中正總統檔》。

32 國防大學黨史黨建政工教研室，《中國共產黨的戰略策略》（北京：解放軍出版社，一九九一），頁二八九。

33 劉吉主編，《中國共產黨七十年》（上海：上海人民出版社，一九九一），頁三九九。

34 楊奎松，《毛澤東與莫斯科的恩恩怨怨》（南昌：江西人民出版社，一九九九），頁二三二。

35 〈中央關於華中我軍的戰略部署給華中局的指示〉《中共中央文件選集》（北京：中共中央黨校出版社，一九九一），第十五冊，頁二三四。

36 楊奎松，《毛澤東與莫斯科的恩恩怨怨》（南昌：江西人民出版社，一九九九），頁二二四。

37 潘仲群，〈讀對日寇的最後一戰暨有關文件的札記〉《從延安到北京》（北京：中央文獻出版社，一九九三），頁五九。

38 中央文獻出版社，《從延安到北京》（北京：中央文獻出版社，一九九三），頁六四。

39 〈軍委關於目前軍事部署的指示〉《中共中央文件選集》（北京：中共中央黨校出版社，一九九一），第十五冊，頁二五〇、二五一。

40 曾克林，《戎馬生涯的回憶》（北京：解放軍出版社，一九九二），頁二三二。

41 劉崇文、陳紹疇等主編，《劉少奇年譜》，上卷（北京：中央文獻出版社，一九九六），頁四九二。

42 劉崇文、陳紹疇等主編，《劉少奇年譜》，上卷，頁四九二、五〇一。

43 彭真，〈東北解放戰爭的頭九個月〉《遼瀋決戰》（北京：人民出版社，一九九二），頁五—一三。

44 國防大學黨史黨建政工教研室，《中國共產黨的戰略策略》（北京：解放軍出版社，一九九一），頁三〇。

45 《毛澤東年譜》（北京：人民出版社，一九九三），頁四三。

46 《毛澤東年譜》，頁四三。
47 中央文獻出版社，《從延安到北京》（北京：中央文獻出版社，一九九三），頁三四—三五。
48 中央文獻出版社，《從延安到北京》，頁四〇。
49 陸鏗，《陸鏗回憶與懺悔錄》（台北：時報文化出版社，一九九七），頁一一三。
50 《毛澤東年譜》（北京：人民出版社，一九九三），頁二七四。
51 杜聿明，〈淮海戰役始末〉《淮海戰役親歷記》（北京：中國文史出版社，一九九六），頁二。
52 彭明，《中國現代史資料選輯》，第六冊（北京：中國人民大學，一九八九），頁二一五。
53 軍事科學院軍事歷史研究部編，《中國人民解放軍全國解放戰爭史》，第二卷（北京：軍事科學出版社，一九九六），頁六。
54 《大公報》，一九四六年八月二十四日。
55 蘇靜，〈關於錦州戰役的回顧〉《遼瀋決戰》（北京：人民出版社，一九九二），頁二〇七。
56 國史館，〈領袖特交檔案整編資料〉《特交檔》，《蔣中正總統檔》。
57 史丹福大學胡佛研究所藏，《蔣介石日記》，一九四八年十月十六日。
58 國史館，《事略稿本》，一九四八年十一月十三日，《蔣中正總統檔案》。
59 蔣經國，〈堅苦奮鬥完成中興大業〉，一九五二年十二月一日，《蔣總統經國先生言論著述彙編》（台北：黎明文化，一九八二），第二冊，頁四二三。
60 趙正楷，《徐永昌傳》（台北：山西文獻社，一九八九），頁三五五。
61 國史館，《事略稿本》，一九四八年十月二十二日，《蔣中正總統檔》。
62 國史館，《事略稿本》，一九四九年一月五日，《蔣中正總統檔案》。
63 蔣中正，〈革命實踐研究院軍官訓練團成立之意義〉，一九五〇年五月二十一日，《蔣總統言論集》，演講，卷二〇，頁一〇一——一〇二。

64 聶榮臻，《聶榮臻回憶錄》（北京：解放軍出版社，一九八四），頁六四六——六五〇。

65 陳嘉驥，《東北變色記》（台北：漢威出版社，二〇〇〇），頁二。

66 國史館，《事略稿本》，一九四九年一月五日，《蔣中正總統檔案》。

67 熊式輝，《熊式輝回憶錄》（香港：明鏡出版社，二〇〇八），頁六六九。

68 蔣中正，〈革命實踐研究院開學致辭〉，一九四九年十月十六日。張其昀，《先總統蔣公全集》，第二冊，頁一九二四。國史館，《事略稿本》，一九四九年十月十六日，《蔣中正總統檔》。又提到軍隊過去失敗的原因在既沒有幕僚的權威，又沒有監察制度，亦沒有核心與骨幹。

69 國史館，《籌筆》，一九四九年八月十七、九月二十九日，《蔣中正總統檔》。

70 史丹福大學胡佛研究所藏，《蔣介石日記》，一九四八年十月二十二日。

71 史丹福大學胡佛研究所藏，《蔣介石日記》，一九四八年十月二十三日。

72 杜聿明，〈遼瀋戰役概述〉，中國人民政治協商會議全國委員會文史資料研究會編，《遼瀋戰役親歷記——原國民黨將領的回憶》（北京：中國文史出版社，一九八九），頁四一。

73 史丹福大學胡佛研究所藏，《蔣介石日記》，一九四五年十月二日。

74 國史館，《革命文獻——戡亂軍事——東北方面》，十五冊，《蔣中正總統檔》。

75 杜聿明，〈遼瀋戰役概述〉，中國人民政治協商會議全國委員會文史資料研究會編，《遼瀋戰役親歷記——原國民黨將領的回憶》（北京：中國文史出版社，一九八九），頁一三。

76 鄭洞國，《我的戎馬生涯》（北京：團結出版社，一九九二），頁四八〇。

77 董世桂、張彥之，《北平和談紀實》（北京：文化藝術出版社，一九九一），頁五。

78 《毛澤東選集》，第四卷（北京：人民出版社，一九九一），頁一三六三——一三六七。楊得志，《橫戈馬上》（北平：解放軍文藝出版社，一九八四），頁三五五。

79 中共中央研究室編，《毛澤東年譜》，下卷（北京：新華出版社，一九九四），頁四三三。

80 〈陳長捷回憶〉《平津戰役親歷記》（北京：中國文史出版社，一九八九），頁一八四。

81 聶榮臻，《聶榮臻回憶錄》（北京：解放軍出版社，一九八四），頁七〇三。

82 陳長捷，〈天津戰役概述〉，中國人民政協文史資料委員會平津戰役親歷記編寫組，《平津戰役親歷記——原國民黨將領的回憶》（北京：中國文史出版社，一九八九），頁一七四。

83 杜建時，〈天津戰役國民黨軍覆滅經過〉，《平津戰役親歷記——原國民黨將領的回憶》（北京：中國文史出版社，一九八九），頁二〇三—二〇五。

84 陳存恭等，《石覺先生訪問紀錄》（台北：中央研究院近代史研究所，一九八六），頁二七五。

85 王克俊，〈北平和平解放回憶錄〉《文史資料選輯》，第六八輯，頁二七—二九、四〇。

86 史丹福大學胡佛研究所藏，《蔣介石日記》，一九四九年一月二十三日。

87 史丹福大學胡佛研究所藏，《蔣介石日記》，一九四九年一月二十九日。

88 張發奎，《蔣介石與我——張發奎上將回憶錄》（香港：文化藝術出版社，二〇〇八），頁四五四。

89 國防部史政局，《徐蚌會戰》（台北：國防部史政局，一九八四），頁四。

90 國防部史政局，《徐蚌會戰》，頁七。

91 杜聿明，〈淮海戰役始末〉《淮海戰役親歷記》（北京：中國文史資料出版社，一九九六），頁一八。

92 杜聿明，〈淮海戰役始末〉《淮海戰役親歷記》，頁二二。

93 王健民，《中國共產黨史稿》（台北：中國文化大學印，一九七九），頁六〇一。

94 何基澧，〈運河前線起義〉《淮海戰役親歷記》（北京：中國文史資料出版社，一九八三），頁一四二。

95 史丹福大學胡佛研究所藏，《蔣介石日記》，一九四八年十一月十九日。
96 國防部史政編譯局，《華北地區戡亂戰役個人心得報告》（三）——汪鴻恩的檢討，檔號：155.2/4450.2。
97 張發奎，《蔣介石與我——張發奎上將回憶錄》（香港：文化藝術出版社，二〇〇八），頁四五六。
98 張發奎，《蔣介石與我——張發奎上將回憶錄》，頁四六二。
99 國防部史政編譯室，〈徐蚌戡亂會戰案〉《國軍檔案》，檔號543.6/2829。
100 黃懷德，〈國軍徐蚌會戰失利原因試析——以第一階段戰事為中心〉《中華軍史學會會刊》，第九期，頁四八五，二〇〇四年四月。
101 彭明，《中國現代史資料選輯》，第六冊（北京：中國人民大學，一九八九），頁二一四。平津戰役的時間該統計表自一九四八年十二月十二日，本文採自共軍發動包圍張家口及宣化等地的時間一九四八年十一月二十九日。

第二章

1 董顯光，《蔣總統傳》（台北：中國文化學院出版部，一九八〇），頁五一〇。
2 國史館，《事略稿本》，一九四九年一月二—三日，《蔣中正總統檔案》。
3 國史館，《陳誠先生回憶錄——建設台灣》（上）（台北：國史館，二〇〇五），頁九八七。
4 國史館，《陳誠先生回憶錄——建設台灣》（下），頁九八七—九八八。
5 國史館，《事略稿本》，一九四九年一月七日，《蔣中正總統檔案》。
6 國史館，《事略稿本》，一九四九年一月六日。陳誠往來函電，接電為一月七日，《蔣中正總統檔案》。

7 國史館，《陳誠先生回憶錄——建設台灣》（下），頁九九〇—九九一。

8 國史館，《事略稿本》，一九四九年一月十一日，《蔣中正總統檔案》。

9 吳鐵城，廣東中山人，一八八八年（清光緒十四年）生。九江同文書院畢業，日本明治大學攻讀法律。一九四八年五月，任行憲立法院集會籌備處主任委員；十二月任行政院副院長，兼任外交部長。一九四九年十月赴香港，後轉至台灣，任總統府資政。

10 國史館，《特交檔案》，《蔣中正總統檔案》。

11 國史館，《蔣經國家書》，一九四九年三月十三日，《蔣中正總統檔案》。

12 江安妮，〈關鍵的年代：一九四九年陳誠主持台灣省政研究〉，國立中興大學歷史學碩士論文，二〇〇五年，頁二。

13 吳國楨，字峙之，湖北建始人，北京清華學校畢業，獲美國愛荷華州格林內爾大學經濟學學士學位，普林斯頓大學碩士學位，普林斯頓大學政治哲學系博士學位。一九四九年四月，辭上海市市長職務；六月蔣介石至台北草山（今陽明山），設置總裁辦公室，派吳為設計委員；十二月任台灣省政府主席兼保安司令。

14 陳誠曾談：「到為剿匪關係，不應辭；為台胞關係，不忍辭；為個人關係，極願辭；為外交關係，祇有辭。」國史館，《陳誠先生回憶錄——建設臺灣》（下），〈往來函電〉，頁一〇一九。

15 蔣經國，《我的父親》（台北：正中書局，一九八八），頁四一、六四。

16 梁敬錞，〈卡特中國牌政之歷史背景〉，《中美關係論文集》（台北：聯經出版公司，一九八二），頁三〇八—三〇九。

17 陳存恭，《陶希聖先生訪問記錄》（台北：國防部史政局，一九九四），頁二五一。

18 南京第二歷史檔案館藏，〈國防部檢討反共軍事全面潰敗部署今後任務企圖進攻解放區報告書〉，《行政院檔》，檔號二／二一〇二。

19 國史館，《事略稿本》，一九四九年三月三日，《蔣中正總統檔案》。

20 史丹福大學胡佛研究所藏，《蔣介石日記》，一九四八年十二月十六日。

21 國史館，《事略稿本》，一九四九年一月十八日，《蔣中正總統檔案》。

22 張秉均，《中國現代歷次重要戰役之研究——戡亂戰役述評》（台北：國防部史政編譯局，一九八八），頁八二。

23 國史館，《事略稿本》，一九四九年三月十八日，《蔣中正總統檔案》。

24 國史館，《事略稿本》，一九四九年四月九日，《蔣中正總統檔案》。

25 蔣經國，《我的父親》，頁六四。

26 國史館，《事略稿本》，一九四九年五月二十五日，《蔣中正總統檔案》。

27 史丹福大學胡佛研究所藏，《蔣介石日記》，一九四九年四月二十三日。

28 史丹福大學胡佛研究所藏，《蔣介石日記》，一九四九年四月二十六日。

29 史丹福大學胡佛研究所藏，《蔣介石日記》，一九四九年四月二十七日。

30 史丹福大學胡佛研究所藏，《蔣介石日記》，一九四九年四月二十九日。

31 史丹福大學胡佛研究所藏，《蔣介石日記》，一九四九年五月四日。

32 國防部史政編譯室藏，《上海戰役檢討報告》《國軍檔案》，檔號00010586000020418w。

33 史丹福大學胡佛研究所藏，《蔣介石日記》，一九四九年五月二十八日。

34 李宗仁，《李宗仁回憶錄》，頁六二一。

35 陳存恭，《陶希聖先生訪問記錄》（台北：國防部史政局，一九九四），頁二五一。

36 國史館，《事略稿本》，一九四九年一月二十二日，《蔣中正總統檔案》。

37 國史館，《事略稿本》，一九四九年四月二十四日，《蔣中正總統檔案》。

38 程思遠，《白崇禧傳》（香港：南粵出版社，一九八九），頁三〇八。

39 國史館，《事略稿本》，一九四九年五月二十六日，《蔣中正總統檔案》。

40 《蔣經國先生全集》，第十五冊，頁四三九。

41 國防部史政編譯室藏，〈淞滬地區戡亂戰役個人心得報〉，〈江防檢討〉《國軍檔案》，檔號00010586/002。

42 國史館，〈總統引退及復行視事〉，《特交檔案》，一九四九年三月十四日，《蔣中正總統檔案》，檔號41173。

43 國防部史政編譯室藏，〈淞滬地區戡亂戰役個人心得報〉，〈過去江防淞滬戰役失敗檢討〉《國軍檔案》，檔號00010586/002。

44 國防部史政編譯室藏，〈淞滬地區戡亂戰役個人心得報〉，〈長江戰役〉《國軍檔案》，檔號00010586/002。

45 國防部史政編譯室藏，〈淞滬地區戡亂戰役個人心得報〉，〈長江戰役五十二團少校作戰組長汪漢勛檢討報告〉《國軍檔案》，檔號00010586/002。

46 國防部史政編譯室藏，〈淞滬地區戡亂戰役個人心得報〉，〈三十八年度南京國軍轉進戰役〉《國軍檔案》，檔號00010586/002。

47 國防部史政編譯室藏，〈淞滬地區戡亂戰役個人心得報〉，〈三十八年上海戰役〉《國軍檔案》，檔號00010586/002。

48 國防部史政編譯室藏，〈淞滬地區戡亂戰役個人心得報〉，〈作戰經驗報告〉《國軍檔案》，檔號00010586/002。

49 史丹福大學胡佛研究所藏，《蔣介石日記》，一九四九年六月十六日。
50 史丹福大學胡佛研究所藏，《蔣介石日記》，一九四九年六月二十八日。
51 史丹福大學胡佛研究所藏，《蔣介石日記》，一九四九年八月十八日。
52 史丹福大學胡佛研究所藏，《蔣介石日記》，一九四九年十一月十四日。
53 《丁治磐日記手稿本》第七冊，頁一，一九四八年七月一日蔣任命第七兵團司令官劉安祺為第十一綏靖區司令官，原司令官丁治磐調任江蘇省主席。
54 張玉法，〈戰後國共在山東的一幕：青島及膠東之守備與撤退（一九四五—一九四九）〉《一九四九年：中國的關鍵年代學術討論會論文集》（台北：國史館，二〇〇〇），頁五八，六一。
55 張玉法院士提出青島內部共諜日增、奸商影響社會安定、難民敗兵日增、共軍對青島外圍加以滋擾。見同上，頁六一—六三。
56 張玉法等，《劉安祺先生訪問記錄》（台北：中央研究院近代史研究所，一九九一），頁四〇八。
57 國史館，《事略稿本》，一九四九年一月二十二日，《蔣中正總統檔案》。
58 史丹福大學胡佛研究所藏，《蔣介石日記》，一九四九年一月三十一日。
59 史丹福大學胡佛研究所藏，《蔣介石日記》，一九四九年五月四日。
60 張玉法，〈戰後國共戰爭在山東的一幕：青島及膠東之守備與撤退〉《一九四九年：中國關鍵年代學術討論會論文集》（台北：國史館，二〇〇〇），頁六七—六八。
61 史丹福大學胡佛研究所藏，《蔣介石日記》，一九四九年五月二十三日。
62 國史館，《事略稿本》，一九四九年五月二十六日，《蔣中正總統檔案》。
63 張玉法，〈戰後國共戰爭在山東的一幕：青島及膠東之守備與撤退〉《一九四九年：中國關鍵年代學術討論會論文集》（台北：國史館，二〇〇〇），頁七二—七三。

註釋文

64 史丹福大學胡佛研究所藏，《蔣介石日記》，一九四九年六月四日。
65 張玉法等訪問，《劉安祺先生訪問記錄》，頁二七八。
66 張發奎，《蔣介石與我——張發奎上將回憶錄》（香港：文化藝術出版社，二〇〇八），頁四七五—四七六。
67 周宏濤口述，汪士淳撰，《蔣公與我》（台北：天下文化，二〇〇三），頁二二〇—二二一。
68 國防部史政局編譯室，《國民革命軍戰役史第五部——戡亂》，第七冊，頁一八五。
69 國防部史政局，《國民革命軍建軍史》，第四部，頁二五。
70 史丹福大學胡佛研究所藏，《蔣介石日記》，一九五〇年四月二十七日。
71 史丹福大學胡佛研究所藏，《蔣介石日記》，一九五〇年五月十日。
72 國史館，〈作戰計畫及設防〉《特交檔案》卷八，《蔣中正總統檔》。
73 史丹福大學胡佛研究所藏，《蔣介石日記》，一九四九年十月二十二日、十月二十六日。
74 國史館，〈金門及邊區作戰——金門研究小組成立會議記錄〉《特交檔》，一〇〇卷，《蔣中正總統檔》。
75 周宏濤口述，汪士淳撰，《蔣公與我》，（台北：天下文化，二〇〇三），頁二二〇—二二一。
76 周宏濤口述，汪士淳撰，《蔣公與我》，頁二二二。
77 史丹福大學胡佛研究所藏，《蔣介石日記》，一九五〇年七月七日。
78 史丹福大學胡佛研究所藏，《蔣介石日記》，一九五〇年七月九日。
79 這段是周宏濤摘錄會議紀錄的內容，周宏濤口述，汪士淳撰，《蔣公與我》（台北：天下文化，二〇〇三），頁二二七—二二九。
80 史丹福大學胡佛研究所藏，《蔣介石日記》，一九五〇年八月五日。

81 劉鳳翰，〈國軍在台澎金馬整編經過（民國三十九至七十年）〉《中華軍事史學會會刊》，第七期，二〇〇二年四月，頁三一六。

第三章

1 在一九五〇年代，旅居美國的李宗仁在兩黨之爭中，站在民主黨一邊。民主黨人——杜魯門和艾奇遜國務卿，一直利用李代總統的親身說法，證明丟失中國與美援無關，其真正的原因是蔣介石獨裁政府，未能對此項援助做正當的使用，蔣氏之敗咎由自取。薛建華編著，《程思遠傳》（北京：國際文化出版社，一九九四），頁一〇八。

2 卞杏英，〈淺析蔣介石三次下野的緣由〉，《上海師範大學學報：哲社版》，一九九〇年一月，頁七八。

3 上海《大公報》，一九四八年八月十八日。

4 鄧漢翔，字鳴階，貴州盤縣人，一八八八年（清光緒十四年）生。早年參加辛亥革命，歷任參政院參政、北京政府國務院祕書長、川康經濟建設委員會祕書長。一九四九年隨劉文輝、鄧錫侯在四川彭縣加入中國共產黨。

5 白崇禧卸任國防部長，由何應欽代替，心生不滿。《革命文獻拓影——戡亂時期（蔣總統引退與後方布置）》，上　，第二十八冊，頁九四—九五。

6 《革命文獻拓影——戡亂時期》（蔣總統引退與後方布置）上　，第二十八冊，頁九四—九五。

7 吳忠信，字禮卿，安徽合肥人，一八八四年（清光緒十年）生。江南武備學堂畢業。一九四七年任國民政府委員，一九四八年任總統府資政。一九四九年隨政府來台。

8 史丹福大學胡佛研究所藏，《蔣介石日記》，47Box，No,7，一九四八年十二月二十六日。

9 國史館，〈總統引退及復行視事〉，《特交檔案》，一九四八年十二月三十日，《蔣中正總統檔案》，檔號0001-0002。

10 國史館，〈總統引退及復行視事〉，《特交檔案》，一九四八年十二月三十日，《蔣中正總統檔案》，檔號0001-0002。

11 《雷震全集》，三十一集，《雷震日記——第一個十年》（台北：桂冠圖書，一九九〇），頁一一一。

12 程潛，字頌雲，湖南醴陵人，一八八二年（清光緒八年）生。日本士官學校畢業，曾加入中國同盟會。一九四八年出席行憲國民大會，參加副總統競選；同年六月，任湖南政府委員兼任主席；八月任長沙綏靖公署主任。一九四九年八月，在長沙宣布起義；九月，出席中國人民政治協商會議第一屆全體會議。

13 當時第三勢力的意見，大致批判蔣介石，號召和平。董顯光，《蔣總統傳》（台北：中國文化學院，一九八〇），頁五〇九。

14 國史館，《特交檔案》，一般類，一九四八年三月十五日，《蔣中正總統檔》。

15 香港《華商報》，一九四八年十二月五日，第三版。

16 中共所提的八條件，內容為：1.懲治戰犯；2.廢除憲法；3.廢除中華民國法統；4.依據民主原則改編政府軍隊；5.沒收官僚資本；6.改革土地制度；7.廢除賣國條約；8.召開沒有反動分子參與的政治協商會議，成立民主聯合政府，以接收南京國民政府及其所屬政府一切權力。《華商報》（香港），一九四九年一月十五日，第一版。

17 董顯光，《蔣總統傳》，頁五一一。

18 上海《大公報》，一九四八年十二月三十一日，第三版。

19 雷震，《雷震日記——第一個十年》，頁一二〇。

20 谷正綱，字叔常，貴州安順人，一九〇二年（清光緒二十八年）生。畢業於德國柏林大學。一九四八年選為行憲國民大會代表；五月任行政院政務委員兼社會部部長。一九四九年至台灣，續任國民大會代表暨主席團成員、總統府國策顧問等職。

21 雷震，字儆寰，浙江長興人，一八九七年（清光緒二十七年）生。京都帝國大學法學院畢業。一九四九年二月，任京滬杭警備總司令部政委會顧問兼經濟委員會主任委員，四月至台灣。

22 《雷震全集》，三十一集，《雷震日記——第一個十年》，頁一二二，一二四。

23 國史館，《事略稿本》，一九四八年四月三十日，《蔣中正總統檔案》。

24 國史館，《事略稿本》，一九四八年五月十七日，《蔣中正總統檔案》。

25 史丹福大學胡佛研究所藏，《蔣介石日記》，一九四八年十一月二十三日。

26 史丹福大學胡佛研究所藏，《蔣介石日記》，一九四八年十一月二十四日。

27 史丹福大學胡佛研究所藏，《蔣介石日記》，一九四八年十二月二十四日。

28 史丹福大學胡佛研究所藏，《蔣介石日記》，一九四八年十二月二十六日。

29 陳立夫，字祖燕，浙江吳興人，一九〇〇年（清光緒二十六年）生。北洋大學礦冶系畢業，美國匹茲堡大學碩士。一九四七年九月，任國民黨中央祕書處祕書；十一月任國民大會（行憲）籌備委員會委員。一九四八年五月，任立法院副院長；十二月任行政院政務委員。一九四九年七月，任國民黨非常委員會委員，十二月由四川去台灣。

30 國史館，《事略稿本》，一九四九年一月三日，《蔣中正總統檔案》。

31 國史館，《事略稿本》，一九四九年一月十二日，《蔣中正總統檔案》。

32 劉維開，〈蔣中正第三次下野之研究〉，《政治大學歷史學報》，第十七期，二〇〇〇年六月，頁一五四。

33 蔣在日記中談到：「余自立法院長選舉未能遂從黨之決議，此時已思辭職下野。」史丹福大學胡佛研究所藏，《蔣介石日記》，一九四八年十二月二十六日。

34 周宏濤，《蔣公與我》（台北：天下文化出版社，二〇〇三）頁八八—八九。

35 張道藩，字衛之，貴州盤縣人，原籍江蘇江寧府，一八九七年（清光緒二十三年）生。英國倫敦大學美術部畢業。一九四八年一月當選立法委員，三月任國民黨中央訓練團民間藝術訓練班指導委員會主委。一九四九年隨政府來台。

36 程思遠，〈蔣介石發表求和聲明的經過〉，《文史資料選輯》，合訂本，第二十三冊，中國文史出版社，一九七九年九月，頁七九—八一。

37 秦孝儀，《先總統蔣公思想言論總集》，〈書告〉，卷二十二（台北：中國國民黨中央黨史委員會，一九八四），頁二〇五—二〇八。

38 國史館，《致夫人書信》，一九四九年一月一日，《蔣中正總統檔案》。

39 國史館，《事略稿本》，一九四九年一月一日，《蔣中正總統檔案》。

40 南京第二歷史檔案館，〈各方附和蔣介石元旦文告〉，《國民政府檔》，檔號一／4936。

41 南京第二歷史檔案館，〈各方附和蔣介石元旦文告〉，《國民政府檔》，檔號一／4936。

42 蔣經國，《危急存亡之秋》，《蔣經國先生全集》，第一冊（台北：行政院新聞局，一九九一），頁三七四。國史館，《事略稿本》，一九四九年一月一日，《蔣中正總統檔案》。

43 白崇禧，字健生，廣西桂林人，保定陸軍軍官學校第三期步兵科畢業。畢業後，返廣西，入馬曉軍營任排長，部隊擴編後任支隊長，兼參謀長，未幾升營長，一九二四年，加入中國國民黨。一九四五年，當選為國民黨第六居中央執行委員，常務委員。一九四六年，任國防部部長；十月任制憲國民大會代表，並為國大代表主席團成員；同月，派兼任行政院綏靖區政務委員會副主任委員。一九四七年四月，兼任國防科學委員會主任兼華中剿匪總司令。一九四九年，改任戰略顧問委員會副主任委員。

44 張軫，字翼三，河南羅山人，一八八四年（清光緒二十年）生。日本士官學校畢業。一九四八年八月，任河南省主席，派為河南省豫南行署主任。後兼任第十九兵團司令官。一九四九年五月，率部在武昌金口脫離國民政府；八月，改編為中國人民解放軍第五十軍。

45 秦孝儀，《先總統蔣公思想言論總集》，〈別錄〉，卷三十七，頁三七七—三七八。

46 國史館，《事略稿本》，一九四九年一月十二日，《蔣中正總統檔案》。

47 史丹福大學胡佛研究所藏，《蔣介石日記》，一九四九年一月十日。

48 國史館，《致夫人書信》，一九四九年一月二十日，《蔣中正總統檔案》。

49 《總統府公報》，第二一〇號，一九四九年一月二十一日。秦孝儀，〈書告〉，《先總統蔣公思想言論總集》，卷二十二，頁二〇九—二一〇。

50 黨史館，《中國國民黨第六屆中央執行委員會常務委員會第一七六次會議紀錄》，一九四九年一月二十四日。《會議》，檔號6.3/181.10。

51 黃紹竑代表李宗仁與蔣的代表吳忠信討論下野的相關事宜。黃紹竑，〈李宗仁代理總統的前前後後〉，《文史資料選輯》，第二十一冊，中國文史出版社，一九七九年三月，頁五十二。

52 程思遠，《李宗仁先生晚年》（北京：文史資料出版社，一九八〇），頁四二。

53 《華商報》（香港），一九四九年一月二十三日，一版。

54 蔣經國，〈危急存亡之秋〉，《蔣經國先生全集》，第一冊（台北：行政院新聞局，一九九一），頁三七九。

55 美國各界的輿論，引自國史館，《事略稿本》，一九四九年一月二十二日，《蔣中正總統檔案》。

56 國史館，《事略稿本》，一九四九年一月二十二日，《蔣中正總統檔案》。

57 程思遠，〈蔣介石發表求和聲明的經過〉，《文史資料選輯》，第二十三冊，中國文史出版社，一九七九年九月，頁八二。

58 國史館，〈總統引退及復行視事〉，《特交檔案》，一九四九年三月十四日，《蔣中正總統檔案》，檔號41173。

89 《雷震全集》，三十集，《雷震秘藏書信選》（台北：桂冠圖書，一九九〇），頁十三。

60 王世杰，字雪艇，湖北崇陽人，一八九一年（清光緒十七年）生。一九〇三年入南路高等小學，畢業後入湖北優級師範，結業後入天津北洋大學。辛亥革命爆發，返武昌參加革命，任都督府祕書。一九一三年赴英國留學，入倫敦大學政治經濟學院，一九一七年畢業獲政治經濟學士學位。轉赴法國，入巴黎大學，一九二〇年獲法學博士。後應聘在北京大學任教。曾與友人在北京創辦《現代評論》週刊。一九四八年，當選第一屆中央研究院院士；九月任出席聯合國第三次大會首席代表；十二月免行政院政務委員及外交部部長職，一九四九年隨國民政府來台。

61 左舜生，名學訓，別號仲平，筆名黑頭，阿斗，湖南長沙人。長沙縣立師範學校畢業。曾入長沙外國語專門學校，學習英語及日語。一九四七年四月，任國民政府農林部部長。一九四九年四月至台灣，九月至香港，在香港成立「自由陣線」，先後在香港新亞學院、清華書院講授中國近代史。

62 陳正茂，《左舜生年譜》（台北：國史館，一九九八），頁二〇九。

63 國史館，《蔣致夫人書信》，《蔣中正總統檔》。

64 陳存恭等，《徐永昌先生函電言論集》（台北：中央研究院近代史研究所，一九九六），頁一四〇。

65 劉汝明，《劉汝明回憶錄》（台北：傳記文學出版社，一九六六），頁一六二。

66 陳立夫，《成敗之鑑》（台北：正中書局，一九九四），頁三七二。

67 國史館，《事略稿本》（一），頁六八〇。

68 國史館，《事略稿本》（十二）（台北：國史館，二〇〇四），頁四八〇。
69 國史館，《事略稿本》，一九四九年一月二十二日，《蔣中正總統檔案》。
70 國史館，《事略稿本》（一），頁七〇二。
71 國史館，《事略稿本》，一九四九年二月五日，《蔣中正總統檔案》。
72 國史館，《事略稿本》（一），頁六九二。
73 國史館，《事略稿本》，一九四九年一月三十一日，《蔣中正總統檔案》。
74 國史館，《事略稿本》（十二），頁四八二。
75 國史館，《事略稿本》，一九四九年一月二十二日，《蔣中正總統檔案》。

第四章

1 國防部史政局，《蔣公侍從見聞錄》（台北：國防部史政局，一九九七），頁二〇二。
2 曹聖芬，〈從溪口到成都〉，《總裁辦公室工作紀要》（台北：中國國民黨編印，一九五二），頁二〇三。
3 湯恩伯，原名克勤，浙江武義人，一八九九年（清光緒二十五年）生。畢業於武義縣立壺山高等學堂、浙江省立第七中學、杭州體育專門學校、援閩浙軍講武堂。後入日本明治大學學習政治、經濟，畢業於日本士官學校步科第十八期。一九四九年一月，任京滬杭警備總司令；同年春，退守上海，後去廈門、金門，受任為福建省主席兼任軍委會福建綏靖主任。
4 張羣，字岳軍，四川華陽人，一八八八年（清光緒二十四年）生。保定通國陸軍速成學堂第一期，日本陸軍士官學校中國學生隊第十期畢業。一九四九年一月，任重慶綏靖公署主任；三月任四川、康、滇、黔等四省聯合剿匪指揮部總指揮官；四月任西南軍政長官公署長官；七月在廣州任國民黨非常委員會委員，同年至台灣。

5 司徒雷登著，李宜培等譯，《司徒雷登回憶錄》（台北：中央日報社，一九五五），頁一四一。

6 裴斐（Nathaniel Peffer）、韋慕庭（Martin Wilbur）訪問，吳修垣譯，《從上海市長到台灣省主席——吳國楨口述回憶》（上海：上海人民出版社，一九九九），頁八〇。

7 曹聖芬，湖南益陽人，一九一四年生。一九三七年畢業於中央政治學校大學部新聞系，任中央通訊社記者、編輯。自一九三九年至一九四九年，隨蔣介石擔任文告整理及新聞發布之職。

8 曹聖芬，〈從溪口到成都〉，《總裁辦公室工作紀要》，頁二〇五—二〇六。

9 國史館，《事略稿本》，一九四九年一月二十二日，《蔣中正總統檔案》。

10 毛人鳳，字齊五，浙江江山人，一八九八年（清光緒二十四年）生。與戴笠在江山文溪小學同學。後入浙江省立第一中，畢業後考入上海復旦大學。一九二六年，考入黃埔軍校第四期；曾任江山中學教員，後在縣政府和專員公署任祕書。一九三四年，協助戴笠主持情報工作。一九三五年三月，加入中華復興社，任國民政府軍事委員會武昌行營第三課第一股股長。一九三七年，抗日戰爭爆發後，奉赴南京，掌理機要。一九三八年八月，任軍委會調查統計局主任祕書。一九四六年七月，任國防部保密局副局長。一九四八年二月，升任局長。一九五五年，任國防部情報局局長，並當選為國民黨候補中央執行委員；一九五六年十月，在台北病逝。

11 國史館，《事略稿本》，一九四九年一月三十一日，《蔣中正總統檔案》。

12 國史館，《事略稿本》，一九四九年二月十五日，《蔣中正總統檔案》。

13 蔣經國，《危急存亡之秋》，收錄於蔣經國先生全集編輯委員會編，《蔣經國先生全集》第一冊（台北：行政院新聞局，一九九一），頁四〇二。

14 國史館，《事略稿本》，一九四九年二月十七日，《蔣中正總統檔案》。

15 國史館，《事略稿本》，一九四九年四月十八日，《蔣中正總統檔案》。

16 陳永發，《中國共產革命七十年》（台北：聯經出版公司，一九九八），頁三八四。

17 林桶法，〈從溪口到台北——第三次下野期間蔣介石的抉擇〉，《國史館學術集刊》，第一三期，二〇〇七年九月，頁八九—一二二。

18 石覺，字為開，廣西桂林人，一九〇八年（清光緒三十四年）生。畢業於黃埔軍校第三期、美國陸軍參謀大學。歷任排、營、團、旅長，第四師師長、第十三軍軍長、第九兵團司令。一九四八年，任熱河省政府委員。一九五〇年，被台灣任命為浙江省政府委員兼主席，任舟山防衛司令官。曾任副參謀長、聯勤總司令。一九七三年，任考試院銓敘部部長、中國國民黨中央評議委員，中國太極拳協會理事長等職。一九八六年九月，在台北逝世，享年七十八歲。

19 國防部史政局，《蔣公侍從見聞錄》，頁二〇七—二〇九。

20 蔣經國，《我的父親》，頁六三。

21 蔣經國，《我的父親》，頁六四。

22 江靜輪噸位四千六百噸，由客貨輪改裝，為總裁專船。

23 國史館，《事略稿本》，一九四九年十二月一日，《蔣中正總統檔案》。

24 國史館，《蔣總統家書——蔣致夫人書信》，《蔣中正總統檔案》。

25 國史館，《事略稿本》，一九四九年十二月一日，《蔣中正總統檔案》。

26 國史館，《蔣總統家書——蔣致夫人書信》，《蔣中正總統檔案》。

27 《蔣經國先生全集》，第十五冊，頁四三九。

28 《蔣介石日記》，一九四六年十月二十六日，上星期反省錄。國史館藏，《事略稿本》，一九四七年十月二十六日，《蔣中正總統檔案》。

29 秦孝儀，〈先總統蔣公與台灣〉，《近代中國》，第三十一期，一九八二年十月，頁一三。
30 張其昀，《張其昀先生文集》，第十三冊（台北：中國文化大學出版社，一九八九），頁六六—九〇。
31 胡春惠、林泉訪問，《祝紹周先生訪問紀錄》（台北：近代中國出版社，一九九二），頁五三—五四。
32 陳存恭，《陶希聖先生訪問記錄》，頁二五一。
33 國史館，《事略稿本》，一九四九年五月十九日，《蔣中正總統檔案》。
34 轉引自陳錦昌，《蔣中正遷台記》（台北：向陽文化，二〇〇五），頁五一—五二。
35 國史館，《蔣中正總統文物——領袖家書》，《蔣中正總統檔案》。
36 國史館，《事略稿本》，一九四八年十一月二十四日，《蔣中正總統檔案》。
37 國史館編，《陳誠先生回憶錄：建設台灣》（上）（台北：國史館，二〇〇五），頁一九。
38 國史館編，《陳誠先生回憶錄：建設台灣》（下），頁九九四。
39 國史館編，《陳誠先生回憶錄：建設台灣》（下），頁九九五。
40 國史館，〈台灣省旅客入境出境辦法〉，《招商局輪船股份有限公司》，檔號233/002-02。
41 薛化元，〈陳誠與國民政府統治基盤的奠定——一九四九年台灣省政府主席任內為中心探討〉，收錄於《一九四九年：中國的關鍵年代學術討論會論文集》（台北：國史館，二〇〇〇），頁二八三。
42 黃啟漢，〈一九四九年和談的回憶〉，《廣西文史資料選輯》，第九輯，一九八一年一月，頁一五。
43 一九四九年三月二日，雷震，〈雷震致邱昌渭信〉，收錄於《雷震全集》《雷震祕藏書信選》（台北：桂冠圖書，一九九〇），頁二三。
44 黃紹竑，又名紹雄，字季寬，廣西容縣人，一八九五年（清光緒二十一年）生。保定陸軍軍官學校第三期步兵科畢業。一九四九年春，為國民政府和平談判代表團成員。和談破裂後，前往香港，聯合四十四位國民黨人士發表脫離國民政府聲明。八月，赴北平出席中華人民共和國政治協商會議第一屆全體會議。
45 張治中，《張治中回憶》（北京：中國文史出版社，一九九三），頁八〇二—八〇三。
46 國史館，《事略稿本》，一九四九年四月十五日，《蔣中正總統檔案》。
47 程思遠，《李宗仁先生晚年》（北京：文史資料出版社，一九八〇），頁五八。
48 蔣經國，《我的父親》，頁四一、六四。
49 董顯光，《蔣總統傳》（台北：中國文化學院出版部，一九八〇年九月再版），頁五一〇。
50 國史館，《事略稿本》，一九四九年一月十八日，《蔣中正總統檔案》。
51 張秉均，《中國現代歷次重要戰役之研究——戡亂戰役述評》（台北：國防部史政編譯局，一九八八），頁八二。
52 國史館，《事略稿本》，一九四九年三月十八日，《蔣中正總統檔案》。
53 李宗仁，《李宗仁回憶錄》，頁六二一。
54 陳存恭，《陶希聖先生訪問記錄》（台北：國防部史政局，一九九四），頁二五一。
55 史丹福大學胡佛研究所藏，《蔣介石日記》，一九四九年二月十一日。
56 史丹福大學胡佛研究所藏，《蔣介石日記》，一九四九年三月十八日。
57 史丹福大學胡佛研究所藏，《蔣介石日記》，一九四九年四月二十一日。
58 史丹福大學胡佛研究所藏，《蔣介石日記》，一九四九年四月二十三日。
59 史丹福大學胡佛研究所藏，《蔣介石日記》，一九四九年四月二十六日。
60 史丹福大學胡佛研究所藏，《蔣介石日記》，一九四九年四月二十九日。
61 史丹福大學胡佛研究所藏，《蔣介石日記》，一九四九年五月二日。

第五章

1 國史館，《事略稿本》，一九四九年五月二十六日，《蔣中正總統檔案》。
2 蔣經國，《危急存亡之秋》，收錄於蔣經國先生全集編輯委員會編，《蔣經國先生全集》，第一冊，頁四三七。
3 蔣經國，《危急存亡之秋》，頁四四二。
4 國史館，《事略稿本》，一九四九年六月五日，《蔣中正總統檔案》。
5 國史館，《事略稿本》，一九四九年五月二十六日，《蔣中正總統檔案》。
6 國史館，《事略稿本》，一九四九年六月七日，《蔣中正總統檔案》。
7 國史館編印，《陳誠先生書信集——與蔣中正先生往來函電》（台北：國史館，二〇〇七），頁七三二—七三三。
8 蔣經國，《危急存亡之秋》，頁四四六。
9 蔣經國，《危急存亡之秋》，頁四四七—四四八。
10 國史館編印，《陳誠先生書信集——與蔣中正先生往來函電》（台北：國史館，二〇〇七），頁七三五。
11 國史館，《事略稿本》，一九四九年十月四日，《蔣中正總統檔案》。
12 李以劻，〈蔣介石下野在福州召開軍事會議前後〉，《文史資料選輯》第三十二輯，頁一三三。
13 國史館，〈總統引退及復行視事〉，《特交檔案》，《蔣中正總統檔案》。
14 李以劻，〈蔣介石下野在福州召開軍事會議前後〉，《文史資料選輯》第三十二輯，頁一三六—一三八。

15 國史館，《事略稿本》，一九四九年八月二十三日，《蔣中正總統檔案》。
16 盧漢，原名漢邦，字永衡，雲南昭通人，一八九五年（清光緒二十一年）生。一九四九年三月，任川、康、滇、黔四省聯合剿匪總指揮部副指揮官；五月，兼雲南綏靖公署主任。十二月，加入中國共產黨。
17 蔣經國，《我的父親》，頁六八。
18 南京第二歷史檔案館藏，「國防部檢討反共軍事全面潰敗布署今後任務企圖進攻解放區報告書」，《行政院檔案》，檔號二/2102。
19 傅正主編，《雷震全集雷震祕藏書信選》，頁五一。
20 《中央日報》（台北），一九四九年十月二十三日，第一版。
21 蔣經國，《危急存亡之秋》，頁四八四。
22 陳立夫，《成敗之鑑》（台北：正中書局，一九九四），頁三七四。
23 國史館，《事略稿本》，一九四九年十一月十一日，《蔣中正總統檔案》。
24 曾建，〈風雨寫成都〉《中央日報》（台北），一九四九年八月三十日，第七版。
25 國史館，《事略稿本》，一九四九年十一月十四日，《蔣中正總統檔案》。
26 蔣經國，《危急存亡之秋》，頁四九五|四九六。
27 茅家琦等，《中國國民黨史》（廈門：鷺江出版社，二〇〇五），頁七七六。
28 秦孝儀，《先總統蔣公思想言論總集》〈書告〉，卷二十三，頁一|一一。
29 《革命文獻》，第六十九集，頁四二五。
30 《中央日報》（台北），一九四九年十月九日，版一。
31 中國國民黨黨史委員會編印，《先總統蔣公思想言論總集》，卷二十三（台北：中國國民黨黨史委員會編印，一九八〇），頁一二七—一三七。

32 國史館，《籌筆》，檔號一六五六八，《蔣中正總統檔案》。
33 《總統府公報》，第二七五號，第一版。《中央日報》，一九五一年一月二日，第一版。
34 《中央日報》（台北），一九五一年三月一日，第一版。
35 秦孝儀編，《總統蔣公大事長編初稿》，卷七（下），頁三五七。
36 一九四九年八月之後傳聞雲南局勢不穩，省主席盧漢有異心，蔣在九月六接見盧漢，盧漢要求撥款擴軍之經費二千萬元，蔣建議政府撥盧漢剿共經費銀圓一百萬元。
37 戴維斯（John Paton Davies）、謝偉志（John S. Service）及太平洋學會（Institute of Pacific Relations）等太平洋學會成員如畢森（Bisson）及史諾（Edgar Snow）等人敦促美國總統停止對蔣的軍事援助。
38 唐振楚編，《總裁辦公室工作紀要》（台北：中國國民黨編印，一九五二），頁一七一。
39 中國國民黨文傳會黨史館（以下簡稱黨史館），《中國國民黨第六屆中央執行委員會常務委員會第二〇三次會議紀錄》，一九四九年七月十六日。
40 唐振楚編，《總裁辦公室工作紀要》（台北：中國國民黨編印，一九五二），頁一七一。
41 唐振楚編，《總裁辦公室工作紀要》，頁一七一。
42 唐振楚編，《總裁辦公室工作紀要》，頁一七一。
43 黨史館，《中國國民黨第六屆中央執行委員會常務委員會第二〇三次會議紀錄》，一九四九年七月十六日，檔號6.3/225。
44 唐振楚編，《總裁辦公室工作紀要》，頁一七一。
45 其地在菲國首都馬尼拉西北四十英里。
46 張其昀，《菲韓紀行》（台北：正中書局，一九六四），頁三—四。
47 張其昀，《菲韓紀行》，頁四。

48 張其昀，「附錄」，〈蔣總裁菲總統聯合聲明〉，《菲韓紀行》，一九四九年七月十二日，頁二〇。

49 黨史館，《會議》，《中國國民黨第六居中央執行委員會常務委員會第二〇三次會議紀錄》，一九四九年七月十六日。

50 黨史館，〈總裁應邀訪菲經過〉，《會議》，檔號6.3/208.3。

51 黨史館，〈總裁應邀訪菲經過〉，《會議》，檔號6.3/208.3。

52 黨史館，〈總裁應邀訪菲經過〉，《會議》，檔號6.3/208.3。

53 邵毓麟，〈鎮海會議〉，《傳記文學》，五十卷二期，一九六九年八月，頁一五。

54 黨史館，〈總裁應邀訪菲經過〉，《會議》，檔號6.3/208.3。

55 邵毓麟，〈鎮海會議〉，《傳記文學》，五十卷二期，一九六九年八月，頁七。

56 唐振楚編，《總裁辦公室工作紀要》，頁一八五。

57 張其昀，〈鎮海紀行〉，《總裁辦公室工作紀要》（台北：中國國民黨編印，一九五二），頁一九一。

58 張其昀，〈蔣總裁與韓總統聯合聲明〉，《菲韓紀行》「附錄」，一九四九年八月八日，頁二二一二四。

59 雷震，《雷震日記——第一個十年》，（台北：桂冠圖書，一九九〇），頁二八〇。

60 中國國民黨黨史館（簡稱黨史館），《中國國民黨黨務發展史料——黨史史料編纂工作（下）》（台北：黨史館，二〇〇〇），頁六〇三。

61 黨史館，〈各部會搭萬民輪船運粵公物表〉，《會議》，檔號6.3/179.11。

62 黨史館，〈中央黨部遷地辦公有關問題請核議案〉，《會議》，檔號6.3/181.2。

63 秦孝儀，《總統蔣公大事長編初稿》，卷七（下），頁二四七。

64 黨史館，〈中國民黨第六居中央執行委會常務委員會第二〇九次會議紀錄〉，一九四九年八月四日，檔號6.3/214.5。

65 黨史館，〈中央黨部分地辦公有關問題案〉，《會議》，檔號6.3/214.4。

66 黨史館，〈中央黨部分地辦公有關問題案〉，《會議》，檔號6.3/214.4。

67 黨史館，〈中央黨部由穗遷渝及在台設置辦事處經過總報〉，《會議》，檔號6.3/225。

68 中國國民黨第六屆中央執行委員會第一六〇次會議紀錄，一九四八年八月十九日。引自李雲漢，〈中國國民黨遷台前後的改造與創新〉《中國國民黨史論文集》，第五冊，頁五九七。

69 第一組掌黨務，組長谷正綱，副組長蔣經國；第二組掌經濟，組長吳國楨，副組長從缺；第三組掌軍事，組長王東原，副組長唐君鉑；第四組長宣傳，組長董顯光，副組長沈昌煥；第五組掌國際問題研究，組長陶希聖，副組長蔣君章；第六組掌祕書業務，組長張其昀，副組長周宏濤、曹聖芬；第七組掌情報，組長唐縱，副組長張師；第八組掌警衛，組長施覺民，副組長樓秉國；第九組掌總務，組長陳舜畊，副組長黃寄慈。一會即設計委員會，俞濟時為總務五任。見李雲漢，〈中國國民黨遷台前後的改造與創新〉，《中國國民黨史論文集》，第五冊，頁六〇五—六〇七。

70 史丹福大學胡佛研究所藏，《蔣介石日記》，一九五〇年十二月三十一日。

71 國史館，《事略稿本》，一九四九年十月八日，《蔣中正總統檔案》。

72 國史館，《事略稿本》，一九四九年十一月二十一日，《蔣中正總統檔案》。

73 國史館，《特交檔案》政治〈各方建議〉，一九四九年十一月二十四日，檔號53567，《蔣中正總統檔案》。

74 國史館，《特交檔案》〈總統引退及復行視事〉，一九四八—四九年，第二十一卷，檔號0036-0063，《蔣中正總統檔案》

75 國史館，《特交檔案》〈總統引退及復行視事〉，一九四八—四九年，第二十一卷，檔號0182-0185，

《蔣中正總統檔案》。
76 國史館，《事略稿本》，一九四九年十二月二日，《蔣中正總統檔案》。
77 國史館，《特交檔案》〈總統引退及復行視事〉，第二十一卷，《蔣中正總統檔案》。
78 國史館，《特交檔案》〈總統引退及復行視事〉，第二十一卷，《蔣中正總統檔案》。
79 史丹福大學胡佛研究所藏，《蔣介石日記》，一九五〇年二月十五日。
80 史丹福大學胡佛研究所藏，《蔣介石日記》，一九五〇年二月十六日。
81 史丹福大學胡佛研究所藏，《蔣介石日記》，一九五〇年二月二十八日。
82 國史館，《蔣中正總統檔》《特交檔案》〈總統引退及復行視事〉，第二十一卷。
83 國史館，《蔣中正總統檔》《特交檔案》〈總統引退及復行視事〉，第二十一卷。

第六章

1 《中央日報》（南京），社論，一九四八年十二月二十三日，第一版。
2 史丹福大學胡佛研究所藏，《蔣介石日記》，一九四八年十二月二十四日。
3 史丹福大學胡佛研究所藏，《蔣介石日記》，一九四八年十二月二十五日。
4 國史館，《事略稿本》，一九四八年十二月二十日，《蔣中正總統檔案》。
5 徐永昌，《徐永昌日記》，第九冊，一九四九年六月五日。
6 程思遠，《李宗仁先生晚年》（北京：文史資料出版社，一九八〇），頁四五—四六。
7 李宗仁，《李宗仁回憶錄》（臺中：永蓮清出版社，一九八六），頁九〇二—九〇三。
8 國史館，《革命文獻拓影——戡亂時期（京滬撤守前後之戡亂局勢）》（上），《蔣中正總統檔》。
9 李宗仁，《李宗仁回憶錄》，頁九三〇。

10 程思遠，《李宗仁先生晚年》，頁五五—五六。

11 程思遠，《李宗仁先生晚年》，頁五二。

12 大陸學者金沖及、劉統、日本學者松田康博等人都提出這種說法，筆者分別於二〇〇六年在浙江奉化、二〇〇七年在北京，二〇〇八年在台中東海大學參加學術研討會個別的意見交換。金沖及，《轉折的年代——中國的一九四七年》（北京：三聯書店，二〇〇二）。劉統，《中國的一九四八年——兩種命運的決戰》（北京：三聯書店，二〇〇六）。松田康博，《台灣における——黨獨裁體制の成立》（東京：慶應義塾大學出版社株式會社，二〇〇六）等著作中並未明顯提及此觀點。台灣學者陳錦昌，《蔣中正遷台記》（台北：向陽文化，二〇〇五），頁五〇，則用全盤計畫來形容蔣遷台的布署。大陸一些野史的作者如謝雪華，《大逃亡》（南寧：廣西人民出版社，二〇〇三）即用大逃亡做標題。

13 國史館，《蔣中正總統領袖家書》，《蔣中正總統檔》。

14 史丹福大學胡佛研究所藏，《蔣介石日記》，一九四八年十一月二十日。國史館，《事略稿本》，一九四八年十一月十九日，《蔣中正總統檔案》，檔號060100，光碟片二四五卷，編號10-01144。

15 國史館，《事略稿本》，一九四九年十一月二十八日，《蔣中正總統檔案》。

16 史丹福大學胡佛研究所藏，《蔣介石日記》，一九四八年十一月三十日。

17 史丹福大學胡佛研究所藏，《蔣介石日記》，一九四八年十二月一日。國史館，《事略稿本》，一九四九年十二月一日，《蔣中正總統檔案》。

18 蔣於一九四八年十一月二十九日分別召見張羣、何應欽；十一月三十日，召見中央政治會議張羣祕書長暨府院各祕書長，指示政府人員疏散及遷地辦公方針。

19 《華僑日報》（香港），一九四八年二月二十七日，第一版。

20 秦孝儀，《總統蔣公大事長編初稿》，卷七（下）（台北：中國國民黨中央黨史委員會，一九七八），頁二三八。

21 國史館，《招商局輪船股份有限公司承運上海青島撤退物資》，《招商局檔》，檔號233/032-1。

22 國史館，《交通部護航實施辦法》，《交通部檔》，檔號063/158。

23 國史館，〈三十八年應變疏遷〉，《行政院主計處檔》，檔號0390000209A。

24 姚崧齡，《張公權先生年譜初稿》，下冊（台北：傳記文學，一九八二），頁一〇二一。

25 《大公報》（天津），一九四九年一月十三日，第一版。

26 南京第二歷史檔案館，《行政院召開疏運會議紀錄》《行政院檔》，檔號二/9881。

27 南京第二歷史檔案館，《行政院召開疏運會議紀錄》，檔號二/9881。

28 《大公報》（上海），一九四九年一月十六日，一版。

29 國史館，〈三十八年應變疏遷〉，《行政院主計處檔》，檔號0390000209A。

30 上海市檔案館，《上海市政府機要案——一九四九年二月份來電底稿》，檔號Q1-7-561。

31 國史館，〈三十八年應變疏遷〉，《行政院主計處檔》，檔號0390000209A。

32 國史館，〈三十八年應變疏遷〉，《行政院主計處檔》，檔號0390000209A。

33 《雷震全集》，三十集，《雷震祕藏書信選》（台北：桂冠圖書，一九九〇），頁二一。

34 程思遠，《李宗仁先生晚年》，頁四五—四六。

35 蔣經國，《危急存亡之秋》，《蔣經國先生全集》，頁三九七。

36 國防部，《國防法規彙編》（台北：國防部，一九五二），頁一五—五三。

37 上海許多校長如章益、歐元懷、王之卓等都提到這些問題，雷震，《雷震日記——第一個十年》，頁一九七。

38 中華民國外交部譯印，《美國與中國之關係》，頁一七五。

39 雷震，《雷震日記——第一個十年》，頁一三一。
40 國史館，《事略稿本》，一九四九年二月二日，《蔣中正總統檔》。
41 國史館，《事略稿本》，一九四九年二月九日，《蔣中正總統檔》。
42 史丹福大學胡佛研究所藏，《蔣介石日記》，一九四九年二月九日。
43 南京第二歷史檔案館藏，《行政院召開疏運會議紀錄》，檔號二/9881。
44 上海市檔案館藏，〈何應欽、陳誠等致上海市政府文件〉，檔號Q1-7-561。
45 《外交部週報》，第一一五期，第一版。
46 程思遠，《政海祕辛》（哈爾濱：北方文藝出版社，一九九一），頁二一五。
47 國史館，〈三十八年應變疏遷〉，《行政院主計處》，檔號0390000000209A。
48 國史館，《事略稿本》，一九四九年五月十六日，《蔣中正總統檔案》。
49 國史館，〈保衛西南充實兵源緊急措施方案〉《行政院檔》，檔號0140000004379A。
50 國史館，〈立法院咨請迅速採緊急措施五項以鞏固行都力量案〉，《行政院檔》，檔號0140000004387A。
51 國史館，〈立法院咨請迅速採緊急措施五項以鞏固行都力量案〉，《行政院檔》，檔號0140000004387A。
52 國史館，〈立法院咨請迅速採緊急措施五項以鞏固行都力量案〉，《行政院檔》，檔號0140000004387A。
53 《中央日報》（台北），一九四九年五月二十一日，第一版。
54 潘啟元，〈戰火聲中話廣州〉《中央日報》（台北），一九四九年八月三十日，第七版。
55 國史館，〈資源委員會因應遷台處理所屬機關裁撤調整及物資疏運密件〉《資源委員會檔》，檔號294/011。另見，考試院編印，《考試院施政編年錄》（台北：考試院編印，一九五一），頁四〇。
56 國史館，〈經濟部各附屬機關疏散進退實施辦法〉，《資源委員會檔》，檔號299/0087。光碟片號碼003000027308A。

57 國史館，〈資源委員會因應遷台處理所屬機關裁撤調整及物資疏運密件〉《資源委員會檔》，檔號294/011。另見，考試院編印，《考試院施政編年錄》，頁四一—四二。

58 國史館，〈三十八年度應變疏遷〉，《行政院主計處案》，檔號039000000209A。

59 國史館，〈資源委員會因應遷台處理所屬機關裁撤調整及物資疏運密件〉，《資源委員會檔》，檔號294/011。

60 國史館，〈資源委員會因應遷台處理所屬機關裁撤調整及物資疏運密件〉，《資源委員會檔》，檔號294/011。

61 《台灣新生報》（台北），一九四九年六月七日，第二版。

62 國史館，〈資源委員會因應遷台處理所屬機關裁撤調整及物資疏運密件〉《資源委員會檔》，檔號294/011。

63 國史館，〈資源委員會員眷疏運案〉《資源委員會檔》，檔號297/0519。典藏號003000025138A。

64 國史館，〈資源委員會員眷疏運案〉，《資源委員會檔》，檔號297/0519。典藏號003000025138A。

65 史丹福大學胡佛研究所藏，《蔣介石日記》，一九四九年六月九日。

66 南京第二歷史檔案館，《行政院戰時施政方針稿》，檔號二／2086。

67 中央研究院近代史研究所，〈戰局演變與人員撤離〉，《朱家驊檔案》，檔號301-01-10-004。

68 國史館，〈國史館遷渝辦公案〉，《資源委員會檔》，檔號294/77。

69 中央研究院近代史研究所，〈戰局演變與人員撤離〉，《朱家驊檔案》，檔號301-01-10-004。

70 中央研究院近代史研究所，〈戰局演變與人員撤離〉，《朱家驊檔案》，檔號301-01-10-004。

71 中央研究院近代史研究所，〈戰局演變與人員撤離〉，《朱家驊檔案》，檔號301-01-10-004。

72 國史館，〈資源委員會員眷疏運案〉，《資源委員會檔》，檔號297/0519，典藏號003000025138A。

73 國史館，〈資源委員會員眷疏運案〉《資源委員會檔》，檔號297/0519。典藏號003000002513８A。

74 國史館，〈桂林辦事處員眷疏運案〉《資源委員會檔》，典藏號003000002514A。

75 國史館，《事略稿本》，一九四九年八月二十四日，《蔣中正總統檔案》。

76 八月十八日，國民政府即已宣布重慶為新行都。

77 《台灣新生報》（台北），一九四九年十月十二日，第二版。

78 《中央日報》（台北），一九四九年十月十九日，第一版。

79 國史館，〈院長手諭所屬祕密計畫疏運物資免受損失〉，《行政院案》，檔號014000009581A。

80 國史館，〈院長手諭所屬祕密計畫疏運物資免受損失〉，《行政院案》，檔號014000009581A。

81 四川省文史研究館，《解放戰爭時期四川大事紀》（成都：四川人民出版社，一九九〇），頁二六三。

82 史丹福大學胡佛研究所藏，《蔣介石日記》，一九四九年十一月二十二日。

83 四川省文史研究館，《解放戰爭時期四川大事紀》，頁三。

84 國史館，《事略稿本》，一九四九年十二月三日，《蔣中正總統檔案》。

85 國史館，《事略稿本》，一九四九年十二月七日，《蔣中正總統檔案》。

86 《台灣新生報》（台北），一九四九年十二月八日，第二版。

87 《中央日報》（台北），一九四九年十二月十三日，第一版。

88 張朋園等，《郭廷以先生訪問紀錄》（台北：中研院近代史研究所，一九八七），頁二一二。

89 黨史館，〈六屆中常會二二三次會議〉，《會議》，檔號6.3/228。

第七章

1 國史館，《事略稿本》，一九四八年十一月二十八日，《蔣中正總統檔案》。

2 十月遷四川，分別在中央公園及林森路一零五號辦公。

3 國史館，〈外交部赴穗及留守人員案〉，《外交部檔》，檔號020000000585A。

4 國史館，〈外交部疏散人員調查案〉，《外交部檔》，檔號020000006495A。

5 國史館，〈外交團隨政府遷穗案〉，《外交部檔》，檔號233/26。

6 國史館，〈外交團隨政府遷穗案〉，《外交部檔》，檔號233/26。

7 國史館，〈外交團隨政府遷穗案〉，《外交部檔》，檔號233/26。

8 《外交部週報》，第一〇八期，第二版。

9 國史館，〈外交團隨政府遷穗案〉，《外交部檔》，檔號233/26。

10 國史館，〈外交團隨政府遷渝及遷台案〉，《外交部檔》，檔號172-3/1816，典藏號0二〇〇〇0013662A。

11 《中央日報》（台北），一九四九年十月十五日，第一版。

12 周琇環編，《戰後外交工作報告》（台北：國史館，二〇〇六），頁三四—三五。

13 薛月順，《資源委員會檔案史料彙編：光復初期台灣經濟建設》，上冊（台北：國史館，一九九三），頁四〇七。

14 孫越崎，浙江紹興人，一八九三年生，北京大學採礦系畢業，赴美國史丹福大學深造，返國後即參加國防設計委員會的陝北油礦採勘處服務。

15 孫越崎，〈我和資源委員會〉，《回憶國民黨政府的資源委員會》（北京：中國文史出版社，一九八八），頁三七—三八。

16 程玉鳳，〈一九四九年前後的資源委員會〉，《一九四九年：中國關鍵年代學術討論會論文集》（台北：國史館，二〇〇〇），頁四二三。

17 謝佩和，〈我們堅持留寧滬〉，《回憶國民黨政府的資源委員會》（北京：中國文史出版社，一九八八），頁二八三—二八七。
18 國史館，〈疏運高雄碼頭積存器材案〉《資源委員會檔》，典藏號003000026587A。
19 國史館，〈疏運高雄碼頭積存器材案〉《資源委員會檔》，典藏號003000026587A。
20 國史館，〈資源委員會存滬存港物資疏運來台案〉《資源委員會檔》，典藏號003000025933A，舊檔號297-1280。
21 《台灣省政府公報》，一九四九年秋字第六十六期，頁九四五—九四六。
22 張后銓主編，《招商局史（近代部分）》（北京：中國社會科學出版社，二〇〇七），頁五二五—五二六。
23 中國第二歷史檔案館館藏，《本公司遷台籌備》《招商局檔案》，檔號468/2436。
24 張后銓主編，《招商局史（近代部分）》（北京：中國社會科學出版社，二〇〇七），頁五二八。
25 中央研究院近代史研究所藏，〈中央研究院疏遷來台及重建〉，《朱家驊檔案》，檔號301-01-07-032。
26 轉引自陳三井，〈一九四九年的變局與知識分子的抉擇〉，《傳記文學》，第十九卷，第六期，二〇〇七年六月，頁九三。
27 李揚，〈解放前夕南京科技界反搬遷鬥爭〉，《炎黃春秋》，一九九九年，第三期，頁二〇—二三。
28 中央研究院近代史研究所，〈中央研究院疏遷來台及重建〉，《朱家驊檔》，檔號301-01-07-032。
29 《竺可楨日記》第二冊（北京：人民出版社，一九八四），一九四八年九月二十五日，頁一一二五二。
30 《竺可楨傳》（北京：科學出版社，一九九〇），頁一五二。
31 《竺可楨日記》，頁一二四四。
32 《竺可楨全集》，第二卷（上海：科技教育出版社，二〇〇四），頁六九六。

33 陳寅恪，一八九〇年七月三日，生於湖南長沙，父親陳三立，相繼赴日本、法國、瑞士、美國等國留學，精通英文、德文、日文、希臘文、梵文、波斯文、巴利文、蒙文、藏文等語言，一九二五年回國；應聘為北京清華學校（一九三〇年改為清華大學）教授，抗戰期間隨校遷至昆明，後來先後至香港大學、牛津大學任教。中華人民共和國成立後，陳受器重，先後擔任中國科學院哲學社會科學學部委員、中央文史館副館長、中國人民政治協商會議全國委員會常務委員等職。一九五八年，陳開始受到批判；一九六六年文化大革命期間，陳更被指為「反動學術權威」，被紅衛兵批鬥，因生病的醫療也被指為「大肆揮霍國家財富，和人民的血汗錢，每月吃進的藥物，每天享受三個半護士的護理」，面對這些不合理的指控，陳多次釐清，依然無法避免這些無情的批鬥，歷經三年後，於一九六九年十月七日去世。

34 《大公報》（上海），一九四八年十二月十六日，第一版。

35 蔣天樞，《陳寅恪先生編年事輯》卷下（上海：上海古籍出版社，一九九七），頁一四七。陳鍵東，《陳寅恪的最後二十年》（上海：三聯書店，一九九五），頁六。

36 中央研究院近代史研究所藏，〈報告事項〉，《朱家驊檔案》。檔號301-01-07-032。

37 梁嘉彬，〈陳寅恪師二三事〉，《清華校友通訊》，新三十二期。轉引自李敖，〈誰要來台灣〉，《笑傲五十年》（台北：商業周刊出版社，一九九九），頁一五〇。

38 毛子水，〈記陳寅恪先生〉，《傳記文學》，第十七卷，第二期，一九七〇年八月，頁一〇。

39 錢穆，《八十憶雙親師友雜憶合刊》（台北：素書樓文教基金會，二〇〇〇），頁二六六。

40 汪榮祖，〈史家陳寅恪傳〉，《明報》月刊，一九八三年二月號，一九八三年二月，頁二七。

41 李敖，〈誰要來台灣〉，《笑傲五十年》（台北：商業周刊出版社，一九九九），頁一五三。

42 中央研究院近代史研究所藏，〈中央研究院疏遷來台及重建〉，《朱家驊檔案》，檔號301-01-07-032。

43 陳儀深訪問，〈王聿均先生訪問紀錄〉，《郭廷以先生門生憶舊往》（台北：中央研究院近代史研究所，二〇〇四），頁三六。

44 中央研究院近代史研究所藏，〈中央研究院疏遷來台及重建〉，《朱家驊檔案》，檔號301-01-07-032。

45 中央研究院近代史研究所藏，〈院士會議暨選舉〉，《朱家驊檔案》，檔號301-01-07-009。

46 中央研究院近代史研究所藏，〈談話會〉，《朱家驊檔案》，《院士會議暨選舉》，檔號301-01-07-009。

47 王德毅，《姚從吾先生年譜》（台北：新文豐，二〇〇〇），頁七五。

48 中央研究院近代史研究所藏，〈中央研究院疏遷來台及重建〉，〈朱致行政院函〉，《朱家驊檔案》，檔號301-01-07-032。

49 行政院新聞局，《行政院新聞局史——四十年紀要》（台北：行政院新聞局，一九八八），頁六—七。

50 李度，美國人，一九一四年加入海關，一九四三年至重慶接替梅樂和（F. W. Maze），一九五〇年解職，一九五四年自財政部顧問退休，總計在中國政府服務四十年。

51 財政部關稅總局編，《中華民國海關簡史》（台北：財政部關稅總局，一九九五），頁三七。

52 許介圭，《中華郵政百週年紀念專輯》（上）（台北：郵政總局，一九九六），頁一一一。

53 《台灣省政府公報》，一九四九年春字第三十九期，頁五三七。一九四九年春字第四十五期，頁六三二。

54 財政部，《財政部史實紀要》第一冊（台北：財政部，一九九二），頁二五三。

55 《蒙藏委員會會史初稿》（台北：蒙藏委員會，一九六六），頁二一—二三。

56 考試院編印，《考試院施政編年錄》，頁四七。

57 國史館，〈各法院撤退損失公物〉，《司法行政部檔》，檔號151/4436。

58 國史館，〈各法院撤退損失公物〉，《司法行政部檔》，檔號151/4436。

59 國史館，〈承運經濟部物資〉，《招商局檔》，檔號233/045。

60 上海市地方誌辦公室，《上海檔案志》，第五編產業檔案，第一章檔案總類，第九節金融業檔案。

61 國史館編，《復館以來的國史館》（台北：國史館，一九九七），頁二—三。

62 周琇環編，《戰後外交工作報告》（台北：國史館，二〇〇六），頁二二八。

63 黨史館，〈內政部致鄭彥棻函〉，《會議》，檔號6.3/184。

64 《台灣新生報》（台北），一九四九年六月二日，第二版

第八章

1 一九二四年十一月五日，清廢帝溥儀被逼出宮，成立「清室善後委員會」，鑒於清室遺老及當時一些政客對傳統文物的破壞，決定成立博物院管理，經討論後一九二五年十月十日，在北平乾清門正式成立「故宮博物院」。那志良，《故宮博物院三十年之經過》（台北：中華叢書委員會，一九五七），頁一—三八。其後因日本積極侵華，一九三三年有見於日本侵華野心，為保存文物，首度南遷。

2 國民革命軍北伐勝利後，定都南京，當時大學院院長蔡元培，為創立規模宏大的現代化博物院於首都，建議成立中央博物院及中央圖書館，一九三一年英國決定退還庚子賠款，蔡元培乃向管理中英庚款董事會正式提案，請補助中央博物院及中央圖書館經費各一百五十萬元，由杭立武草擬英文申請書；一九三三年，王世杰掌教育部，開始籌備中央博物院，四月成立籌備處，同年接收古物陳列所藏品；一九三六年併歷史博物館，四月十五日，中央博物院第一屆理事會成立在南京召開第一次會議，後因戰事發生，藏品西遷，籌備停頓；一九四一年經聘請王世杰、吳稚暉、朱家驊、傅斯年、李濟等十二人為理事，十一月三日召第二屆理事會，推舉王世杰為理事長。抗戰勝利後隨即進行古物的復員工作。

3 當時參與運送重要文物者均有專著討論，如譚旦冏，《中央博物院二十五年之經過》（台北：中華叢書

編審委員會，一九六〇）。杭立武編著，《中華文物播遷記》（台北：臺灣商務印書館，一九八〇）。

那志良，《故宮四十年》（台北：臺灣商務印書館，一九六六）。

4 黃克武編撰，《蔣復璁口述回憶錄》（台北：中央研究院近代史研究所，二〇〇〇），頁六一。

5 那志良，《撫今憶往話國寶——故宮五十年》（台北：香港里仁書局，一九八四），頁一九九。

6 杭立武編著，《中華文物播遷記》（台北：臺灣商務印書館，一九八〇），頁二八。

7 中央研究院近代史研究所藏，〈故宮博物院、中央博物院、中央圖書館遷台經過〉，《朱家驊檔案》，檔號301-01-12-023。

8 戰前至抗戰結束的十多年間，史語所與中央博物院籌備處的關係更形密切，二個單位聯合進行考古發掘和民族學調查。中央博物院籌備處遷來台灣後，於一九四九年與北平故宮博物院合併成立「國立中央、故宮博物院聯合管理處」，一九六五年改制為「國立故宮博物院」，中央博物院遂在無形中消失了。

9 那志良，《故宮四十年》（台北：臺灣商務印書館，一九六六），頁一一六。

10 黃克武編撰，《蔣復璁口述回憶錄》（台北：中央研究院近代史研究所，二〇〇〇），頁六二。

11 此三人皆為安順辦事處職員，本來黃居祥也是其中的職員，因限於人數未能成行。那志良，《故宮四十年》，頁一一六。

12 李濟（一八九六—一九七九），湖北人，一九一一年入清華學堂，畢業後赴美，曾至哈佛大學攻讀人類學系，回國後先後任教南開大學及清華大學，一九三八年獲英國皇家人類學研究所榮譽研究員，一九四八年當選中央研究院第一屆院士及評議員，同年冬負責押運古物來台。

13 秦孝儀，《故宮七十星霜》（台北：臺灣商務印書館，一九九五），頁一五四。

14 北平圖書館寄存於金陵大學的明清內府與地圖十八箱，也由教育部委託中央博物院附帶運出。

15 該函收於杭立武，《中華文物播遷記》（台北：臺灣商務印書館，一九八〇），附件十二，頁九四—

九五。

16 該證明收於杭立武，《中華文物播遷記》，附件十三，頁九六。

17 「崑崙艦」艦長褚廉方，〈國寶運台記略〉，杭立武，《中華文物播遷記》，附件十八。

18 褚廉方，〈國寶運台記略〉，杭立武，《中華文物播遷記》，附件十八，頁一〇六。

19 那志良，《故宮四十年》，頁一一七—一二〇。

20 中央研究院近代史研究所藏，「中央研究院疏遷來台及重建」，《朱家驊檔案》，檔號301-01-07-032。

21 杭立武編著，《中華文物播遷記》，頁三九。

22 秦孝儀，《故宮七十星霜》，頁一五九。

23 中央研究院近代史研究所藏，〈故宮博物院、中央博物院、中央圖書館遷台經過〉，《朱家驊檔案》，檔號301-01-12-023。

24 中央研究院近代史研究所藏，「故宮博物院、中央博物院、中央圖書館遷台經過」，〈朱致函杭立武〉，《朱家驊檔案》，一九五〇年一月九日，檔號301-01-12-023。

25 其後由於北溝場地有限，交通不便，無法發揮博物館應有的功能，因而決定遷建新館；院址選定在台北近郊的外雙溪。一九六五年，新館興建完成，行政院頒布「國立故宮博物院管理委員會臨時組織條例規程」，任命蔣復璁為院長。新館館舍定名為「中山博物院」，以紀念國父孫中山先生。

26 那志良，《故宮四十年》（台北：臺灣商務印書館，一九六六），頁一二三—一二四。

27 一九六五年行政院在台北士林外雙溪為故宮博物院及中央博物院建新址，經討論後，將新址撥給故宮博物院使用，中央博物院籌備處的文物由教育部委託故宮博物院管理與使用，同時撤銷兩院聯合管理處。

28 李敬齋，世居河南汝南縣，就讀河南高等學堂，一九一三年公費留美，主修建築工程，回國後曾任河南留學歐美預備學校校長、礦務專門學校校長，抗日勝利後任行政院政務委員兼地政部長。卒於一九八七年。

29 那志良，《故宮四十年》（台北：臺灣商務印書館，一九六六），頁一三二。

30 杭立武，《中華文物播遷記》，附件三，頁八〇。

31 〈郭蓮峰三十九年四月十日簽呈報告河南故物清點情形〉，杭立武，《中華文物播遷記》，附件六十八，頁二六八—九。

32 〈郭蓮峰三十九年四月十日簽呈報告河南故物清點情形〉，杭立武，《中華文物播遷記》，附件六十八，頁二六六。

33 譚旦冏，《中央博物院二十五年之經過》（台北：中華叢書編審委員會，民國一九六〇），頁二九〇—三〇一。

34 馬衡，《馬衡日記：一九四九年前後的故宮》（北京：紫禁城出版社，二〇〇六），頁五一。

35 劉乃和，《陳垣年譜配圖長編》（遼寧：遼海出版社，二〇〇〇），頁五三七。

36 那志良，《故宮四十年》，頁一一六、一一七。

37 黃克武編撰，《蔣復璁口述回憶錄》（台北：中央研究院近代史研究所，二〇〇〇），頁六三。

第九章

1 〈暴風雨前夕的首都〉《風雲》半月刊，第一卷，第十期，一九四八年十二月十六日。

2 張玉法、陳存恭，《劉安祺先生訪問紀錄》（台北：中央研究院近代史研究所，一九九一），頁一三九。

3 劉安祺的部屬認為：青島撤退，號稱十萬大軍，包括文職公務人員及平民、學生，當不只此數。張玉法、陳存恭，《劉安祺先生訪問記錄》（台北：中央研究院近代史研究所，一九九一），頁四五四。

4 國防部編印，《黃金歲月五十年——黃宏基將軍憶往》（台北：國防部部長辦公室，二〇〇七），自序目。

5 張拓蕪，《代馬輸卒續記》（台北：爾雅出版社，一九七八），頁八五—八六。

6 台灣省政府主計處，《台灣省統計要覽》，第二十期，一九六一年，頁二六〇。

7 《中央日報》（上海），一九四八年一月二十一日，第一版。

8 招商局於一九四五年十二月十二日於台灣設立台北分局，又在高雄、基隆成立辦事處。招商局所屬船隻最多，常冠以中、華、民、國、江、海，如中一〇一、一〇二（中字號屬於LST型），華二〇一、二一〇（華字號屬於LSM型），民三〇一、三〇五（民字號屬於遠洋拖輪），國裕、國和、國慶（國字號屬於小托輪），江昌、江順（江字號屬於江輪），海天、海張（海字號屬於自由輪或B型船）等。

9 日治時期，台灣省設置之輪船公司計有：打版商船、日本郵船、辰馬汽船、三井船舶、大連汽船、東亞海運、南日本汽船會社等七家，共同組織船舶運營會。所屬船北共六十三艘，行駛台灣至日本及其他航線。一九四五年十一月，嚴家淦派員接收七家公司資產，著手重建；一九四六年一月，成立台灣航業公司籌備處，同時修台北輪、台南輪。七月一日，正式成立台灣航業公司（徐學禹任董事長），國、省營，一九四九年四月，為因應中樞遷台的需要，改組為台灣航業股份有限公司（任顯群為董事長），隸屬省府為省事業之一。初期貨運，主要為省際及省內航線，一九四七—一九四八年間貨運量增加，一九四九年大陸為中共所占之後，省際航線受影響，僅賴省內航線維持。《台灣省交通建設紀要》（南投：台灣省政府交通處編印，一九八三），頁一五六、一六三。

10 有些貨輪不屬於上海輪船商業同業公會，出口的貨輪較上表多，大約平均一個月約有十艘以上大的貨輪往台灣，可稱相當頻繁。

11 《中央日報》（上海），一九四九年三月二十日，第四版。

12 《台灣新生報》（台北），一九四九年四月七日，第三版。

13 《中央日報》（台北），一九四九年五月十一日，第三版。

14 《中央日報》（台北），一九四九年五月九日，第二版。

15 《中央日報》（台北），一九四九年七月十六日，第三版。

16 國史館，〈取締各輪走私辦法〉，《招商局輪船股份有限公司》，檔號233-069。

17 一九四八年底上海航政司曾令上海市輪船商業同業公會派客輪前往青島疏運旅客，上海市檔案館藏，《為國大代表優待赴台灣請洽商案》，檔號S149-2-208。

18 清代，上海與臺灣之間即有客貨輪往來。一八七四年（清同治十三年），招商局於漕米運竣後，奉調運兵橫渡臺灣海峽。一八八二年（清光緒八年）六月，招商局調派四艘輪船裝運兵員東渡臺灣。馬關條約後（一八九五年），臺灣為日本殖民地，航運被日本控制，上海僅有幾家民營輪船公司的船隻航行上海至臺灣，包括舟山輪船公司的舟山、穿山輪、台州信記輪船公司的台州輪、平安輪船局的大華輪、達興輪船局的達興輪、茂利商輪局的茂利輪等。

19 一六八四年（清康熙二十三年），海禁解除後，臺灣向上海等地輸出蔗糖，後成為南洋航線與上海港有商船往來的主要港埠之一。雍正、乾隆年間，台灣船隻每年往江、浙者甚多。當時貿易商船有糖船、橫洋船，可載六七千石，南至南洋，北至寧波、上海、天津。除蔗糖外，麻、苧、藤等土產亦往內地各處發賣，近則福州、漳泉、廈門，遠則寧波、上海等。臺灣水果常運銷閩、粵、江浙等地，龍眼所製的福肉，每年配售上海、天津，為出口大宗。由大陸輸往臺灣的商品物資以紡織品最為大宗。上海、浙江等地都有絲緞運銷臺灣，每年夏間，兩晝夜可抵浙江的鎮海、乍浦、及上海；近冬至上海裝載綢疋、革皮、雜貨。一八八五年，臺灣巡撫劉銘傳購置飛捷、威利、萬年青等三輪，行駛臺灣至大陸各港，次年又買進駕時、斯美兩輪，往來於臺灣與上海、香港、新加坡之間。中日甲午戰後，臺灣為日本殖民地，航運概由日本航商壟斷，一九三〇年前後，日本大阪商船會社有湖北丸、福建丸、盛京丸、長沙丸等四輪行駛高雄至大連線，途經基隆、福州、上海、青島、天津。「七七事變」後，日清、大阪、日本郵船會社等日本輪船公司有專輪往來於上海、臺灣間。

20 上海市政府，《上海市海運運輸志》，第三章貨運，頁一五八。

21 基隆港為清劉銘傳主台時期所建，日治時期擴充，戰時破壞嚴重，一九四八年十一月開始整修，成為當時大陸來台的主要港口，有部分口岸有旅客進出，如台南的布袋港一九四九入境者，一月份二人，二月份十二人，三月份十六人，人數較少。

22 《中央日報》（台北），一九四九年七月十六日，第三版。

23 《中央日報》（台北），一九四九年五月二十二日，第三版。

24 《中央日報》（台北），一九四九年五月二十二日，第三版。

25 基隆港務局，《基隆港建港百年紀念文集》（基隆：基隆港務局，一九八五），頁二二。

26 國史館，〈台灣航業公司會議記錄〉，《交通部檔》，檔號233/076。

27 國史館，〈遺棄大陸船隻調查案〉，《交通部檔》，檔號214/058。

28 《中央日報》（上海），一九四九年一月十六日，第三版、二月四日，第三版、二月十一日，第五版。

中國航空公司自一九四九年七月五日起減低各線票價，台北至福州每公里新台幣六十九元（原八十四元），台北↓廈門九十八元（原一百二十元），台北↓汕頭一百四十四元（原一百七十六元），台北↓廣州二百三十七元（原二百六十九元），台北↓香港二百七十五元（原三百四十三元），台北↓香港空中霸王機為三百三十元（原四百零八元），《中央日報》，一九四九年七月六日，第三版。

29 上海市檔案館藏，《航業簡報》，第七十六號，一九四九年二月八日，檔號S149-2-226。

30 上海市檔案館藏，《航業簡報》，第八十七號，一九四九年四月四日，檔號S149-2-226。

31 上海市檔案館藏，《上海市輪船商業公會調整費用》，檔號S149-2-150。
32 雷震，《雷震日記——第一個十年》，頁二二五。
33 上海市檔案館藏，《航業簡報》，第五十三號，一九四九年十一月十九日，檔號S149-2-226。
34 上海市檔案館藏，《為國大代表優待赴台灣請洽商案》，檔號S149-2-208。
35 上海市檔案館藏，《上海市碼頭商業公會國民黨駐上海區軍事機關強迫碼頭各種力資概以七折支付一節有關的往來文書》，檔號S157-1-40。
36 國史館，「國大代表乘輪卷」，《招商局》，《交通部檔》，檔號233/028。
37 上海市檔案館藏，《航業簡報》，第七十六號，一九四九年二月八日，檔號S149-2-226。
38 上海市檔案館藏，《航業簡報》，第八十三號，一九四九年三月十九日，檔號S149-2-226。

第十章

1 上海市檔案館，《上海解放》（上海：三聯書店，一九九九），頁六〇—六一。
2 國防部史政編譯室，〈賈貞齋訪問〉，《青年軍官兵訪問紀錄》（台北：國防部史政編譯室編印，二〇〇一），頁一六四—一六五。
3 董顯光英文原著，曾虛白譯，《董顯光自傳》（台北：台灣新生報，一九七四），頁一五七。
4 陳三井訪問，〈余國芳女士訪問紀錄〉，《女青年大隊訪問紀錄》（台北：中央研究院近代史研究所，一九九五），頁一七二。
5 國防部史政編譯室，《戡亂時期知識青年從軍訪問紀錄》（台北：國防部史政編譯室，二〇〇一），頁八二。
6 國防部史政編譯室，《戡亂時期知識青年從軍訪問紀錄》，頁一六二。

7 陳三井訪問，〈王珂女士訪問紀錄〉，《女青年大隊訪問紀錄》（台北：中央研究院近代史研究所，一九九五），頁三五八。

8 上海市檔案館藏，〈關於上海碼頭秩序規則草案〉，《上海市政府輪船同業公會檔》，檔號S148-4-79。

9 上海市檔案館藏，《本會關於上海港內竊風事與上海港務整理委員會查緝警衛等往來文書》，檔號 S149-2-181。

10 一九四九年被國軍占據的上海碼頭倉庫有：裕盈公司的周家凌倉庫、中興公司的浦東倉庫、民生公司的南市倉庫、大銘公司的南市推棧、大通公司的南市倉庫、招商局的第二、第三、第四、第七、第九碼頭、太古公司的太古棧。上海市檔案館藏，《本會為國民黨軍隊占住會員公司碼頭倉庫房屋與軍政當局交涉有關的來往文書》，檔號S157-1-41。

11 上海市檔案館藏，《取締市輪渡逾限載客等件》，檔號Q5-2-2329。

12 蔣碧微，《蔣碧微回憶錄》（台北：皇冠雜誌社，一九八二），頁八〇三、八〇七、七九〇。

13 雷震，《雷震日記——第一個十年》（一），頁一一八。

14 上海市檔案館藏，《取締市輪渡逾限載客等件》，檔號：Q5-2-2329。

15 錢石英，《果姑話漂泊——側寫中國四百年》（台北：東大公司，二〇〇三），頁三五七。

16 沈雲龍，《萬耀煌先生訪問紀錄》（台北：中央研究院近代史研究所，一九九三），頁一三六。

17 李敖，《李敖回憶錄》（台北：李敖出版社，一九九九），頁五〇—五二。

18 李敖，《李敖回憶錄》（台北：李敖出版社，一九九九），頁五二—五三。

19 余幸娟，《離開大陸的那一天》（台北：久大文化，一九八七），頁二一六。

20 雷震，《雷震日記——第一個十年》，頁二二四。

21 王藍，《藍與黑》（台北：純文學出版社，一九七九），頁五六二—五六九。

22 遲景德等訪問，《劉先雲先生訪談錄》（台北：國史館，一九九五），頁一九八—一九九。

23 李濟歐原著，彭小寧、周寧森譯著，《醫學博士李濟歐：我憶中華》（台北：明文書局，一九九四），頁二〇五。

24 「太平輪」為中聯公司所有，原為二次大戰期間美軍的運輸船，總噸數為2489.05噸，一九四八年七月首航，一九四九年一月二十七日出事，總共航行三十五趟。有一位旅客名楊黃桐枝，在太平輪最後一趟航行（一九四九年一月十五日）生下兒子取名為楊太平，《中國時報》（台北），二〇〇五年四月十日，E7版。

25 徐留雲回憶說：「那時候搭船的都是軍人眷屬，有身分才能上船。」游鑑明訪問，《烽火歲月下的中國婦女訪問紀錄》（台北：中央研究院近代史研究所，二〇〇四），頁二八六。

26 趙天樨，〈中國太平〉，《聯合報》（台北），二〇〇五年二月二十日，第八版。葛克在證詞談到：「我偕妻與子女購妥船票於二十六日上船，原定二十七日下午二時啟碇，不知何故竟遲至四時二十分才啟碇離滬。」見上海市檔案館藏，《上海地方法院檢察處關於太平輪失事一案函案》，檔號Q-186-2-29156。關於啟錠的時間李述文與葛克所談的時間較一致。

27 上海市檔案館藏，《關於市輪渡在戒嚴時間航行時間及取締強迫開航件》，檔號Q5-2-2292。

28 「建元輪」為益祥公司代理之貨輪，為上海榮氏家族所擁有，總噸為一千七百七十九・八八，船員七十四人、裝煤二千七百噸、船長一千六百五十五尺，由台駛滬。國史館藏，〈太平輪被難乘客家屬要求賠償〉，《交通部檔》，檔號214/060。

29 張典婉，〈尋找太平輪三之二……沉船〉，《中國時報》（台北），一九九五年四月九日，E7版。

30 李述文，山西長子縣人，任太原綏靖公署服裝處少將處長，同行的十三人為邱瀹川、邱民懷、韓恕基、武佩、韓克強、韓晉強、段炳昌、康俊卿、趙習恆、范紹蠡、劉泰和、郭松明等。

31 李述文，〈太平輪遇難脫險記初稿〉，上海市檔案館藏，《太平輪遇難脫險記初稿》，檔號Q185-3-23594。

32 葛克證詞，存於上海市檔案館，《上海地方法院檢察處關於太平輪失事一案函案》，檔號Q-186-2-29156。

33 有關獲救人數，一說三十六人，交通部的官方資料是三十五人、船員八人、旅客二十七人，無雙方駕駛的船員。

34 《台灣新生報》（台北），一九四九年一月三十日，四版。

35 台籍罹難旅客的名單如下：蔡受命、蕭園、莊再波、莊炎基、劉汝訓、張圭、陳濟聲、鄧雨平、許大舜、黃嵩詩、周逸民、楊如令、林培、蘇金勇、謝春定。陳楊蘭（女）、李春成、蔡志得、吳萬枝、楊得、吳登庫、謝賜、王路生、劉春福、吳錦文、洪清賦、吳祿生、陳明皓、陳美煌、甘康家、蕭之章、彭丁宏、吳樹智、劉煌。共三十四人，其中女性一人。《台灣新生報》（台北），一九四九年二月八日，第五版。

36 國史館，〈太平輪被難乘客家屬要求賠償〉，《交通部檔》，檔號214/060。

37 《台灣新生報》（台北），一九四九年三月二日，第五版。

38 上海市檔案館藏，《上海地方法院關於太平輪罹難者家屬訴中聯公司賠償案》，檔號Q185-3-33594。

39 《台灣新生報》（台北），一九四九年二月二十三日，第五版。

40 目前太平輪資料除國史館《交通部》檔案之外，較完整的檔案，在上海市檔案館。

41 上海市檔案館藏，《太平輪事件賠償案》，檔號Q185-3-23594。

42 有關協調會議由交通部王洸為主席，出席者有財政部、國防部、招商局、主計處，列席者有被難家屬善後委員會代表太平輪生還者葛克、楊洪釗及中聯公司，國史館藏，太平輪被難乘客家屬要求賠償，《交通部》，檔號214/060。

43 上海市檔案館藏，《中聯公司為太平輪建元輪為維護職業呈書文件》，檔號Q164-3-40。

44 上海市檔案館藏，《上海地方法院關於太平輪家屬控訴中聯企業公司賠償案》，檔號Q185-3-243。

45 當時上海旅客責任及意外險大部分投保「中國人事保險股份有限公司」，此公司是中英合資，較具規模，太平輪則投保一家新開的公司，因無法賠償而倒閉。

46 蔡康永，《痛快日記》（台北：皇冠出版社，一九九八），頁一八—二四。

47 安平百貨公司於一九四九年十一月二十日開幕，不久即關閉，朱雍泉之子朱士杰回憶，見《尋找太平輪》影片，洪慧真製作，民主進步黨族群事務部、鳳凰衛視聯合監製。

48 《尋找太平輪》影片，洪慧真製作，民主進步黨族群事務部、鳳凰衛視聯合監製，二〇〇五年發行。

49 張典婉，〈尋找太平輪〉三之一，《中國時報》（台北），二〇〇五年四月八日，E7版。

50 上海市檔案館藏，《上海市社會局有關太平輪慘案遇難旅客家屬救濟事》，檔號Q6-9-493。

51 趙天楫，〈中國太平〉，《聯合報》（台北），二〇〇五年二月二十日，第八版。

52 梁大夫（梁肅戎之子）的回憶，《尋找太平輪》影片，洪慧真製作，民主進步黨族群事務部、鳳凰衛視聯合監製。又見趙天楫，〈中國太平〉，《聯合報》（台北），二〇〇五年二月二十日，第八版。

第十一章

1 山東流亡學生的回憶甚多，如王志信、張玉法、翟國安、陶英惠、王曾才、王德毅、徐承烈等，《山東文獻》及《山東流亡學生史》等有許多珍貴的回憶。

2 陳芸娟，〈山東流亡學生研究〉，台灣師範大學歷史研究所碩士論文，一九九八年。隨即由山東文獻出版專書。

3 經盛鴻，〈抗戰期間全國高校內遷述評〉《民國檔案與民國史學術討論會論文集》（北京：檔案出版社，一九八八），頁六二四。

4 胡國台，《浴火重生—抗戰時期的高等教育》（台北：稻鄉出版社，二〇〇四），頁五十七。

5 著名的史學家張玉法、陶英惠、王曾才、王德毅等皆為員林實中的學生。

6 《大公報》（天津），一九四八年十一月三日，第三版。

7 季明，〈華北山雨欲來〉，收錄於儲安平主編，《觀察》（長沙：岳麓書社，一九九九年影印本），第五卷十五期，一九四八年十二月四日，頁。

8 南京大學校史編寫史，《南京大學校史》（南京：南京大學出版社，一九九二），頁二二八—二二九。

9 《大公報》（天津），一九四八年十一月二十五日，第三版。

10 張仁善，《一九四九中國社會》（北京：社會科學文獻出版社，二〇〇五），頁二五三。

11 《大公報》（上海），一九四八年十二月三日，第三版。

12 《大公報》（上海），一九四九年二月二十四日，第四版。

13 《大公報》（天津），一九四八年十一月十二日，第三版。

14 《大公報》（天津），一九四八年十一月二十三日，第三版。

15 《外交部週報》，第一一二期，第一版。

16 陳子雷，〈八千子弟到江南——國立山東省各流亡聯合中學的時光隧道〉，《山東文獻》，第十二卷第四期，一九八七年三月，頁七四。

17 張仁善，《一九四九中國社會》，頁二六九。

18 徐承烈，一九一四年十月二十五日生，一九九〇年二月一日去世。輔仁大學外文系畢業，先後任美援救濟總署、煙台市社會科學科長、志孚中學校長等職。國史館，《國史館現藏民國人物傳記史料彙編 徐承烈先生行述》（台北：國史館，一九九二），頁二七八—二七九。

19 徐承烈，〈煙台聯中滄桑錄〉，《山東文獻》，第七卷一期，一九八一年六月，頁五三。

20 濟南第一臨時中學校長馬友三，濟南第二臨時中學校長蘇叶之，魯南第三臨時中學校長李恭仁，濟南第四臨時中學校長劉承攽，濟南第五臨時中學校長吳丕源，海岱聯合中學校長馬觀海，昌濰中學校長杜仁山，煙台聯中校長張敏之。陳子雷，〈八千子弟到江南——國立山東省各流亡聯合中學的時光隧道〉，《山東文獻》，第十二卷第四期，一九八七年三月，頁七四—七八。

21 有關煙台聯中成立情形，教育廳長李泰華派科長弓英德（後任山東四聯中校長）聯同山東教育界張敏之（時任青島市參事）來上海，頒布成立國立煙台聯合中學，校長張敏之，下設三個分校，第一分校校長趙蘭亭，由原煙台中正中學及益文中學合併改組成，第二分校校長鄒伯陽，由原煙台國華中學改編而成，第三分校由徐承烈任校長，由煙台志孚中學、崇正中學、崇德女中合併而成。徐承烈，〈煙台聯中滄桑錄〉，頁五四。煙台聯中於十一月十五日集體赴湖南設校，一九四九年一月開學。見張筠山，〈張敏之先生事略〉，《山東文獻》，十五卷第三期，一九八九年十二月，頁四五。

22 于春軒，〈員林實驗中學校史〉，《山東文獻》，第八卷第一期，一九八二年六月，頁五二。

23 杜方，〈一個流亡學生的回憶〉，《山東流亡學生史》（台北：山東文獻社，二〇〇四），頁一九六。

24 山東省檔案館等編，〈山東省回魯教職學員處理委員會接收回魯流亡學教職學員工作總結報告〉《山東革命歷史檔案資料選編》，第二十三輯（濟南：山東人民出版社，一九八六），頁一九〇。教育部教育年鑑編纂委員會，《第三次中國教育年鑑》（台北：正中書局，一九五七），頁一一三五—一一三六。

25 王志信，〈澎湖子弟學校克難締造記〉，《山東文獻》，第十五卷第一期，一九八九年六月，頁一〇。

26 陶英惠、張玉法編，《山東流亡學生史》，頁二。

27 王志信，〈澎湖子弟學校克難締造記〉，頁一一—一二。

28 李振清是清平縣人，行伍出身。秦以國防部次長老長官、山東鄉長等多種身分對李交涉，李只得順從。

29 徐承烈，〈煙台聯中滄桑錄〉，頁五九。

30 秦德純是山東臨沂縣人，出身保定陸大，有學識的西北軍主腦人物。

31 王志信，〈澎湖子弟學校克難締造記〉，頁一三—一四。

32 同上，頁一五。

33 同上，頁一五—一六。

34 秦德純，《秦德純回憶錄》，頁七九。

35 王志信，〈澎湖子弟學校克難締造記〉，頁一九。

36 于春軒回憶當時在校學生男女約二千餘人，教職員一四〇人，人數未達八千人。于春軒，〈員林實驗中學校史〉，《山東文獻》，第八卷第一期，一九八二年六月，頁五二。山東八聯中有約五千人從軍。楊展雲，〈員林實驗中學的一段回憶〉，《山東文獻》，第九卷第一期，一九八三年六月，頁五七。

37 本來提出的名稱為「國立山東聯合中學」，教育部深怕各省效尤要求，教育部必不能應付，因此定名為「澎湖防衛司令部子弟學校」。

38 王曾才，〈那一串在實中的日子〉，陶英惠、張玉法編，《山東流亡學生史》（台北：山東文獻社，二〇〇四），頁六三六。

39 苑覺非，〈澎湖防衛司令部子弟學校遷建彰化縣員林鎮更名教育部特設員林實驗中學略述〉，《山東文獻》，第八卷第四期（台北，一九八三年三月），頁九三。

40 張敏之、鄒鑑、劉永祥等即是最明顯的例證，見周紹賢，〈澎湖冤案始末〉，《山東文獻》，第十五卷第三期，一九八九年十二月，頁一五—三六。

41 秦德純建議用「國立齊魯中學」，裴議長建議用「國立大陸中學」，教育部程天放部長命名為「教育部特設員林實驗中學」。

42 王曾才，〈那一串在實中的日子〉，頁六三七。

43 于春軒，〈員林實驗中學校史〉，《山東文獻》，第八卷第一期，一九八二年六月，頁五三—五四。

44 陶英惠，〈永難忘懷的實中〉，《聯中紀念刊》（一九七九年九月），轉引自陳子雷，〈八千子弟到江南——國立山東省各流亡聯合中學的時光隧道〉，《山東文獻》，第十二卷第四期，一九八七年三月，頁八二。

45 張玉法，〈從馬公到員林：中學生活回憶〉，《山東流亡學生史》，頁六六四。

第十二章

1 二〇〇八年五月二十日，馬英九就職總統演說時自稱戰後新移民。

2 戰後初期，最先來台的外省人以來台接收的軍政人員為主，其後陸續有一些公務員及軍隊派駐來台，一九四八年開始出現移民潮，一九四九年最高峰，一九五〇年後逐漸銳減，大部分輾轉來台，然由於一九五〇年代初期，仍有軍隊轉進來台，亦有許多民眾從越南、韓國等地來台，因此本文以一九五三年留越部隊來台的時間為限。

3 李勝偉，〈戶籍與兵籍——戰後台灣人口統計二元化之成因與影響〉，《二〇〇四台灣人口學會論文集》，二〇〇四年。

4 《中央日報》（上海），一九四九年三月二十七日，第一版。

5 台灣省文獻委員會，《台灣省通志》，卷二人民志，人口篇，頁二一一。

6 陳永山、陳碧笙主編，《中國人口》（台灣分冊）（台北：中國財政經濟出版社，一九九〇），頁一六三—一六五。

7 轉引自高格孚，《日和風暖——台灣外省人與國家認同的轉變》（台北：允晨出版社，二〇〇四），頁二八。
8 柴雅珍，〈戰後台灣外省人的塑造與變遷〉，東海大學歷史研究所碩士論文，一九九七年。
9 游本嘉監製，《一九四九年大遷徙》的記錄影片，鳳凰衛視，二〇〇二年。
10 楊蓮福，《人口問題與台灣政治變遷》（台北：博陽文化，二〇〇五），頁六二。
11 蘇嘉宏，《我們都是外省人》（台北：東華書局，二〇〇八），頁一〇九。
12 許秦蓁，《戰後台北的上海記憶與上海經驗》（台北：大安出板社，二〇〇五），頁三五。
13 費正清，《中國：傳統與變遷》（北京：世界知識，二〇〇二），頁五七四。
14 葛劍雄，《中國移民史》（台北：五南圖書公司，二〇〇五），頁三九五。
15 高格孚，《日和風暖——台灣外省人與國家認同的轉變》（台北：允晨出版社，二〇〇四），頁二八。
16 國史館，《台灣省彰化縣政府》，《內地各機關遷台報表》，檔號410/001。
17 林勝偉，〈政治算術：戰後台灣的國家統治與人口管理〉，政治大學社會學系博士論文，二〇〇五年。另有，張奮前，〈台灣人口之比較研究〉，《台灣文獻》，第十二卷第四期，一九六一年十二月。
18 林勝偉，〈政治算術：戰後台灣的國家統治與人口管理〉，政治大學社會學系博士論文，二〇〇五年，頁二八。
19 《公論報》，一九四九年五月二十日，第一版。
20 原戶籍法由國府於一九三一年十二月頒訂。
21 《台灣新生報》（台北），一九四九年五月二十五日，第五版。
22 雖然此數據與表六——三中外省人來台人數為八萬一千餘人，差距約二萬人，其原因係是以所有遷入台灣的人口做基準，包含有些本省籍人數回台及其他人員遷台者在內，因此人數較多。

23 張奮前，〈台灣人口之比較研究〉，《台灣文獻》，第十二卷第四期，民國五十年十二月，頁四二。有時因大陸沿海局勢變化，也會使台灣人口的增加，如一九五〇年五月舟山群島之軍民相繼撤退來台，至使一九五一年底的人口較一九五〇年底的人口增加三十一萬四百八百四十八人，整體而言，一九五一年以後的台灣人口逐漸正常化。

24 李紀平，〈「寓兵於農」的東部退輔老兵——一個屯墾的歷史現場〉，東華大學族群關係與文化研究所碩士論文，一九九八年，頁四九—五〇。

25 雷震，《雷震日記——第一個十年》，頁二二四。

26 國防部史政編譯室，〈上海戰役——俞濟時轉關漢騫報告〉，一九四九年六月三日，檔號00010586/002。

27 國防部史政編譯室，《國民革命軍戰役史第五部：戡亂》，第四篇第二章插表九，

28 鄭為元，〈組織改革的權力、實力與情感因素：撤台前後的陸軍整編（一九四九—一九五八）〉《軍事史評論》，第十二期，（台北：國防部史政編譯室，二〇〇五年六月），頁六八。

29 南京軍區編，《中華人民解放軍第三野戰軍戰史》（北京：解放軍出版社，一九九六），頁三七〇。

30 雷震《雷震日記——第一個十年》，頁二五四。

31 張玉法、陳存恭，《劉安祺先生訪問記錄》（台北：中央研究院近代史研究所，一九九一），頁一九七。六十萬大軍如何統計出來，是否包括軍事學校及後勤軍事等單位，並無詳細的統計資料。

32 官蔚藍，〈台灣光復後人口總數及其增加率之研究〉，《國際經濟資料》十（四）：九—十三，頁三十。

33 國史館，《特交檔案》軍事〈作戰計畫及設防〉七—八冊，《蔣中正總統檔》，檔號56939。

34 國史館，《特交檔案》軍事〈作戰計畫及設防〉七—八冊，《蔣中正總統檔》，檔號56944。各部隊長

官，總統：蔣介石，參謀總長：周至柔，副參謀總長：郭寄嶠，台灣防衛總司令部：孫立人兼，金門防衛司令部：胡璉，陸軍總司令部：孫立人，海軍總司令部，桂永清，空軍總司令部，周至柔兼，聯勤總司令部：黃鎮球，憲兵司令部，黃珍吾，防空司令部：王叔銘，台灣省保安司令部：吳國楨，警衛團：汪奉曾。空軍的疏遷較其他軍種成功，一九四八年秋，空軍總司令部令所屬各訓練機關、學校和航空工業研究等即行遷往台灣。空軍總司令部於一九四八年十一月十五日開始遷台，於十二月設立南京區疏散委員會，以劉國運、王立序為主任、副主任委員，同時成立空軍總司令部駐台辦事處，主持遷台事宜，至一九四九年五月，將官佐一千一百三十八人，士兵八一四人，眷屬二千六百人，六千多噸器材及檔案順利遷台。作戰部隊和空軍部隊的行政部門陸續遷台，估計一九四九—一九五〇年間轉進至台灣，除空軍正規軍人外，含行政人員等大約二萬餘人

35 鄧善章，《台灣人口問題》（台中：中興大學，一九六四），頁一九。

36 胡台麗，〈芋仔與蕃薯：台灣「榮民」的族群關係與認同〉，《中央研究院民族學研究所集刊》，第六九期，頁一一〇—一一一。

37 林勝偉，〈政治算術：戰後台灣的國家統治與人口管理〉，政治大學社會學系博士論文，二〇〇五年，頁六九。

38 張昭然，〈大陸逆轉前後國軍在浙江沿海島嶼的經營〉《金門古寧頭舟山登步島之戰史料初輯》，頁三五三—三五四，四四七—四四八。

39 周琇環，《戰後外交部工作報告：民國三十九年至四十二年》（台北：國史館，二〇〇一），頁五七三。黃翔瑜，〈日暮鄉關何處是——羈困越南富國島國軍來台始末探析（一九四九—一九五三）〉《台灣一九五〇—一九六〇年代的歷史省思學術討論會》，國史館，二〇〇五年十一月，頁一。

40 鄭為元，〈組織改革的權力、實力與情感因素：撤台前後的陸軍整編（一九四九—一九五八）〉《軍事

史評論》，第十二期，台北：國防部史政編譯室，二〇〇五年六月，頁七十。高格孚從其他地方找到一萬人及七千餘人的數據，高格孚，《日和風暖——台灣外省人與國家認同的轉變》（台北：允晨出版社，二〇〇四年），頁二七。

41 賴愍，《賴名湯先生訪談錄》（台北：國史館，一九九四），頁二〇九。

42 一九六六年占百分之十七・一，一九七五年占百分之十九・八，一九八〇年占百分之十七・一，一九九〇年占百分之十二・七四。

第十二章

1 近二十年來有許多外籍新娘嫁來台灣，形成第五大族群（這個群體含菲律賓、印尼、越南、大陸等地）。

2 遲景德、陳進金訪問，《劉先雲先生訪談錄》（台北：國史館，一九九五），頁一八七。

3 余幸娟，《離開大陸的那一天》（台北：久大文化，一九八七），頁九。

4 許倬雲，〈試論先總統蔣公的歷史評價〉，《革命思想雜誌》，第七八卷第五期，頁二。

5 葉石濤，《台灣文學史綱》（高雄：文學界出版社，一九九三），頁八三—八四。

6 葉石濤，《台灣文學史綱》，頁八四。

7 沈雲龍、林泉、林忠勝訪問，《齊世英先生訪問記錄》（台北：中央研究院近代史研究所，一九九〇），頁二八四。

8 台灣省政府統計處編印，《台灣省統計提要》，說明為一九四九年十月十二日。早在八月十八日，國民政府宣布重慶為新行都。

9 《台灣新生報》（台北），一九四九年十二月八日，第二版。

10 沈宗瀚，〈在台灣初期與出席糧農會議〉，《傳記文學》，第十五卷四期，一九六九年十月，頁二三。其他的個案甚多，不一一列舉。

11 台灣省政府主計處，《中華民國六十一年台灣省統計要覽》，頁三一—三二。

12 南京第二歷史檔案館，《行政院召開疏運會議紀錄》，檔號二/9881。

13 沈雲龍、林泉等訪問，《齊世英先生訪問記錄》（台北：中央研究院近史研究所，一九九〇），頁二八四。

14 《立法院公報》，第七會期第一期，一九五一年七月。

15 馬榮，〈且從側面看台灣〉，《風雲》，第一卷，第三期，一九四八年九月一日，頁一三—一四。

16 左舜生，《近三十年見聞雜記》，頁一二五，轉引自陳正茂，《左舜生年譜》（台北：國史館，一九九八），頁二一二。

17 沈懷玉訪問，〈李恩涵先生訪問紀錄〉，《郭廷以先生門生憶舊往》（台北：中央研究院近代史研究所，二〇〇四），頁二一三。

18 根據統計公務人員人數，一九四六年為五萬五千八百一十一人，一九四七年為六萬三千二百人，一九四八年為七萬零六百一十二人，一九四九年為七萬八千八百九十九人，一九五〇年為七萬六百五百零一人，可知公務人員因遷徙關係有增加。台灣省政府統計處編印，《台灣省統計提要》（台中：台灣省政府主計處，一九七一），頁一〇〇—一〇一。

19 台灣省政府統計處編印，《台灣省統計提要》，頁八三〇—八三一。

20 封德屏，〈有容乃大無欲則剛——國語大師何容〉，《筆墨長青——十六位文壇耆宿》（台北：文訊雜誌社，一九八九）；轉引自《文訊》雜誌，第二十一期，一九八五年十二月，頁二六一。

21 劉芳玲，〈一九四九前後遷台作家之研究〉，中央大學中文所碩士論文，一九九六年十二月，頁六一。

22 安克強，〈以文藝喚醒國魂為大時代畫群像——專訪劉心皇〉，《文訊》雜誌，第七十九期，一九九二年五月，頁一〇七。

23 楊明，〈老兵不老筆墨長青——專訪鍾雷先生〉，《文訊》雜誌，第七十期，一九九一年八月，頁七八。

24 中共華南分局、香港工委和中共中央派香港工作的同志，根據中共中央和周恩來的指示，香港負責這項工作的是潘漢年、錢之光，協助的有許滌新、饒彰風、喬冠華、夏衍等人，從一九四八年八月至一九四九年三月，分四批從香港安全接到中共占領區，第一批有沈鈞儒、譚平山、蔡廷鍇、章伯鈞等十餘人。第二批是十一月二十三日出發，乘中共開辦的「華潤公司」租借挪威貨輪，船上有郭沫若、馬敘倫、許廣平母子（周海嬰）、翦伯贊、沙千里等人到哈爾濱。第三批有李濟深、茅盾夫婦、朱蘊山、章乃器、彭澤民、鄧初民、王紹鏊、柳亞子、馬寅初、洪深、施復亮、梅龔彬、沈志遠、孫起孟、吳茂蓀、李民欣、周建人、劉清揚、楚圖南等三十餘人。第四批是一九四九年三月十四日從香港出發，計有黃炎培、盛丕華等人。引自劉克敵，《梁漱溟的最後三十年》（北京：中國文史出版社，二〇〇五），頁一一四——一一五。

25 一九四九年重慶情勢危急時，蔣兩次赴張家，請其一同赴台，張以不願意離開南開為詞，謝絕蔣的約請，其理由是「衰老多病，不利遠道飛航」，當時張的身體的確不佳。周恩來以身為南開校友（南開中學）為榮，透過香港南開校友王恩東等人積極策動老校長張伯苓留下。

26 熊十力在一九四九年中在廣州，對於國共內戰的結果並不關切，無欲北上，一九四九年十月，廣州被中共占領後第十天，董必武、郭沫若聯名電邀熊北上。劉克敏，《梁漱溟的最後三十九年》，頁二八。

27 梅蘭芳（一八九四——一九六一），原籍江蘇，生於北京梨園世家，一九四五年八月抗戰勝利，梅立即登台表演慶祝勝利，一九四九年上海戰事緊急之際，中共利用地下黨員夏衍與戲劇家熊佛西等說動梅蘭芳留在上海。

28 〈圍困中的故都——市府決定不過新年，文教人士將南撤〉，《大公報》（天津），一九四八年十二月二十八日，四版。

29 陳三井，〈一九四九年的變局與知識分子的抉擇〉，《傳記文學》，第一九卷第六期，台北，二〇〇七年六月，頁八九。

30 中央研究院歷史語言研究所藏，「鄭天挺致傅斯年書信」，《傅斯年檔案》，檔號Ⅲ-307。

31 《大公報》（天津），一九四八年十二月二十三日，第四版。

32 《大公報》（上海），一九四九年一月八日，第一版。

33 馬衡，《馬衡日記——一九四九年前後的故宮》（北京：紫禁城出版社，二〇〇六），頁三〇。

34 《徐悲鴻年譜》（台北：藝術家出版社，一九九一），頁三〇三、三〇五。

35 《陳垣來往書信集》，頁七〇九；轉引自劉乃和，《陳垣年譜配圖長編》（遼寧：遼海出版社，二〇〇〇），頁五三五。

36 傅斯年，一九二六年任中山大學教授，一九二八年任中央研究院歷史語言研究所研究員，其後又擔任國立中央博物院籌備處主任、北京大學代理校長，一九四九年一月接任台灣大學校長，一九五〇年十二月二十日在省議會備詢去世。

37 《大公報》（上海），一九四九年一月二十日，第二版。

38 《台大校刊》（台北），一九四九年三月二十日，第二十六期第四版。

39 歐素瑛，〈貢獻這個大學於宇宙的精神——談傅斯年與台灣大學師資之改善〉《第八屆中華民國史專題論文集，台灣一九五〇——一九六〇年代的歷史省思》（台北：國史館，二〇〇七），頁三八五。

40 莊長恭接任校長後引進許多留歐美的學者。

41 中央研究院近代史研究所藏，〈國立台灣大學教職員錄〉，《朱家驊檔案》，檔號301-01-24-008。

42 如外文系有英千里、沈亦珍、張肖松；理學院數學系有姜立夫；化學系有錢思亮；物理系有史宣；法學院法律系有梅仲協、曾伯猷、林彬；政治系有蔣碩傑、林霖；經濟系有全漢昇、張果為；農學院農藝系有趙連芳；熱帶醫學研究所有黃文、汪啟源等。〈國內碩彥咸集本校〉，《台大校刊》（台北），一九四九年三月五日，第二十五期第二版。〈台大四周年校慶前夕訪問傅斯年校長〉，《台灣新生報》（台北），一九四九年十一月十四日，第三版。

43 葉青，〈寄傅斯年先生的一封公開信——論反共教育與自由主義〉，《民族報》，一九四九年七月十一日，第二版。

44 傅斯年，〈傅斯年校長聲明〉，《傅斯年全集》第六冊（台北：聯經出版公司，1980），頁一六一—一六六。

45 中央研究院歷史語言研究所藏，〈羅宗洛致傅斯年先生函二頁另信封〉，《傅斯年檔案》，檔號：Ⅲ—三六〇。轉引自歐素瑛，〈貢獻這個大學序宇宙的精神——談傅斯年與台灣大學師資之改善〉，《國史館學術集刊》第十二期（台北，二〇〇七年六月），頁二二四—二二五。

46 如清華大學首任校長梅貽琦，一九四九年七月，梅校長擔任聯合國教科文組織首席代表赴法開會，並隨即轉到美國處理清華基金相關事宜。一九五五年十一月，梅校長奉電返台，暫居台大校長錢思亮宅，與胡適等原則確立清華在台灣先恢復研究院，籌備清華大學復校事宜。

47 一九四七年台灣商人人數為十八萬三千六百二十五人，一九四八年為二十萬二千零六十八人，一九四九年為二十四萬六千二百四十八人，一九五〇年為二十四萬九千七百九十三人。

48 楊錦郁，〈把根埋在生活裡——專訪孫如陵先生〉，《文訊》雜誌，第五十二期，一九九〇年二月，頁八七—八八。

49 莊曙綺，〈從報紙廣告看戰後（一九四五—一九四九）台灣商業劇場的演劇生態〉，國立台灣大學戲劇研究所碩士論文，二〇〇五年，頁一七七。

50 顧正秋口述，劉枋訪問，《顧正秋的舞台回顧》（台北：時報文化，一九七八），頁一〇二。

51 顧正秋，《顧正秋舞台回顧》，頁二〇八。

52 〈野玫瑰觀後感〉，《人民導報》，一九四六年三月二十九日，第八十六號。

53 莊曙綺，〈從報紙廣告看戰後（一九四五—一九四九）台灣商業劇場的演劇生態〉，國立台灣大學戲劇研究所碩士論文，二〇〇五年，頁一〇七。

54 同上，頁一九九。

55 《聯合報》（台北），二〇〇六年九月二十六日，第十二版，〈相對論〉。

56 邵玉珍，《留住話劇歷史的表演藝術家》（台北：亞太圖書，二〇〇一），頁二一五。

57 中國佛教會於一九四七年在南京成立。遷台後設台灣省佛教分會，省分會下又設各縣市支會。

58 于凌波，〈河南在台僧侶〉，《中原在台人物志》（台北：中原文獻社，二〇〇六），頁二六七。

59 于凌波，〈河南在台僧侶〉，頁二七九。

60 法藏法師、卓遵宏、侯坤宏、林桶法訪問初稿，《道海長老口述歷史》，二〇〇八年七月十一日，台中南菩陀寺。

61 釋聖嚴，《聖嚴法師學思歷程》（台北：正中書局，一九九三），頁一八。

62 陳儀深，〈政權替換與佛教法師的調適——以一九四九年前後的明真、虛雲、道安、印順為例〉《中央研究院近代史研究所集刊》，第二十六集，一九九六年十二月，頁三五七。

63 道安法師遺集編輯委員會，《道安法師遺集》，頁一九六。

64 劉緒貽，〈狂瀾〉，《觀察》，第五卷，第十七期，一九四八年十二月十八日，頁四。

65 鳳凰衛視監製，《尋找太平輪》（台北：民進黨族群事務部，二〇〇五）梁大夫的訪問。

66 當時也有大陸京劇人士來台北尋找發展機會，後認為台北街道太冷清，沒有市場價值，又回去大陸。顧正秋，《休戀逝水》（台北：時報文化，一九九七），頁二二二、二七八、三四八。

67 〈來台人才的處理問題〉，台北，《民族報》社論，一九四九年六月十日，第一版。

68 這方面黃秀政的論著認為外省人還是有統治者的優勢心態，游鑑明則不認為完全如此。見黃秀政等，《台灣史》（台北：五南圖書，二〇〇二），頁二五一。游鑑明，〈當外省人遇到台灣女性：戰後台灣報刊中的女性論述〉《中央研究院近代史研究所集刊》，第四十七期，二〇〇五年三月。

69 徐華，〈台灣女人與外省男人〉《台灣春秋》，新年號，頁一三。

70 陳三井訪問，〈王逸雲女士訪問紀錄〉，《女青年大隊訪問紀錄》，頁二七二—二七三。

71 陳三井訪問，〈張艾媛女士訪問紀錄〉，《女青年大隊訪問紀錄》，頁九一。

72 中央研究院近代史研究所，《烽火歲月下的中國婦女訪問紀錄》（台北：中央研究院近代史研究所，二〇〇四），頁二〇九。

73 陳三井訪問，〈郭劍英女士訪問紀錄〉，《女青年大隊訪問紀錄》，頁四九〇。

74 陳三井訪問，〈陳新女士訪問紀錄〉，《女青年大隊訪問紀錄》，頁四六六—四六七。

75 中央研究院近代史研究所，《烽火歲月下的中國婦女訪問紀錄》，頁二八九。

76 國防部史政編譯室，《戡亂時期知識青年從軍訪問紀錄》，頁一二一。青年軍盧全樞亦談到老百姓的生活並不富裕，頁五三。

77 羅蘭，〈幾頁民族滄桑史——是誰奮鬥誰犧牲〉，《歷史月刊》，第二十四期，一九九〇年一月，頁一四、一一六。

78 金風，〈台灣女性面面觀〉《華報》，第九十一號，一九四九年二月二十三日，第三版。

79 游鑑明，〈當外省人遇到台灣女性：戰後台灣報刊中的女性論述〉《中央研究院近代史研究所集刊》，第四七期，二〇〇五年三月，頁一七六。

80 俞仁傑，〈梅蘭芳昨飄然到台〉，《中央日報》，一九四九年四月一日，第三版。

81 羅蘭，〈幾頁民族滄桑史——是誰奮鬥誰犧牲〉，《歷史月刊》，第二十四期，一九九〇年一月，頁一一四、一一六。

82 國防部史政編譯室，《戡亂時期知識青年從軍訪問紀錄》，頁四五。

83 陸寶千，《鄭天杰先生訪問紀錄》（台北：中央研究院近代史研究所，一九九〇），頁一一三。

84 蔣碧薇，《蔣碧薇回憶錄》，頁八〇九。

85 張朋園，《周美玉先生訪問紀錄》（台北：中央研究院近代史研究所，一九九三），頁六七。

86 中央研究院近代史研究所，《烽火歲月下的中國婦女訪問紀錄》，頁一三八——一三九。

87 陳三井訪問，〈黃珏女士訪問紀錄〉《女青年大隊訪問紀錄》，頁五一。

88 王藍，《藍與黑》，頁五七六。

89 陳慈玉，《蔣碩傑先生訪問紀錄》（台北：中央研究院近代史研究所，一九九二），頁五九。

90 黃仁霖，《黃仁霖回憶錄》（台北：傳記文學，一九八二），頁一七四。

91 上海《中央日報》，一九四九年三月二十六日，第二版。

92 蔣碧薇，《蔣碧薇回憶錄》，頁八〇五——八〇六、八一一。

93 熊秉真，《楊文達先生訪問紀錄》（台北：中央研究院近代史研究所，一九九一），頁五〇——五一。

94 王明書，〈讀萬卷書行萬里路〉，《聯珠綴玉——十一位女作家的筆墨生涯》（台北：文訊雜誌社，一九八八），頁五六——五七。

95 中央研究院近代史研究所，〈教育言論：視察台灣教育觀感〉，《朱家驊檔案》，檔號：301-01-09-240。

96 張朋園等，《郭廷以先生訪問紀錄》（台北：中研院近史代史研究所，一九八七），頁二二三。

97 蔣碧薇，《蔣碧薇回憶錄》，頁八〇九。

98 國史館，〈台閩政情〉，《特交檔案》，《蔣中正總統檔》。

99 熊秉真訪問，《楊文達先生訪問錄》，頁五三。

100 天下雜誌編輯，《一同走過從前》影音片，一、耕耘的年代，孫震訪問。

第十四章

1 二次大戰對臺灣造成許多直接和間接的損失，除了空襲之外，臺灣的水利、交通設施與農業生產均遭受到極大的損失。臺灣經過戰火後，陷入殘破的局面。相關研究見張建俅，〈二次大戰臺灣遭受戰害之研究〉，《臺灣史研究》（台北：中央研究院臺灣史研究所，一九九七），頁一四九—一六九。

2 陳誠口述、吳錫澤筆記，〈陳誠主臺政一年的回憶〉，《傳記文學》，第六十三卷第五期，一九九三年十一月，頁一九。

3 羅蘭，〈幾頁民族滄桑史——是誰奮鬥誰犧牲〉，《歷史月刊》，第二十四期，一九九〇年一月，頁一六。

4 陳誠口述、吳錫澤筆記，〈陳誠主臺政一年的回憶〉，《傳記文學》，第六十三卷第五期，一九九三年十一月，頁一七。

5 〈東南軍政長官公署將成立航務委員會〉，《東臺日報》，一九四九年五月二十七日，第二版。

6 〈婦女工作會自顧不暇，沒有空宿舍容納別人〉，《民族報》，一九四九年五月二十七日，第二版。

7 當時也有輿論認為：不少的大亨避難來臺，以黃金、美鈔購買房屋，從中取利，而且他們帶來的游資充斥市場，也是造成本省物價波動的部分因素。〈談談房租問題〉，《民族報》（台北）社論，一九四九年七月二日，第二版；〈管制物價的對策〉，《台灣新生報》（台北），社論，一九四九年二月十日，第二版；〈關於本省限制旅客入境〉，《台灣新生報》（台北），社論，一九四九年三月十二日，第二版。

8 李貌華，〈社會現象〉，《歷史月刊》，第二十四期，一九九〇年一月，頁八六。

9 〈劉晉鈺招待記者：新遷來臺住戶應節省用電〉，《民族報》，一九四九年五月二十九日，第二版。

10 黃朝琴，《我的回憶》（台北：黃陳印蓮自印，一九八一），頁一八三。

11 葉龍彥，〈舊台幣時代的電影票價〉，《歷史月刊》，第二十四期，一九九〇年一月，頁八二。一九四七年四月電影票價由四十元調高為五十元，七月再增為六十元，一九四八年二月調為二百元，五月調為三百元，十月為七百元。一九四九年二月台北票價為五千元，四月為一萬元，五月台北漲為四萬元，六月貨幣改革，舊台幣四萬元折成新台幣一元，台北市電影票改為新台幣二元二角。

12 薛月順談到二個目的，說明較少，薛月順，〈台灣入境管制初探——以民國三十八年陳誠擔任省主席時期為例〉，《國史館學術集刊》，第一期，二〇〇一年十二月，頁二三五—二三六。

13 國史館，〈執行報告〉，《台灣省政府檔》，一九四九年八月二十二日。

14 《中央日報》（上海），一九四九年三月二十七日，第一版。

15 國防部史政編譯局，《戡亂戰史：總檢討》，一五冊（台北：國防部史政局，一九八四），頁六九。

16 陳誠口述、吳錫澤筆記，〈陳誠主臺政一年的回憶　〉，《傳記文學》，第六十三卷，第五期，一九九三年十一月，頁四三。

17 《台灣新生報》（台北），一九四九年十月二十八日，第五版。

18 《民族報》（台北），一九四九年十一月十七日，第二版。

19 陳錦昌，《蔣中正遷台記》（台北：向陽文化，二〇〇五），頁一一一。

20 國史館，〈台灣省旅客入境出境辦法〉，《招商局輪船股份有限公司》，檔號233-002-2。

21 陳誠於一九四九年一月五日接任臺灣省主席，三月十四日，行政院委其負責指揮監督中央駐臺各機關人員；軍事方面，二月一日就任臺灣省警備總司令，八月十五日，東南軍政長官公署成立，長官一職亦由陳誠擔任；黨務方面，五月一日，正式兼任台灣省黨部主任委員。台灣省警備總司令部於一九四九年九月一日改為台灣省保安司令部，由彭孟緝擔任司令。

22 薛化元，〈陳誠與國民政府統治基盤的奠定——以一九四九年台灣省主席任內為中心探討〉，《一九四九年：中國的關鍵年代學術討論會文集》（台北：國史館，二〇〇〇），頁二六五。

23 國史館，〈員工由渝經滬來台辦法〉，《台灣省政府地政處檔》，檔號213。

24 江安妮，〈關鑑的年代：一九四九年陳誠主持台灣省政研究〉，國立中興大學歷史學碩士論文，二〇〇五年，頁三四。

25 薛化元，〈陳誠與國民政府統治基盤的奠定——以一九四九年台灣省主席任內為中心探討〉，《一九四九年：中國的關鍵年代學術討論會文集》，頁二六六—二七九。

26 《中央日報》（上海），一九四九年一月十九日，第三版。

27 《台灣新生報》（台北），一九四九年二月二日，第一版。

28 國史館，〈台灣省旅客入境出境辦法〉，《招商局輪船股份有限公司》，檔號233/002-02。

29 《台灣省政府公報》，一九四九年夏字第六十一期，頁一六〇。

30 《台灣新生報》（台北），一九四九年二月二十日，第五版。

31 《中央日報》（上海），一九四九年三月二日，第一版。

32 台灣省警備系統名稱、機關首長與任期順序（一九四五—一九四八年）：陳儀（一九四五年九月一日—一九四七年五月十日）、彭孟緝（一九四七年五月十日—一九四九年二月一日）、陳誠（一九四九年二月一日—八月三十一日）、彭孟緝（由台灣省警備總司令部改為台灣省保安司令部，一九四九年九月一日—十二月十六日）、吳國楨（一九四九年十二月十六日—一九五三年四月十五日）。台灣省保安司令部，《台灣省保安司令部八年工作概況》（台北：著者發行，一九五七年九月，油印本）。

33 一九五八年五月，國防部下設「台灣警備總司令部」（係改編自保安司令部、防衛總司令部、衛戍總司令部、民防司令部等四個單位）為止。台灣省保安司令部，《台灣省保安司令部八年工作概況》。

34 裴斐（Nathaniel Peffer）、韋慕庭（Martin Wilber）訪問整理，吳修垣譯：《從上海市長到台灣省主席——吳國楨口述回憶》（上海：上海人民出版社，一九九九），頁一〇一。

35 《中央日報》（上海），一九四九年二月二十六日，第二版。

36 《台灣新生報》（台北），一九四九年五月六日，第五版。

37 國史館，台灣省政府函招商局「為乘搭軍用機旅客（包括公教人員、軍人眷屬）入境補充規定三項，希知照辦理由」，〈台灣省旅客入境出境辦法〉，《招商局輪船股份有限公司》，檔號233/002-02。

38 國史館，「招商局輪船股份有限公司高雄分公司代電」，（一九四九年十一月二十九日），〈台灣省旅客入境出境辦法〉，《招商局輪船股份有限公司》，檔號232/002-02。

39 行文內容：「據報貴公司所屬船隻船舶電台，進出口時，多數未與本局海岸電台聯絡，以致發生該船舶之電報，常因呼叫不應，遭受稽延，無法拍出，不但影響海岸通訊業務，且一旦船舶發生意外，亦將無法接獲訊息。」國史館藏，《招商局股份有限公司電訊管理辦法》，檔號233-066。

40 國史館，《招商局股份有限公司電訊管理辦法》，檔號233-066。

41 國史館，〈台灣省取締散兵遊民辦法〉，檔號201-143。

42 國史館，《台灣省彰化縣內地各機關遷台查報表》，檔號410/001。
43 國史館，〈水路軍運辦法〉，《招商局》，檔號233/088。
44 國史館，《台灣省港口船舶管理辦法》，檔號063/160。
45 國史館，《台灣省政府檢查軍用飛機輪船辦法》，檔號473/1780。
46 《台灣新生報》（台北），一九四九年三月十一日，第三版。
47 《中央日報》（上海），一九四九年三月二十七日，第一版。
48 《中央日報》（上海），一九四九年三月二日，第三版。
49 《中央日報》（上海），一九四九年三月二十六日，第二版。
50 《中央日報》（上海），一九四九年三月二十五日，第三版。
51 《中央日報》（上海），一九四九年四月六日，第一版。
52 《中央日報》（上海），一九四九年三月二十五日，第一版。
53 《中央日報》（上海），一九四九年四月十五日，第二版。《大公報》（上海），一九四九年四月二日，第二版。
54 國史館，〈台灣省旅客入境出境辦法〉，《招商局輪船股份有限公司》，檔號233/002-02。
55 《中央日報》（上海），一九四九年三月二十六日，第二版。
56 《台灣新生報》（台北），〈社論〉，一九四九年四月十九日，第二版。
57 《民族報》（台北），一九四九年六月五日，第二版。
58 《中央日報》（台北），一九四九年六月二十二日，第五版。
59 國史館，〈台灣省旅客入境出境辦法〉，《招商局輪船股份有限公司》，檔號233/002-02。
60 《中央日報》（上海），一九四九年三月十三日，第三版。

61 《台灣新生報》（台北），一九四九年三月十日，第五版。

62 《中央日報》（上海），一九四九年三月二十一日，第三版。

63 《中央日報》（上海），一九四九年三月十四日，第三版。

64 《中央日報》（上海），一九四九年三月十四日，第三版。

65 《台灣新生報》（台北），一九四九年四月六日，第三版。

66 《民族報》（台北），一九四九年十月二十六日，第三版。

67 國史館，〈中央情報機關〉，《特交檔案》，軍事，第十冊，《蔣中正總統檔》。

68 上海市館案館藏，《上海市政府機要案——一九四九年二月份來電底稿》，檔號Q1-7-561。

69 上海市館案館藏，《上海市政府機要案——一九四九年二月份來電底稿》，檔號Q1-7-561。

70 《台灣省通志稿》，卷首下，大事紀，第三冊，頁一九一。

71 《台灣省政府公報》，一九四九年春字第四十四期，頁六二〇。

72 上海市檔案館藏，〈何應欽、陳誠等致上海市政府文件〉，檔號Q1-7-561。

第十五章

1 楊開雲，〈兩個突破省籍地域觀念的實例——訪田中鎮長劉楚傑與鳳林鎮長邵金鳳〉《中國論壇》，第十三卷，第十二期，頁四七。

2 這一點，東海大學歷史研究所柴雅珍的〈戰後台灣外省人的塑造與變遷〉（一九九七年）碩士論文有較詳盡的介紹。

3 葛劍雄，《中國移民史》（台北：五南出版社，二〇〇五），頁一〇。

4 鍾豔攸，《政治性移民的互動組織（一九四六—一九九五）——台北市之外省同鄉會》（台北：稻鄉出版社，一九九九），頁二。

5 〈烽火中的逃難者〉，《大公報》（天津），一九四八年十二月四日，第二版。

6 荷蘭統治時期約十萬人，鄭氏時期（一六八三年）約十五萬。清康熙、雍正年間（一七二〇年）約百萬人。乾隆末（一七九五年）約一百三十萬人，嘉慶十六年（一八一一年）約二百萬人，光緒十三年（一八九七）約三百萬人，日本投降（一九四五年）約六百六十萬人（其中含日本籍六十萬人）。

7 台灣歷史發展的特質，有學者歸納為：政權更替頻仍、具多元文化與海洋文化的特質、近代漢民族成功的特例等，分別見黃秀政等，《台灣史》（台北：五南。二〇〇二），頁七—一一；張炎憲，〈台灣歷史發展的特色〉，《台灣文獻》，第五十一卷，第四期，二〇〇〇年十二月。

8 陳漢光，〈台灣移民史略〉《台灣風土談》，第二十四卷第四期，一九八〇年，頁九七。

9 蔡淵絜，〈清代台灣的移墾社會〉《認識台灣歷史論文集》（台北：師大中教輔導委員會，一九九六），頁八四。

10 李國祁，〈清季台灣的政治近代化——開山撫番與建省〉《中華文化復興月刊》，第八期，頁五。

11 陳其南，〈清代台灣人文社會的建立及其結構〉，台灣大學人類學研究所碩士論文，一九七五年，頁五。

12 陳孔立，〈清代台灣社會發展的模式問題——評「土著化」和「內地化」的爭論〉，《當代》雜誌，一九八八年十月，第三十期，頁七四。

13 陳漢光認為明清之季的台灣移民從經濟性原因而言，又分為「地理環境」（閩、粵多山）、「人口過剩」、「外人要求」的三大原因。陳漢光，〈台灣移民史略〉《台灣風土談》，第二十四卷第四期，一九八〇年，頁九八。

14 蔡淵絜，〈清代台灣的移墾社會〉《認識台灣歷史論文集》，頁八七。

15 李國祁，〈清季台灣社會的轉型〉，《中華學報》，第五卷第二期，一九七八年，頁一三三。

16 王甫昌，〈族群通婚的後果：省籍通婚對於族群同化的影響〉《人文及社會科學集刊》，卷六第一期，一九九三年十二月，頁二三七。

17 陳漢光，〈台灣移民史略〉，《台灣風土談》，第二十四卷，第四期，一九七五年，頁一一三。

18 Emily Honig. Creating Chinese Ethnicity-Subei People in Shanghai（New Haven: Yale University Press, 一九九二），頁四一。

19 朱銘先後習藝於楊英風等，創造出自己的風格，獲得國際的肯定。

20 王安祈，《傳統戲曲的現代表現》（台北：里仁出版社，一九九六），頁九二。

21 清華大學的前身為清華學堂，一九一一年正式開學，一九五五年在新竹復校。

22 輔仁大學為直屬羅馬教廷教育部之天主教大學。一九二五年由美國本篤會於北京創辦，初期設大學預科名為「輔仁社」，一九二七年北洋政府准予試辦，並正式將校名改為輔仁大學。國民政府統一全國後，於一九二九年呈請教育部正式立案。一九五九年中國主教團、聖言會及耶穌會共同參與復校計畫，一九六〇年教育部核准在台復校。

23 東吳大學一九〇〇年創辦於蘇州，一九四九年十二月大陸易幟，國民政府遷台。東吳大學在台校友倡議復校，一九五一年籌組董事會，於台北市漢口街借屋設東吳補習學校，設法政、商業、會計及英文四科。一九五四年教育部以東吳補習學校辦學績效卓著，核准先行成立東吳大學恢復法學院，設法律、政治、經濟、會計四系，並附設外國語文學系，為台灣第一所私立大學。一九五七年購得士林外雙溪土地七甲加上士林鎮公所贈與之土地共十五甲，此時石超庸校友接任院長，積極推動建校事宜，兩年內完成第一棟教學大樓（寵惠堂）及學生活動中心。一九六一年全校由台北市漢口街遷到外雙溪現址。

24 中央大學一九一五創建於南京，大陸時期為東南的學術重鎮，素有「北北大、南中大」之稱。一九六二年在台復校。

25 交通大學一八九六年，初名南洋公學，一九二一年始稱交通大學，一九五八年，始經旅美校友之倡議而奉准於新竹復校，成立國立交通大學電子研究所。

26 臧振華，〈考古學〉《中華民國史學術志》（台北：國史館，一九九六），頁一六二。

27 胡適，〈治學方法〉《胡適哲學思想資料選》，上冊（上海：華東師範大學，一九八一），頁四三八。

28 一九五〇年代，台灣出版有關史學的書，較重要的有張致遠《史學講話》、李宗侗《中國史學史》、許冠三《史學與史學方法》等，來台之初的史學家被視為「史料學派」、「傳統學派」。王晴佳，《台灣史學五十年》（台北：麥田出版社，二〇〇二），頁一七。

29 許倬雲，《歷史分光鏡》（上海：上海文藝，一九九八），序，頁一—二。

30 陳錦昌，《蔣中正遷台記》（台北：向陽文化，二〇〇五），頁八八。

31 由於戰後接收紊亂，華北方面接收的工廠多集中在青島、天津、濟南等地，為求管理方便及確保產權，中國國民黨中央財務委員會於各地就近設公司統籌管理，其中在青島、濟南的公司設立「齊魯企業股份有限公司」（簡稱齊魯公司），一九四七年六月創立，曾養甫為齊魯公司籌備處主任，畢天德為副主任，邵履均為監收人員。一九四八年一月一日正式成立公司，曾為董事長。齊魯公司所屬的單位甚多，包括自日本接收的麵粉廠、啤酒廠、橡膠廠三單位，亦包括青島中國食油公司。黨史館藏，〈中央財務委員會第三十七次會議紀錄〉，一九四九年五月十日，《會議》，檔號6.3/195.13。

32 一九四六年河北平津敵偽產業處理局，經行政院批准，將天津三個利潤較大的日本工廠：東亞煙草廠、東亞麵粉廠、中華火才柴廠撥交國民黨中央財務委員會，財委會接收後改組為恆大公司。由駱美奐擔任籌備主任。

33 由於齊魯公司事業龐雜，乃將濟南所屬麵粉、煙草等廠獨立，另設興濟企業股份有限公司，由邵履均為董事長。

34 齊世英為董事長。

35 由安徽省黨部與財委會合辦，於一九四七年十月成立，主要辦理穀米加工與農產運銷。

36 一九四六年九月十九日成立於上海，董事長趙隸華，原名庶華企業股份有限公司，後改為富民股份有限公司，其後才定名為樹華公司，主要經營農林漁牧及國內外物資運輸。

37 一九四六年九月成立，主要經營鹽業的運銷方面。

38 張玉法，〈一九四九年來台的山東人〉《歷史月刊》，二〇〇〇年九月號，頁一一六。

39 如嚴家淦、尹仲容、孫運璿、趙耀東等對台灣的經濟發展都有其貢獻。

40 族群的概念源於西方的人類學研究社會實體的一種範疇分類，後來被延伸代表含有共同利益及一定連帶感的人，或指有共同特質與文化傳統的一個群體。

41 胡台麗，〈芋仔與蕃薯：台灣「榮民」的族群關係與認同〉，《中央研究院民族學研究所集刊》，第六九期。

42 吳乃德、陳明通，〈政權轉移和菁英流動——台灣地方政治菁英的歷史形成〉《台灣論文精選》（台北：玉山社，二〇〇二），頁三七七—三七九。

43 其後外省人的第二代在政治的認同上也出現一些紛歧，如海峽兩岸和平統一促進會（以馮滬祥、李慶華、郝龍斌等為代表）、外省人台灣獨立促進會（以陳師孟、段宜康、田欣等為代表），與本文較無直接的關係，不予討論。

44 高格孚，《日和風暖——台灣外省人與國家認同的轉變》（台北：允晨出版社，二〇〇四），頁九。

45 來台初期為解決來台外省人居住的問題，逐漸建造眷村，一九六四年總政治作戰部接收軍眷業務，各軍種總司令部陸續成立眷管處，興建眷村，一九七〇年國防部的總政戰部設立軍眷業務管理處，負責眷村遷建、軍眷服務等。

46 本省人會認為外省人不認同台灣這塊土地，外省人會認為為何不被認同。

47 高格孚，《日和風暖——台灣外省人與國家認同的轉變》（台北：允晨出版社，二〇〇四），頁一四。

48 以一九五六年代言，外省人在台灣各縣市的分布，以台北市最多，占總人數二分之一以上，其次為台北縣、高雄市、基隆市、高雄縣、新竹縣等，外省人人口比例較高者次第為：台北市、基隆市、桃園縣、新竹市。見《中華民國戶口普查報告書》第二卷第一冊，頁六一〇—六一四。但此次統計不含現役軍人。

49 蔡錦堂，〈戰後初期（一九四九—一九五〇）台灣社會文化的變遷——以《中央日報》記事分析為中心〉，《淡江史學》，期十五，頁二六四—二六七，二〇〇四年六月。

結論

1 張玉法，《中華民國史稿》（台北：聯經出版公司，一九九八），頁二。

2 張玉法，《中華民國史稿》（台北：聯經出版公司，一九九八），頁四。

徵引書目

一、檔案

上海市檔案館，《上海市社會局有關太平輪慘案遇難旅客家屬救濟事》，檔號Q6-9-493。

上海市檔案館，《上海市政府機要案——一九四九年二月份來電底稿》，檔號Q1-7-561。

上海市檔案館，《上海市碼頭商業公會國民黨駐上海區軍事機關強迫碼頭各種力資概以七折支付一節有關的往來文書》，檔號S157-1-40。

上海市檔案館，《上海市輪船商業公會調整費用》，檔號S149-2-150。

上海市檔案館，《上海地方法院檢察處關於太平輪失事一案函案》，檔號Q186-2-29156。

上海市檔案館，《上海地方法院關於太平輪罹難者家屬訴中聯公司賠償案》，檔號Q185-3-33594。

上海市檔案館，《中聯公司為太平輪建元輪為維護職業呈書文件》，檔號Q164-3-40。

上海市檔案館，《太平輪事件賠償案》，檔號Q185-3-23594。

上海市檔案館，《太平輪遇難脫險記初稿》，檔號Q185-3-23594。

上海市檔案館，《本會為國民黨軍隊占住會員公司碼頭倉庫房屋與軍政當局交涉有關的來往文書》，檔號S157-1-41。

上海市檔案館，《本會關於上海港內竊風事與上海港務整理委員會查緝警衛等往來文書》，檔號S149-2-181。

上海市檔案館，《本會關於申請結購外匯及乘客意外保險事與行政院交通部等來往文書》，檔號S149-2-116。

上海市檔案館，《取締市輪渡逾限載客等件》，檔號Q5-2-2329。

上海市檔案館，《為國大代表優待赴台灣請洽商案》，檔號S149-2-208。

上海市檔案館，《航業簡報》，第53號、第76號、第83號、第87號，檔號S149-2-226。

上海市檔案館，《關於上海碼頭秩序規則草案》，檔號S148-4-79。

上海市檔案館，《關於市輪渡在戒嚴時間航行時間及取締強迫開航件》，檔號Q5-2-2292。

中央研究院近代史研究所，〈中央研究院疏遷來台及重建〉，《朱家驊檔案》，檔號301-01-07-032。

中央研究院近代史研究所，〈中國國民黨中央執行委員會卷〉，《朱家驊檔案》，檔號301-01-06-485。

中央研究院近代史研究所，〈各省教育分卷：台灣、福建〉，《朱家驊檔案》，檔號301-01-09-211。

中央研究院近代史研究所，〈故宮博物院、中央博物院、中央圖書館遷台經過〉，《朱家驊檔案》，檔號301-01-12-023。

中央研究院近代史研究所，〈院士會議暨選舉〉，《朱家驊檔案》，檔號301-01-07-009。

中央研究院近代史研究所，〈教育言論：視察台灣教育觀感〉，《朱家驊檔案》，檔號301-01-09-240。

中央研究院近代史研究所，〈視察平津、東北、台灣、廣州教育〉，《朱家驊檔案》，檔號301-01-09-039。

中央研究院近代史研究所，〈會議與會議紀錄〉，《朱家驊檔案》，檔號301-01-06-491。

中央研究院近代史研究所，〈與胡適來往函電〉，《朱家驊檔案》，檔號301-01-07-010。

中央研究院近代史研究所，〈與董作賓來往函電〉，《朱家驊檔案》，檔號301-01-07-013。

中央研究院近代史研究所，〈戰局演變與人員撤離〉，《朱家驊檔案》，檔號301-01-10-004。

中央研究院近代史研究所，〈講演與報告〉，《朱家驊檔案》，檔號301-01-10-003。

中國國民黨史館（簡稱黨史館），〈本黨各項事業創辦經過及現況報告書〉，《會議》，檔號6.3/195.13。

史丹福大學胡佛研究所藏（Hoover Instituion Archives Stanford University），《蔣介石日記》，一九四五年八月—一九五三年十二月。

《立法院公報》，一九四九年至一九五一年。

《外交部週報》，一九四九年一月—一九四九年六月。

黨史館，〈中央黨部分地辦公有關問題案〉，《會議》，檔號6.3/214.4。

黨史館，〈中央黨部由穗遷渝及在台設置辦事處經過總報〉，《會議》，檔號6.3/225。

黨史館，〈中央黨部遷地辦公有關問題請核議案〉，《會議》，檔號6.3/181.2。

黨史館，〈六居中常會二二三次會議〉，《會議》，檔號6.3/228。

黨史館，《中國國民黨第六屆中央執行委員會常務委員會第一七六次會議紀錄》，《會議》，檔號6.3/213。

南京第二歷史檔案館，〈各方附和蔣介石元旦文告〉，《國民政府檔》，檔號一/4936。

南京第二歷史檔案館，《南京國民政府行政院檔》，檔號3621.022/2023。

南京第二歷史檔案館，〈京滬杭警備總司令部政委員會交通處各單位給該處函電〉，《交通部檔》，檔號800/50。

南京第二歷史檔案館藏，《行政院召開疏運會議紀錄》，《行政院檔》，檔號二/9881。

南京第二歷史檔案館，《行政院戰時施政方針稿》，《行政院檔》，檔號二/2086。

南京第二歷史檔案館，《海軍無線電總台務會報紀錄》，檔號79030。

國史館，〈太平輪被難乘客家屬要求賠償〉，《交通部檔》，檔號214/060。

國史館，〈台灣航業公司會議記錄〉，《交通部檔》，檔號233/076。

國史館，〈遺棄大陸船隻調查案〉，《交通部檔》，檔號214/058。

國史館，〈水路軍運辦法〉，《招商局檔》，檔號233/088。

國史館，〈國大代表乘輪卷〉，《招商局檔》，檔號233/028

國史館，《承運經濟部物資》，《招商局檔》，檔號233/045。

國史館，〈台灣省旅客入境出境辦法〉，《招商局檔》，檔號233/002-02。

國史館，〈取締各輪走私辦法〉，《招商局檔》，檔號233-069。

國史館，〈台灣省取締散兵遊民辦法〉，《台灣省政府檔》，檔號201-143。

國史館，〈執行報告〉，《台灣省政府檔》，檔號413/31。
國史館，〈台灣省彰化縣內地各機關遷台查報表〉，《台灣省政府檔》，檔號410/001。
國史館，〈員工由渝經滬來台辦法〉，《台灣省政府地政處檔》，檔號213。
國史館，《外交團隨政府遷穗案》，《外交部檔》，檔號233/26。
國史館，《各法院撤退損失公物》，《司法行政部》，檔號151/4436。
國史館，〈保衛西南充實兵源緊急措施方案〉，《行政院檔》，檔號014000004379A。
國史館，〈立法院咨請迅速採緊急措施五項以鞏固行都力量案〉，《行政院檔》，檔號014000004387A。
國史館，〈三十八年應變疏遷〉，《行政院主計處檔》，檔號039000000209A。
國史館，〈各方建議〉，《特交檔》，《蔣中正總統檔案》。
國史館，〈作戰計畫及設防〉、〈中央情報機關〉，《特交檔》軍事，第七—十冊，《蔣中正總統檔案》。
國史館，《事略稿本》，一九四九年一月至一九四九年十二月，《蔣中正總統檔案》。
國史館，〈台閩政情〉，《特交檔》，《蔣中正總統檔案》。
國史館，〈總統引退及復行視事〉，《特交檔》，《蔣中正總統檔案》。
國史館，〈資源委員會員眷疏運案〉，《資源委員會檔》，檔案003000025138A。
國史館，〈桂林辦事處員眷疏運案〉，《資源委員會檔》，檔號003000002514A。
國史館，〈資源委員會因應遷台處理所屬機關裁撤調整及物資疏運密件〉，《資源委員會檔》，檔號294/011。
國史館，〈經濟部各附屬機關疏散進退實施辦法〉，《資源委員會檔》，檔號299/0087。光碟片號碼003000027308A。
國史館，〈國史館遷渝辦公案〉，《資源委員會檔》，檔號294/77。
國史館，《招商局股份有限公司電訊管理辦法》，檔號233/066。

國史館，〈京滬撤守前後之戡亂局勢〉，《革命文獻拓影—戡亂時期》，第三十一冊，《蔣中正總統檔案》。
國史館，〈蔣總統引退與後方布置〉，《革命文獻拓影—戡亂時期》，第二十八冊，《蔣中正總統檔案》。
國史館，《特交文電》，《蔣中正總統檔案》。
國史館，《蔣中正總統領袖家書》，《蔣中正總統檔案》。
國防部史政編譯室，〈江防淞滬戰役失敗檢討〉，《淞滬地區戡亂戰役個人心得報》，檔號00010586/001。
國防部史政編譯室，〈長江戰役〉，《淞滬地區戡亂戰役個人心得報》，檔號00010586/002。
國防部史政編譯室，〈淞滬地區戡亂戰役個人心得報〉，《長江戰役五十二團少校作戰組長汪漢勛檢討報告》，檔號00010586/002。
國防部史政編譯室，《淞滬會戰經過及經驗教訓報告書》，檔號00010586/003。
國防部史政編譯室，《為飭遵照聯席會議決案辦理由／青島撤退經過案》，檔號00026439/012。
《總統府公報》，一九四八年六月—一九四九年六月。

二、專書

上海市檔案館，《上海解放》，上海：三聯書店，一九九九年。
王紹齋等，《俞鴻鈞傳》，台北：中外雜誌社，一九八六年。
中央文獻出版社，《從延安到北京》，北京：中央文獻出版社，一九九三年。
中共中央研究室編，《毛澤東年譜》，下卷，北京：新華出版社，一九九四年。
中央改造委員會編印，《中國國民黨第七次全國代表大會黨務報告》下篇，台北：中國國民黨中央改造委員會，一九五二年。
中央研究院近代史研究所，《烽火歲月下的中國婦女訪問紀錄》，台北：中央研究院近代史研究所，二○○四年。
中原文獻社編，《中原在台人物志》，台北：中原文獻社，二〇〇六年。
中華民國外交部譯印，《美國與中國之關係》（中譯本《白皮書》），外交部編印，一九八六年。
中國人民政治協商會議全國委員會文史資料研究會編，《遼瀋戰役親歷紀——原國民黨將領的回憶》，北京：中國文史出版社，一九八九年。
中國國民黨中央黨史委員會編，《中華民國重要史料初編——對日抗戰時期，第七編戰後中國》，台北：中國國民黨中央黨史委員會，一九八一。
王世杰，《王世杰日記》，台北：中央研究院近代史研究所，一九九〇年。
王安祈，《傳統戲曲的現代表現》，台北：里仁出版社，一九九六年。
王晴佳，《台灣史學五十年》，台北：麥田出版社，二〇〇二年。
王德毅，《姚從吾先生年譜》，台北：新文豐，二〇〇〇年。
王藍，《藍與黑》，台北：純文學出版社，一九七九年。
王健民，《中國共產黨史稿》，台北：中國文化大學印，一九七九年。
內政部編印，《內政部部史》，台北：內政部，一九九三年。
台灣省保安司令部，《台灣省保安司令部八年工作概況》，台北：台灣省保安司令部，一九五七年。
台灣省政府交通處編印，《台灣省交通建設紀要》，南投：台灣省政府交通處編印，一九八三年。
台灣省政府統計處編印，《台灣省統計提要》，台中：台灣省政府主計處，一九七一年。
四川省文史研究館，《解放戰爭時期四川大事紀》，成都：四川人民出版社，一九九〇年。
左玉河，《張東蓀傳》，濟南：山東人民出版社，一九九八年。
左舜生，《近三十年見聞雜記》，台北：中華藝林文物，一九七六年。

行政院新聞局，《行政院新聞局史——四十年紀要》，台北：行政院新聞局，一九八八年。
考試院編印，《考試院施政編年錄》，台北：考試院編印，一九五〇年。
李宗仁，《李宗仁回憶錄》，臺中：永蓮清出版社，一九八六年。
李敖，《李敖回憶錄》，台北：李敖出版社，一九九九年。
沈醉，《戰犯改造所見聞》，台北：傳記文學，一九九七年。
沈雲龍，《萬耀煌先生訪問紀錄》，台北：中央研究院近代史研究所，一九九三年。
沈雲龍、林泉等訪問，《齊世英先生訪問記錄》，台北：中央研究近史研究所，一九九〇年。
沈衛威，《吳宓傳》，台北：立緒文化，二〇〇〇年。
汪東林，《梁漱溟問答錄》，長沙：湖南出版社，一九八八年。
那志良，《故宮四十年》，台北：台灣商務印書館，一九六六年。
那志良，《撫今憶往話國寶——故宮五十年》，台北：香港里仁書局，一九八四年。
松田康博，《台灣における——黨獨裁體制の成立》，東京：慶應義塾大學出版社株式會社，二〇〇六年。
吳任華編，《孫哲生先生年譜》，台北：正中書局，一九九〇年。
吳忠信，《吳忠信日記》，台北：中國國民黨中央委員會黨史委員會。
吳興鏞，《黃金檔案》，台北：時英出版社，二〇〇七年。
《竺可楨日記》，第二冊，北京：人民出版社出版，一九八四年。
《竺可楨全集》，第二卷，上海：科技教育出版社，二〇〇四年。
《竺可楨傳》，北京：科學出版社，一九九〇年。
周宏濤，《蔣公與我》，台北：天下文化出版社，二〇〇三年。
周琇環，《戰後外交部工作報告：民國三十九年至四十二年》，台北：國史館，二〇〇一年。

杭立武編著，《中華文物播遷記》，台北：台灣商務印書館，一九八〇年。
金沖及，《轉折的年代——中國的一九四七年》，北京：三聯書店，二〇〇二年。
南京大學校史編寫史，《南京大學校史》，南京：南京大學出版社，一九九二年。
封德屏，《筆墨長青——十六位文壇耆宿》，台北：文訊雜誌社，一九八九年。
胡國台，《浴火重生——抗戰時期的高等教育》，台北：稻鄉出版社，二〇〇四年。
邵玉珍，《留住話劇歷史的表演藝術家》，台北：亞太圖書，二〇〇一年。
倪摶九，《何應欽上將傳》，台北：中日文化經濟協會，一九七七年。
徐永昌，《徐永昌日記》，第九冊，台北：中央研究院近代史研究所編印，一九九一年。
《徐悲鴻年譜》，台北：藝術家出版社，一九九一年。
姚崧齡，《張公權先生年譜初稿》，台北：傳記文學，一九八二年。
馬衡，《馬衡日記——一九四九年前後的故宮》，北京：紫禁城出版社，二〇〇六年。
高格孚，《日和風暖——台灣外省人與國家認同的轉變》，台北：允晨出版社，二〇〇四年
秦孝儀，《先總統蔣公思想言論總集》，台北：中國國民黨中央黨史委員會，一九八四年。
秦孝儀，《故宮七十星霜》，台北：台灣商務印書館，一九九五年。
秦孝儀，《總統蔣公大事長編初稿》，卷七，台北：中國國民黨中央黨史委員會，一九七八年。
財政部，《財政部史實紀要》第二冊，台北：財政部，一九九二年。
財政部關稅總局編，《中華民國海關簡史》，台北：財政部關稅總局，一九九五年。
許介圭，《中華郵政百週年紀念專輯》（上），台北：郵政總局，一九九六年。
許秦蓁，《戰後台北的上海記憶與上海經驗》，台北：大安出版社，二〇〇五年。
許倬雲，《從歷史看領導》，台北：書評書目出版社，一九九二年。

許倬雲，《歷史分光鏡》，上海：上海文藝，一九九八年。
國史館，《一九四九年：中國的關鍵年代學術討論會論文集》，台北：國史館，二〇〇〇年。
國史館，《國史館現藏民國人物傳記史料彙編》，第七輯，台北：國史館，一九九二年。
國史館，《復館以來的國史館》，台北：國史館，一九七九年。
國史館，《事略稿本》，《蔣中正總統檔案》，台北：國史館，二〇〇三、二〇〇四年。
國防大學黨史黨建政工教研室，《中國共產黨的戰略策略》，北京：解放軍出版社，一九九一年。
國防部，《國防法規彙編》，台北：國防部，一九五二年。
國防部史政編譯局，《戡亂戰史：總檢討》，第十五冊，台北：國防部史政局，一九八四年。
國防部史政編譯室，《青年軍官兵訪問紀錄》，台北：國防部史政編譯室編印，二〇〇一年。
國防部史政編譯室，《戡亂時期知識青年從軍訪問紀錄》，台北：國防部史政編譯室，二〇〇一年。
基隆港務局，《基隆港建港百年紀念文集》，基隆：基隆港務局，一九八五年。
曾克林，《戎馬生涯的回憶》，北京：解放軍出版社，一九九二年。
軍事科學院軍事歷史研究部編，《中國人民解放軍全國解放戰爭史》，第二卷，北京：軍事科學出版社，一九九六年。
張仁善，《一九四九中國社會》，北京：社會科學文獻出版社，二〇〇五年。
張玉法，《中華民國史稿》台北：聯經出版公司，一九九八年。
張玉法、陳存恭，《劉安祺先生訪問記錄》，台北：中央研究院近代史研究所，一九九一年。
張朋園，《周美玉先生訪問紀錄》，台北：中央研究院近代史研究所，一九九三年。
張朋園，《郭廷以先生訪問紀錄》，台北：中研院近代史研究所，一九八七年。
張治中，《張治中回憶錄》，北京：中國文史出版社，一九九三年。

張拓蕪，《代馬輸卒續記》，台北：爾雅出版社，一九七八年。

張發奎，《蔣介石與我——張發奎上將回憶錄》，香港：文化藝術出版社，二〇〇八年。

董世桂、張彥之，《北平和談紀實》，北京：文化藝術出版社，一九九一年。

梁漱溟，《憶往談舊錄》，北京：中國文史出版社，一九八七年。

《梁漱溟全集》，北京：中國人民出版社，一九九三年。

陳三井訪問，《女青年大隊訪問紀錄》，台北：中央研究院近代史研究所，一九九五年。

陳正茂，《左舜生年譜》，台北：國史館，一九九八年。

陳立夫，《成敗之鑑》，台北：正中書局，一九九四年。

陳存恭，《陶希聖先生訪問紀錄》，台北：國防部史政編譯局，一九九四年。

陳存恭等，《徐永昌先生函電言論集》，台北：中央研究院近代史研究所，一九九六年。

陳慈玉，《蔣碩傑先生訪問紀錄》，台北：中央研究院近代史研究所，一九九二年。

陳錦昌，《蔣中正遷台記》，台北：向陽文化，二〇〇五年。

陳嘉驥，《東北變色記》，台北：漢威出版社，二〇〇〇年。

陶希聖，《潮流與點滴》，台北：傳記文學出版社，一九六四年。

陶英惠、張玉法編，《山東流亡學生史》，台北：山東文獻社，二〇〇四年。

曾健民，《一九四五破曉時刻的台灣》，台北：聯經出版公司，二〇〇五年。

程思遠，《李宗仁先生晚年》，北京：文史資料出版社，一九八〇年。

程思遠，《政海秘辛》，哈爾濱：北方文藝出版社，一九九一年。

費正清，《中國：傳統與變遷》，北京：世界知識，二〇〇二年。

費正清，《費正清論中國》，台北：正中書局，一九九四年。

陸寶千，《鄭天杰先生訪問紀錄》，台北：中央研究院近代史研究所，一九九〇年。
陸鏗，《陸鏗回憶與懺悔錄》，台北：時報文化出版社，一九九七年。
黃仁宇，《萬曆十五年》，台北：時報文化，二〇〇〇年。
黃仁霖，《黃仁霖回憶錄》，台北：傳記文學，一九八二年。
黃克武編撰，《蔣復璁口述回憶錄》，台北：中央研究院近代史研究所，二〇〇〇年。
黃朝琴，《我的回憶》，台北：黃陳印蓮，一九八一年。
彭明，《中國現代史資料選輯》，第六冊，北京：中國人民大學，一九八九年。
楊蓮福，《人口問題與台灣政治變遷》，台北：博陽文化，二〇〇五年。
楊奎松，《毛澤東與莫斯科的恩恩怨怨》，南昌：江西人民出版社，一九九九年。
鄭洞國，《我的戎馬生涯》，北京：團結出版社，一九九二年。
葉永烈，《歷史悲歌——「反右派」內幕》，香港：天地圖書，一九九五年。
葉石濤，《台灣文學史綱》，高雄：文學界，一九九三年。
葛劍雄，《中國移民史》，台北：五南出版社，二〇〇五年。
董顯光，《蔣總統傳》，台北：中國文化學院，一九八〇年。
董顯光原著，曾虛白譯，《董顯光自傳》，台北：台灣新生報，一九七四年。
雷震，《雷震全集》第三十集，《雷震祕藏書信選》，台北：桂冠圖書，一九九〇年。
雷震，《雷震全集》第三十一集，《雷震日記——第一個十年》，台北：桂冠圖書，一九九〇年。
熊式輝，《熊式輝回憶錄》，香港：明鏡出版社，二〇〇八年。
熊秉真，《楊文達先生訪問紀錄》，台北：中央研究院近代史研究所，一九九一年。
裴斐（Nathaniel Peffer）、韋慕庭（Martin Wilber）訪問，吳修垣譯，《從上海市長到台灣省主席——吳國楨口述回憶》，上海：人民出版社，一九九九年。
趙正楷，《徐永昌傳》，台北：山西文獻社，一九八九年。
趙淑敏，《中國海關史》，台北：中央文物供應社，一九八二年。
鍾豔攸，《政治性移民的互動組織（一九四六－一九九五）——台北市之外省同鄉會》，台北：稻鄉出版社，一九九九年。
蒙藏委員會，《蒙藏委員會會史初稿》，台北：蒙藏委員會，一九六六年。
劉統，《中國的一九四八年——兩種命運的決戰》，北京：三聯書店，二〇〇六年。
劉吉主編，《中國共產黨七十年》，上海：上海人民出版社，一九九一年。
劉乃和，《陳垣年譜配圖長編》，遼寧：遼海出版社，二〇〇〇年。
劉汝明，《劉汝明回憶錄》，台北：傳記文學出版社，一九六六年。
劉克敵，《梁漱溟的最後三十年》，北京：中國文史出版社，二〇〇五年。
劉崇文、陳紹疇等主編，《劉少奇年譜》，上卷，北京：中央文獻出版社，一九九六年
蔣天樞，《陳寅恪先生編年事輯》，上海：上海古籍出版社，一九九七年。
蔣經國，《危急存亡之秋》，《蔣經國先生全集》，第一冊、第二冊，台北：行政院新聞局，一九九一年。
蔣經國，《我的父親》，台北：正中書局，一九八八年。
蔣碧薇，《蔣碧薇回憶錄》，台北：皇冠雜誌社，一九八二年。
蔡康永，《痛快日記》，台北：皇冠出版社，一九九八年。
賴慇，《賴名湯先生訪談錄》，台北：國史館，一九九四年。
賴樹明，《前進紅場——趙自齊的歷史烙印》，台北：木棉國際公司，二〇〇〇年。
遲景德、陳進金訪問，《劉先雲先生訪談錄》，台北：國史館，一九九五年。

錢石英，《果姑話漂泊——側寫中國四百年》，台北：東大公司，二〇〇三年。

錢穆，《八十憶雙親師友雜憶合刊》，台北：素書樓文教基金會，二〇〇〇年。

薛月順，《資源委員會檔案史料彙編：光復初期台灣經濟建設》，上冊，台北：國史館，一九九三年。

韓信夫主編，《中華民國大事記》，第五冊，北京：中國文史出版社，一九九七年。

釋聖嚴，《聖嚴法師學思歷程》，台北：正中書局，一九九三年。

顧正秋，《休戀逝水》，台北：時報文化，一九九七年。

顧正秋口述，劉枋訪問，《顧正秋的舞台回顧》，台北：時報文化，一九七八年。

顧潮，《歷劫終教志不灰——我的父親顧頡剛》，華東師範大學出版社，一九九七年。

聶榮臻，《聶榮臻回憶錄》，北京：解放軍出版社，一九八四年。

三、專文

於春軒，〈員林實驗中學校史〉《山東文獻》，第八卷第一期，一九八二年六月。

於凌波，〈河南在台僧侶〉《中原在台人物志》，台北：中原文獻社，二〇〇六年。

王玉國，〈一九四九年招商局遷台述論〉，《台灣研究集刊》，二〇〇八年第二期。

王克俊，〈北平和平解放回憶錄〉，《文史資料選輯》，第六十八輯。一九九八年。

王甫昌，〈族群通婚的後果：省籍通婚對於族群同化的影響〉，《人文及社會科學集刊》，卷六第一期，一九九三年十二月。

卞杏英，〈淺析蔣介石三次下野的緣由〉，《上海師範大學學報：哲社版》，一九九〇年一月。

毛子水，〈記陳寅恪先生〉，《傳記文學》，第十七卷第二期，一九七〇年八月。

王志信，〈澎湖子弟學校克難締造記〉，《山東文獻》，第十五卷第一期，一九八九年六月。

王明書，〈讀萬卷書行萬里路〉，《聯珠綴玉——十一位女作家的筆墨生涯》，台北：文訊雜誌社，一九八八年。
王曾才，〈那一串在實中的日子〉，《山東流亡學生史》，台北：山東文獻社，二〇〇四年。
台灣大學，〈國內碩彥咸集本校〉，《台大校刊》，第二十五期，一九四九年三月五日，二版。
田居儉，〈開國奠基的一九四九〉，《當代中國史研究》，第十二卷第五期，二〇〇五年九月。
西村成雄，〈戰後中國兩個時期的「分疆而治」論〉，《一九四九：中國的關鍵年代術討論會論文集》，台北：國史館，二〇〇〇年。
安克強，〈以文藝喚醒國魂為大時代畫群像——專訪劉心皇〉，《文訊》雜誌，第七十九期，一九九二年五月。
江安妮，〈關鍵的年代：一九四九年陳誠主持台灣省政研究〉，國立中興大學歷史學碩士論文，二〇〇五年。
余幸娟，《離開大陸的那一天》，台北：久大文化，一九八七年。
李紀平，〈「寓兵於農」的東部退輔老兵——一個屯墾的歷史現場〉，東華大學族群關係與文化研究所碩士論文，一九九八年
李國祁，〈清季台灣社會的轉型〉，《中華學報》，第五卷，第二期，一九七八年。
李國祁，〈清季台灣的政治近代化——開山撫番與建省〉《中華文化復興月刊》，第八期。
李敖，〈誰要來台灣〉，《笑傲五十年》，台北：商業周刊，一九九九年。
李揚，〈解放前夕南京科技界反搬遷鬥爭〉，《炎黃春秋》，第三期，一九九九年。
李貌華，〈社會現象〉，《歷史月刊》，第二十四期，一九八〇年一月。
杜方，〈一個流亡學生的回憶〉，《山東流亡學生史》，台北：山東文獻社，二〇〇四年。
沈宗瀚，〈在台灣初期與出席糧農會議〉，《傳記文學》，第十五卷，第四期，一九六九年十月。
沈懷玉訪問，〈李恩涵先生訪問紀錄〉，《郭廷以先生門生憶舊往》，台北：中央研究院近代史研究所，二〇〇

四年。

汪榮祖，〈史家陳寅恪傳〉，香港《明報》月刊，一九八三年二月號。

林勝偉，〈政治算術：戰後台灣的國家統治與人口管理〉，政治大學社會學系博士論文，二〇〇五年。

杜聿明，〈淮海戰役始末〉，《淮海戰役親歷記》，北京：中國文史資料出版社，一九九六年。

周紹賢，〈澎湖冤案始末〉，《山東文獻》，第十五卷，第三期，一九八九年十二月。

季明，〈華北山雨欲來〉，《觀察》第五卷，第十五期，一九四八年十二月四日。

季樹農，〈資源委員會移滬迎接解放親歷記〉，《回憶國民黨政府的資源委員會》，北京：中國文史出版社，一九八八年。

邵毓麟，〈鎮海會議〉，《傳記文學》，第五十卷，第二期，一九六九年八月。

官蔚藍，〈台灣光復後人口總數及其增加率之研究〉，《國際經濟資料》，第十（四）卷，第九—十三期。

胡適，〈治學方法〉《胡適哲學思想資料選》，上冊，上海：華東師範大學，一九八一年。

胡台麗，〈芋仔與蕃薯：台灣「榮民」的族群關係與認同〉，《中央研究院民族學研究所集刊》，第六十九期。

俞仁傑，〈梅蘭芳昨飄然到台〉，《中央日報》，一九四九年四月一日，第三版。

封德屏，〈有容乃大無欲則剛—國語大師何容〉，《文訊》雜誌，第二十一期，一九八五年十二月。

苑覺非，〈澎湖防衛司令部子弟學校遷建彰化縣員林鎮更名教育部特設員林實驗中學略述〉，《山東文獻》，第八卷，第四期，一九八三年三月。

夏濤聲，〈大局在和戰中盪漾〉，《風雲》半月刊，第一卷，第十二期，一九四八年十二月十六日。

吳乃德、陳明通，〈政權轉移和菁英流動——台灣地方政治菁英的歷史形成〉《台灣論文精選》，台北：玉山社，二〇〇二年。

徐承烈，〈煙台聯中滄桑錄〉，《山東文獻》，第七卷，第一期。

馬榮，〈且從側面看台灣〉，《風雲》，第一卷，第三期，一九四八年九月一日。
張玉法，〈從馬公到員林：中學生活回憶〉，《山東流亡學生史》，台北：山東文獻社，二〇〇四年。
張玉法，〈戰後國共戰爭在山東的一幕：青島及膠東之守備與撤退〉，《一九四九年：中國關鍵年代學術討論會論文集》，台北：國史館，二〇〇〇年。
張炎憲，〈台灣歷史發展的特色〉，《台灣文獻》，第五十一卷，第四期，二〇〇〇年十二月。
張典婉，〈尋找太平輪三之一〉，《中國時報》，二〇〇五年四月八日，E7版。
張典婉，〈尋找太平輪三之二〉，《中國時報》，二〇〇五年四月九日，E7版。
張治中，〈北平和談前的幾個片斷〉，《文史資料選輯》，第十三輯，一九六一年一月。
張建俅，〈二次大戰臺灣遭受戰害之研究〉，《臺灣史研究》，台北：中央研究院臺灣史研究所籌備處，一九九七年六月。
張筠山，〈張敏之先生事略〉，《山東文獻》，第十五卷，第三期，一九八九年十二月。
張奮前，〈台灣人口之比較研究〉，《台灣文獻》，第十二卷，第四期，一九六一年十二月。
張錫祚，〈張伯苓先生傳略〉，《天津文史資料選輯》，第八輯。
梁嘉彬，〈陳寅恪師二三事〉，《清華校友通訊》，新三十二期。
許倬雲，〈試論先總統蔣公的歷史評價〉，《革命思想雜誌》，第七十八卷第五期。
莊曙綺，〈從報紙廣告看戰後（一九四五—一九四九）台灣商業劇場的演劇生態〉，國立台灣大學戲劇研究所碩士論文，二〇〇五年。
焦國模，〈退思諫往〉，《中原在台人物志》，台北：中原文獻社，二〇〇六年。
陳三井，〈一九四九年的變局與知識分子的抉擇〉，《傳記文學》，第十九卷，第六期，二〇〇七年六月。
陳子雷，〈八千子弟到江南——國立山東省各流亡聯合中學的時光隧道〉，《山東文獻》，第十二卷四期，一九八七年三月。
陳正茂，〈宣揚第三勢力的自由陣線〉，《全民半月刊》，第十二卷，第十期，一九九一年十一月。
陳正茂，〈闡述五〇年代香港第三勢力運動〉，《傳記文學》，第七十一卷，第十五期，一九九七年十一月。
陳依，〈《觀察》周刊之研究，一九四六—一九四八〉，東海大學歷史所碩士論文，一九九四年。
陳芸娟，〈山東流亡學生研究〉，台灣師範大學歷史研究所碩士論文，一九九八年。
陳裕光，〈回憶南京金陵大學〉，《上海文史資料選輯》，第四十三輯，一九八三年。
陳漢光，〈台灣移民史略〉，《台灣風土談》，第二十四卷，第四期，一九七五年。
陳誠口述、吳錫澤筆記，〈陳誠主臺政一年的回憶〉，《傳記文學》，第六十三卷，第五期，一九九三年十一月。
陳儀深，〈政權替換與佛教法師的調適——以一九四九年前後的明真、虛雲、道安、印順為例〉，《中央研究院近代史研究所集刊》，第二十六集，一九九六年十二月。
陶英惠，〈永難忘懷的實中〉，《聯中紀念刊》，一九七九年九月。
紺弩，〈一九四九如是說〉，《華商報》（香港），一九四九年二月十三日，四版。
傅斯年，〈傅斯年校長聲明〉，《傅斯年全集》，第六冊，台北：聯經出版公司，一九八〇年。
彭真，〈東北解放戰爭的頭九個月〉，《遼瀋決戰》，北京：人民出版社，一九九二年
程玉鳳，〈一九四九年前後的資源委員會〉，《一九四九年：中國關鍵年代學術討論會論文集》，台北：國史館，二〇〇〇年。
程思遠，〈蔣介石發表求和聲明的經過〉，《文史資料選輯》，合訂本第二十三冊，北京：中國文史出版社，一九七九年。
柴雅珍，〈戰後台灣外省人的塑造與變遷〉，東海大學歷史研究所碩士論文，一九九七年。

黃紹竑，〈李宗仁代理總統的前前後後〉，《文史資料選輯》，第二十一冊，北京：中國文史出版社，一九七九年。

黃翔瑜，〈日暮鄉關何處是——羈困越南富國島國軍來台始末探析（一九四九—一九五三）〉，《台灣一九五〇—一九六〇年代的歷史省思學術討論會》，國史館，二〇〇五年十一月。

楊明，〈老兵不老筆墨長——專訪鍾雷先生〉，《文訊》雜誌，第七十期，一九九一年八月。

楊展雲，〈員林實驗中學的一段回憶〉《山東文獻》，第九卷，第一期，一九八三年六月。

楊開雲，〈兩個突破省籍地域觀念的實例——訪田中鎮長劉楚傑與鳳林鎮長邵金鳳〉《中國論壇》，第十三卷，第十二期。

楊錦郁，〈把根埋在生活裡——專訪孫如陵先生〉，《文訊》雜誌，第五十二期，一九九〇年二月。

萬麗鵑，〈一九五〇年代的中國第三勢力運動〉，國立政治大學博士論文，二〇〇一年。

經盛鴻，〈抗戰期間全國高校內遷述評〉，《民國檔案與民國史學術討論會論文集》，北京：檔案出版社，一九八八年。

鄭為元，〈組織改革的權力、實力與情感因素：撤台前後的陸軍整編（一九四九—一九五八）〉，《軍事史評論》，第十二期，台北：國防部史政編譯室，二〇〇五年六月。

蔡淵絜，〈清代台灣的移墾社會〉，《認識台灣歷史論文集》，台北：師大中教輔導委員會，一九九六年。

蔡錦堂，〈戰後初期（一九四九—一九五〇）台灣社會文化的變遷——以《中央日報》記事分析為中心〉，《淡江史學》，第十五期，二〇〇四年六月。

葉青，〈寄傅斯年先生的一封公開信——論反共教育與自由主義〉，《民族報》，一九四九年七月十一日，第二版。

歐素瑛，〈貢獻這個大學宇宙的精神——談傅斯年與台灣大學師資之改善〉，《國史館學術集刊》，第十二期，二〇〇七年六月。
葉龍彥，〈舊台幣時代的電影票價〉，《歷史月刊》，第二十四期，一九九〇年一月。
潘仲群，〈讀對日寇的最後一戰暨有關文件的札記〉，《從延安到北京》（北京：中央文獻出版社，一九九三年。
趙天楫，〈中國太平〉，《聯合報》，二〇〇五年二月二十日，第四版。
趙建明，〈智識分子往哪裏去〉，《風雲》半月刊，第一卷，第十二期，一九四九年一月十六日。
趙建明，〈論當前知識分子的處境〉，《風雲》半月刊，第一卷，第九期，一九四八年十二月一日。
劉芳玲，〈一九四九前後遷台作家之研究〉，中央大學中文所碩士論文，一九九六年十二月。
劉維開，〈蔣中正第三次下野之研究〉，《政治大學歷史學報》，第十七期，二〇〇〇年六月。
劉緒貽，〈狂瀾〉，《觀察》，第五卷，第十七期，一九四八年十二月十八日。
劉緡紳，〈台灣光復四十年人口的變遷〉，《台灣文獻》，第三十七卷，第二期，一九八六年四月。
鄭天錫，〈流亡生涯不是夢〉，《山東流亡學生史》，台北：山東文獻社，二〇〇四年。
薛化元，〈陳誠與國民政府統治基盤的奠定—以一九四九年台灣省主席任內為中心探討〉，《一九四九年：中國的關鍵年代學術討論會論文集》，台北：國史館，二〇〇〇年。
薛月順，〈台灣入境管制初探——以民國三十八年陳誠擔任省主席時期為例〉，《國史館學術集刊》，第一期，二〇〇一年十二月。
謝佩和，〈我們堅持留寧滬〉，《回憶國民黨政府的資源委員會》，北京：中國文史出版社，一九八八年。
羅蘭，〈幾頁民族滄桑史——是誰奮鬥誰犧牲〉，《歷史月刊》，第二十四期，一九九〇年一月。
蘇靜，〈關於錦州戰役的回顧〉《遼瀋決戰》，北京：人民出版社，一九九二年。

四、報紙

《大公報》（上海），一九四八年六月—一九四九年五月。
《大公報》（天津），一九四八年六月—一九四九年一月。
《中央日報》（上海），一九四八年六月—一九四九年五月。
《中央日報》（南京），一九四八年六月—一九四九年五月。
《中央日報》（台北），一九四九年一月—一九五二年十二月。
《中國時報》（徵信新聞）（台北），一九四九年一月—二〇〇六年十月。
《民族報》（台北），一九四八年六月—一九四九年六月。
《台灣民聲日報》，一九四九年一月—一九四九年十月。
《台灣新生報》（台北），一九四九年一月—一九四九年十二月。
《台灣省政府公報》，一九四九年一月—一九四九年十二月。
《前線日報》（上海），一九四八年六月—一九四九年七月。
《救國日報》（南京），一九四八年六月—一九四九年二月。
《國聞周報》，一九四九年一月—一九四九年五月。
《華商報》（香港），一九四八年六月—一九四九年六月。

1949大撤退

2009年8月初版
2018年10月初版第十五刷

定價：新臺幣390元

著者　林桶法
叢書主編　沙淑芬
封面設計　沈佳德

出版者　聯經出版事業股份有限公司
地址　新北市汐止區大同路一段369號1樓
編輯部地址　新北市汐止區大同路一段369號1樓
叢書主編電話　(02)86925588轉5310
台北聯經書房　台北市新生南路三段94號
電話　(02)23620308
台中分公司　台中市北區崇德路一段198號
暨門市電話　(04)22312023
郵政劃撥帳戶第0100559-3號
郵撥電話　(02)23620308
印刷者　世和印製企業有限公司
總經銷　聯合發行股份有限公司
發行所　新北市新店區寶橋路235巷6弄6號2F
電話　(02)29178022

總編輯　胡金倫
總經理　陳芝宇
社長　羅國俊
發行人　林載爵

行政院新聞局出版事業登記證局版臺業字第0130號

本書如有缺頁，破損，倒裝請寄回台北聯經書房更換。　ISBN 978-957-08-3451-2 (平裝)
聯經網址 http://www.linkingbooks.com.tw
電子信箱 e-mail:linking@udngroup.com

國家圖書館出版品預行編目資料

1949大撤退 / 林桶法著 .
--初版 . --新北市：聯經，2009年
568面；14.8×21公分 .
ISBN 978-957-08-3451-2（平裝）
[2018年10月初版第十五刷]

1.臺灣史 2.中華民國史 3.國民政府遷臺
4.國共內戰

733.292 98014495